W0185109

«PAVILLONS»

Collection dirigée par Maggie Doyle

DU MÊME AUTEUR

Chez le même éditeur

Embuscade à Fort Bragg, 1997
(coll. Pavillons Poche, 2010)
Le Bûcher des vanités, 1999 (Sylvie Messinger, 1988)
Un homme, un vrai, 1999
Moi, Charlotte Simmons, 2004
Bloody Miami, 2013

Chez d'autres éditeurs

Le Gauchisme de Park Avenue, Gallimard, 1972
Le Mot peint, Gallimard, 1978
Sam et Charlie vont en bateau, Gallimard, 1985
L'Étoffe des héros, Gallimard, 1991
Acid Test, Seuil, 1996

TOM WOLFE

OÙ EST VOTRE STYLO ?

Chroniques d'Amérique et d'ailleurs

Préface de Philippe Labro

Traduit de l'anglais (États-Unis) et postfacé
par Bernard Cohen

Robert
Laffont

THE PUMP HOUSE GANG
© Tom Wolfe, 1968 ; the World Journal Tribune Corporation, 1966 © *New York Herald Tribune*, 1964, 1965, 1966
THE KANDY-KOLORED TANGERINE-FLAKE STREAMLINE BABY
© Thomas K. Wolfe, Jr., 1963, 1964, 1965 ; © *New York Herald Tribune*, 1963, 1964, 1965
Traduction française : Éditions Robert Laffont, S.A., Paris, 2016

ISBN 978-2-221-19361-7
(éditions originales : *The Kandy-Kolored Tangerine-Flake Streamline Baby* : 978-0-312-42912-6 ; *The Pump House Gang* : 0-553-38061-3)

Sommaire

Préface

par Philippe Labro

Balzac s'était autoproclamé « sociétaire de la société ». Thomas Kennerly Wolfe considère que c'est une bonne définition de son propre travail. Zola est son second maître. Pour le reste, Tom m'a confié un jour : « Ça ne me gênerait pas que l'on dise de moi : "Il essaye d'exprimer le chaos de la vie et de la société, en apportant une qualité documentaire, avec l'espoir de créer un effet tel que le lecteur en sera stupéfait." »

Lorsque, à la fin des années 50 et au début des années 60 du XXe siècle, à New York, Tom participa, avec quelques autres, à la naissance du « nouveau journalisme », ses premiers papiers dans *Esquire* ou le *New York Herald* stupéfièrent les lecteurs. Onomatopées ; accents reproduits en recourant à des néologismes et des exclamations ; descriptions miniaturistes du parler et du comportement d'univers spécifiques (les cinglés de circuits automobiles – les hippies drogués au LSD – les gauche-caviar de Park Avenue) ; déstructuration du récit ; un œil qui s'arrête sur le détail physique, morphologique, vestimentaire, le détail que d'autres écrivains ne voient pas ; une ironie objective ; la révélation d'environnements insolites dont la particularité déborde sur des vérités universelles ; usage de l'argot le plus inédit (chaque profession, chaque milieu social, chaque minorité agissante ou totalement inconnue, chaque particule de cet invraisemblable kaléidoscope qu'est la société américaine en pleine explosion des mœurs, us et coutumes, de la décennie décisive, les 60's, possède son langage propre, ses tics verbaux, ses inventions et ses extravagances – Tom savait les noter, les répertorier, et en faire la matière brute à partir de quoi il proposerait une vision fragmentée de son pays) – bref, on découvre, sous la frénésie de sa machine à écrire, un journaliste qui n'est déjà plus un journaliste mais un écrivain qui se distingue des autres par sa faculté d'absorber de l'américanité pour la digérer et en faire sortir un ton, un style, une personnalité hors normes : Tom Wolfe, le stupéfiant.

Avant toute chose, son premier dogme : enquêter, aller sur le terrain, chercher, collecter (comme les papillons de Nabokov), tout ce qui tourne autour de l'argent, du sexe, de la mort, de la folie, de la maniaquerie, de la domination, de la poursuite du statut social, de l'obsession de la reconnaissance, de la pulsion de ce qui motive les femmes et les hommes. Pour cela, il peut lui arriver de passer des mois (voire, pour ses romans, des années) à traverser le pays, le Sud, l'Ouest, les terrains d'aviation, les campus universitaires, les boîtes de strip-tease de Miami, les couloirs du pénitencier de San Quentin, les haras de milliardaires du Kentucky, Wall Street, les cours de justice du Bronx, les commissariats de police, les ghettos. Infatigable explorateur d'un pays en apparence uniforme mais en réalité explosé en milliers de myriades de « petits mondes », Tom Wolfe aura avant tout pris des notes, des montagnes de notes, récupéré des documents, obtenu des gens qui refusaient de parler des révélations, informations, sensations, par la seule vertu de son questionnement, sa théorie de l'« information compulsive » : « À un moment, afin de se faire valoir, afin de satisfaire leur ego, les gens vont livrer des détails d'une précision inouïe. Dans ce cas-là, je dois rester sérieux, modeste, écouter, observer, saisir. »

Et, ensuite, coucher tout ça sur le papier dans un désordre ordonné, un ordre désordonné, qualité majeure de Tom : le mélange des scènes et séquences, les ruptures de rythme, les dialogues et les monologues intérieurs (« J'aime me mettre dans la tête des autres »), les digressions et les explosions (la fameuse répétition « Hernie, hernie, hernie... » plus de cinquante fois, au début d'un article), les exacerbations de testostérone, les conflits entre ceux qui osent et ceux qui subissent, ceux qui trébuchent et ceux qui embusquent, ceux qui prennent le pouvoir et ceux qui le perdent. Dans son bureau élégant, raffiné, haute bourgeoisie des hauts quartiers de Manhattan – au-delà de la 70e Rue –, vêtu d'un de ses trente-deux costumes de flanelle blanche, coupé sur mesure, avec une chemise façonnée par un artiste d'Amagansett, avec cette voix douce un peu voilée, dans laquelle on devine le parfum de ce Sud d'où il arriva un jour à New York pour conquérir son métier et la ville, Tom m'a dit : « Je vais te confier un secret. Je ne me suis pas seulement inspiré de Balzac et Zola, mais des Frères Sérapion, un groupe d'écrivains soviétiques qui, après la révolution de 1917, ont raconté cet événement si important en développant un style quasi poétique, influencé par les symbolistes français, Baudelaire, Mallarmé. Ils alignaient ellipses et exclamations, tirets et digressions, pour tenter de parvenir à ce que j'ai toujours rêvé d'obtenir : un concert d'idées brisées. L'incessante fracture du flot de conscience. »

Et d'ajouter : « Les Frères Sérapion proclamaient : "Nous sommes pour notre talent." »

Le recueil qui suit propose une très précieuse et passionnante démonstration d'un talent à l'état brut qui, pendant près de cinq ans de journalisme nouveau, permit à Tom Wolfe de « trouver sa musique », comme il le dit lui-même, pour « aller le plus loin possible », dans une « immense liberté : nous avons cassé tous les codes ». Le code de l'écriture journalistique conventionnelle, le code de la fausse objectivité pour atteindre une subjectivité qui devait, un jour ou l'autre, déboucher sur la fiction. Voici, dès lors, le roman, le triomphe de *L'Étoffe des héros* (pas encore du roman, mais construit comme tel) pour aboutir à la totale réussite du *Bûcher des vanités*, puis *Un homme, un vrai*, puis *Moi, Charlotte Simmons*, puis *Bloody Miami* – bref, une véritable œuvre romanesque, lourde, épaisse, foisonnante, qui brisera les barrières de l'académisme, déploiera le génie du portrait, mettra en scène comme dans un film, page turner (quand vous commencez un bouquin de Wolfe, il est difficile de le lâcher) et fera de Tom une figure d'exception sur le devant d'une scène littéraire d'une richesse inépuisable : Mailer, Roth, Capote, Updike, Cheever et tant d'autres. Figure controversée, aussi : Wolfe ne s'est pas fait beaucoup d'amis dans le monde littéraire new-yorkais qui a toujours vu d'un œil mauvais l'attitude iconoclaste de cet indépendant n'appartenant à aucune chapelle, ce pourfendeur du « politiquement correct », jamais dupe des modes et des diktats de l'intelligentsia qui se disait de gauche, jamais enrôlé dans les troupes panurgiques de l'idéologie dominante. Capable des pamphlets les plus provocateurs et des *short stories* les plus surprenantes, Tom, toujours à l'affût des thèmes, selon lui, représentatifs de l'instinct primaire des hommes : « Celui qui a décidé de se battre. Celui qui refuse de se battre. » Les soubresauts de ce qu'il aime appeler, comme Zola, « la bête humaine ». Ennemi de l'arrogance, toujours favorable au héros « inconnu », à l'anonyme qui, du jour au lendemain, sort de sa condition pour faire basculer un événement, amoureux de la vérité qui fait mal et de la vérité qui fait rire, Tom Wolfe, on l'aura compris, est un ami que j'admire et estime. Lorsque nous nous écrivons, il lui arrive de signer « Balzola », et quand il débarque à Paris, la presse l'accueille comme une légende. Il n'a pas été le seul à inventer le *new journalism*, mais les pages qui suivent me laissent à penser qu'il a été le meilleur.

Las Vegas (allô ?), Las Vegas (quel boucan, j'entends rien !), Las Vegas !!!

Hernie, hernie, hernie, hernie, hernie, hernie, hernie, hernie, hernie, hernie, hernie, hernie, hernie, HERNie ; hernie, HERNie, hernie, hernie, hernie, hernie, HERNie, HERNie, HERNie, hernie, hernie, hernie, hernie, her nie, hernie, hernie, le huit est le point, le huit ; hernie, hernie, HERNie ; hernie, hernie, hernie, hernie, très bien, hernie, hernie, hernie, hernie, huit ou rien, hernie, hernie, hernie, HERNie, hernie, hernie, hernie, HERNie, hernie, hernie, hernie, HERNie, hernie, hernie, hernie, hernie.

— C'est quoi, tous ces « hernie-hernie » ?

Raymond avait posé la question au gars permanenté qui jouait du râteau à la table de craps vers les quatre heures moins le quart un dimanche matin. Le croupier n'avait pas idée de ce que ce petit malin balèze voulait dire mais il n'a pas apprécié le ton sur lequel il lui avait parlé, donc il lui a adressé le mouvement de sourcils caractéristique de celui qui veut transmettre une idée dans le style « je suis un dur mais je suis cool, comme tu peux le voir à la façon dont je cille à peine, genre si cette boîte n'était pas aussi classe les ramenards de ton espèce on les traînerait à la cuisine et on les transformerait en consommé à la madrilène». Sauf qu'à ce stade, Raymond était imperméable à ces subtilités.

Le croupier a tenté de faire reprendre la partie, mais à chaque fois qu'il recommençait sa chanson, en nasillant comme ça a l'air d'être la règle à Las Vegas – «Et voilà un nouveau joueur... le huit est en jeu, le huit» –, Raymond couvrait sa voix en imitant exactement ses inflexions et c'était reparti, «hernie, hernie, hernie, hernie, HERNie, HERNie, hernie, hernie, hernie, hernie».

À la table, tout le monde observait la scène avec consternation, en se désolant à l'idée que quiconque pouvait essayer d'importuner un soldat d'élite aussi blasé et solide qu'un croupier de Las Vegas. Les oDalísques en lamé de Las Vegas regardaient. Les durs de western, cinquante-huit balais et le cou serré dans des cordons de cravate texans, n'en perdaient pas une miette. Les vieilles nanas devant les machines à sous, des mugs Dixie pleines de pièces à la main, regardaient aussi, mais sans cesser d'actionner les manettes.

Raymond, trente-quatre ans et ingénieur à Phoenix, est corpulent mais pas terrifiant. Il a le style de tignasse en tas de foin qui pousse tellement bas sur son front qu'il n'y a pas de place pour y caser une raie mais il essaie quand même. Il a une énorme mâchoire de prognathe mais elle est molle, ronde et suave comme un melon, si bien qu'il évoque plutôt un élève de séminaire épiscopalien.

Les vigiles étaient magnifiques. Ils étaient en uniforme de cow-boy comme Bruce Cabot dans *Sundown*[1], et ils portaient une étoile de shérif.

— On peut faire quelque chose pour vous, Mister ?

1. *Crépuscule* (1941), un film de Henry Hathaway. (*Toutes les notes sont du traducteur.*)

— La formule correcte est « Sir », a répliqué Raymond. Vous, vous avez dit « Mister ». Comment se porte votre bonne vieille Cosa Nostra ?

Aussi incroyable que ça paraisse, les gardes du casino l'ont raccompagné jusqu'à la sortie pacifiquement, sans lever la main sur lui. Je n'avais jamais vu ce bonhomme, jusqu'ici, mais peut-être parce que j'avais suivi attentivement son manège au cours de ces dernières minutes il s'est tourné vers moi et il a dit : « Hé, tu as une caisse ? Le délire reprend... »

Pour résumer, il avait abandonné sa voiture quelque part et il voulait maintenant remonter le Strip jusqu'au Stardust, l'un des grands hôtels-casinos de la ville. Si je décris ce gros clown de Raymond, ce n'est pas parce qu'il est l'archétype du touriste de Las Vegas – encore qu'il en présente certains symptômes caractéristiques –, mais parce qu'il constitue un bon exemple de l'impact que ce coin peut avoir sur les sens. Ceux de Raymond étaient exacerbés, et il approchait le moment de péter un câble. Il n'avait pas fermé l'œil depuis jeudi midi et on était dimanche à l'aube, je l'ai dit. Il avait une enveloppe remplie d'excitants (amphétamines) dans la poche gauche de sa veste, et une autre pleine de relaxants (méprobamate) dans la droite, ou bien était-ce le contraire ? Il aurait pu vérifier d'un seul coup d'œil mais il avait dépassé ce stade : il se fichait de savoir combien il lui en restait.

Il avait monté et descendu le Strip de Las Vegas et son incroyable débauche d'enseignes lumineuses, cette Route 91 où les néons et les projecteurs jaillissent en spirales et en geysers hauts de dix étages en plein milieu du désert pour fêter des casinos qui n'en comptent qu'un. Il avait joué, bu, mangé parfois aux buffets que les maisons de jeux regarnissent jour et nuit en se retapant surtout avec de bonnes vieilles amphètes, puis en se calmant au méprobamate, puis en éclusant encore plus d'alcool et maintenant, au bout de soixante heures, il commençait à présenter tous les symptômes d'une schizophrénie aiguë.

Il goûtait aussi ce que les prophètes des substances hallucinogènes appellent « dilatation de la conscience ». Le type était complètement psychédélique, en fait, et commençait à distinguer les divers éléments qui composent l'incomparable bombardement sensoriel de Las Vegas. Et il n'était pas dans le faux, avec son « hernie, hernie » : tout casino de cette ville est, entre autres choses, une salle remplie de tables de jeu de dés dont les croupiers répètent à l'infini une litanie que l'on peut entendre comme « hernie, hernie, hernie, hernie », nuit et jour, à lâcher ce commentaire continu par leurs narines, « *earn it, earn it, earn it* ». Ce qu'ils expriment ainsi est très éloigné d'une recommandation pure et simple. Le message sous-jacent de ce « gagne, gagne, gagne », c'est : « Nous sommes les initiés, ceux qui chevauchent la vague de la chance. » Que le ressassement de ce marmonnement finisse par sonner telle une répétition de « hernie, hernie » ne répond à rien d'autre qu'une déplorable coïncidence phonétique. En réalité, c'est quelque chose qui appartient à une tradition assez unique et plutôt prestigieuse : une combinaison de stimuli baroques qui évoque les gongs en bronze pas plus grands qu'une assiette de soupe populaire que Louis XIV, son col en ruché recouvert des dépôts de la saleté montée des vieilles ruelles byzantines, était personnellement allé débusquer dans les bazars d'Asie Mineure afin de donner des sonorités exotiques à son nouveau palais aux abords de Paris.

Alors que l'appel du courtier de craps se situe dans le registre intermédiaire, pour employer un terme musical, ce que produisent les ex-beautés installées devant les machines à sous appartient définitivement à la tessiture inférieure. Les hommes jouent aux machines, également, mais l'une des images indélébiles que laisse Las Vegas est celle de ces rangées et rangées de nanas d'un certain âge activant les manettes. Elles sont là un dimanche matin à six heures aussi bien qu'un mardi à trois heures de l'après-midi. Si certaines compriment leurs épais mollets dans des corsaires, la plupart se contentent d'enfiler toujours la même vieille robe imprimée et les mêmes grolles aux talons éculés qui leur donnent l'allure d'être sorties acheter des œufs dans quelque bled du Mississippi. Dans la main gauche, une tasse Dixie remplie de petites pièces ; à la droite, un gant d'ouvrier du bâtiment destiné à éviter que leurs cals s'irritent. À chaque fois que la manette est actionnée, la machine à sous émet un bruit métallique qui ressemble à celui d'une caisse enregistreuse avant le tintement de la sonnette, et alors les images commencent à défiler en cliquetant de gauche à droite, oranges, citrons, prunes, cerises, cloches, barres, *vaqueros*, la silhouette d'un cow-boy sur un cheval emballé. Toute cette série de sons se répète d'un bout à l'autre de la salle dans une suite excentrique, un peu comme les symphonies capricieuses de John Cage, et s'entend à n'importe quelle heure du jour et de la nuit, à Las Vegas. Vous descendez Fremont Street à l'aube et vous le percevez sans même entrer dans un établissement, ça et le roulement des « roues de la fortune », une version de roulette simplifiée, rasoir et pas vraiment appréciée, un tchack-tchack qui ralentit peu à peu avant de s'arrêter. Et en arrière-fond, ou parfois sous la forme d'une soudaine explosion sonore, le bavardage incessant des clients se pressant dans les casinos, un cri inattendu monté d'une table de craps et n'importe quand, de seize heures à six heures du matin, le bourdonnement des cuivres ou des instruments à cordes électriques venus des bars à cocktails.

Ces bruits de foule et d'orchestre n'ont rien d'exceptionnel, évidemment, mais la muzak de Las Vegas l'est à coup sûr. Elle s'impose à vous depuis le moment où vous pénétrez dans le terminal de l'aéroport après avoir atterri jusqu'à votre dernière visite aux casinos. Elle bourdonne à la piscine, tambourine dans les drugstores. C'est comme s'il existait une crainte collective que quiconque, n'importe où à Las Vegas, puisse se retrouver seul un instant face au silence.

Las Vegas a réussi le tour de force de brancher une ville entière sur cette stimulation électronique permanente en plein cœur du désert. Dans la voiture que j'ai louée, il était impossible d'éteindre la radio, quel que soit le bouton sur lequel on appuyait, et j'ai ainsi circulé des jours durant au milieu d'une joyeuse cacophonie de bulletins d'infos, de « Monkey Number 9 », de « Donna, Donna, The Prima Donna », et de jingles musicaux dédiés à la Frontier Bank ou à l'hôtel Fremont. L'ampleur de cette prouesse n'a pas d'équivalent : ce qui, dans toutes les autres cités américaines, n'est qu'une illusion de stimulation sensorielle dispensée au salarié harassé dans le bref intervalle entre, mettons, le trottoir et la porte de l'ascenseur, Las Vegas le prend, le démultiplie, l'empile et lui confère le prestige d'une marque de fabrique.

Par exemple, Las Vegas est la seule ville au monde dont l'horizon visuel est formé non d'immeubles comme à New York, ou d'arbres comme à Wilbraham, Massachusetts, mais d'enseignes publicitaires. Regardez la ville de loin, depuis la Route 91, et vous ne verrez pas d'immeubles ni d'arbres, seulement des panneaux et des néons. Et pas n'importe lesquels ! Ils s'élèvent dans les airs, pivotent sur eux-mêmes, se balancent, acquièrent des formes que le vocabulaire artistique est incapable de qualifier. Je ne peux que tenter de m'y risquer : modernisme Boomerang, incurvation palette de peintre, spirale Flash Gordon Ming-Alert, parabole McDonald's hamburger, ellipse Mint Casino, haricot Miami Beach... Les créateurs d'enseignes publicitaires de Las Vegas dépassent à ce point les conventions du genre que les termes définissant ce qu'ils conçoivent leur échappent. À l'atelier de la Young Electric Sign Company, East Charleston Boulevard, Vaughan Cannon, l'un de ces grands blonds de l'Ouest qui ont inventé des coins comme Las Vegas ou Los Angeles, dont les yeux paraissent avoir déteint au soleil, discute avec Herman Boernge, l'un de ses dessinateurs, de la maquette de l'emblème lumineux qu'ils ont conçu pour le casino Lucky Strike. Montrant l'endroit où deux grandes surfaces courbes s'unissent pour former un plan vertical, il demande :

— Bon, nous y revoilà : comment on appellerait ça ?

— Je sais pas, répond Boernge. Ça fait comme un... nez. Appelons ça un nez.

Va pour un nez, mais alors un nez qui s'élève à une hauteur de seize étages au-dessus d'un bâtiment qui n'en compte que deux. À Las Vegas, aucun entrepreneur avisé ne fera l'acquisition d'une enseigne à la dimension de l'immeuble qu'il possède : il reconstruira le machin pour qu'il puisse supporter le plus grand emblème lumineux qu'il sera capable de se payer et, si nécessaire, il en changera le nom. Aujourd'hui, le Lucky Strike Casino est devenu le Lucky Casino, ce qui flashe mieux quand les lettres apparaissent sur seize étages en jaune incandescent et en rose pêche flamboyant au milieu du désert du Mojave. À l'ère des virtuoses du néon comme Vaughan Cannon, les enseignes clignotantes sont devenues l'essence même de l'architecture de Las Vegas, qui ferait presque passer les deux derniers génies de la vague du baroque moderne, les plus fantasques affoleurs de séminaires de Yale qui soient, Frank Lloyd Wright et Eero Saarinen, pour des besogneux, et leurs inventions pour d'aimables blagues à peine dignes d'une réunion pédagogique. Des hommes comme Herman Boernge, Kermit Wayne, Ben Mitchem et Jack Larsen (qui fut créateur artistique pour Walt Disney) sont aujourd'hui les géniaux concepteurs-sculpteurs de Las Vegas, même si leurs idées visuelles ont été scrupuleusement reprises par des gens moins talentueux pour des stations d'essence, des motels, des funérariums, des églises, des bâtiments administratifs, des asiles de nuit ou des saunas.

Il existe ensuite ici une autre stimulation qui est à la fois visuelle et sexuelle : le décolleté fessier de Las Vegas. C'est une forme d'accoutrement d'un sexy provocant que l'on voit de plus en plus aux États-Unis, mais comme elle demeure aussi peu commentée que les sous-vêtements à slogans typiques de la culture Broadway (« Embrasse-moi, j'ai froid ») que l'on voit dans les magazines de mode, les euphémismes à son égard manquent encore et je n'ai d'autre choix que des termes froidement cliniques. Pour obtenir un décolleté fessier, donc, une femme portera un short style bas de bikini qui découpe les masses rebondies des fesses en travers au lieu de les envelopper, de sorte que les bases arrondies de ces globes (ou « miches ») sont exposées à l'air libre.

Je suis au bar de l'hôtel Hacienda, en train d'évoquer avec son directeur, Dick Taylor, le succès que son établissement rencontre auprès des familles et des voyages organisés, et tout autour de moi les serveuses se déhanchent sur leurs talons hauts, jambes nues et croupe décolletée qu'un bout de lingerie à l'appellation d'origine incontrôlée arrivant au pelvis vient rehausser. Je reluque, mais c'est parce que je suis nouveau, ici : au drugstore White Cross Rexall sur le Strip, une brune très enceinte fait son entrée en short noir avec décolleté fessier à l'arrière et lingerie en illusion-de-nylon à l'avant que même les mamies près de la porte n'ont pas l'idée de regarder, occupées qu'elles sont à actionner les machines à sous. Dans les rues de Las Vegas, ce ne sont pas seulement les deux cent cinquante showgirls que compte la ville, mais aussi les filles de toutes sortes, et notamment les petites lycéennes de Las Vegas, fleurons de cette ville que les locaux en quête de racines dans le sable appellent «notre ville des églises et des écoles», qui ont adopté la mode de porter des décolletés fessiers ultramoulants sous des pantalons qui le sont tout autant, cette culotte unique en son genre se découpant sous le tissu d'une façon qui se veut très chic. D'autres leur dament le pion en parvenant à donner l'impression qu'elles ont brièvement trempé dans un bain de nylon Helenca. De plus en plus, elles ressemblent à ces merveilleuses nanas du temps de Flash Gordon enveloppées dans un pantalon bouffant oriental en polyéthylène transparent, avec seulement Flash Gordon pour s'interposer entre elles et les assauts des sbires aux yeux fous de Ming. C'est comme si toutes les jeunes banlieusardes branchées d'Amérique qui ont pour nom Lana, Deborah ou Sandra, qui se rassemblent partout où les lampes à arc brillent et où les mecs rectifient leur raie dans le reflet des vitrines, avaient convergé à Las Vegas avec leur choucroute sur la tête et leurs petits derrières sanglés dans des falzars ultramoulants, ici, sur la nouvelle frontière américaine. Tout juste !

RIEN DE TOUT CELA N'AURAIT ÉTÉ POSSIBLE, CEPENDANT, sans l'une de ces rencontres historiques entre la nature et l'art qui conditionnent toute une époque : dans le cas présent, le désert de Mojave et le père de Las Vegas, feu Benjamin Siegel, dit « Bugsy ».

C'était quelqu'un qui avait des idées. En 1944, les édiles de la bonne ville de Las Vegas, dont la rigueur protestante était seulement adoucie par la perspective enivrante des revenus faramineux que le jeu pourrait leur procurer, envisageaient une planification urbaine qui aurait préservé une forme de coquetterie coloniale à la Williamsburg, revisitée façon Far West ; toutes les nouvelles constructions devaient ainsi avoir au moins une façade dans le style de ces établissements de Virginia City aux environs de 1880, où le pianiste portait immanquablement des élastiques à ses bras de chemise. Rappelons que le Vegas de cette époque n'avait rien à offrir de plus excitant qu'un bar de Fremont Street où le compositeur de « Deep in the Heart of Texas » tenait sa cour et où les habitués éclusaient de la bière à quinze *cents* la chope.

L'année suivante, Bugsy débarque à Las Vegas les poches lestées de quelques millions de dollars dont on estimera, après son assassinat, qu'ils provenaient du monde interlope des gangsters-financiers. Il monte un hôtel-casino comme on n'en avait jamais vu ici, qu'il baptise le Flamingo : un monument de modernisme Miami, et au diable les pianistes portant des jarretelles aux bras et autres fumisteries. Tout le monde emprunte la Route 91 pour observer la chose, bouche bée. Quelles formes ! Piliers néo-Boomerang, lignes de force en forme de palette de peintre, doubles toits avec porte-à-faux et une piscine en coquille Saint-Jacques. Quelles couleurs ! Tous les pastels électrochimiques dernier cri venus de la côte de la Floride : mandarine, rouge magma, rose fulminant, incarnat, fuchsia discret, rubis Congo, vert méthyle, jaune viridine, aigue-marine, phéno-safranine, orange incandescent, violet scarlatine, bleu cyanure, bronze fragmenté, orange panier-de-fruits-d'hôpital. Et quels emblèmes publicitaires ! Deux cylindres s'élèvent à chaque extrémité du Flamingo, hauts de huit étages et entièrement couverts de néons circulaires pétillants qui composent dans le ciel nocturne du désert comme deux immenses verres à whisky-soda remplis à ras bord de champagne rosé.

Le succès commercial du Flamingo n'allait toutefois pas être à la hauteur. Pour commencer, le casino perdait de l'argent à un rythme qui venait démentir toutes les probabilités scientifiques. Les bailleurs de fonds de Siegel ont donc soupçonné celui-ci d'être de mèche avec les joueurs professionnels qui passaient plus de temps dans son établissement que dans n'importe quel autre. Enfin, une chose en entraînant une autre, quelqu'un a décidé dans la nuit du 20 juin 1947 que Benny Siegel, le Seigneur du Flamant rose, méritait son compte : il a été criblé de balles à Los Angeles.

Pourtant, de même que celles de Cézanne, Freud ou Max Weber, les prémonitions esthétiques, culturelles et psychologiques de Bugsy ne pouvaient pas mourir avec lui. La vision Siegel et le look Siegel avaient déjà saisi Las Vegas comme la fièvre de l'or, et les bâtisseurs de l'Ouest prompts à saisir cette opportunité ne manquaient pas. Les incroyables pastels électriques se sont multipliés dans toute la ville et du jour au lendemain la débauche de baroque moderne en a fait l'une des rares cités au monde jouissant d'une unité architecturale – style «prospérité américaine tardive» –, et ce sans les pesanteurs et les froncements de sourcils d'employés municipaux. Aucune activité n'était trop modeste, trop banale ou trop grandiose pour embrasser le genre : le Lavautos Supersonic, les jets privés Mercury, les stations d'essence Gas Vegas Village et Terrible Herbst, le motel Par-a-Dice, le salon funéraire Palm, l'Orbit Inn, le Desert Moon, le drive-in Blue Onion, et ainsi de suite, comme si Wildwood, New Jersey, était dans l'instant transporté au paradis.

L'atmosphère de cet alignement d'hôtels-casinos de dix kilomètres est contagieuse. À moins de huit cents mètres derrière le palais des Congrès, par exemple, s'élève la Landmark Tower, une colonne d'appartements haute de trente étages soutenant une énorme structure circulaire, sorte de plate-forme d'observation astronomique qui aurait dû accueillir un restaurant et un casino si les promoteurs n'avaient pas fini par faire faillite, sans doute à l'issue de l'ultime des innombrables conflits provoqués par les ouvriers du bâtiment qui passaient la moitié de leur journée de travail allongés sur le ventre, tête, langue et yeux exorbités depuis le sommet de la tour afin d'observer sans jamais se lasser la piscine des appartements *Playboy* en contrebas, qui dispose d'une section «maillots de bain interdits» destinée aux showgirls dont la profession exige un bronzage intégral.

Partout, les merveilleux petits bourgeons adolescents de Las Vegas dans leur pantalon à décolleté fessier sont de retour sur les sièges en moleskine de luxueux coupés, et se dépouillent de leur enveloppe aguicheuse juste assez longtemps pour établir le taux de maladies vénériennes au sein de la population lycéenne le plus élevé au nord des jungles décaties du 8ᵉ parallèle. Les

Noirs qui ont tant contribué par leur sueur à un boom de la construction ayant duré seize années sont revenus à leur ghetto à l'ouest de la ville, certains d'entre eux fument de la marie-jeanne, mangent des boutons de peyote et divaguent à l'héro, qui leur arrive de Tijuana, et tout comme je te le dis, baby, ce bon vieux Raymond, l'ingénieur de Phoenix, n'est pas le seul à avoir la belle vie.

JE SUIS AU DEUXIÈME ÉTAGE DU TRIBUNAL du comté de Clark où je m'entretiens avec le shérif-capitaine Ray Gubser, un autre de ces solides bâtisseurs de l'Ouest aux yeux pâles. Il me décrit obligeamment les tâches de maintien de l'ordre sur le Strip, où le problème n'est pas tant les ivrognes, les pickpockets ou les vagabonds que tous ces cinglés sous acide qui ne veulent jamais aller se coucher, sont la proie d'hallucinations et prétendent faire s'écrouler des casinos à mains nues à l'instar de Samson. Le comté a deux cellules capitonnées rien que pour eux. Ils se calment en trois ou quatre jours et on découvre alors qu'il s'agit de bons pères de famille venus de Denver ou de Minneapolis, bardés de diplômes et de remords et de vague à l'âme dont ils abreuvent les flics du coin avant de finir par s'extraire du pays des merveilles par avion. Le capitaine Gubser me parle de la vie et d'aventures excentriques arrivées à Las Vegas, donc, mais je suis distrait : par la baie vitrée de son bureau qui donne sur le couloir, je vois une nuée de filles passer en piaillant et gloussant, une explosion de permanentes platine et jaune néon, de choucroutes et d'écharpes en soie couleur fraise, leurs yeux cerclés de noir comme des décalcomanies à découper, leurs seins pointant sous les pulls telles des batteries antiaériennes, et tandis qu'elles négocient le tournant vers l'ascenseur leurs muscles grands glutéaux pistonnent dans l'inévitable décolleté fessier de leurs pantalons moulants noirs, beiges ou carmin. Elles font partie du dernier arrivage de showgirls à Las Vegas – soixante-dix en tout – destiné à la revue « Lido de Paris » au Stardust, qui va s'appeler « Bravo ! » et remplacera l'ancien spectacle, intitulé « Voilà ». Elles sont venues ici pour recevoir leur permis de travail, et dans quinze jours ces petits grands glutéaux et ces seins-mitrailleuses lourdes aux bouts décorés d'une étoile autocollante se balanceront au-dessus des mâchoires béantes et des nez affolés de la première rangée de spectateurs du Stardust. Bien que je continue à écouter Gubser, les simples mots sont mis en déroute comme si un bon vieux Toscanini atonal essayait de trouver l'harmonie avec l'orchestre symphonique de la NBC, et je l'imagine battant l'air de ses petits bras de pantin tel Tony Galento boxant dans le vide contre le destin, beuglant à la face des musiciens syndiqués qui le noient irrémédiablement. Ici, j'ai assisté à trois procès et c'était formidable parce que les salles d'audience sont toutes en bois blond moderniste, on croirait des studios de télé pour débats avec public sur l'avenir du mariage ou les affres de l'adolescence. Ce que le juge avait à dire n'était pas moins ampoulé et pédant que ce que ses confrères racontent partout ailleurs mais ici, au bout de quarante secondes, cela n'a plus aucun sens puisqu'on se trouve complètement immergé dans l'ambiance d'un bulletin d'informations transmis par la meilleure station de radio de Vegas, KORK. Il débute par une série de bips électroniques venus de ces lointaines hauteurs sonores que seuls les quadrupèdes peuvent capter, puis une voix annonce les nouvelles « Action Checkpoint » : « Les infos, TOUTES les infos, passent d'abord par Action Checkpoint avant de VOUS parvenir ! À la vitesse du son ! » Encore des bips, des whizz, des glouglous, et arrive le premier titre : « Le Premier ministre cubain Fidel Castro a manqué de se noyer hier. » Bip, whizz, glouglou ! Aucune information jamais communiquée à Las Vegas par un speaker de la KORK ne pourrait rivaliser, dans le cerveau de l'auditeur, avec cette débauche de signaux électroniques.

Ainsi, les bips, whiiizz, glouglous, le Boomerang moderne, les feux d'artifice Flash Gordon explosent dans la nuit par-dessus le grondement hernie-hernie et les vieilles nanas aux machines à sous jusqu'à ce qu'il soit 7 h 30 du matin et que j'observe cinq hommes jouant au poker autour d'une table tendue de feutre vert. Ils triturent leurs cartes de marque Bee et les lorgnent avec le même pincement de lèvres que Conrad Veidt en tunique prussienne étudiant le dernier message codé en provenance du *QG SS*. Big Sid Wyman, le fameux joueur de Saint Louis, est présent, ses yeux tels deux œufs pochés avec la carte routière de la Virginie occidentale incrustée à l'intérieur, après toute une nuit passée à la table de poker ; le sexagénaire Tommy Hargan, de Chicago, est là aussi, sa houppette de cheveux blancs rabattue sur son petit crâne rose, une montagne de jetons devant son sternum de vieux bronchitique ; et Maxie Welch de Dallas, soixante piges également, adipeux et flegmatique comme un potentat de l'océan Indien, et deux pontes de Los Angeles qui tirent sur des cigares vert candela et font monter la fumée dans la pénombre. Question ambiance, c'est l'archétype de l'arrière-salle interlope, « club sportif », salon de billard, tripot clandestin, un résumé de toute l'histoire du poker pratiqué par la lumpen-bourgeoisie rouleuse de mécaniques. Mais plus loin, qu'est-ce que c'est que ça ? Sur une estrade latérale, une créature impeccable et permanentée, à la peau de porcelaine synthétique qui semble être passée au polissoir électrique tous les matins, est assise derrière un globe en verre suspendu au-dessus d'une plaque chauffante : sa seule et unique mission est de stimuler les joueurs à coups de rasades de café. Pendant ce temps, un nombre indéterminé de larbins en uniforme guettent aux confins de l'espace, prêts à dispenser aux cinq super-joueurs tout ce qu'ils pourraient désirer d'autre, cigarettes, boissons, serviettes, papier pour nettoyer leurs lunettes, téléphone à long cordon... Et tout autour, à la respectueuse distance de trois mètres, se dresse une barrière aux montants délicatement dorés, à laquelle, en dépit de l'heure narcoleptique, s'accoudent des hommes et des femmes en habits de gala qui sont là pour contempler le combat des titans. Nous nous trouvons dans le cercle enchanté du casino du Dunes Hotel et, ainsi que chacun le sait ou aime à le croire, ces cinq êtres de légende jouent des pots de quinze ou vingt mille dollars. Cent dollars sont symbolisés par un jeton et les mandibules pendent de plus en plus au fur et à mesure que la bataille progresse. Et voici que Sid Wyman, qui est aussi le directeur adjoint du Dunes, se place à une petite écritoire près de l'enceinte dorée et entreprend de signer des vouchers représentant des sommes qui peuvent atteindre les quatre mille cinq cents dollars, imprimés en chiffres lourdement mondrianesques produits par une machine Burroughs. C'est comme si les tripoteurs de cartes de la tradition américaine avaient été soudain adoubés et propulsés au rang de nouvelle aristocratie.

Réalisant exactement le rêve de Bugsy Siegel, Las Vegas s'est mué en Monte-Carlo du Nouveau Monde, mais dépourvu des pesanteurs snobinardes qui affectent les casinos de la Côte d'Azur. Il flotte encore à

Monte-Carlo l'affectation compassée des nobles flambeurs du XIXe siècle, celle du baron Bleichroden, un as de la roulette qui aimait déclarer à la cantonade : « Mes amis, c'est si facile avec le noir ! », celle de Lord Jersey remportant dix-sept fois d'affilée la mise maximale – sur le noir, soit dit en passant, adressant un signe de tête courtois au croupier et lui disant : « Je vous suis très obligé, mon cher » avant d'emporter ses gains en Angleterre, de se retirer à la campagne et de ne plus jamais approcher une table de jeu jusqu'à sa mort, ou celle du duc de Dinc, lequel affirmait ne pouvoir gagner qu'au très exclusif « Club privé » et qui, voyant deux Britanniques lorgner d'un œil envieux sa bonne fortune un soir, leur avait jeté tous les billets de mille francs qu'il tenait dans les mains en s'écriant : « Tenez ! Un Anglais sans argent, c'est tout bonnement odieux. » Aujourd'hui, des milliers d'Européens ont les moyens d'aller jouer sur la Côte, et pourtant ils restent sous la coupe séculaire de l'aristocratie. À Monte-Carlo règne toujours l'opprobre de la mauvaise fourchette, de l'accent déplorable, du costume mal taillé, du comportement déplacé, de la vulgarité nouveau riche, de l'absence de conversation, tous concepts inconnus à Las Vegas. Pour le lancement de Monte-Carlo en tant que villégiature huppée en 1879, l'architecte Charles Garnier avait conçu un opéra place du Casino, où Sarah Bernhardt avait lu un poème symboliste ; pour celui de Las Vegas en 1946, Bugsy Siegel avait engagé le duo comique Abbott et Costello : voilà qui résume tout, d'une certaine façon.

JE ME TROUVE DANS LE BUREAU DE MAJOR A. RIDDLE – Major est son prénom, non un grade –, le directeur de l'hôtel Dunes. Cheveux plaqués en arrière, il porte au petit doigt une grosse bague en or avec un diamant enchâssé dedans. Comme partout dans cette ville, l'air conditionné a été réglé à un niveau qui passera à la postérité comme « climatisation Vegas ». Riddle a rendez-vous à 16 h 30 avec un médecin à cause d'un torticolis. Sa secrétaire, Maude McBride, a la tête baissée et se frotte la nuque. Lee Fisher, l'attaché de presse, et moi, nous faisons pivoter notre fauteuil de temps en temps pour empêcher nos os de geler. Riddle me parle de la « guerre française » en tournant prudemment le cou. Le Stardust a acheté et importé une version du fameux programme du Lido de Paris, et le spectacle de tous ces bas-ventres pailletés au bout de jambes de flamant rose a enflammé les touristes. Le Tropicana a riposté avec les Folies-Bergère, le New Frontier a lancé « Paree Ooh La La », le Hacienda s'est saisi des « Poupées de Paris » et le Silver Slipper a appelé à la rescousse Lili Saint Cyr, la strip-teaseuse qui a quelque chose de français, si on veut. En conséquence, le Dunes s'est rabattu sur le troisième et dernier grand numéro de jolies filles parisien, celui du Casino de Paris. Lee Fischer prévient : « Et nous allons faire des trucs que les autres ne PEUVENT pas dépasser. À Vegas, il faut avancer par sauts qualitatifs. »

Qualitatifs ? Exactement ! Le mérite du Casino de Paris revu par le Dunes de Las Vegas, c'est qu'il ira au-delà de l'art, de la danse, du spectacle, et même du chatouillement de l'entrejambe clignant : il sera un colossal déploiement de savoir-faire américain, tout comme le Projet Mercury.

Selon Major A. Riddle, « ce show va nous coûter deux millions et demi en fonctionnement annuel, et un et demi à monter. Rien que les costumes, ce sera du jamais-vu. Il y en aura plus de cinq cents et ils vont être, bon, du jamais-vu ! Et la machine... Quand on aura agrandi la scène, rien que la machine nous aura coûté deux cent cinquante mille dollars.

— La machine ?

— Oui ! Sean Kenny est en charge de la direction artistique. Le plateau tout entier bouge électroniquement, là, sous vos yeux. Il a travaillé avec ce gars, là, Lloyd Wright...

— Frank Lloyd Wright ?

— Oui ! Sean s'est occupé de la mise en scène de *Blitz*[1]. Vous l'avez vu ? Fantastique ! Et donc, c'est tout électronique. Ils ont fabriqué la machine pour nous à Glasgow, en Écosse, et elle est en train de nous être expédiée en ce moment même. Ça bouge dans tous les sens, ça fait de la fumée, des effets spéciaux... On aura tout ! On peut simuler un bombardement, avec : vous aurez l'impression que tout le théâtre explose ! Bon, il va falloir la programmer. Ils ont utilisé le même mécanisme que celui du missile Skybolt. Ça s'appelle Celson, ou un machin de ce genre. C'est compliqué à ce point, oui. Ils ont dû faire pareil que pour le Skybolt[2] ! »

En écoutant Riddle, on se prend à imaginer un merveilleux tableau de sexualité futuriste, des cosmonautesses aux fesses nues exécutant de vertigineuses ellipses orbitales autour de la salle du casino Dunes, éclairs de bas-ventres pailletés, de grands yeux noirs décalcomaniés et d'entrejambe chatouillant, jusqu'à ce que le maître d'œuvre de cet immense Projet Orgasmy de notre temps, Sean Kenny, celui qui a travaillé avec Frank Lloyd Wright, appuie sur le bouton rouge et que

1. Riddle confond le célèbre architecte avec Lionel Bart, le réalisateur de la comédie musicale *Blitz* (1962).

2. La production du missile balistique à tête nucléaire Skybolt a été suspendue au milieu des années 60 en raison d'une série d'essais non concluants.

tout le harem en folie, glapissant « ooh-la-la » au milieu du vacarme, opère sa sortie dans un nuage en forme de champignon.

LE CHARME DE LAS VEGAS OPÈRE AUSSI EFFICACEMENT sur les vieux que sur les jeunes. Même si personne ne l'admettra ici, car c'est une idée qui manque de modernité et de glamour, Vegas est un lieu de villégiature pour nos aînés. En leurs dernières années, avant que les tissus ne se détériorent au point que les câbles du cortex cérébral pendouillent dans le crâne comme une botte d'algues desséchées, ceux-ci sont à la recherche d'une libération.

Huit heures du matin ce dimanche et c'est encore une journée de soleil presque trop prévisible qui commence dans le désert lorsque Clara et Abby, toutes deux la soixantaine, accompagnées de leurs maris respectifs, Earl, soixante-trois ans, et Ernest, soixante-quatre, émergent du Mint Casino de Fremont Street en clignant des yeux.

— Je ne sais pas ce qui ne va pas chez moi, commente Abby, mais ces trois derniers verres, ils ne m'ont fait aucun effet. C'était comme de boire de la limonade, tu vois ce que je veux dire ?

— Hé ! lance Ernest, quoi que vous avez pensé de ce bouiboui-là, alors ? On y a pas été jamais. Allez, venez !

Les autres restent sur le trottoir, les paupières papillotantes, la mine sceptique. Abby et Clara, qui ont atteint le statut de vieilles nanas, ont la bosse charnue caractéristique de leur âge dans les omoplates, une série de gros petits bourrelets en guise de torse sur des jambes osseuses, atrophiées, qui viennent se ficher comme des bâtons dans des hanches bosselées. Leurs cheveux ont été cuits et teintés en structures improbables.

— Tu vois ce que je veux dire ? continue Abby. Au bout d'un moment, ça me donne des gaz et rien d'autre. Zéro effet.

— Vous m'avez vu là-bas ? s'enquiert Earl. J'y allais tranquillo, peinard, à l'aise Blaise, et voilà-t-y-pas qu'allez savoir ce qui me prend, avant de piger ce qui m'arrive j'ai allongé cinquante dollars...

Abby laisse échapper un rot sonore. Clara glousse.

— Ça me donne des gaz, répète son amie machinalement.

— Hé, et ce bouibe là-bas ? insiste Ernest.

— Peinard et mollo, quoi...

— Des bulles partout dedans...

— Oh, allez...

Et donc, un dimanche à huit heures du matin, voilà quatre vieux fêtards originaires d'Albuquerque, Nouveau-Mexique, aveuglés par le soleil après une nuit blanche, rotant à cause d'un excès de long drinks et, merveille des merveilles, personne alentour n'a idée de se moquer de la dégaine d'une vieille nana au fessier décati dans un corsaire et aux talons en équilibre sur des plates-formes bigarrées.

— D'où est-ce qu'on VIENT ? me dit Clara, qui s'exprime pour la première fois depuis que je les ai accostés sur le trottoir de Fremont Street. Hé, il veut savoir d'où qu'on vient ! Je crois que tu as dépassé l'heure du coucher, mon mignon !

— Ouais, monte les escaliers et va au lit, ajoute Abby.

Rire général. « Monte les escaliers » est l'expression favorite d'Abby. Pour l'heure, il n'y a presque pas d'escaliers à gravir, à Los Angeles. Des maisons préfabriquées Avalon vont bientôt pulluler, et la publicité de vanter « Un foyer à étage ! », comme si c'était là un concept incroyablement sophistiqué et exotique. En bavardant avec le quatuor, je ne tarde pas à découvrir que cette injonction à « monter les escaliers » est une métaphore qu'ils ont apportée de Marshalltown, Iowa, à Albuberque il y a bien des années, avec tout un tas d'autres vestiges de leur éducation, un wagon entier de tabous protestants réprouvant la boisson, le désir sexuel, le jeu, les soirées, les grasses matinées, le fait de traîner dans les rues et de buller en pantalon corsaire, préjugés visant à priver toute personne du moindre petit plaisir pour l'amener à concentrer son énergie sur des objectifs plus élevés et généreux.

— On était là-bas, continue Clara, et je comprends qu'elle parle du Mint, il y a quoi, deux, trois heures, avec ce vieux type qui joue de la guitare, genre « vas-y droit dedans, mets-y droit dedans », et moi j'arrête pas d'entendre une vieille chanson que j'ai pas entendue depuis vingt ans ou pas. Un truc sur un petit gars et ses parents qui lui répètent tout le temps qu'il est tard, qu'il doit aller se coucher, et lui il répond à chaque fois : « Me faites pas aller au lit et je serai gentil. » Est-ce que je suis gentille, Earl ? Gentille-gentille ?

Le cortex libéré dans toute sa splendeur, c'est précisément ce que représentent les ex-nénettes devant les machines à sous. Si certaines sont des touristes à qui leur mari a dit : « Tiens, voilà cinquante sacs et va jouer », tandis qu'eux-mêmes s'en allaient s'adonner à des plaisirs plus raffinés, la plupart de ces vieilles nanas font partie du paysage de Las Vegas. Elles débarquent au Golden Nugget ou au Mint avec leur chèque de la Sécurité sociale ou celui de leur retraite versée par quelque compagnie téléphonique de l'Ohio, le changent en espèces sonnantes et trébuchantes à la caisse du casino, sortent la tasse Dixie pour les pièces et passent le gant de fer à leur main droite, se perdent dans les allées de machines et se mettent à l'ouvrage.

Je me souviens notamment d'une conversation avec une autre Abby, une veuve de soixante-deux ans courte sur pattes et en forme de bouche d'incendie à partir de la ceinture ; après avoir vécu seule pendant douze ans à Canton, Ohio, elle était venue habiter à Las Vegas avec sa fille et son gendre, qui travaillait dans l'armée de terre. « Oh, ils ont été merveilleux avec moi, m'a-t-elle raconté ; de parfaits hypocrites. Elle, elle disait tout le temps, genre : "On serait enchantés de t'avoir ici, maman, seulement on pense que ça ne va pas te PLAIRE. C'est pratiquement une ville de la Frontière, tu sais ?" Et : "Oh, c'est TELLEMENT vulgaire !" Alors, moi : "Bon, si tu préfères que je ne vienne pas..." Et elle : "Oh, non, non !" Si j'avais pu entendre ce que le mari racontait, au moins ! Il m'appelle "Maman"... MAMAN ! Et une fois que j'ai été là, eh bien, ils se sont dit que je pourrais peut-être faire une bonne baby-sitter, bonne aussi pour la vaisselle, le ménage, tout ça... Les enfants sont de petites vipères, entre nous. Bon, un jour, je viens en ville pour je ne sais plus quoi et je joue à une machine à sous. C'est génial... comment décrire ça, je ne vois pas. Et bon, il m'arrive de perdre. Je perds, un peu, et il faut voir le foin qu'ILS font pour ça ! "Pour l'amour du ciel, grand-maman !", et ainsi de suite. Ils me donnent toujours du "grand-maman" quand je suis censée "me comporter comme les personnes de mon âge" ou me cacher comme la petite souris dans son trou. Mais bon, je vous le dis, les machines à sous, c'est NETTEMENT mieux que de rester à l'étroit dans cette petite baraque toute la sainte journée. Je ne saurais pas expliquer : ça vous rentre dans la peau, genre... »

Bien entendu, la mégalomanie puérile du joueur est taillée dans la même étoffe que la puérilité mégalomaniaque de la ville elle-même et, comme tous les autres, ces enfants au cortex libéré que sont les vieux et les vieilles s'agitent le long du Strip à toute heure du jour et de la nuit. C'est tout sauf un hasard si une part substantielle des divertissements de Las Vegas, en particulier les artistes de seconde zone qui se produisent dans les bars à cocktails, rappellent à un homme sur le retour ce qui était dans le coup et fascinant vingt-cinq ans plus tôt, quand il n'avait ni l'argent ni la tranquillité d'esprit pour s'y intéresser. Dans l'immense salle de restaurant-spectacle du Desert Inn, baptisée « Painted Desert Room », Eddie Fisher fait son numéro ; d'un ton amène, il prévient un gros rougeaud installé à la table la plus proche de la scène : « Bonhomme, vous savez que vous ne devriez pas être assis si près, maintenant vous êtes bon pour y passer, mon bonhomme », et Bonhomme rougit encore plus, de frayeur cette fois. Au bar de l'hôtel, l'idée de base est de conserver un vernis de clinquant, et Hugh Farr est là pour ça, lui la star du bon vieux temps de l'Ouest, l'auteur de deux des cinq ritournelles du Far West que la bibliothèque du Congrès conserve sur bandes magnétiques pour la postérité, « Cool Water » et « Tumbling Tumbleweed », datant de l'époque où il jouait du crincrin pour les fils des pionniers. Aujourd'hui, les rides autour de ses yeux le font ressembler à un vieux lettré chinois, sauf qu'il porte un smoking blanc et des santiags en cuir bleu ciel, et qu'il tire des accents tristes de son vieux violon de cow-boy raccordé à un ampli et qu'il est accompagné d'un groupe musical baptisé The Country Gentlemen. Il y a encore Ben Blue, qui fait penser à un personnage de vaudeville échappé d'un musée de cire et qui soulève son chapeau de paille afin d'exhiber les qualités sculpturales de son crâne. Et au bar du Flamingo – dont Ella Fitzgerald occupe la grande salle –, voici Harry James, décrépit et engoncé dans l'un de ces costumes de scène supposément italiens ; la formation Ink Spots passe au New Frontier, et Louis Prima au Sahara, que les vieux touristes vont tous voir, rugissant dans l'aube d'un jour nouveau, jusqu'à ce que le soleil leur fasse l'effet des fondus enchaînés d'un projecteur. Les casinos, les bars, les magasins de spiritueux ne ferment jamais, pataugeoire permanente offerte à l'égotisme des enfants : « Me faites pas aller au lit... »

AU BOUT DU COMPTE, LES VICTIMES COMMENCENT À S'EMPILER. Je suis dans le bureau du manager d'un hôtel du Strip, où se trouvent aussi un homme et son épouse, tous deux avoisinant la soixantaine et tous deux fous de rage : quelqu'un s'est introduit dans leur chambre, a volé soixante-dix dollars dans le sac à main de la dame, et maintenant ils voudraient que la direction de l'établissement rattrape le coup. Le type trépigne sur une chaise avant de rebondir dans toute la pièce, agitant ses coudes en forme d'ailes de poulet.

« C'est ça que vous appelez de la sécurité ? On entre dans cette satanée piaule et on se sert à sa guise ! Et devinez où j'ai dégotté votre responsable de la sécurité ? Dans la cour, en train de bouquiner un fichu magazine d'histoires policières ! » L'homme a incontestablement marqué un point, là, mais vu qu'il porte un polo rayé avec un col uni très hollywoodien, et elle un pantalon corsaire, et que leur visage buriné est cerclé du genre de grosses lunettes de soleil enveloppantes que les jeunes héros-malfrats de la Nouvelle Vague française affectionnent, il est impossible de prendre au sérieux quoi que ce soit qui sorte de leur bouche. On dirait deux mantes religieuses avec leurs yeux à facettes exorbités.

Elle surenchérit : « Écoutez voir, m'sieur ! Je me fiche des soixante-dix dollars. Je les perdrais à votre table de craps que ça me ferait ni chaud ni froid. Cet argent, pfff, je le joue sans même y penser ! Pas de regret ! Mais qu'on puisse entrer comme ça et que vous... vous vous en moquiez éperdument, ça c'est un peu fort ! » Leurs immenses cornées d'insectes sont fixées sur le manager, un dandy en chemise blanche éclatante et cravate argentée.

— C'est arrivé il y a trois jours, vous dites, remarque-t-il. Pourquoi vous ne nous avez pas prévenus avant ?

— Eh bien, je pensais laisser couler, au départ. Soixante-dix dollars ! – Il annonce la somme comme s'il était difficile de concevoir une quantité d'argent plus dérisoire. – Mais ensuite, j'ai découvert votre gars plongé dans ce canard... *True Detectives*, c'était. Avec sur la couverture une gourgandine un pied posé sur une chaise, et on voyait son porte-jarretelles et tout. Une vraie publicité pour une poudre contre les cors, on aurait dit. Et là, j'ai commencé à bouillir doucement, monsieur, mais moi, quand je bous, je BOUS ! Avachi avec son damné bouquin dans les mains !...

— N'importe quel hôtel correct aurait une assurance pour ce genre de chose, intervient-elle.

— Je ne connais pas un hôtel au monde qui soit assuré contre les vols, réplique le manager.

— Attendez, monsieur ! Vous traitez ma femme de menteuse, là ? Si vous voulez jouer au petit malin, je vous en colle une ! Appelez ma femme une menteuse et je vous en colle une à l'instant !

Là, le manager incline légèrement la tête sur le côté, fronce les sourcils, lance au vieux type un regard qui ferait de l'effet dans les coins les plus mal famés de Brooklyn, et l'autre cesse de bouillir.

D'autres n'en sont plus à ce stade, toutefois. Hornette Reilly, une prostituée new-yorkaise aux hanches plantureuses, se trouve au lit avec un mec d'on ne sait où, dont la peau a la couleur de la bouillie d'avoine. Il dort, ou il est dans les pommes, ou quoi. Hornette raconte tout ça au médecin dans le téléphone Princess posé sur la table de nuit.

— Écoutez, je suis en train de craquer, là ! annonce-t-elle. J'ai tellement bu, je pourrais pas vous dire combien. Presque une bouteille de brandy depuis quatre heures du matin, je blague pas ! Je suis au lit avec un type. Maintenant, oui ! Je vous cause au téléphone et lui, ce porc, il est vautré là comme un animal. Il est que de la graisse, sa peau est comme de la bouillie d'avoine, qu'est-ce qui m'arrive, enfin ? Je vais reprendre des cachetons. Je craque, c'est sérieux ! Je vais me tuer ! Faut que vous me fassiez entrer au Rose de Lima. Je craque et je sais même pas ce qui m'arrive !

— Et donc vous voulez aller au Rose de Lima, naturellement...

— Eh ben... ouais.

— Vous pouvez passer au cabinet mais je ne vais pas vous hospitaliser là-bas, pas question.

— Docteur, je blague pas !

— Je ne doute pas que vous n'alliez pas bien, ma vieille, mais je ne vais pas vous faire entrer au Rose de Lima rien que pour que vous décuitiez.

Les filles comme Hornette ne veulent pas aller à l'hôpital du comté : elles veulent le Rose de Lima, le centre médical fondé par les sœurs dominicaines où les problèmes mentaux sont traités par la psychothérapie de groupe, où les patients restent habillés comme ils veulent, peuvent bavarder et jouer à des jeux avec le personnel, sont bien nourris et prennent des bains de soleil, le tout aux frais de l'État. L'une des héroïnes du folklore des catins de Las Vegas, apparemment, est une call-girl qui l'an dernier résidait au Rose de Lima du lundi au vendredi et partait les samedis et dimanches « en rabattage au Strip », selon la formule consacrée, de quoi se faire deux ou trois cents dollars par week-end. Elle ne se considère pas comme une putain, ni même une call-girl, mais comme une « belle de week-end ». Ainsi, quand un type débarque au Strip dans l'intention de matérialiser les courbes art nouveau tapies dans son subconscient et demande à deux filles de les incarner sous ses yeux, celle-ci ne consent qu'à être l'élément passif du duo : en vraie fille du Rose de Lima, elle sait poser les limites.

À l'hôpital du comté, le pavillon psychiatrique est grillagé, cadenassé et bondé de pensionnaires qui s'attardent des heures dans le hall central, le seul endroit hormis la cour où ils peuvent se dégourdir les jambes. Une grande brune aux yeux noircis, au chignon à la dérive et à la grossesse voyante est la plus animée du lot. Elle fait de l'œil à tous ceux qui passent par là, et montre joyeusement du menton les places encore libres le long du mur.

— Mme *** refuse de prendre ses médicaments, explique une infirmière à l'un des psychiatres de service. Elle ne desserre même pas les lèvres.

En tunique blanche réglementaire, l'intéressée est à ce moment précis conduite à travers le hall. Elle paraît avoir une cinquantaine d'années, même si des rides formidables sillonnent son visage.

— Bienvenue à la maison, lance le docteur Y.

— Ce n'est pas ma maison, rétorque-t-elle.

— Comme je vous l'ai déjà dit, il est nécessaire qu'elle le soit, pour le moment.

— Dites, personne ne m'a examinée !

— Oh que si ! Deux psychiatres se sont occupés de vous.

— Vous voulez dire en prison ?

— Exactement.

— Vous ne pouvez rien conclure de ça ! J'étais énervée. J'avais été sur le Strip, et là toute cette stupide situation a...

Le spécialiste m'indique que les trois quarts des six cent quarante patients qui sont passés par le service psychiatrique l'an dernier étaient des victimes du Strip ou de ses environs. C'est un homme énergique et à l'esprit vif, en veste de soie noire à col drapé et boutons en cuivre.

— Je ne suis même pas son médecin traitant, dit-il à propos de la fille. Je ne connais pas son dossier, je ne peux rien pour elle.

Ici, tenus à l'écart du monde dans ce modeste pavillon, échouent tous ceux qui sont montés sur le grand huit et qui n'ont pu supporter la force centripète. Certains qui, comme Raymond, se sont propulsés à l'alcool et aux comprimés pendant un temps fou et ont perdu le sommeil au point de friser l'anoxémie, surmonteront les réactions toxiques en deux, trois, huit ou dix jours, mais d'autres ont des problèmes personnels qui s'ajoutent au déséquilibre chimique. Quelqu'un qui a lancé tout son argent à l'homoncule avachi devant la table de craps – une figure récurrente dans le monde du jeu – et enfournant discrètement les gains de la banque dans la fente prévue à cet effet pour que les joueurs ne voient pas tous ces jetons s'accumuler, quelqu'un qui a vendu pour deux ronds la voiture familiale à un garage dont le panneau promettait « Du cash pour votre caisse tout de suite ! », puis est revenu céder cette somme à l'homoncule en question, alors que sa famille l'attend patiemment, innocemment, chez lui... bon, ce quelqu'un a de sérieux problèmes.

Le médecin, encore :

— Quand j'ai commencé à réfléchir à mon travail ici, j'ai vite identifié l'agressivité extrême qui y règne en permanence. Ce n'est pas seulement dû à Las Vegas, mais aussi au type d'individus que la ville attire. Le jeu est un passe-temps très agressif, donc Vegas aimante des gens qui ont énormément de belligérance en eux. Et une incroyable faculté à compliquer les situations les plus normales.

Une fille, sans doute très belle dans d'autres circonstances, a le visage collé contre le mur et jette de temps en temps des coups d'œil de biais au psychiatre. Une infirmière s'approche d'elle pour lui dire quelque chose, elle plaque ses mains sur sa figure, se convulse mais ne dit rien. Elle bat en retraite dans sa chambre, d'où des hurlements étouffés s'échappent bientôt. Le médecin se hâte à sa rencontre. Dans le couloir, d'autres patients sortent la tête par leur porte.

— C'est la jeune fille ? demande un type très calme à l'infirmière, puis il se retourne et dit à quelqu'un dans sa chambre : C'est la jeune fille.

La grande brune continue à activer ses yeux noirs de décalcomanie.

Dans la cour, une étendue de sable stérile, la lumière est celle d'une ampoule électrique mourante. Une vieille nana se balance sur une chaise droite, élevant parfois sa main en l'air et l'abaissant vers sa poitrine. La gestuelle me semblant évidente, j'interroge l'infirmière :

— Une machine à sous ?

Mais elle me répond qu'on ne peut pas savoir.

Le docteur Y, toujours :

— ... Sauf que ces personnalités agressives sont indispensables à l'édification d'une ville du désert comme Las Vegas, une ville de la Frontière. C'est évident sur le plan psychologique. Ce type de personnes iront au bout de tout ce qu'elles entreprennent. Le développement a été hallucinant, ici. Visiblement, elles ne soucient pas des défis qui se dressent devant elles, donc elles foncent.

Revenu sur le parking de l'hôpital du comté, j'ai à peine démarré que je suis à nouveau en communication avec Action Checkpoint News, « Monkey Number 9 », « Donna, Donna, Prima Donna », moi et ma grosse voiture blanche chaloupons en direction du Fremont Hotel et de Frontier Federal, et sur le Strip c'est à nouveau l'explosion, la grande galerie des Glaces que la Young Electric Sign Company dédie à tous les Rois-Soleil, modernisme Boomerang, incurvation palette de peintre, spirale Flash Gordon Ming-Alert, parabole McDonald's Hamburger, ellipse Mint Casino, haricot Miami Beach...

À l'aéroport il y a un mauvais cap à passer entre l'agence de location et l'entrée du terminal, mais dès que les portes automatiques coulissent la muzak est de retour, avec « Song of India ». Au niveau supérieur, tout le long des rampes d'accès, les machines à sous ronronnent et crépitent. Elles sont disposées comme des « pièges », un terme que Las Vegas a repris du vocabulaire du golf. Un vieux type remonte le couloir, à peine débarqué de l'avion de Denver, un énorme sac en plastique bourré de vêtements sur l'épaule et une housse à costumes dans la main droite. En posant la housse au sol et en coinçant le sac contre son cou, il parvient à fouiller ses poches, en sort quelques pièces et les introduit dans la première machine à sa portée.

Tout va bien et pourtant, en me rendant vers la porte d'embarquement, j'ai l'impression que quelque chose manque ; c'est alors que je me rappelle ma rencontre au bar du Dunes, à trois heures de l'après-midi, avec Jack Heskett, directeur régional de la Federal Sign and Signal Company, Marty Steinman, leur responsable des ventes, et Ted Blaney, un de leurs concepteurs. Ils m'ont parlé de l'enseigne publicitaire que le Dunes les a chargés d'installer à l'aéroport, un panneau de cent soixante-dix mètres carrés sans support visible, un lac enflammé rouge sur fond doré de désert surchauffé. Rien que le D de « Dunes », en cyrillique moderne, sera haut de presque deux étages. Un écran tournant en plexiglas, le plus grand du genre au monde, pivotera pour présenter d'abord l'hôtel lui-même, haut de plus de vingt étages, puis la piscine en forme d'hippocampe et le tout nouveau terrain de golf. Les courbes de yatagan du panneau s'élanceront jusqu'à un gigantesque diamant couronnant l'ensemble. « On pourra voir ça d'un avion à vingt bornes de distance », m'a assuré Jack Heskett, aussitôt corrigé par un autre : « Soixante ! » Et il planera à vingt mètres dans les airs parce que, voyez-vous, quelqu'un de la boîte s'est rendu sur place et a remarqué qu'il n'y avait qu'un seul rival au machin, une colonne d'environ dix-huit mètres de haut surmontée d'un globe allumé et de lumières clignotantes : la tour de contrôle. Et celle-ci ne se voit qu'à CINQUANTE kilomètres ! Mais précisément, c'est tout le truc !

Le cinquième Beatle

John, Paul, George, Ringo et... Murray le King, le cinquième Beatle ! Est-ce qu'il y a quelqu'un qui MESURE ce que ça REPRÉSENTE, que Murray le K soit le cinquième Beatle ? Quelqu'un qui ait conscience de ce qu'il a FALLU pour ça ? Quelqu'un qui apprécie l'exploit que ça a été, de devenir compagnon de chambre de George le Beatle dans un hôtel de Miami et de faire des trucs comme d'enregistrer des conversations avec George en ces instants propices à la confidence qui précèdent le sommeil, des documents sonores qui restituent à la jeunesse la sonorité d'un univers immaculé où l'on n'entend que George, Murray le K et un climatiseur Fedders Miami ? Non, pratiquement personne n'est en mesure de piger. Pas même le confrère de Murray le K à la station WNEW, William B. Williams, un disc-jockey qui aime les chanteurs comme Frank Sinatra, toute cette nostalgie ringarde des bouis-bouis du New Jersey, et qui dit : « J'aime bien Murray mais si c'est ça qu'il doit faire pour gagner deux ronds, je le lui laisse. »

Vous pouvez imaginer comment il se sent, Murray le K ! Il ne se fait pas deux ronds mais dans les cent cinquante mille dollars par an, il est le King des DJ de folie, et les gens CONTINUENT à le prendre pour un drôle de gnome siphonné. Est-ce qu'ils se doutent seulement de ce qui est en train d'arriver ? Ici, dans le studio, gros plan sur lui derrière les parois de verre, au milieu des micros grillagés, des textes d'annonce et des pubs en capitales, Murray le K est assis au bord de sa chaise, un solide type de trente-huit ans avec la mine inquiète d'un adulte normal, regarde l'ingénieur du son en maillot de sport derrière la vitre. Bon, d'accord, il y a comment il se fringue : chapeau de paille Stingy Brim, chemise à grosses rayures lavande, pantalon noir tellement étroit qu'il est fendu à la chinoise en bas sur les côtés pour que ses bottes puissent entrer dedans. Il a soixante-deux tenues du même style, des chausses médiévales aux chapkas russes en passant par les tuniques beatnik, mais est-ce que ça ne fait pas partie de tout le truc ? Murray le K a les fesses en équilibre sur le rebord en vinyle de son siège, ce qui le fait dangereusement pencher en avant, et ses jambes poussent vers le haut et vers le bas, mais il ne peut pas arrêter de cogiter, il doit se concentrer sous toutes les couches de bruit qui s'accumulent sur lui, comme le spot publicitaire pour Barbasol.

« Messieurs, écoutez bien, nous allons frotter notre micro contre une barbe de dureté moyenne... » Ce qui sort des haut-parleurs ressemble au bruit d'une poubelle en fer traînée dans l'escalier de service de la laverie automatique d'Union Square. « Et maintenant, le son Barbasol... » Là, le bruit évoque un phoque en train de batifoler dans un bassin rempli de billes d'agate, et pendant que ces bizarreries sonores s'enchaînent Murray le K doit rester dans le box de verre inondé de lumière bleu techno fluo et faire marcher sa tête. Abaissant le levier de l'interphone, il commande à l'ingénieur du son : « Envoie Ringo et moi, "Ce qui se passe, c'est toi"... »

Ensuite, il pivote sur son siège pour faire face à Earl, un journaliste d'un magazine musical anglais assis juste derrière lui dans le studio, et celui-ci intervient :

— Dis, Murray, quand est-ce qu'on va avoir un moment pour causer ?

— Attends une minute, répond le DJ, j'ai une ouverture compliquée, là, et je sais même pas si j'entre ou si je sors. Impossible de faire l'émission, ce soir : regarde un peu ces pubs !

— T'as l'air d'avoir des problèmes, ouais....

Murray le K dévisage un instant l'Anglais avant de réagir :

— Ouais, j'ai des problèmes et je crée des problèmes.

— C'est-à-dire ?

Ce vieux Barbasol continue à scratcher en arrière-fond.

— Les Animals, complète Murray.

— Murray ! proteste l'Anglais. Les Animals, c'est TRÈS gros !

— Ouais, mais ils essaient quand même de m'avoir.

Quel sixième sens il a, cet homme ! À la seconde où la lumière rouge s'allume, sans même l'avoir vue, Murray se retourne, avance son visage vers le micro, recommence sa gymnastique des jambes et, accompagné de ce langage corporel, produit une incroyable cascade de mots : « OK, baby, c'était Barbasol, baby, et maintenant c'est le programme numéro un, 1010 WINS New York, et voilà ce qui se passe maintenant, baby, John, Paul, George, Ringo et votre serviteur, Murray le K, le cinquième Beatle, à sept heures moins sept ici, Beatle Time, Beezeteal Teeezime, et tu demandes à Ringo ce qui se passe, baby, et alors... »

Tout ça avec une voix de gorge et un accent sudiste de prêcheur évangéliste propulsé dans un spectacle d'hippodrome, et pendant ce temps Murray le K se contorsionne de-ci de-là, et les mots déboulent de sa bouche à toute allure, une montée en puissance d'hystérie jusqu'à ce qu'il fasse signe au type du son et bang, la cassette de Ringo et lui est lancée, et on entend Murray beugler : « Qu'est-ce qui se passe, baby ? » Et là, sur le même volume, l'étrange bourdonnement nasal de Ringo Starr le Beatle : « Ce qui se passe, c'est toi, baby ! » Et Murray hurle : « Et toi aussi, baby ! » Et... qu'est-ce qui se passe ?

Ce qui se passe, c'est la radio à l'ère moderne. Curieux phénomène, sur le plan psychologique : après avoir perdu initialement du terrain devant la télévision, elle revient en force, mais sous une forme complètement différente. De nos jours, la radio est devenue quelque chose que les gens écoutent pendant qu'ils font autre chose. Ils s'habillent le matin, partent en voiture au travail, trient le courrier, repeignent une maison, travaillent dans une tranchée et, pendant tout ce temps, ils écoutent la radio. Ensuite, le soir tombe et tous les adultes de New York, du New Jersey, de Long Island et du Connecticut, comme partout ailleurs, sont affalés devant le poste de télé, catatoniques. Les jeunes sont, en revanche, plus actifs : ils sortent, se promènent en voiture, se trimballent avec des transistors branchés en permanence sur leur cerveau, et ils écoutent la radio. Enfin, « écouter » n'est pas vraiment le bon terme ; la radio est pour eux un arrière-fond, le décor sonore pour la vie qu'ils s'imaginent avoir. Ils ne veulent pas de message, mais une atmosphère. La plupart du temps, dès qu'ils captent un message – un spot publicitaire ou un bulletin d'infos –, ils se mettent à tripoter le bouton, cherchant à retrouver l'atmosphère qu'ils viennent de perdre. Tous ces jeunes vont et viennent, parcourent la bande radio en quête de quelque chose qui aura sur eux un impact non intellectuel mais psychologique.

C'est le problème dont la solution n'est autre que Murray le K, à WINS. Dans ce domaine, c'est un génie, probablement l'inventeur du concept du disc-jockey hystérique, en tout cas le premier DJ hystérique à faire autorité. Murray le K ne fonctionne pas selon la logique aristotélicienne mais selon celle du symbole : il établit une atmosphère de marrade incessante, d'hystérie comique, et la porte à un point d'incandescence tel qu'il hypnotise les jeunes et les garde hameçonnés à sa station y compris pendant les pages publicitaires. Son nom lui-même témoigne de sa méthode : en réalité, il s'appelle Murray Kaufman mais qui aurait envie d'écouter quelqu'un qui s'appelle ainsi, alors que Murray le K, c'est différent... Ça n'a aucune signification précise mais ça « exprime » quelque chose, forme une sorte de code déconnant. On retrouve aussi cette logique symbolique dans les effets sonores auxquels il recourt. Ceux-ci sont mis en boîte et numérotés ; Murray demande à l'ingénieur du son d'envoyer le 39, il donne le signal et bang, le bruit de la plus grosse collision de l'histoire mondiale envahit l'antenne. On peut également entendre des trains de marchandises, des charges de cavalerie, le hurlement de quelqu'un tombant tête la première dans un abîme, des rires de macaques déments provenant de la jungle, n'importe quoi, et tout ça part comme des fusées gouvernées par la dinguerie pure et permanente, reliées seulement par les exclamations hystériques – « OK, baby ! » – de Murray le K.

Après avoir découvert l'hystérie et la logique du symbole, il a assassiné la concurrence, pendant un bon moment. Sa cote de popularité atteignait 29, prétend-il, contre 9 pour le second meilleur DJ de New York. Les autres stations ont tardé à copier le nouveau style parce que... bon, c'était réellement trop dingue ! « Démentiel », il dirait, mais elles ont surmonté le choc initial et bientôt deux autres radios, WABC et WMCA, ont mis sur pied des équipes de DJ qui pratiquaient la méthode « rock'n'roll plus hystérie » presque vingt-quatre heures sur vingt-quatre. WABC a appelé les siens « Totalement Américains », WMCA les « Bons Gars », et certains d'entre eux, comme Bruce Morrow (dit Cousin Brucie) à WABC, ont réussi à rivaliser avec le débit délirant de Murray le K. C'est devenu sauvage, sur les ondes : une énorme compétition de glapissements, de fous rires, de voix de fausset, de bouffonneries diverses, de gargouillis, d'argot de collégien, de piaillements, de rimes absurdes, de blagues douteuses, d'accents ridicules, n'importe quoi qui déboussole. Le 7 février dernier, toutefois, Murray le K était en passe de perdre : dans les enquêtes d'opinion, il arrivait maintenant derrière « Totalement Américains » et les « Bons Gars ».

« Pour commencer, je me suis fait coincer dans un créneau impossible, explique-t-il. La direction a modifié le format de mon programme, a mis une demi-heure d'infos avant moi et un talk-show juste après... » Admettons, mais convenons aussi qu'il est rare que les directeurs de radio, pas plus que n'importe qui d'ailleurs, se passionnent pour les arcanes de la compétition entre DJ. Murray le K était à WINS depuis quatre ans, ce qui constitue certainement une sorte de record, mais à l'échelle de l'histoire ça ne représente pas beaucoup. Il existe aujourd'hui vingt-cinq mille DJ dans tout le pays, ou plus, dont la durée de vie professionnelle est on ne peut plus courte – ils passent leur temps à démissionner ou à se faire virer –, et quatre-vingt-quinze pour cent d'entre eux, qu'ils aient du travail ou qu'ils soient au chômage, convoitent avidement les seize principaux postes de DJ à New York, une ambition à vingt mille dollars annuels pour un disc-jockey sans talent qui travaille régulièrement.

En fait, Murray le K a considérablement diversifié ses activités. Environ la moitié de ses revenus provient des spectacles musicaux qu'il organise au Fox Theater de Brooklyn, de ses apparitions dans des boîtes comme Freedomland, des T-shirts «Murray le K» qu'il vend et des disques qu'il «patronne», par exemple «les Golden Gassers de Murray le K» ou «les Golden Gassers de Murray le K et Jackie le K». Jackie est sa femme. Le père de Jackie, Hilary Hayes, dirige le bureau de Murray le K à WINS, à l'étage d'un petit immeuble de Central Park West, tout près de Columbus Circle, et l'un des principes les plus importants de sa philosophie est que son gendre n'est pas seulement le meilleur DJ de la station mais aussi une personnalité à part entière du monde du spectacle. Hayes est un monsieur à cheveux blancs assis à une table sous un poster proclamant «Kongratulations to Murray le K, You're What's Happening, Baby». De l'autre côté de la table se trouve une bande de filles, toutes bénévoles, qui sont chargées de répondre au courrier que la star reçoit, à peu près cent cinquante lettres par jour. Comme elles sont bénévoles, elles changent très souvent et Hayes doit donc répéter pour les nouvelles ses recommandations : «N'oubliez pas de terminer par "Murray vous envoie son amour" avant "Sincèrement", et ajoutez aussi "Écoutez le programme numéro un !", sans le nom, s'ils ne savent pas de quoi il s'agit tant pis pour eux. Encore une chose, précise Hayes : nous ne sommes pas contents parce que les jeunes écoutent WINS mais parce qu'ils écoutent Murray le K. S'il passait sur une autre station, nous serions tout aussi heureux. »

La vérité, toutefois, c'est que pour Murray le K comme pour n'importe quel DJ, toutes ses autres sources de revenus, les T-shirts, les disques, tout ça partirait en fumée s'il n'avait plus de programme radio. C'est ce dont il a dû prendre conscience quand ses rivaux, « Totalement Américains » et les « Bons Gars », ont effectué leur percée. Et puis le 7 février 1964 est arrivé, quand Murray le K a eu le coup de pot le plus énorme de toute sa vie.

C'est ce jour-là que les Beatles ont débarqué à l'aéroport Kennedy pour leur première visite aux États-Unis. Comme il fallait s'y attendre, la folie a été complète, quatre mille jeunes envahissant le terminal, se ventousant contre les parois vitrées dans l'espoir de pénétrer la zone douanière où le groupe britannique se trouvait. Chaque journal, chaîne de télévision, agence de presse, station de radio avait envoyé quelqu'un sur place, et tous cherchaient à obtenir une exclusivité. WINS avait d'abord pensé missionner l'un de ses journalistes réguliers pour couvrir l'arrivée des Beatles en direct, mais comme personne ne semblait faire l'affaire, le directeur de la station, Joel Chaseman, s'est dit : pourquoi pas Murray le K ?

Le hic, c'était qu'une seule rencontre avec la presse était prévue, dans une petite salle surchauffée où on a fait grimper le groupe sur une estrade devant laquelle se bousculaient une bonne centaine de reporters et de photographes, tous en lourds manteaux puisque nous étions en février, et comme si ça ne suffisait pas tout le monde criait en même temps, ce qui n'a pas empêché Murray le K de connaître son heure de gloire. Il devait avoir une drôle de dégaine, même pour les Beatles : coiffé d'un chapeau de paille en plein hiver, coincé au pied du podium, levant des yeux déments vers les quatre garçons et brandissant un micro attaché à une perche à la hauteur de leurs genoux, Murray le K voulait barboter une interview. Théoriquement, les photographes devaient entrer en action en premier mais Murray le K, quelque part en bas, avait commencé à crier des questions aux célèbres jambes. Pendant qu'un paparazzi lançait aux Beatles : « Hé, les mecs, vous voudriez pas vous rapprocher un peu ? », Murray le K se concentrait sur l'un d'eux, par exemple George Harrison, et le harcelait dans le genre : « Hé, George, baby, hé, hé, George, baby, oui, par là en bas, en quoi vous pouvez comparer cet accueil avec celui que vous avez reçu à Stockholm, baby ? » Parce qu'il connaissait leur histoire par cœur. Et George, un garçon bon esprit, abaissa son regard, découvrant cette bouille amicale et bizarre sous un chapeau de paille et répondit : « Eh ben, on a été un peu chiffonnés, d'abord. Partout ailleurs, on pouvait plus entendre l'avion à cause des cris, tu vois, tandis que là on a entendu les cris mais on pouvait aussi entendre les avions... C'était inquiétant, quoi. Au début, ça paraissait pas gigantesque, quoi. »

Bon ! Cuba, de Gaulle, le désarmement unilatéral, Lyndon B. Johnson, le Sud-Vietnam, le souffle de l'Histoire ne venait pas de passer ici, certes, mais dans la catégorie du DJ couvrant les premiers pas des Beatles sur le continent américain, c'était un scoop historique ! Et toute la conférence de presse s'est déroulée sur le même mode : même quand tout le monde a été autorisé à poser des questions, Murray le K a continué à glaner des réponses exclusives. Un journaleux beuglait : « Que pensez-vous de Beethoven ? », et John Lennon répondait à la volée comme à presque toutes les questions :

«Beethoven ? Il est cinglé, surtout ses poèmes» ; pendant ce temps Murray le K levait sa perche telle une lance qui frôlait les genoux de Ringo Starr ou d'un autre et y allait : «Quel est le truc le plus chouette de New York que tu veux voir, Ringo ?», et Ringo baissait les yeux, apercevait ce drôle de numéro en boule par terre et répondait : «Ah, j'sais pas, des endroits historiques comme le Peppermint Lounge[1] ?» Finalement, un reporter a hurlé du fond de la salle : «Hé, quelqu'un va dire à Murray le K d'arrêter ses conneries ?», Paul McCartney s'est avancé d'un pas, a regardé la boule humaine et a dit : «Arrête tes conneries, Murray le K !» Paradis ! «C'est dingue, Paul, baby, a roucoulé l'intéressé dans son micro, c'est toi qui fais l'événement, Paul, baby, et rappelez-vous, tous, que vous l'avez entendu en premier sur 1010 WINS !» Arrêter ses conneries, prononcé par Paul en personne ? C'était le détail parfait, comme si on assistait à la conférence de presse spéciale de Murray le K, la centaine d'autres types n'étant là que pour jouer les utilités. C'est à cet instant précis que la bonne fortune a volé au secours de Murray le K.

Il se trouve que, le soir suivant, c'est Murray lui-même qui a amené les Beatles danser le twist au Peppermint Lounge, et qu'après ça il est devenu leur guide officiel, leur zélote, leur bouclier, leur compagnon de jeu tout au long de leur tournée américaine ; il est même reparti en Angleterre avec eux ! C'était peut-être grâce à son chapeau magique, il n'en sait rien, lui qui n'avait jamais été en contact avec les Beatles avant de se retrouver à leurs pieds à Kennedy. «Ça a été involontaire», affirme-t-il,

1. Célèbre night-club new-yorkais où la vague du twist et le concept de «go-go dancers» étaient apparus. L'établissement fermerait l'année suivant la visite des Beatles au cours de leur premier voyage nord-américain, en 1965.

sans doute pas le terme le plus adéquat, mais au bout d'une semaine certains journalistes commençaient à voir rouge parce qu'il était devenu impossible d'obtenir quoi que ce soit des Beatles sans passer par Murray le K, et d'abord qui c'était, ce type ? À Miami, il a partagé la chambre d'hôtel de George Harrison, et là comme partout ailleurs il a tout enregistré, des kilomètres de bande magnétique. Un par un, il a fait dire aux Beatles ce qu'il voulait sur son magnéto, des mots de soutien pour WINS, pour Murray le K, pour « Swinging Soiree », le nom de son programme nocturne, de six heures et demie à dix heures.

L'impact de tout ça a été formidable pour lui. Chaque station de radio en ville, et presque tous les DJ locaux, tentaient de capitaliser sur la popularité des Beatles, certainement le plus gros phénomène musical de l'histoire. Ainsi, WABC s'était rebaptisé WABeatleC, mais personne ne pouvait rivaliser avec Murray le K, puisqu'il était désormais... le cinquième Beatle !

Susan Tyrer, une fille de dix-sept ans, est présentement dans le studio de Murray le K. Elle est venue participer au concours de « Miss Soirée Swing », parmi vingt-cinq finalistes dont aucune ne semble avoir la plus infime idée de ce qui lui arrivera si elle gagne. Susan raconte comment elle en est arrivée là : « Je me suis mise à écouter Murray le K quand il a commencé à devenir populaire, bon, vous savez, avec les Beatles et les groupes anglais. » Parce que Murray programme beaucoup de formations britanniques, voyez-vous, comme les Dave Clark Five et les Animals, des groupes de ce style... Susan conclut : « Murray le K, il est, bon, vous savez, il est "ce qui se passe" ! »

La cote de Murray le K est donc remontée en flèche, et son programme pourrait désormais presque se résumer à « Murray le K et les Beatles ». Non seulement il passe leurs disques sans arrêt, mais toute l'émission baigne dans l'aura des Beatles.

Un soir, des journaux affirment que Ringo Starr va se marier. « Je suis là pour démentir, baby, proclame aussitôt Murray le K dans le micro. Je veux dire, je démens que Ringo épouse qui que ce soit. Vous savez que si c'était le cas, vous l'apprendriez en premier dans le programme numéro un, sur 1010 WINS New York. Et maintenant, écoute, baby, c'est Beezeatlestimes ! »

Il a même des cassettes toutes prêtes pour démentir les mariages de Beatles. Par exemple, il dit à l'antenne : « Paul, baby, on est contents que tu nous appelles à propos de cette histoire de mariage, baby », et là on entend Paul : « Eh bien, Murray, je suis heureux que ce point soit, genre, clarifié. »

Il prolonge les dialogues de ce style toute la soirée. Parfois, ils ont quelque chose de franchement décalé, par exemple :

— Hé, Paul, baby, qu'est-ce qui se passe, baby ?

— Je sais pas, Murray, il y a tout qui se passe, genre.

— Paul, on m'a demandé de te demander... Je veux dire, certains de tes fans, ils m'ont demandé de te poser la question, baby, donc je vais y aller et je te demande, quelle est ta couleur préférée ?

— Eh bien, c'est genre, tu sais, noir...

— Noir.

— Ouais, quoi, noir. Et John va sauter de l'échelle, maintenant. – Bruit d'applaudissements. – Ils applaudissent, continue Paul. On se croirait à un match de cricket.

— C'est toi qui fais l'événement, Paul, baby !

Logique symbolique, baby ! Qu'est-ce qu'on en à

battre, de ce qui se passe ? Les Beatles sont là, et Murray le K est avec eux, et pas qu'un peu...

Tantôt il donne l'impression d'être un acteur qui joue le rôle de « Murray le K » à un certain stade de sa carrière, ce qui est une manière de suggérer que Murray le K n'est pas vraiment lui, tantôt il se montre très jaloux de son personnage de Murray le K et de tous les talents exceptionnels qu'il possède. Le symbole de cette fierté, c'est son chapeau de paille : il le garde vissé sur la tête tout le temps où il « est » Murray le K, et prêt à se battre pour lui. Une fois, il présentait un spectacle au Fox Theater de Brooklyn et un chanteur, un parmi le défilé de ces artistes qui ne font qu'apparaître un court instant avant de disparaître à tout jamais, a voulu s'amuser : arrachant le chapeau de paille du crâne de Murray le K, il l'a lancé dans l'assistance. Murray le K a pété un câble. Il a obligé le type à s'arrêter en plein milieu de son morceau, à descendre dans la salle au milieu d'une cohue de jeunes déchaînés et à aller ramasser le couvre-chef. À cause d'une certaine expression dans ses yeux, le type n'a pas réfléchi à deux fois pour savoir s'il allait obéir ou pas ; il s'est exécuté sans broncher.

Le même esprit s'applique à la musique qu'il passe, généralement appelée « rock'n'roll », un terme que Murray le K juge dépassé. Il soutient que c'est *la* musique populaire de l'époque, pas seulement une bizarrerie adolescente, tout comme le swing était la musique populaire des années 30. Il se fâche sérieusement lorsque des gens tels que William B. Williams déclarent que le rock'n'roll c'est pour les retardés, ce même Williams qui avait osé présenter le premier grand hit des Beatles, « I Want to Hold Your Hand » (Je veux te tenir la main), en annonçant « I Want to Hold My

Nose» (Je veux me boucher le nez), avant de ne passer que douze secondes de la chanson. Ce sont les mêmes ringards, soutient Murray le K, qui déblatéreront sur Glenn Miller, Tommy Dorsey, Artie Shaw et toute la clique comme s'il s'agissait de classiques, toute cette musique à l'eau de rose, toute cette prétention stupide du «Big Band» dirigé par un vieux sirupeux, face de lune et mèches gominées, battant des bras devant l'orchestre. L'évocation du nom de Glenn Miller l'énerve particulièrement. D'après lui, la musique pop d'aujourd'hui présente une vitalité et une complexité que Miller n'aurait pas pu approcher en cent et quelques années. «Quand j'entends des mecs commencer à baver sur Glenn Miller, dit-il, bon, c'est juste TROP.»

L'ironie de l'histoire, c'est que le rock'n'roll, ou appelez comme vous voudrez ce que les DJ hystériques aiment passer, est maintenant très en vogue parmi les intellectuels de New York, Paris ou Londres. Ils lui accordent la même vénération qu'à l'art primitif, et dans leurs soirées ils passent des disques des Shirelles, des Jelly Beans, des Beach Boys, de Shirley Ellis, de Dionne Warwick, de Johnny Rivers, ce genre de musique. Le jazz, notamment celui pratiqué par des gens comme Miles Davis ou Thelonious Monk, est jugé d'un goût affreusement bourgeois, tout juste bon pour un petit snob du Williams College avec une coupe en brosse venu passer un week-end à New York.

Pourtant, les disc-jockeys eux-mêmes n'ont jamais fait l'objet du même engouement, bien que certains d'entre eux, en particulier Murray le K et Cousin Brucie, soient considérés comme des phénomènes de pop art. En fait, les DJ sont à peu près les seuls capables d'apprécier pleinement la nouvelle vague artistique. Est-ce que quiconque se rend compte de l'importance du moment où Murray le K a pris les Beatles sous son aile ? « Quand ils sont venus ici, raconte-t-il, j'ai pensé que c'était *le* test. Le plus gros truc dans l'histoire de la musique populaire. Presley n'a jamais été aussi énorme, ni Sinatra. Que j'aie été capable d'être associé aux Beatles de cette façon, de vivre avec eux, d'avoir George pour compagnon de chambre, bon, ça a provoqué une jalousie comme j'en ai jamais vu de ma vie. »

Murray le K se lève, fait les cent pas dans ses bottes à soufflet. Quand il parle avec conviction, son accent du Sud ressort. Il est né en Virginie. « Attention, poursuit-il, je ne m'accroche pas aux basques des Beatles, moi. En fait, je crois qu'ils vont durer beaucoup plus longtemps que tout le monde pense. Je pense qu'ils sont malins, des comédiens-nés, ils sont les plus cool, ils sont TROP, ils sont les meilleurs ! Mais je ne suis pas à leurs basques, hein, et s'ils s'en vont, je serai prêt pour cueillir le prochain à émerger. J'ai fait tout ce qu'il y avait à faire dans ce boulot, pris toutes les décisions qui s'imposaient, j'ai engagé du cash dedans, j'en suis sorti vainqueur et maintenant je veux tout ce qui va avec la victoire, tous les bons trucs et tout le respect, parce que je l'ai mérité. »

Deux minutes avant dix heures, Murray le K boucle son programme. Il a à peine quitté la cage de verre qu'un jeune type le remplace. Avec son chapeau Madison Avenue et son attaché-case, il pourrait passer pour un cadre dynamique arrivant à la gare de Manhattan par le 5 h 25. Il s'assied à la table, étudie ses notes. Pete Myers, c'est son nom. Brusquement, il se penche sur le micro et envoie : « Il est vingt-deux heures et, en direct de l'asile, c'est Mad Daddy qui vous parle. »

En bas, dans la rue à l'ouest de Central Park, trois filles attendent pour demander un autographe à Murray le K. L'une d'elles, moulée dans un short tellement court qu'il couvre à peine l'os iliaque, a une colonne de badges alignés sur son sein gauche. Celui du haut annonce « J'aime les Beatles », le suivant « J'aime Ringo », celui d'après « J'aime Paul », puis « J'aime John », puis « J'aime George », et le dernier, tout en bas... Bon, il est artisanal, celui-là, on a écrit au crayon dessus « J'aime Murray le K ». Mais quoi ? En majuscules, et les petits nénés de la fille frissonnent sincèrement.

Le premier nabab baba

TOUTES CES GOUTTES DE PLUIE SONT « PÉTÉES », OU QUOI ? Elles ne roulent pas le long du hublot mais filent vers l'arrière, vers la queue, en vrillant comme ces petits personnages de Mister Cool qui marchent sur des matelas. L'avion roule en direction de la piste de décollage, ces stupides gouttelettes hallucinées raient le verre en biais et Phil Spector, magnat du rock'n'roll à vingt-trois ans, producteur de Philles Records, premier nabab baba de l'Amérique, regarde cette démence aqueuse et... C'est POURRI, c'est FATAL. Il serre la ceinture de sécurité sur son estomac... Un bourdonnement s'élève dans la cabine, une décharge d'air sort en sifflant de la bouche d'aération au-dessus du siège de quelqu'un, un crétin allume un cône de lumière, il y a un panneau juste au bord du tarmac, une consigne démentiellement absconse adressée au pilote – « Piste 4, volet cylindre intérieur ABAISSÉ ? » –, et au-delà des rangées hébétées de flashs bleu de soufre, pareils aux feux sur le toit d'une usine de dentifrice du New Jersey, qui s'étendent et se multiplient à travers le comté de Los Angeles. C'est... aberrant. Gouttes de pluie schizophréniques. Au décollage, l'avion se casse en deux et tous ceux de l'avant arrivent sur Phil Spector en une bourrasque de cadavres pris dans une lave orange... NAPALM ! Non, ça arrive quand on est déjà en l'air. Une longue déchirure au flanc de l'appareil qui s'ouvre d'un coup, Phil Spector la voit s'étendre, s'élargir en pelures monstrueuses, comme un œuf à la Dalí, et il s'envole à travers, dans la pénombre et le froid extrême, et le réacteur, il COUINE comme...

« MISS ! » UNE HÔTESSE DE L'AIR redescend vers l'arrière pour se boucler sur un siège en prévision du décollage. L'avion tremble, les moteurs rugissent. Sous sa jupe bleue qui fait aussi gilet de sauvetage, ses jambes traitées antifeu émergent de son Pinki-Kini-Panty Fantasy...

— Miss ! appelle Phil Spector.

— Oui ?

— Je, errgh, il faut que je descende de cet avion.

Elle s'arrête près de son siège, les jambes un peu pliées, un angle de vingt-cinq degrés au niveau du pelvis. Elle rit avec sa bouche, oui, oui, mais ce que disent ses yeux est non, non, toi, petit cinglé barbu, tu n'es pas du tout drôle. Ses traits... se congèlent. Le regard sur le gilet en daim de Phil Spector, elle dit :

— Pardon ?

— Il faut, bon, je dois descendre. Je ne veux pas PARTIR sur cet avion. Laissez-moi... – Mais elle ne devinera jamais que c'est à cause des gouttes de pluie. Elle reste là, espérant qu'il s'agisse d'une blague. – Euh, je vous fais pas marcher, je vous fais pas courir, je fais rien, je veux simplement, vous comprenez... qu'on ouvre la porte et qu'on me laisse descendre. Je... Je reviendrai au terminal à pied. Les autres, tout le monde, je veux dire, allez-y, PARTEZ.

— La procédure est déjà en cours, Sir. Il y a sept appareils, sept avions à réaction qui sont derrière nous et attendent que la piste...

À ce stade, les amis hollywoodiens de Phil Spector dans ce milieu de oufs qu'est le business de la musique, un à côté de lui, deux derrière, commencent à se dévisser le cou.

— Phil ! Qu'est-ce qui va pas, baby ?

L'intéressé se retourne et, de sa voix douce, un peu cassée :

— Ce zinc va pas le faire, mec.

Ils jettent tous des regards à la ronde, et dans le halo des lampes de lecture ils font penser à de la crème anglaise congelée.

— Vous savez quoi ? reprend Phil. Il le FAIT pas.

Encore des regards éperdus, le foutu POTIN vient des ailes, maintenant, et Phil est là, au beau milieu de cette sorte de déprime déchaînée qui est sa vie, avec sa barbe, ses cheveux, son daim. OK, la procédure est en cours, il y a sept jets derrière, mais ce type, Phil Spector, vient de rafler huit hit-parades D'AFFILÉE, vous voyez ? Huit hits ! Ce mecqueton est pratiquement un bébé, vingt-trois ans, bon sang, et il a déjà gagné deux millions de dollars, nets. Le premier magnat ado, le nabab baba comme il n'y en a qu'un. Comme s'il était programmé pour ça, vous me suivez ? Quoi, il pourrait être l'imprésario de papa Dieu, il a une veine PAS POSSIBLE, et s'il parvient à descendre de ce...

Donc, le grand type avec la face de lune et le petit chapeau noir Septième Avenue qui est assis derrière lui déclare :

— Ouais, on veut descendre. Il a quelque chose de pas net ou quoi, cet avion.

— Ouais !

— Ouais !

L'hôtesse regarde autour d'elle, et c'est là que toute sa vie bascule à cause de ce petit gars dont la barbiche Fu Manchu émerge de la tignasse, ses grosses mèches peignées en arrière lui arrivant jusqu'aux épaules dans un genre de coiffure de page, comme l'evêque McCullough, l'héritier de bon-papa Grace[1]. Il porte une chemise en daim taillée en forme de gilet. La lampe d'un passager crée des flaques couleur safran Miami sur son pantalon italien. Il a l'air de... de quel genre de...

Toute cette agitation. Ouais, disent les potes de Phil Spector, c'est pas net. Quittons ce zinc pourri. Phil fronce les sourcils en observant les gouttes de pluie. L'hôtesse s'éloigne en courant.

Et donc on arrête l'avion, on interrompt toute la procédure, on bousille l'horaire de sept ou dix vols, on fait retourner l'appareil au terminal et débarquer tout le monde, et on fouille les bagages de Phil Spector à la recherche de... BOMBES. Vise un peu ces douilles de BEATNIK, et dix bonshommes en costard en nylon bombardent de rayons de haine de classe ce fils de p... en gilet de cuir. Ce qui n'empêche pas ses potes d'entamer ce bizarre chœur de louanges :

— Phil, baby, tu m'as sauvé la vie !

— Phil, si tu dis que c'est pas net, c'est que c'est pas net !

— T'as encore décroché le jackpot, Phil, baby, encore une fois...

1. Dirigeants de la United House of Prayer for All People, une mouvance religieuse américaine pratiquant notamment le baptême de masse par aspersion à la lance d'incendie. Walter McCullough (1902-1991) avait succédé à l'évêque Charles Manuel « Sweet Daddy » Grace (1884-1960) à la mort de celui-ci.

— TU as dit que c'était pas net, Phil ? C'est MOI qui ai dit que c'était pas net !

— J'ai mal là aussi, d'Artagnan, baby, juste ici, comme toi...

— Pas net...

— Baby...

« ALORS ILS M'ONT DÉBARQUÉ, dit Phil Spector. Ils m'ont confisqué mes cartes de crédit, ils ont retiré sa licence au pilote, je sais pas... » Il est assis dans une petite pièce couleur crème qui fait partie de ses bureaux au 440 de la 62e Rue Est, le dos tourné à une fenêtre qui donne pratiquement sur l'échangeur de l'East Side. Vingt-trois ans et il est à la tête d'une batterie de compagnies réunies sous le label Phil Spector Productions. L'une d'elles s'appelle Mother Bertha Productions, à cause de sa mère, Bertha, qui travaille pour lui à Los Angeles, mais seulement parce qu'elle le veut. La principale pièce du puzzle est Philles Records, la compagnie de disques de Spector qui a produit vingt et un *singles* depuis octobre 1962, et en a vendu plus de treize millions d'exemplaires. Rien que du rock'n'roll. Son succès le plus récent, « Walking in the Rain » des Ronettes, a déjà atteint la vingtième place au hit-parade de Cashbox, et s'est écoulé à plus de deux cent cinquante mille exemplaires. Son dernier titre, « You've Lost That Lovin' Feeling » des Righteous Brothers, est passé de la soixante-dixième à la trente-septième position, place au classement suivie d'une image de balle de revolver, ce qui signifie « progression très rapide ». Il a produit sept albums, il est le premier nabab baba de l'histoire ! Il se renfonce dans son siège. Il porte son gilet en daim, son pantalon italien, des bottes anglaises pointues à talons cubains. Ses cheveux lui tombent sur les épaules, mais il est rasé, aujourd'hui.

Danny Davis, le chargé de promotion, parle au téléphone dans le bureau principal. En face de Spector, un type est assis les jambes croisées, un énorme borsalino chocolat sur son genou plié, comme s'il ne faisait que l'essayer.

— Phil, pourquoi est-ce que tu... ?

— Je transfère tout le truc en Californie, l'interrompt Spector. Je peux plus supporter l'avion.

— ... Pourquoi est-ce que tu te mets toujours dans des situations pareilles ?

Spector... Sans sa barbe, il a un petit menton et une petite tête, Spector, et à première vue son visage ressemble à celui des petits gamins aux cheveux filasse et à la voix fluette du Bronx, où il est né. Quoi, un Phil Spector ORDINAIRE ? Il a la véritable voix américaine : il a grandi non dans le Bronx mais en Californie. Une voix qui traîne et tremble doucement telle une furieuse dépression jusqu'à atteindre une inflexion au-delà du cynisme, du cool, du désabusé adolescent. Faible, cassée et tendre. Il n'a que vingt-trois ans, pour l'amour du ciel, le premier millionnaire à s'élever de l'enfer teenager, roi des producteurs de rock'n'roll...

Il bondit sur ses pieds :

— Une minute, dit-il. Une miiinute ! On est en train de conclure des deals, là-dedans...

Phil Spector entre dans le bureau principal d'un pas méfiant de cow-boy, à cause des bottes anglaises qui le soulèvent du sol. Il est menu : un mètre soixante-dix, soixante-cinq kilos. Ses cheveux se balancent mollement dans son cou. La pièce est grande, comme un salon, peinte tout en beige à part les neuf disques d'or rock'n'roll exposés au mur, certains des *goldies* de

Phil Spector, un million d'exemplaires chacun : « He's a Rebel » des Crystals, « Zip-a-dee-doo-dah » de Bob B. Soxx et les Blue Jeans, « Be My Baby » des Ronettes, « Da Do Ron Ron », « Then He Kissed Me », « Uptown », « He's Sure the Boy I Love », tous des Crystals, et « Wait'Til My Bobby Gets Home », de Darlene Love. Pour le reste, murs beiges, téléphones beiges, piano droit beiges, tableaux beige, table beige, et Danny Davis trônant à un bureau beige, un combiné beige à la main.

— C'est sûr, Sal... Je vais demander à Phil. On va peut-être parvenir à quelque chose, avec ça. – Phil se met à tourner son pouce vers le sol. – Un instant, Sal ! – Couvrant le micro du téléphone de sa paume, il dit : – On a BESOIN de ce type, Phil. C'est le plus gros distributeur, là-bas. Il veut la garantie des mille.

Les mains de Phil s'élèvent comme s'il était en train de retirer un mouton égorgé d'une glacière.

— Je m'en fiche. L'argent ne m'intéresse pas, j'ai des millions de dollars, je me fous de qui a besoin de ce zombie. Ce qui m'intéresse, c'est de vendre des disques, compris ? Pourquoi est-ce que je lui donnerais une garantie ? S'il commande les disques et que je lui consens la garantie que j'en rachèterai mille s'il ne les vend pas, il fait quoi ? Il les vend, et ensuite il en rachète cinq cents à quelqu'un à prix cassé, il attend que le disque ne marche plus, il me les renvoie et il chouine pour avoir son argent. Pourquoi est-ce qu'on devrait se manger ses vinyles, après ?

Danny retire sa main et dit dans le téléphone :

— Écoute, Sal, il y a un truc que j'avais oublié. Phil dit qu'il peut pas accorder la garantie sur ce titre, mais surtout tu dois pas t'inquiéter, je... Quoi ? Ouais, je sais ce que j'avais dit mais Phil, il dit... Attends, Sal, pas de soucis, vieux, « Walking in the Rain » est un disque génial, phénoménal, un très gros succès... Hein? Non, je lis pas un papier, Sal! Écoute trente secondes, Sal...

— Qui a besoin de ces zombies? demande Phil Spector à Danny.

— Tu vois, Sal, ce mec n'a jamais sorti un seul mauvais disque de sa vie. Cite-m'en un seul! Que des hits!

— Dis-lui d'aller au diable, commande Phil.

— Sal...

— Qui a besoin de ces zombies! reprend Spector, tellement fort que Danny entoure le combiné des doigts et rapproche sa bouche du micro :

— Non, c'est rien, Sal, juste quelqu'un qui est entré...

— Joan! appelle Phil.

Une fille, Joan Berg, arrive de la pièce voisine.

— Tu veux bien éteindre toutes les lumières, Joan?

Elle s'exécute, et maintenant le QG des Philles Records et de Mother Bertha Productions est plongé dans l'obscurité, hormis la lampe qui fait un halo autour de Danny Davis agrippé au téléphone, en train de parler à Sal.

Phil place deux doigts entre ses yeux et rapproche ses sourcils sur eux.

— Phil, il fait sombre, ici! l'interpelle le type au grand chapeau. Pourquoi tu fais des trucs pareils?

— Je paie un toubib six cents dollars par semaine pour trouver «pourquoi», répond Phil sans relever la tête.

Il reste assis là, deux doigts enfoncés entre les yeux. Au-dessus de sa tête, on distingue une peinture, le genre de litho surréaliste vendue avec le cadre. C'est une note de musique, une noire, qui flotte sur un paysage, peut-être le désert aux abords de Las Vegas. Et Danny doit rester là, voûté sur son téléphone pour parler à un zombie dans la seule source de lumière existante.

— C'est un pays primitif, observe Phil Spector. J'étais au Shepheard l'autre soir, la discothèque, et ces mecs commencent à dire tous ces trucs... Incroyable. Ces gens sont des zombies.

— Quel genre de trucs, Phil ?

— Je sais pas ! Ils matent mes... quoi, mes tifs, ma femme et moi, on danse et bon, c'est hallucinant, je sens quelqu'un me tirer par les cheveux, par-derrière. Je me retourne et je vois ce mec, un adulte, quoi, et il me dit ces trucs complètement incroyables, alors je lui dis comme ça : « Je vais te dire ça une fois, pas deux, essaie jamais de refaire ça... » Et le mec, incroyable, il me balance un revers de la main et je vais valdinguer dans une table... – Il marque une pause. – Je veux dire, j'ai pratiqué le karaté pendant des années. Je pourrais littéralement TUER un gars pareil. Tu me suis ? La taille, c'est rien. Deux ou trois de ÇA... – Pliant le coude dans la pénombre, il envoie en avant le plat de son avant-bras. – Mais je vais faire quoi ? Me battre à chaque fois que je sors ? Pourquoi est-ce que je dois supporter les bavasseries de ces zombies ? Je trouve ce pays très hostile. Je n'ai pas ce style de problèmes en Europe. C'est simplement que le peuple américain n'est pas né cultivé.

Pas né cultivé ! Si seulement David Susskind et William B. Williams pouvaient entendre ça ! Un soir, Susskind a invité Phil Spector à l'émission de télévision *Open End* pour « parler de l'industrie du disque ». D'un coup, Susskind et « William B. », le DJ nostalgico-passéiste de la station WNEW, se sont mis à dépeindre Spector comme quelque crapule déterminée à empoisonner la culture américaine, à pourrir la mentalité des jeunes et ainsi de suite. C'est là que Phil a eu la révélation : on le faisait passer pour une sorte de vieux roublard graisseux installé au Brill Building, le centre musical de Broadway, avec une chemise à col en pointes et une calvitie olivâtre mal cachée par des mèches noires plaquées d'une oreille à l'autre. Il y avait quelque chose d'on ne peut plus ironique là-dedans, puisque Spector est un producteur de disques qui ne mettrait jamais les pieds à Broadway, qu'il a ses quartiers tout près de l'East River, près du Rockefeller Institute, le Rockefeller Institute, bon sang ! Susskind et William n'ont pas cessé de lui balancer des titres à la figure – « He's a Rebel », « Da Da Ron Ron », « Be My Baby », « Fine Fine Boy », « Breakin' Up » – comme s'il complotait à crétiniser les masses avec ça. Spector n'a pas vraiment su quoi leur répondre. Il aime sincèrement la musique qu'il produit. Il écrit des chansons lui-même. Il est une nouveauté, le premier millionnaire ado issu de l'enfer teenager de l'Amérique. Il ne lui a jamais été facile de considérer l'univers du rock'n'roll de l'extérieur et de l'expliquer : il est immergé dedans, il AIME ça.

ENCORE TOUT JEUNE, SPECTOR A VISIBLEMENT PERÇU la vitalité prolétarienne du rock'n'roll, cette énergie qu'ont mythifiée les intellectuels américains, anglais et français. Les intellos, dans leur grande majorité, ne prennent plus le jazz au sérieux. Monk, Mingus, Ferguson, tout ça a été laissé aux petits cadres stagiaires dans leur appartement en ville en primo-accession, avec une chaine stéréo et un masque africain en acajou trouvé au Duty Free de Haïti (ne m'en parlez pas !). Le rock'n'roll, par contre... De malheureux avocats guettés par l'artériosclérose, des rouleaux de graisse sur les côtes, s'agitent maintenant avec une maladresse obscène sur la piste de twist, et leurs épouses vont faire les courses en fuseau. Style de vie ! Avant Spector, il y a eu des ados qui ont gagné un million de dollars mais ils étaient invariablement des vedettes téléguidées par des gens plus vieux qu'eux, comme le bon colonel Tom Parker dirige Elvis

Presley. Phil Spector, lui, est l'archétype du génie ado. Chaque période baroque a eu un génie en herbe capable de personnifier son style de vie : la Rome décadente a eu l'empereur Commode, l'Italie de la Renaissance Benvenuto Cellini, l'Angleterre augustienne tardive le comte de Chesterfield, l'ère victorienne a respiré ses sels avec Dante Gabriel Rossetti, l'Amérique fédéraliste a cultivé son engouement néo-hellénique avec Thomas Jefferson et l'Amérique ado a pour génie Phil Spector. Bon, il avait vingt et un ans quand il est devenu officiellement millionnaire mais c'est en tant qu'adolescent en phase avec la sensibilité ado, en débutant le métier à dix-sept ans, que Spector s'est mué en formidable businessman américain, le plus puissant des producteurs de rock'n'roll indépendants. Sa mère, Bertha, l'a arraché du Bronx et emmené en Californie quand il avait neuf ans. Californie, le paradis ado ! À seize ans, il tenait la guitare dans un groupe de jazz, puis il s'est intéressé au rock'n'roll, qu'il appelle « blues pop » parce que... ah, c'est un sujet complexe ! En tout cas, Phil Spector aime cette musique, sincèrement. Ce n'est pas un vieux roublard graisseux.

« Quand les gens disent que c'est de la mauvaise musique, ça me met un peu en colère, dit-il à l'homme au chapeau chocolat ; elle a une spontanéité comme aucun autre genre musical, et c'est pour ça qu'elle marche autant. La classer comme "rock'n'roll" et la rejeter, c'est injuste. Ils disent toujours qu'elle est limitée sur le plan mélodique, que les paroles sont quelconques et demandent pourquoi on n'écrit plus de chansons comme Cole Porter aujourd'hui, mais on n'a plus de présidents de l'envergure de Lincoln, non plus ! Tu me suis ? En fait, ça ressemble plus au blues. C'est du blues pop. Je pense que c'est très américain, très "maintenant". C'est ce à quoi les gens réagissent aujourd'hui. Pas seulement les jeunes. Je vois les chauffeurs de taxi écouter ça, tout le monde. »

Et Susskind sur son plateau de télé qui lit tout haut les paroles d'un titre de Spector, sans musique, juste le texte, « Fine Fine Boy » qui est au Top 50 ou allez savoir où, pour démontrer la consternante banalité du rock'n'roll, « he's a fine fine boy », c'est tout ce que la chanson dit, que c'est un garçon super, et là Spector se met à taper des paumes sur la grande table basse, en rythme avec ce que Susskind récite, et il dit : « Quoi, vous mettez pas le beat », et bam, bam, bam sur la table.

Tout le monde commence à se lasser de Susskind débitant les seules paroles et de Spector tambourinant sur la table basse, et finalement Spector en a marre aussi, et comme il est plus... vif... que Susskind ou William B. Williams, il se met à leur rentrer dans le lard. Il demande à Williams combien de fois il passe du Verdi à son émission – Et Monteverdi ? Et D. Scarlatti ? Et A. Scarlatti ? –, c'est de la « bonne musique », pourquoi vous ne passez pas ça, vous dites que vous ne passez que de la bonne musique, pourquoi pas ça ? Et Williams n'a pas de réponse à ça. Ensuite, Spector déclare à Susskind qu'il n'est pas venu sur son plateau pour entendre quelqu'un clamer qu'il est le corrupteur de la jeunesse américaine, qu'il pourrait être en ce moment chez lui, à gagner de l'argent plutôt qu'ici. Susskind : eh bien, euh, d'accord, Phil. Tout le monde est à cran.

Gagner de l'argent. Un peu ! À l'âge de dix-sept ans, Spector a écrit une chanson de rock'n'roll intitulée « To Know Him Is to Love Him ». Le connaître, c'est l'aimer. Il a pris le titre de la pierre tombale de son père. C'est sa mère qui avait fait graver cette phrase au cimetière Beth David d'Elmont, à Long Island. Il ne parle pas beaucoup de son père, se bornant à noter qu'il était de la « classe moyenne petite bourgeoisie ». Il a écrit la chanson, l'a chantée en jouant de la guitare pour l'enregistrer avec les Teddy Bears. Il s'est fait vingt mille dollars mais quelqu'un en a barboté dix-sept mille et bon, inutile de revenir là-dessus. À l'époque, il était étudiant à l'UCLA mais il n'avait pas les moyens de continuer, alors il est devenu sténo juridique, ceux qui prennent en notes les déclarations au tribunal. Il a décidé de partir à New York et de se faire embaucher comme interprète à l'ONU, parce que sa mère lui avait appris le français, mais une fois là-bas, la veille de son entretien d'embauche, il est tombé sur des musiciens le soir et il n'y est jamais allé. Ras le bol de la sténographie ! Cette année-là, il a composé un autre hit, « Spanish Harlem », « Il y a une rose à Spanish Haaaaarlem »... Et puis, à dix-neuf ans, il s'est retrouvé à la tête du département A&R (*artists and repertoire*) d'Atlantic Records. En 1961, il est passé producteur à son compte, travaillant pour plusieurs compagnies, collaborant avec Connie Francis, Elvis Presley, Ray Peterson, les Paris Sisters... Après avoir écrit la chanson, il prenait en charge toutes les phases de la production du disque : trouver les artistes, diriger les séances d'enregistrement, tout. S'il pouvait fonctionner avec les ados chevelus qui réalisaient cette musique, c'est parce qu'il en était un aussi. Dieu sait ce que les gros pontes de l'industrie musicale devaient penser de Phil Spector, qui était déjà coiffé comme Salvador Dalí ou comme Mozart sur un vieux chromo de l'Académie. Il faisait partie d'eux, des originaux, des jeunots qui pratiquaient cette musique et réagissaient à elle. Phil Spector entrait au studio en tant que représentant du monde adulte qui gagnait de l'argent en faisant des disques et il se fondait dans le contexte, les jeunes le comprenaient.

Il avait un modèle, un idéal : Archie Bleyer, le leader d'un groupe musical qui avait fondé une compagnie de disques, Cadence Records. S'étant associé à deux partenaires pour lancer la sienne en 1961, Spector a racheté leurs parts et a continué en solo sous le label Philles Records en octobre 1962. Son premier grand succès a été « He's a Rebel », des Crystals. Il avait déjà mis au point son propre système. Alors que les grosses compagnies produisent les disques de rock'n'roll comme des petits pains, dix ou quinze par mois en espérant faire des bénéfices si un seul marche, Spector met le paquet sur UN disque, en prenant le temps et en supervisant tout de bout en bout. Il écrit les paroles et la musique, repère et signe les nouveaux talents, les conduit en studio à Los Angeles et les fait travailler lui-même, des heures et des jours de travail pour obtenir les deux ou trois minutes qu'il cherche, deux ou trois minutes issues de cet effort acharné. Il tient la table de mixage comme un virtuose de l'électronique, dominant toute la palette des instruments et des sons, innovant en utilisant par exemple deux pianos, un clavecin et trois guitares avant de mixer le tout avec des effets de dubbing et d'over-dubbing ésotériques, en donnant plus d'emphase aux instruments ou aux voix, bref parvenant à ce que les professionnels en sont venus à appeler le « son Spector ».

Les deux seules phases du processus qu'il ne contrôle pas, c'est la fabrication concrète du disque (le pressage) et la distribution. Autour de lui, il n'y a que les distributeurs qui lui donnent du tracas tout le temps – « ces gros lards fumeurs de cigares » – et... bon, franchement, Phil Spector a des tas de raisons de se tracasser, non tant à cause de tel ou tel secteur de l'industrie mais surtout à cause de son... statut. Un nabab baba ! C'est trop dingue !

Il est à cheval sur deux mondes, mi-chèvre mi-chou : s'il s'identifie à l'enfer ado et le défend, il est déjà trop mûr pour y séjourner. Être un millionnaire, un génie des affaires qui habite un duplex au vingt-deuxième étage d'un immeuble donnant sur l'East River avec sa femme, Annette, vingt ans et étudiante au Hunter College, plus une suite de quatre pièces au rez-de-chaussée pour ses bureaux, avoir une limousine avec chauffeur, et un garde du corps, et Danny et Joan Berg et tous les autres, et un portier qui filtre les entrées chez M. Spector, tout cela fait de lui « un de ceux-là », le place du côté du monde de ces adultes adipeux, bouchés, hypocrites, poussifs, de ces vautours mâcheurs de chewing-gums et voués à faire un infarctus que l'on rencontre dans l'industrie musicale. Là, assis dans l'obscurité, nous avons un garçon de vingt-trois ans au visage de Shelley, à la coiffure de page, en gilet de daim et bottes pointues, qui est le symbole de l'autre, assis dans la pénombre du grand bureau beige, en pleine journée, frottant lugubrement ses lobes frontaux avec deux doigts.

L'un des téléphones beiges sonne, Danny répond, met l'appel en attente et dit à Phil Stones : « C'est les Rolling Stones. Ils viennent d'arriver. » À ces mots, il se ranime. Il se lève pour aller prendre la communication et ses pieds ne sont plus méfiants, ils sont un peu dansants. « Hello, Andrew », dit-il. Il a au bout de la ligne Andrew Oldham, l'imprésario des Rolling Stones. « Vous êtes tous là ? » interroge-t-il en affectant l'accent des faubourgs londoniens.

Les Rolling Stones, parfait. Les Rolling Stones, un groupe anglais, et Andrew Oldham sont comme lui. Ils ont grandi dans l'enfer ado, ils s'en sont tirés et ils veulent tout, le style de vie jeune et celui des adultes, l'argent, mais sans passer de l'autre côté de la barrière, du côté des adipeux arthritiques. Le voyage britannique de Phil Spector, Seigneur ! C'est là que le comble a été atteint, brusquement.

Phil Spector est ici ! Les Anglais sont capables d'observer toutes sortes de rebelles débraillés et de jeunes efflanqués en rupture de ban sans broncher, puis de les absorber tel un gros cataplasme tiède et maternel. Les Beatles et la Beatlemania, le rock'n'roll, tout ça est soudain aspiré et assimilé comme si ça avait pu toujours être là, si seulement on avait demandé. Donc, Phil Spector arrive à l'aéroport de Londres et, Santa Barranza ! il y a une nuée de photographes pour lui, et le lendemain il a les honneurs de la double page centrale du *London Daily Mirror*, le plus gros tirage du monde occidental avec ses cinq millions d'exemplaires : « Le magnat du rock'n'roll américain, 23 ans ! » Les magazines le présentent comme « le nabab du disque US ». Des invitations sont lancées pour des réceptions où l'on pourra rencontrer « la remarquable machine à succès américaine, Phil Spector ». Et ensuite, il revient se poser à Idlewild, l'aéroport de New York, et oui, ce sont toujours les mêmes chauffeurs de taxi à l'haleine enfromagée, il prend un tacot pour retourner au 440 de la 62e Rue Est et à son monde beige, les téléphones sonnent et c'est à nouveau pareil, pareil...

« Ces filous fumeurs de cigares », souffle Phil Spector. Après son échange avec Andrew Oldham, il est de meilleure humeur : « La distribution de disques, c'est plein de filous fumeurs de cigares. Ils sont dans le business depuis des lustres, alors si tu es jeune, ils t'en veulent à mort. C'est pour ça que tellement de jeunes se cassent la figure, dans cette profession. Ils lancent de nouvelles compagnies, ou plutôt il y a eu un temps où ils essayaient, parce que maintenant les affaires sont très lentes à démarrer, ils se lancent, ils mettent tout leur fric dans un titre, et ça peut être un succès qu'ils sont quand même fauchés, vu que ces individus te paieront jamais tant que tu n'auras pas eu trois ou quatre hits à la suite. Ils commandent les disques, ils les vendent mais ils paient pas ! Pourquoi ? Parce qu'ils savent que rien ne les y oblige. Tu te mets à gueuler pour avoir ton argent et ils te disent : "C'est quoi cette embrouille, j'ai des retours de plein de magasins, et j'ai le droit de renvoyer les invendus, non, et bla-bla-bla." » Qu'est-ce que tu vas faire ? Traîner vingt types devant vingt différents tribunaux des États-Unis ? Ils considèrent tout comme une marchandise. Le boulot et la sueur qu'on met dans un disque, ils s'en contrefichent. Moi, ils me respectent parce que je n'arrête pas de produire des succès, devant ça ils deviennent relativement honnêtes... à leur manière pourrie. »

Comment qui que ce soit pourrait trouver des amis, des partenaires fiables, dans un tel milieu ? Ils sont jaloux de sa jeunesse, de sa réussite. Mais avec les jeunes, ce n'est pas mieux : il est tellement plus mûr, tellement plus... éminent, qu'ils cherchent tous « le truc du père » avec lui. Ou bien ils veulent le flatter, faire copain-copain, le courtiser, siffler, hurler, trépigner, lui toucher la tête, n'importe quoi pour attirer son attention et trouver l'« ouverture », juste une chance. Ou « encore une chance ». Spector ne peut pas approcher le Brill Building, le cœur de l'industrie du disque, parce que l'immeuble fourmille de jeunots en bottes pointues fendillées qui ont peut-être obtenu un hit il y a cinq ans et qui n'arrivent pas à admettre qu'ils sont, pour toujours et à jamais, des rien-du-tout. Ils se bousculent là-dedans de même que les petits promoteurs grassouillets et presque chauves le faisaient au temps où A.J. Liebling a décrit cet endroit sous le nom de Jollity Building[1].

Phil Spector entre dans un ascenseur du Brill Building, la cabine est bondée et soudain il sent un bras attraper le sien avec la plus répugnante familiarité, une bouche s'approcher de son oreille en disant : « Phil, baby, attends seulement d'entendre celle-là, "Ooh-oum-bah-aïe" », et le voilà prisonnier de l'ascenseur qui monte lentement. « "Va-oump-nouby-poon-fang-ooh-ooh-ayub-bah-aïe", tu vois ça, Phil ? Tu piges, hein, Phil, baby ! » Il avance dans le couloir et un gamin se jette derrière lui pour glisser dans la poche de son manteau des textes de chansons, une page de partition, et il découvre tous ces papiers miteux une fois qu'il est rentré chez lui. Ou bien il sort de l'immeuble, il reçoit une grande baffe sur la nuque, il se retourne d'un coup et découvre quatre jeunots, la tête rapprochée comme s'ils faisaient un chœur sur scène, et qui commencent : « Juste deux mesures, Phil ! "Say wohna love boo-uh aïe-aïe buuby" », le gars du bout faisant la basse, le menton engoncé dans son col de chemise, « breeuinngg, breeuinngg ».

STATUT ! MAIS QUEL STATUT ? IL PRODUIT DU « ROCK'N'ROLL », donc il ne peut pas être sérieux, et puis il refuse d'adhérer aux « Young Presidents » ou allez savoir quelle foutue organisation que les jeunes génies du commerce sont censés rejoindre.

— Phil, dit le type au grand chapeau, pourquoi tu

1. Abbott Joseph Liebling (1904-1963), journaliste américain entré au *New Yorker* en 1935, avait couvert le Débarquement de Normandie et plusieurs faits de guerre en Europe. Son livre *The Jollity Building* (*Immeuble Rigolade*, 1941) est une galerie de portraits de personnages new-yorkais hauts en couleur.

n'embauches pas un attaché de presse, un spécialiste des RP, un...

Phil Spector se tripote le front dans la pénombre. Danny Davis est recroquevillé dans le petit faisceau de lumière, faisant de son mieux pour Phil :

— Jack ? Ici Danny Davis... Ouais ! Non, je suis avec Phil Spector, maintenant... Exact ! C'est le meilleur choix de ma vie, je t'assure. Tu connais Phil... Je suis au summum de ma carrière, mec... Jack, je voulais simplement te dire que nous avons...

— Un attaché de presse ? dit Phil à l'homme au chapeau. Pour commencer, je ne pourrais pas supporter ce qu'il raconterait sur moi.

— ... Nous avons deux disques fabuleux en train, Jack. « Walking in the Rain », des Ronettes, et puis...

— Secundo, continue Phil, il est hors de question que mon image soit à vendre.

— ... et « You've Lost That Lovin' Feelin' », des Righteous Brothers, poursuit Danny. Exact, Jack... C'est chic de ta part, Jack...

— La seule chose que je pourrais faire... Tu sais ce que j'aimerais faire ? Une séance d'enregistrement à la rédaction de *Life*, ou d'*Esquire*, ou de *Time*. Pour qu'ils comprennent ce que c'est. C'est la seule chance que j'ai qu'ils comprennent. Parce que bon, comme je travaille dans le rock'n'roll, genre, je suis pas complètement un être humain...

— Absolument... Si on peut faire quoi que ce soit à ce niveau, tu nous dis, Jack. OK ?... Super, Jack...

— Hé, j'ai même des problèmes avec des gens qui ne devraient jamais dire QUOI QUE CE SOIT ! Je vais acheter une bouteille de lait ou je sais quoi et il faut que la caissière s'y mette, alors je lui dis : « Il y a la guerre au Vietnam, Khrouchtchev s'est fait virer, le Parti républicain tombe en morceaux, le Ku Klux Klan fait tout ce qui lui chante et vous, tout ce qui vous intéresse c'est mes cheveux ? »

Le premier nabab baba d'Amérique, un génie des affaires et de la musique, et la façon dont ces gens se comportent avec lui, c'est comme s'il était encore au coin de Hoffman Street dans le Bronx, quand la hideuse bande des plus grands débarquent... Il est quoi, maintenant ? Qui est-il, dans ce pays bizarre ? Danny parle au téléphone dans la petite flaque de lumière, Joan tape à la machine ceci ou cela et Phil tripote son front.

ENCORE UN AVION ! IL ATTEINT SON ALTITUDE DE CROISIÈRE et le type assis près du hublot, voisin de Phil Spector, allume une cigarette pure comme de la neige vierge. Phil, coiffé plus ou moins comme un page, en chemise à carreaux et pantalon noir serré. Le type à la cigarette a envie de dire quelque chose, c'est clair, et il finit par dire : « Excusez-moi, mais... je ne vous ai pas vu à la télé ou quelque part ? Vous vous appelez comment, enfin, si je peux me permettre ? » Phil Spector se renfonce dans son siège mais sa tête ne veut pas disparaître. Après un moment, il répond : « Mon nom est Goddard Lieberson.

— Gottfried Lieberman ? »

Merveilleux ! Réconfortant ! Personne n'a entendu parler de Goddard Lieberson non plus. C'est qui, ce mec, Goddard Lieberson ! C'est le président de Columbia Records, toutes ces jolies chansonnettes que William B. William approuverait sans réserve, quelqu'un qui pèse très lourd... et personne ne sait qui c'est !

— Je suis le président de Columbia Records.

Le type tire sur sa cigarette. Une mince colonne de cendre s'allonge et pendouille.

— Ah...Vous êtes plutôt jeune, non ?

Phil Spector se rencogne encore, puis :

— Je blaguais. Je m'appelle Chubby Checker. C'est réellement qui je suis.

— Chubby Checker ?

Qui c'est, Chubby Checker ? Oui ! Qui a jamais entendu parler de ce mec ? C'est comme la dernière fois où il a répondu qu'il était Paul Desmond. Paul quoi ? Ou le cousin de Peter Sellers. Ou Monsieur Fouquet, celui des réseaux gaullistes clandestins. Ou... Qui est n'importe qui, à la fin ? Phil Spector se masse le front, ferme les yeux et retient son souffle. Tant qu'il ne respirera pas, il ne pleuvra pas, il n'y aura pas de gouttes schizophréniques coulant à l'horizontale, et le monde sera prévisible, prévisible, prévisible, prévisible...

Ma-beauté-kustomisée-karénée-kouleur-mandarine

LE PREMIER VÉRITABLE APERÇU des voitures customisées que j'ai eu, c'est à un rassemblement appelé « La Foire des ados » à Burbank, une banlieue de Los Angeles derrière Hollywood. Un contexte inattendu pour contempler des objets d'art, parce que en définitive c'est la conclusion à laquelle vous parvenez : ces automobiles SONT de l'art, en tout cas au regard des critères acceptés par une société civilisée. Mais je reviendrai là-dessus plus tard.

Donc, vers midi, vous vous rendez à une sorte de parc d'attractions en plein air ; à l'entrée, trois jeunes prennent les tickets, la mine aussi sérieuse que les types de la commission-cafétéria dans un lycée, mais à l'intérieur du parc c'est plutôt la folie. Deux trucs attirent votre regard : d'abord, une énorme estrade qui s'élève à facilement plus de deux mètres du sol et sur laquelle un groupe de hully-gully se déchaîne – tout est électrifié, la basse, les guitares, le saxo... –, et derrière les musiciens, sur l'estrade, il y a au moins deux cents jeunots qui exécutent des danses frénétiques aux noms aussi surprenants que le hully-gully, l'oiseau, le shampoing. Alors que, je l'ai dit, on est en plein milieu de journée. Ces danses sont très secouées, dans tous les sens du terme. Filles et garçons ne se touchent pas, même de la main ; ils se contentent de bondir et rebondir de-ci de-là. Ensuite, vous remarquez que toutes les filles ont la même allure : toutes ont des permanentes, sans exception, et toutes portent un pantalon moulant qui... bon, dire qu'il est une seconde peau ne donnerait pas l'idée exacte de la chose, parlons plutôt de peau en tissu. C'est comme si quelque vieux tailleur libidineux et faisant une fixette sur les muscles glutéaux les avait conçus en reproduisant chaque pli et repli. Tandis que vous êtes focalisés là-dessus, vous vous rendez compte de la présence au milieu du parc d'attractions d'une gigantesque piscine parfaitement ronde. Vraiment balèze, la piscine, au point qu'il y a un hors-bord Chris-Craft qui fait des ronds dedans en soulevant de grosses vagues, et tout autour d'autres filles permanentées sont assemblées. Flottant à la surface comme du plancton, des jeunes en tenue de plongée, tandis que d'autres se démènent sous l'eau en respirant par un tuba. Et tout autour, on trouve des stands, montés par des fabricants de chaussures, de guitares, de Dieu sait quoi encore, et dans chacun d'eux des ados dansent le hully-gully, l'oiseau est le shampoing sur la musique de la formation hully-gully que des haut-parleurs retransmettent partout.

Depuis mon arrivée, Tex Smith, qui travaille pour le *Hot Rod Magazine*[1] et qui m'a amené ici, a essayé de m'entraîner vers l'exposition de voitures customisées : « Je veux que tu voies cette caisse que Bill Cushenberry a conçue, Tom, la "Silhouette" ! » Quoi, deux cents jeunes bondissent sur une estrade à midi, et un bateau à

1. Les *hot rods* sont des voitures dont le moteur a été « gonflé » pour atteindre des vitesses jamais imaginées par le constructeur.

moteur tournoie au milieu d'une méga piscine, et je serais le seul à me laisser distraire ? Enfin, bon. L'exposition s'appelle « La Caravane des Customs Ford », une attraction que la compagnie automobile fait tourner dans tout le pays. Au début, au milieu de tout ce bruit, et de toute cette agitation à la périphérie de votre vision, avec cette invitation à mater à laquelle vous êtes obligé de succomber – toutes ces nymphettes aux cheveux bouffants qui s'agitent –, ces voitures customisées ne vous paraissent pas présenter quoi que ce soit d'exceptionnel. Bon, elles sont très spéciales, d'accord, c'est évident, mais ce qui vous vient en premier à l'esprit, c'est le cliché habituel, à savoir qu'elles appartiennent sans doute à de petits voyous maigrichons en T-shirt, un paquet de cigarettes coincé dans la manche roulée sur le biceps.

Au bout d'un moment, pourtant, j'ai été content d'avoir vu ces bagnoles dans leur environnement naturel, lequel est au bout du compte une sorte de République platonicienne d'adolescents. Si vous considériez chaque aspect de cette foire avec suffisamment d'attention, en effet, vous retrouviez une constante : le formalisme obsessionnel de tous ces jeunes. La forme est pratiquement une religion, pour eux. Les danseurs, par exemple : pas un seul ne souriait. Ils se scrutaient mutuellement les jambes et les pieds, complètement concentrés. Ces danses n'ont absolument rien de gracieux, elles font plus penser à un bal de village qu'à autre chose, mais tous s'efforçaient terriblement de le faire « comme il faut ». Et si leur apparence pouvait sembler farfelue, on devinait qu'elle obéissait à des codes très précis et très stricts. Même chez les garçons : si leur habillement était banal – Levi's, Slim Jims, polos, T-shirts, chemises –, il cherchait à créer toujours la même silhouette, celle dite du « tuyau de poêle ». Et si les uns avaient les cheveux courts, les autres longs, le style de coiffure était le même : sans raie, la tignasse peignée en arrière.

Je suis passé par un stand de guitares et j'ai vu un petit gars d'environ treize ans qui se défoulait sur une électrique. Il s'appelait Quelque Chose Cranston, il avait l'air d'avoir un prénom comme Kermit ou Herschel, ses gènes semblaient horriblement pays profond, genre Oklahoma, mais il jouait devant un attroupement impressionnant, adossé à une table avec l'épine dorsale courbée comme un arbrisseau, une attitude et une expression merveilleusement blasées : à treize ans à peine, ce jeunot était d'un « cool » fantastique. Ils l'étaient tous, tous de remarquables esclaves de la forme. Ils ont inventé un style de vie à eux et ils l'imposent avec beaucoup plus d'autorité que les adultes le leur. En plus, de nos jours ces adeptes du formalisme adolescent ont de l'ARGENT, ce qui soit en dit passant explique que tous les fabricants de chaussures et de guitares, et Ford, aient été présents à cette foire. Remarquons au passage que c'est la même combinaison d'aisance matérielle et de culte fanatique de la forme qui est à l'origine du château de Versailles ou de la place Saint-Marc. Certes, la plupart des objets que produit cette culture ado « argent plus forme » sont d'un goût plutôt navrant mais c'était aussi le cas de la majorité du bric-à-brac produit par l'Angleterre au temps de la Régence. Le foulard empesé, par exemple. Vous pouviez arriver chez Beau Brummel à onze heures du matin et tomber sur le majordome s'esquivant avec un plateau couvert de lin froissé, et il vous confierait : « Ceux-ci font incontestablement partie de nos échecs », mais soudain Brummel descendait l'escalier avec un foulard-cravate parfaitement drapé autour du cou, tel un magnifique iris amidonné, la fleur et le fleuron de la civilisation de Mayfair. Cela étant, la Régence a parfois excellé dans l'architecture formelle, et la culture de la forme des ados américains aura apporté au moins une contribution à la recherche formaliste, j'ai nommé la voiture custom. Et point n'est besoin de souligner que ces bagnoles ont pour eux autrement plus d'importance que l'architecture pour l'Europe au cours du grand siècle formaliste, disons entre 1750 et 1850 : elles sont la liberté, la classe, le sexe, le pouvoir, la vitesse, la couleur, elles représentent et expriment tout.

Le développement de l'approche formaliste de l'automobile chez les jeunes date de 1945, processus d'une grande sophistication dont les adultes n'ont même pas soupçonné l'existence, notamment parce que les jeunes, et surtout les plus passionnés par le sujet, ne s'expriment quasiment pas là-dessus : ils ne viennent pas des couches de la société dont les enfants pondent des dissertations pertinentes à l'âge de dix-sept ans, et quand c'est le cas ils tombent vite entre les mains de professeurs d'anglais qui les orientent vers Hemingway ou des tas d'écrivains jouant les durs, de sorte que s'ils sont de nouveau appelés à décrire une autoroute dans leurs écrits elle sera forcément miroitante de pluie, et le bruit que feront les voitures sera celui de la soie qui se déchire, quand bien même une famille américaine sur dix mille a dû entendre le bruit de la soie déchirée depuis 1945.

Mais enfin, retour à la Foire des ados où je m'entretiens avec Tex Smith et Don Beebe, un jeune à la carrure imposante, en chemise blanche et lunettes de soleil cubaines. Ce qu'ils m'apprennent sur la Caravane custom de Ford me permet de voir que ce géant de l'automobile a bien saisi ce nouveau style de vie et ses potentialités économiques. Le raisonnement de Ford semble être le suivant : des milliers de jeunes récupèrent aujourd'hui des bagnoles pour les « gonfler » ou transformer leur apparence, en général un peu des deux ; avant qu'ils se marient, ils dépensent TOUT leur argent dans cette activité ; conclusion, si Ford arrive à les accrocher maintenant, ces jeunes une fois mariés achèteront des Ford. Et même ceux qui ne sont pas des fous du bricolage automobile à temps complet seront influencés par le modèle qui sera tenu pour « leader ». C'est un mot qu'ils emploient énormément, « leader ». Dans le temps, les jeunes préféraient Ford mais un revirement a eu lieu de 1955 à 1962, quand les Chevrolet sont devenues leurs favorites, parce qu'elles avaient de gros moteurs faciles à améliorer et des carrosseries simples, aisément customisables. En 1959 et surtout en 1960, les Plymouth ont également eu la cote, de sorte qu'en 1961 et 1962 Chevrolet et Plymouth se sont retrouvées sur le devant de la scène, et maintenant Ford tente de revenir en force. Nombre de professionnels des customs et des « hot rods », des adultes, vous diront que Ford est désormais la marque la plus courue, mais c'est une affirmation à prendre avec des pincettes parce que ce fabricant arrose tout le monde et de toutes les manières possibles. Dans la Caravane custom, chaque voiture a été conçue à partir de modèles Ford, hormis celles qui sont des créations originales à cent pour cent, comme la « Silhouette » déjà mentionnée.

Quoi qu'il en soit, Don Beebe s'est muni d'un mégaphone et le voici qui lance : « Ça me désole d'avoir à interrompre vos danses mais c'est l'heure : place aux course de dragsters ! » Un tourne-disque est raccordé au mégaphone qui diffuse un disque produit par Riverside Records, une compilation de rugissements de moteurs de dragsters et de crissements de pneus sur la ligne de départ. Bon, ça ne suffit pas vraiment à interrompre les danseurs mais dès qu'ils captent ces sons une centaine de jeunes s'approchent du stand de *slot racing*. Le slot racing est un jeu du même type que le train électrique, dans lequel deux voitures de course modèle réduit et téléguidées d'une douzaine de centimètres de long s'affrontent sur une piste. Beebe prend un micro pour annoncer que le chanteur Dick Dale est présent et que tous ceux qui l'affronteront gagneront l'un de ses disques. Si Dale est très populaire parmi ces jeunes, c'est pour ses chansons de surf. Les surfeurs sont une catégorie d'ados extrêmement admirés par les autres. Ils ont leur argot à eux, par exemple « donne dix » qui signifie qu'il n'y a rien de mieux, et ils ont aussi leur propre version du véhicule customisé, ces vieilles camionnettes à hayon en bois qu'ils modifient afin de pouvoir se déplacer, y dormir et trimballer leur équipement quand ils partent en week-end à la plage. Pour une raison ou une autre, les surfeurs sont dingues de slot racing et donc, avec Dick Dale au stand de slot racing de la Foire des ados, vous avez un résumé d'au moins trois dimensions de l'univers secret adolescent.

Dick Dale, attifé en chanteur US – chemise à la Byron, pull en V en cachemire bleu, grosses lunettes de soleil –, saisit une télécommande au bout d'un fil ; une nymphette permanentée originaire de Newport, Sherma – ah, Sherma et son pantalon corsaire ! – s'empare de l'autre. Don Beebe déclenche le flash signalant le départ et elle laisse échapper un cri, non pas d'excitation mais simplement un gloussement nerveux, et une Ford 1963 et un dragster s'élancent sur la piste modèle réduit, qui culmine au niveau du torse des spectateurs. Il paraît qu'elle reproduit une vraie piste de course au 1/25, ce qui vous remet en mémoire les incroyables illustrations des vieux dictionnaires, précisant que celle-ci est une reproduction d'un véritable éléphant au 1/100... La centaine de jeunes réunis autour d'elle ne sont pas réellement bluffés par la course. Ce qui les intéresse juste, c'est de savoir qui va gagner, Dick Dale ou Sherma. Je suis certain qu'ils n'ont aucun mal à agrandir vingt-cinq fois en esprit ce qu'ils ont sous les yeux et à atteindre ainsi le monde ésotérique et grandeur nature de la custom.

C'EST À LA FOIRE DES ADOS QUE J'AI FAIT LA CONNAISSANCE de George Barris, l'une des vedettes de ce monde à part. Barris, le plus grand nom de la custom, est un bon exemple de ces adolescents qui ont grandi dans le culte de l'automobile, habités par cette flamme et par cette soif de perfection formelle qui ont fait d'eux des artistes. Pareil que pour Tiepolo surgissant des ateliers de peinture de Venise, où les mollets grecs se gonflaient tels des nuages sur les fresques des dômes palladiens, sinon que Barris a surgi des carrosseries de Los Angeles.

Il m'a invité à son atelier, même s'il ne lui viendrait jamais à l'idée de l'appeler ainsi : le Kustom City, 10811 Riverside Drive, Hollywood Nord. S'il y a une rivière à deux mille kilomètres à la ronde de Riverside Drive, en tout cas je ne l'ai pas vue. L'artère ressemble à toutes celles d'ici, boulevards sans fin, écrasés par le soleil et bordés par des maisons basses, des magasins, des boutiques, des bowlings, des pistes de patin à roulettes, des drive-in à tacos, l'ensemble moins rectangulaire que trapézoïdal, à cause de l'inclinaison des toits et des vitrines qui semblent sur le point de s'effondrer sur le trottoir et de vomir leur contenu. Les enseignes sont géniales, elles aussi. Elles se balancent sur des poteaux et adoptent des formes terriblement incurvées que j'ai surnommées Boomerang moderne. Quant à Kustom

City, Barris a grandi à une époque où l'on considérait extrêmement futé de transformer les C en K. Ainsi, il vend de la Kandy Lac pour donner des kouleurs rares aux kustoms, et je suis certain que le C sifflant de City a dû le chiffonner terriblement... C'est intéressant qu'il continue à appeler son atelier Kustom City et à vendre de la laque Kandy Lac, parce que pour le reste il est plein de bon sens et d'intelligence. Ce qui signifie qu'il n'a absolument pas été atteint par le dieu amibien de la sophistication anglo-européenne qui finit par vous engloutir, quand vous vivez sur la côte Est. Vous savez comment c'est, là-bas : un matin, vous remarquez que la chemise du patron épouse ses mouvements dans un doux glissement de percale alors que la vôtre a été clairement assemblée par quelque requin du prêt-à-porter qui économise un quart de centimètre de tissu sur chaque unité, vingt centimètres par rouleau et cetera, et ce constat commence à vous miner.

Barris, dont la famille est grecque, est un petit type solide, un mètre soixante-sept, trente-sept ans, qui ressemble comme deux gouttes d'eau à Picasso. Quand il travaille, c'est-à-dire la plupart du temps, il porte un T-shirt blanc, un pantalon crème avec des tas de pinces et de plis tel Picasso marchant dans le vent sur une falaise de Rapallo, et des espadrilles à semelle de crêpe également couleur crème. Précisons que Picasso ne signifie rien pour Barris, même s'il sait de qui il s'agit. C'est que pour lui et les autres artistes de custom, ce vaste univers de formes et de représentations que l'on appelle Art n'existe pas, et pourtant c'est précisément en son sein qu'il évolue : il ne construit pas des voitures, il crée des formes.

Il commence par me faire visiter Kustom City. Au début, on se croirait dans un garage comme un autre et puis on se rend compte qu'il s'agit en réalité d'une GALERIE. L'endroit est plein de voitures comme vous n'en avez jamais vu, dont la moitié ne prendra jamais la route : transportées sur des camions ou des remorques, elles seront exposées à travers tout le pays. Elles peuvent tourner, au besoin, dotées qu'elles sont d'énormes moteurs chromés et surgonflés, parce que la vitesse et la puissance, dans cette merveilleuse enveloppe, exercent un énorme attrait émotionnel sur les créateurs de custom. Mais bon, c'est comme les tapis signés Picasso ou Miró : on ne marche pas dessus, on les suspend au mur. C'est pareil avec les voitures de Barris. Elles sont, réellement, des sculptures.

Il a par exemple conçu un objet incroyable, la XPAK-400-Air. On adore les dénominations ronflantes, dans ce métier. Le fait qu'elle soit propulsée sur coussin d'air importe peu, c'est tout bonnement une sculpture abstraite et curvilinéaire. Si Brancusi est apprécié, alors cette œuvre doit finir sur un piédestal, elle aussi. Elle ne renferme pas une seule ligne droite, mais toutes ces surfaces arrondies, ces enjoliveurs baroques, finissent par composer un petit triomphe d'harmonie géométrique. À ce propos, il faut dire que Brancusi et Barris ont tous deux inventé – par des voies complètement différentes, bien entendu – un concept que l'on pourrait appeler « Moderne profilé » ou « Années 30 curvilinéaires ». Barris et la plupart des artistes custom poursuivent inlassablement l'idée de la courbe abstraite, un vrai casse-tête, alors que les créateurs de formes conventionnelles, depuis les architectes jusqu'aux maquettistes de magazines, se situent tous dans la logique Mondrian. Hé, même les jeunes stylistes de l'industrie automobile à Detroit font du Mondrian ! Il n'y a que les dessinateurs d'aviation qui se sont risqués dans le profilé, et uniquement parce qu'ils y étaient contraints par les lois de la physique. Enfin, je vais revenir sur ce sujet dans une minute mais je voudrais d'abord vous parler d'un autre modèle que Barris m'a montré.

Celui-là était relégué dans un entrepôt car son créateur ne s'y était plus intéressé depuis sa conception, neuf ans auparavant. Pourtant, cette voiture – cette « vieille » voiture, aux yeux de Barris – est une sorte de préfiguration en rêve d'un véhicule de sport très admiré, la Quantum, que Saab a présenté cette année après des mois et des mois de recherche et de développement par des experts en aérodynamique et des designers d'avant-garde. Ce sont toutes les deux de magnifiques voitures, celle de Saab et celle de Barris ; elles ont presque la même ligne, cette sublime topologie entre les phares renfoncés, tout le capot s'incurvant pratiquement jusqu'au sol à l'avant. Quand j'ai mentionné cette similarité à Barris, il a haussé les épaules : il est habitué à ce qu'un fabricant ou un autre conçoive l'un de ses modèles cinq ou six ans après lui.

Nous étions en train de contourner Kustom City quand, en traversant le parking, j'ai avisé une Avanti, la nouvelle voiture de sport de Studebaker, un modèle très coûteux. Du papier avait été ajouté à l'avant et à l'arrière, dont j'ai demandé l'explication à Barris. Pas grand-chose, m'a-t-il répondu : c'était juste le point de départ pour rallonger le museau de trente centimètres en lui donnant une courbe plus chic, et travailler l'arrière pour lui enlever cet aspect « pain de savon » qu'il avait. C'est ça qui « fait » vraiment le véhicule, mais Barris ne considère pas ce projet comme important. Son idée finira peut-être sous la forme d'un kit ajustable, comparable à ceux que l'on vendait pour les anciennes Continental, qui permette de transformer l'avant et l'arrière.

Si Barris et ses semblables n'avaient pas été immergés dans le monde souterrain, étrange et suspect de la jeunesse californienne, je ne crois pas que quiconque les trouverait bizarres. Seulement, ils n'ont accès qu'à la presse spécialisée, jamais à celle grand public. Ils sont comme les habitants de l'île de Pâques : brusquement, vous voyez ces sculptures hallucinantes et alors vous vous demandez comment elles se sont retrouvées là, et pour quelle raison.

Si on étudie le travail de Barris, ou de Cushenberry – le créateur de la fameuse « Silhouette » –, ou d'Ed Roth, ou de Darryl Starbird (Starbird, est-ce que ce n'est pas un nom absolument génial ?), je pense que l'on s'immerge en pleine histoire de l'art. Dans les années 1930, les designers, parmi lesquels ceux de l'industrie automobile, sont tombés sur l'idée du profilé : le mot paraissait « fonctionnel », et il l'était une fois appliqué à un avion mais non à une voiture, à moins que l'on pense à une course de vitesse de Bonneville. Pour une auto, en réalité, le profilé est l'équivalent du baroque, un baroque abstrait, ou un baroque moderne, ou comme vous voudrez l'appeler. Alors que cette tendance s'affirmait dans les années 1930, donc – c'était l'époque des immeubles arrondis, vous vous en souvenez peut-être, à l'instar des pavillons de l'Exposition universelle plus tard –, le mouvement du Bauhaus est venu tout chambouler, faisant du Mondrian la norme. Bientôt, tout est devenu du Mondrian : la boîte de Kleenex, Mondrian ; le format de la une de *Life*, Mondrian ; les photos à bords irréguliers dans *Paris Match*, Mondrian, et jusqu'aux automobiles. On a dit que les modèles de Detroit étaient profilés, épurés, mais ce n'est pas vrai. Si vous en voulez une preuve, regardez d'un avion les voitures garées devant un centre commercial : mis à part le fait que toutes les couleurs sont désormais pastels et non plus primaires, qu'est-ce que vous obtenez ? Un tableau de Mondrian. Le principe mondrianesque, avec tous ses angles droits, est par essence rigoureux, apollonien ; le profilé, qui n'obéit vraiment à aucune fonctionnalité, qui s'abandonne aux courbes et aux envolées juste pour le plaisir, est par essence dionysiaque. Et comme Detroit a raté le coche, le principe dionysiaque a été laissé aux habitants du monde parallèle de l'adolescence, à des gens comme George Barris.

Barris vivait à Sacramento lorsqu'il a commencé à modifier des voitures, en 1940. À la lecture du scénario, vous retrouvez l'histoire éternelle de l'enfant créatif, de la fuite du carcan parental, de la jeunesse bohème et sans un rond, des premiers succès, de la reconnaissance des initiés et enfin de l'argent commençant à affluer. Avec une grande différence : l'action se déroule sur une île de Pâques, dans la pénombre infernale de l'univers des ados californiens, et ces objets, ces voitures, sont en relation avec les divinités, les esprits et toute une mystique de ce groupe particulier.

Il me raconte que ses parents, qui tenaient un restaurant grec, « voulaient que je fasse pareil, comme n'importe quel Grec ici, faut croire ». Mais à l'âge de dix ans déjà Barris était fou de bagnoles, sculptant des modèles idéaux dans du balsa. Quelques années plus tard, il a sa propre voiture, une Buick 1925, puis une Ford 1932. Plusieurs des règles non écrites de l'art de la custom ont été établies par lui. Ses premiers clients sont des jeunes qui le paient pour qu'il modifie leur véhicule. En 1943, il débarque à L.A. et s'immerge dans la culture ado incroyablement foisonnante qui y fleurit pendant la guerre. Ça brise les familles, comme on dit, mais l'argent coule à flots et les jeunes se mettent à bâtir un style de vie à eux, ainsi qu'ils le font jusqu'à aujourd'hui, à établir ces conventions et ce formalisme fanatique que j'ai évoqué plus haut. Et l'automobile occupe le centre de tout ça, évidemment. À cause de la guerre, les voitures sont rares et donc les jeunes écument les casses et les décharges pour trouver des pièces détachées, ce qui donnera naissance aux premiers véhicules « sur mesure », des roadsters pour la plupart, et aussi à des moteurs redoutablement gonflés. Si tout dingue de bagnole adolescent possède ces deux impulsions en lui, customiser et gonfler, la recherche de la forme et celle de la vitesse, chacun a tendance à privilégier l'une ou l'autre. Chez Barris – et Ed Roth me dira plus tard que la même chose lui est arrivée –, c'est le travail de la forme qui prime. Au lycée, puis lors de son bref passage par l'Institut de Sacramento et le Centre artistique de Los Angeles, il s'initie à ce qu'il appelle « le dessin industriel, la mécanique et l'art libre ».

J'ai bien aimé cette notion d'« art libre ». Pour le Barris d'alors et celui d'aujourd'hui, l'Art avec un grand A, ce vieux marronnier, n'existe pas : il y a le dessin technique et l'art libre, qui, s'il n'avait rien de libérateur, partait dans tous les sens sans se soucier de quoi que ce soit. Et le réceptacle de cette pulsion, ce qui attirait Barris et avait un sens important pour les jeunes autour de lui, c'était la voiture.

Un sourire merveilleusement pensif lui vient lorsqu'il évoque le bon vieux temps, de 1944 à 1948. C'était un « hot-rodder » à l'époque où ça voulait encore dire quelque chose, et c'est de là qu'il tient son look. Les professionnels du hot rod, tels que les nombreux titres du groupe Petersen (dont *Hot Rod Magazine* fait partie) et la National Hot Rod Association, se sont dépensés sans compter pour effacer le souvenir de ce passé brut de pomme et transfuser des doses massives de tranquillisants aux adeptes de cette culture pour que le grand public croie que l'on a affaire à de gentils garçons en chemises à manches courtes tout juste sorties du pressing, dont le jeu favori est une mallette de chimiste. Mais d'après ce que me raconte Barris, c'était sauvage, dans le temps. On se retrouvait dans des drive-in, le plus couru étant le Piccadilly, près de Sepulveda Boulevard, et il fallait voir le spectacle ! Tous ces roadsters et ces customs dépotaient méchamment, avec leurs moteurs vrombissants. Barris conduisait alors un roadster Ford 1936 gravement modifié : « J'arrivais de Sacramento, donc j'étais censé ne rien y connaître. Bon, j'étais un touriste mais ma caisse était la plus dingue de toutes. Je me rappelle le soir où un gus est arrivé dans un roadster qui n'avait pas de poignées de portière. Bon, c'était chouette, sauf qu'il devait taper avec le pied dedans pour l'ouvrir de l'intérieur. Tu aurais vu sa tête quand il a inspecté ma caisse : j'avais fait comme lui, à part que les portières s'ouvraient électriquement... »

Le grand truc, cependant, c'était la course de dragsters, qui était presque interdite alors, mais seulement presque. « On était au Piccadilly ou ailleurs et les gus commençaient à se lancer des défis. Genre, un gus se plante devant la caisse d'un autre et se met à la mater de haut en bas comme si elle avait la gangrène ou quoi, et l'autre dit : "Tu veux y ALLER ?" Ou, s'ils avaient vraiment un compte à régler : "Tu y vas pour la carte rose ?" La carte d'immatriculation était rose, donc ça voulait dire que le gagnant remportait la voiture du perdant. Et dès que quelques défis avaient été lancés, tout le monde se dirigeait vers Sepulveda, ou vers la vieille autoroute, à Crompton, et c'était parti, un gus d'un côté des blocs de séparation, un gus de l'autre, à foncer sur quatre cents mètres. C'était chaud ! Certaines nuits, il y avait bien un millier de jeunes à regarder de chaque côté, gars et filles, tous assis sur leurs caisses avec les phares braqués sur la chaussée. »

Mais euh, George, que se passait-il si un automobiliste ordinaire arrivait sur l'autoroute à ce moment ? « Oh, on bloquait cette portion mais si un type insistait pour passer, on lui disait : "OK, Mister, mais dans une minute il va y avoir deux voitures déboulant plutôt vite par ici, alors vous y allez si vous voulez mais c'est vous qui prenez le risque." Ils rebroussaient tous chemin, évidemment, et ensuite les flics débarquaient. Et là, c'était ENCORE du spectacle ! On sautait tous dans nos caisses et on partait dans tous les sens. Certains carrément à travers champs. Et nos caisses étaient tellement gonflées que la police ne pouvait jamais nous gratter. Jusqu'au vendredi soir où ils ont fait un raid au Piccadilly. Ils se sont mis à embarquer tout le monde dans les paniers à salade. Moi, j'étais dans une caisse avec un flic qui était également un hot-rodder et qui n'était pas de service, autrement ils m'auraient emmené aussi. Le samedi soir, tout le monde est revenu au Piccadilly pour parler de ce qui était arrivé la veille, les flics sont revenus et ils en ont embarqué trois cent cinquante, ce coup-là. Ça a été la fin du Piccadilly, on peut le dire. »

Depuis le moment où il est allé voler de ses propres ailes à Los Angeles, vers ses dix-huit ans, Barris n'a jamais rien fait d'autre que de modifier des voitures. Il n'a exercé aucune autre activité. Au début, il a été embauché dans un garage où des tas de jeunes venaient en demandant telle ou telle modification, et le patron n'y entravait que dalle parce que c'étaient des trucs d'ado ésotériques, et Barris ne gagnait pas grand-chose mais il ne s'est jamais senti dans la mouise, pas plus que tous les jeunes d'aujourd'hui avec qui j'ai parlé – ils ont un système économique à eux, magique ou quoi, je ne sais pas... Et en 1945, Barris a ouvert son propre garage Compton Avenue, Los Angeles, en ne faisant que de la custom. C'est dire à quel point la demande était forte. C'était peinard, affirme-t-il : en très peu de temps, il a encaissé plus de cent dollars par semaine.

Le gros de son travail, à l'époque, c'était de modifier des modèles de Detroit en taillant et en surbaissant. Tailler, c'est couper en hauteur l'habitacle pour qu'il soit plus près du capot ; surbaisser, c'est faire en sorte que la caisse tout entière soit plus proche du sol. Habituellement, on retirait aussi tous les chromes et les poignées, et on couvrait les passages de roue à l'arrière. En ce temps-là, les jeunes appréciaient le look de la voiture plus basse à l'arrière qu'à l'avant, et c'est exactement le contraire aujourd'hui. Comme le pare-brise était alors divisé par un montant de renfort, rabaisser l'habitacle donnait à la caisse une allure vraiment sinistre, comme si elle avait deux petits yeux tout plissés. Je crois que c'est cet aspect qui a le plus empêché les gens de comprendre ce que Barris et les autres recherchaient : les hot-rodders avaient une réputation réellement épouvantable, à l'époque, et personne ne les distinguait des conducteurs de customs parce que, bon, la vérité c'est que les seconds étaient tout autant des maniaques de la vitesse.

Ça, c'était la période Mercury de Barris. Il n'aimait rien de plus que de tailler et de surbaisser des voitures de cette marque. Comme les jeunes reconnaissaient tout de suite son style, il recevait des tas de commandes. Ce qu'il cherchait, sur le plan formel, c'était à parvenir au profilage que Detroit, malgré toutes ses déclarations d'intention, avait abandonné. Une fois modifiées, ces vieilles Mercury étaient plus profilées que n'importe quel modèle sorti de Detroit. Nombre des coupés passés par ses mains avaient la lunette arrière inclinée vers le bas, le look *fastback* qui a été repris cette année sur les Riviera, les Stingray et quelques autres voitures.

À ce stade, Barris et ses confrères ne disposaient pas du capital suffisant pour fabriquer des véhicules complètement originaux, mais ils se sont mis à transformer de manière de plus en plus radicale les modèles standard. Ils tentaient des choses que Detroit a mis des années à adopter : ailerons latéraux, toits en bulle, doubles phares, phares rétractables, phares «à la française», et caisse surbaissée. L'industrie automobile lui a piqué au moins vingt idées de la sorte, rien qu'à lui. L'une d'elles est que le tuyau d'échappement émerge désormais du pare-chocs ou de la jupe de la carrosserie; une autre, c'est le pare-chocs en forme d'obus, ou de sein si vous préférez, sur la Cadillac.

Si Barris ne craint pas de dire «piqué», c'est parce que certaines de ses trouvailles ont été reprises dans leurs détails les plus infimes. Il y a trois ans, il a rencontré des dessinateurs de voitures à Detroit et il a été «halluciné», me dit-il : «Ils pouvaient me parler de caisses que j'avais conçues en 1945. Ils connaissaient par cœur la Studebaker 48 quatre portes dont j'avais complètement changé le look, en taillant le toit et en abaissant le capot. Et le toit-bulle que j'ai réalisé en 54, pareil. Et pendant tout ce temps, on avait cru qu'ils nous prenaient pour des fous...»

Même aujourd'hui qu'il traite avec des stars du cinéma, des pontes de l'automobile et d'autres représentants du monde adulte, j'ai l'impression que Barris et sans doute ses comparses se sentent encore partie prenante de l'univers parallèle adolescent dans lequel ils ont grandi. Pendant tout ce temps, ils ont porté haut la torche du profilé dionysiaque, ils ont été les concepteurs du baroque moderne de l'Amérique, et curieusement les designers «sérieux», ceux qui nagent en pleine sophistication anglo-européenne, sont en train d'y venir. Prenez Saarinen, et notamment son terminal TWA à l'aéroport Kennedy : à la fin de sa vie, l'architecte a découvert le baroque moderne.

Il est intéressant de noter que les tenants de la custom, tout comme les amateurs de voitures de sport, ont voulu toujours moins de chrome sur les véhicules, mais pour des motivations différentes. Les seconds pensent que les enjoliveurs rendent l'allure de leur bolide moins «classique», ils veulent simplifier son apparence; les premiers estiment que les chromes sont un ajout inutile au baroque luxuriant des lignes du profilé. Les seconds se gaussent des ailerons latéraux, les premiers les adorent et il est vrai que, selon les critères de la beauté baroque, ils n'ont rien de vulgaire, ils constituent une extension idéale et fantasmatique de la courbe, une affirmation d'individualité baroque puisque la voiture est, en Amérique, un fantasme pour moitié et un outil de locomotion pour l'autre, et donc leur présence est facilement défendable.

Revenons à l'île de Pâques où Barris et les autres créaient leurs sculptures baroques avec leurs fers à souder et leurs maillets en caoutchouc, coupés du reste du monde et seulement connus grâce au bouche à oreille adolescent. Si Barris gagnait assez correctement sa vie, d'autres crevaient de faim. C'était toujours le même engrenage : un gus ouvrait un garage et acceptait assez d'ailes froissées et de pare-chocs enfoncés pour être en mesure de payer le loyer et de baisser son rideau à deux heures de l'après-midi afin de fignoler ses voitures customisées, et bientôt il se rendait compte qu'il ne pouvait plus accepter une SEULE réparation, parce que s'occuper de ces vieux croulants guettés par l'artériosclérose te prend un temps DINGUE, man, et donc ils essaient de s'en sortir en ne faisant que de la custom, et ils crèvent la dalle.

C'est encore vrai de nos jours, à ceci près que la customisation de véhicules a commencé à être « rationalisée », au sens où Max Weber entendait ce terme. Cette rationalisation, ou exploitation, est apparue à la fin des années 1940, quand un scénariste payé quatre-vingts dollars par semaine, Robert Petersen, a découvert l'existence d'un tas de jeunes qui mettaient tout leur argent dans le petit univers automobile qu'ils s'étaient constitué, et a décidé d'exploiter ce filon en lançant le *Hot Rod Magazine*, premier d'une longue succession de publications consacrées aux véhicules modifiés. Entre parenthèses, Petersen roule aujourd'hui sur l'or et en Maserati ou dans d'autres voitures de sport frimeuses de la catégorie apollonienne, non de la version dionysiaque défendue par la custom. Ce qui est vraiment dommage, car il aurait de quoi commander des modèles tout à fait époustouflants.

Jusqu'à cette époque-là, le seul show de voitures custom de tout le pays était un truc assez dément que Barris organisait sans avoir recours au soutien de promoteurs quadragénaires cravatés et spécialisés dans l'événementiel à prix cassé. C'était un rassemblement typique de l'univers parallèle ado, sans publicité d'aucune sorte, qui se tenait au printemps – pendant les vacances scolaires de Pâques –, quand tous les jeunes se rassemblaient (et ils le font toujours) sur la plage de Balboa pour leur *Bier-Fachting* annuel, ou je ne sais comment les Allemands appellent ce genre de beuveries. Barris louait le parking d'une station-service pendant une semaine et des jeunes de toute la Californie convergeaient dans cette direction avec leurs voitures customisées. Ça commençait par un grand défilé, environ cent cinquante véhicules paradant à travers les rues de Balboa, avec des grappes de jeunes sur les trottoirs pour les admirer, puis tout le monde venait se garer sur le parking et l'exposition durait sept jours.

Barris continue à se rendre à Balboa et dans des endroits de ce genre. Il aime l'ambiance. L'an dernier, à Pacific Ocean Park, il a remarqué toutes ces nanas aux coiffures bouffantes et il a eu l'idée d'asperger ces têtes de pissenlit de couleurs fluorescentes, avec les mêmes nuances qu'il applique sur ses voitures. Il a sorti un pistolet à peinture, les filles se sont mises à la queue leu leu en lui donnant cinquante cents par tête, et pendant tout l'après-midi il les a pulvérisées de ces teintes étranges et belles, et chaque peinturlurée se mettait à courir en criant sur les trottoirs et vers les plages. « Ce soir-là, me raconte-t-il, ça a été génial de monter sur la Grande Bulle et de voir toutes ces couleurs fluo en bas, les filles qui dansaient et s'agitaient dans tous les sens. » La Grande Bulle est une roue géante qui s'élève au-dessus de l'océan et qui est censée donner la même impression qu'un satellite sur orbite. Mais, ajoute Barris, « les gus qui faisaient du vol libre ont eu une vue encore meilleure du truc ».

En 1948, Petersen a organisé la première véritable exposition de voitures custom à l'Arsenal de Los Angeles, ce qui a sorti quelque peu le genre de sa marginalité. Une Buick que Barris avait baroquement modifiée a été l'un des clous de la manifestation et c'est ce qui l'a lancé, lui aussi.

Durant la décennie suivante, plein de personnalités hollywoodiennes ont découvert Barris et les autres, un peu comme les milieux littéraires étaient tombés amoureux du montreur de marionnettes Tony Sarg dans les années 1930 et l'avaient déifié sur le mode « seulement pour initiés », sauf qu'à mon avis la rencontre Hollywood-Barris avait nettement plus de substance : les gens qui se retrouvent à Hollywood sont essentiellement de l'espèce dionysiaque, avec une prévention contre l'éthique anglo-européenne qui confine à l'allergie. S'ils ne font pas aisément la distinction entre des chaussures de golf et de yachting, ils savent en revanche apprécier les lunettes de soleil cubaines.

Dans son showroom de Kustom City, après la XPAK-400-Air, Barris a tout un coin tapissé de photographies de modèles qu'il a customisés ou fabriqués pour des vedettes d'Hollywood, Harry Karl, Jayne Mansfield, Elvis Presley, Liberace, et même pour des célébrités évoluant dans d'autres sphères comme le sénateur républicain Barry Goldwater – une Jaguar avec un tableau de bord aussi bourré de cadrans que le cockpit d'un avion – et quelques autres. En fait, c'est lui qui a conçu la plupart des voitures spectaculaires dont les gens du show-business se servent à des fins publicitaires. Ainsi, il a exécuté la peinture « poudre de diamant » sur la Dream Car de Bobby Darin, dessinée et assemblée par Andy DiDia à Detroit, un modèle qui est l'archétype du profilé baroque, soit dit en passant. La Dream Car a été méchamment accueillie quand les premières photos sont sorties, certes, mais c'est surtout parce que les critiques ont estimé que Darin en faisait décidément un peu trop dans le registre nombriliste : en tant que sculpture baroque moderne, et compte tenu du quotient fantasmatique présent dans toute voiture, c'est néanmoins une pièce assez remarquable.

Depuis que l'idée d'exposer ces voitures hallucinantes a pris corps – et il existe désormais des expositions très importantes, à l'exemple de celle au Colisée de New York l'an dernier –, le boom culturel dans la custom a eu le même effet que dans les autres disciplines artistiques ; les grands noms du genre, en particulier Barris et Roth, mais aussi Starbird, se sont mis à gagner des montagnes d'argent de la même manière que Picasso l'avait fait, grâce aux produits dérivés. Les créations de Barris sont reproduites en tant que modèles réduits par AMT Models, celles de Roth par Revel, et l'engouement pour ces miniatures prouve une fois encore que ce n'est pas tant de voitures qu'il est question, mais d'objets en soi.

Évidemment, celui-ci n'est pas une forme d'art aussi courante que la peinture à l'huile ou la sculpture moderne la plus traditionnelle. Tout un tas de représentations mentales pèsent sur lui, depuis les contraintes inévitables du savoir-faire mécanique jusqu'à la symbolique de la vitesse et de la puissance, en passant par la dimension mystique que l'univers parallèle adolescent confère à la bagnole et dont il a déjà été question ici. Je comparerais plutôt cela aux arts plastiques à l'époque de Benvenuto Cellini, au temps où la sculpture était plus étroitement liée tant à la religion qu'à l'architecture. Et les analogies avec la Renaissance ne s'arrêtent pas là : par exemple, des jeunes se sont présentés à l'atelier de Barris tels des apprentis, se jetant aux pieds du maître en le suppliant de partager avec eux un peu de son génie. D'après lui, il y a aujourd'hui à Los Angeles pas moins de onze spécialistes de la custom qui ont appris le métier avec lui avant de décider de voler de leurs propres ailes, ce qui ne paraît pas du tout le contrarier. « Le problème, c'est qu'ils prennent trop de travail, observe-t-il ; ils veulent se faire un nom très vite et ils acceptent les commandes pour pratiquement rien, juste pour asseoir leur réputation. Comme ils manquent de capital de départ, en général, et qu'ils sont surchargés de travail, ils ne peuvent pas respecter les délais et ils finissent sur la paille. »

Il y a un autre aspect du truc, aussi. Prenez le gars d'une petite ville du Midwest qui ressemble à cet autre gars de Keokuk qui a envie de partir à New York, de vivre au Village, de devenir un artiste et ainsi de suite parce que bon, vous savez, à la baraque c'est comme qui dirait « craignos », vraiment lourd, la baraque et tout ce qui va autour, mais le gars du Midwest qui rêve d'être un artiste de la custom, il ira à Los Angeles. Et il fera à peu près la même chose : il mènera une vie de banlieusard bohème, il acceptera tous les petits boulots et il passera le reste de son temps aux pieds de quelqu'un comme Barris, à travailler sur des caisses.

À Kustom City, j'ai rencontré un jeune répondant exactement à ce profil. Nous étions en train de visiter les installations de Barris, la section de ses intérieurs – ses intérieurs de voiture, je veux dire –, quand nous sommes tombés sur Ronny Camp. Ronny a vingt-deux ans mais il en paraît dix-huit parce qu'il cultive l'attitude « ado ». C'est un garçon brillant, sensible, avec un vrai œil d'artiste, mais de prime abord il a l'air d'avoir sans arrêt les pieds posés sur une table ou quelque chose de ce genre qui vous bloque le passage, ce qui vous oblige à vous imposer à lui, et là il tord la bouche et rentre les pupilles dans les orbites jusqu'à atteindre le chiasme optique pour vous fusiller d'un regard méchamment bougon et voilà, telle a été la première et trompeuse impression.

Ronny était un malade de l'automobile mais dans sa ville natale (Lafayette, Indiana) personne n'y connaissait rien en voitures custom, si bien qu'un jour il a fait son sac et déclaré à ses darons : « Ça suffit, je me barre en territoire cool, Los Angeles, où un artiste de la custom est un ARTISSE. » Il n'avait pas idée d'où il allait, vous l'avez compris. Tout ce qu'il sait, c'est qu'il va se rendre au garage de Barris et puis se débrouiller, et donc il démarre dans sa Chevrolet 1960 et traverse la moitié du continent.

Arrivé en Californie, il a trouvé un job dans une station-service et dépensé chaque rond qu'il pouvait mettre de côté pour avoir sa caisse customisée chez Barris. La Chevrolet était juste sous notre nez pendant que nous bavardions, et j'en étais très conscient parce qu'il ne m'a pas regardé une seule fois, ses yeux restant fixés sur la voiture. C'est une « semi-custom », comme ils disent, en ce sens que rien n'a été fait pour lui donner une aura sculpturale mais que plein de détails de profilage lui ont été ajoutés. Ce qui frappe surtout, c'est la couleur, mandarine mouchetée. L'illusion produite par l'une des décoctions dont Barris a le secret est celle que la caisse a été recouverte de lamelles de peau de mandarine desséchée et semi-précieuse, elles-mêmes enduites de laque transparente. Au début du siècle, toute une théorie a été élaborée sur les préférences en matière de couleurs, les spécialistes ont conclu que certaines d'entre elles reflétaient un esprit contestataire et ce sont ces mêmes nuances qui sont le plus recherchées par plein de jeunes d'aujourd'hui : magenta, jaune vif, toute une gamme de violets, lavande et fuchsia, et encore bien d'autres cataloguées dans le répertoire des Kandy Kolors de Barris.

Une fois que sa voiture a été prête, Ronny a opéré un retour triomphal à la maison. Après avoir remporté la coupe de sa catégorie au rassemblement des customs et hot rods d'Indianapolis, il a emprunté la grand-rue de

Lafayette au volant de sa Chevrolet 1960 mandarine mouchetée. C'était comme Ezra Pound revenant avec son prix Bollingen à Hamilton, État de New York, et clamant : « Me voici, Hamilton ! » De la manière dont Ronny et Barris le racontent, ce retour de l'enfant prodigue a été spectaculaire : tous les jeunes du cru ont estimé qu'il avait eu raison de se tirer, finalement, et il a fait un tabac. Ce dernier point, j'ai du mal à y croire. Je veux dire que je trouve difficile de croire que Ronny a conquis ses concitoyens avec une Chevrolet incrustée de peaux de mandarine, mais je me demande ce que ses parents ont dû en penser. Je ne sais rien d'eux, à vrai dire, mais je suis sûr qu'à leur place j'aurais eu une mégaboule dans la gorge en voyant Ronny apparaître devant le perron à bord d'une caisse couleur mandarine et en sortir ivre de son triomphe, la tête tellement haute et le dos tellement droit que personne n'aurait pu se rappeler l'enfant au regard méchamment bougon. Ronny, revenu de tout là-bas, la Californie, avec son Saint-Graal....

VERS 1957, BARRIS A COMMENCÉ À SE FAIRE APPROCHER par les grandes compagnies de Detroit. Il se souvient : « Un jour, je travaillais au garage – on était à Lynwood, à l'époque – et Chuck Jordan, de Cadillac, s'est pointé. Il est entré et il a dit qu'il venait de la part de Cadillac, comme ça. J'ai cru qu'il voulait dire la branche locale. On avait fait une Cadillac pour Liberace, avec l'intérieur tapissé de ses chansons, toutes les notes noires et blanches en cuir marocain, et j'ai pensé que c'était de ça qu'il voulait parler, mais il m'a expliqué qu'il était envoyé par le centre de design de Cadillac à Detroit et qu'ils s'intéressaient à nos couleurs. Chuck – il est maintenant haut placé dans la boîte, je crois –, Chuck a dit qu'il avait lu des articles là-dessus, alors j'ai mélangé quelques teintes pour lui. J'avais mis au point une peinture translucide qui avait vachement de profondeur et de brillant, en utilisant six ingrédients différents. C'est ça qui les emballait. Avec cette peinture, tu vois la couleur, qui est très brillante, à travers une surface transparente. En tout cas, c'est la première fois qu'on a eu la confirmation qu'ils avaient connaissance de notre existence ! »

Depuis, Barris s'est rendu plein de fois à Detroit. Les grosses compagnies, principalement General Motors et Ford, lui demandent des idées sur ce qui fait bicher les jeunes et lui, il leur explique ce qui ne va pas dans leurs modèles. Pour l'essentiel, c'est qu'ils ne sont pas assez profilés et sexy, « mais comme ils m'ont dit, ils doivent concevoir des caisses qui peuvent plaire à un fermier du Kansas comme à un chaud lapin d'Hollywood ».

C'est pour cette raison – le compromis inévitable – que les artistes de la custom n'ont aucune envie de travailler comme stylistes pour les boîtes de Detroit, même s'ils traitent de plus en plus avec elles. Ce serait comme si René Magritte ou quelqu'un de ce calibre recevait un salaire de Continental Can pour leur donner des idées pour l'image de l'homme de l'Ouest. C'est un dilemme qui existe depuis toujours dans l'art, bien sûr : le génie et l'organisation. Sauf que les adeptes de la custom ne considèrent pas vraiment la bureaucratie industrielle comme un ramassis de petits Babbitt mesquins, d'ennemis de la culture assoiffés d'argent, à l'instar des artistes traditionnels, que ce soit William Gropper ou Larry Rivers[1], pour ne citer qu'eux. Ils pensent simple-

1. William Gropper (1897-1977) : dessinateur et muraliste très engagé dans la sphère de la gauche radicale américaine. Larry Rivers (1923-2002) : peintre, musicien et cinéaste qui appartenait à la mouvance bohème du Chelsea Hotel à New York.

ment que les grands consortiums font partie de l'énorme masse que constitue l'Amérique ADULTE, sclérosée à force d'être devenue si vieille, et dont les principes et préjugés pèsent sur la jeunesse comme un gros sac enflé. Barris tout comme Roth ont rencontré les jeunes stylistes de Detroit, et les considèrent apparemment comme des moines venus d'un pays étranger. Les jeunes stylistes sont recrutés par Detroit dès la sortie de l'école des beaux-arts, enfermés dans une pièce avec de l'argile et des stylets, et on leur demande d'y aller, de se mettre à sculpter de nouveaux modèles, des voitures de rêve, de l'inédit. Roth, particulièrement, ne peut imaginer que quiconque puisse développer un concept d'automobile intéressant s'il n'est pas issu de l'univers parallèle adolescent. Et il a peut-être raison : tandis que les jeunes stylistes restent assis dans la lumière du nord d'un atelier pour concocter de jolies petites pièces à la Mondrian, Barris et Roth poursuivent leur course dionysiaque à travers le baroque moderne.

J'ai nommé plusieurs fois Ed Roth[1] jusqu'ici sans vous avoir vraiment parlé de lui. Et je veux le faire parce que, plus que tous ses semblables, il a gardé vivant l'esprit rebelle et frondeur qui définit tellement l'éthique adolescente dont est issue la voiture custom. Il est également le plus pittoresque, le plus intello, le plus capricieux et le plus cynique de tous. C'est le Salvador Dalí du mouvement custom, surréaliste par ses dessins, cabotin par tempérament, infatigable faiseur de niches. Roth est trop brillant pour conserver l'éthique ado et cependant il le fait, avec une obstination jubilatoire.

1. Ed « Big Daddy » Roth (1932-2001), dessinateur, caricaturiste et décorateur de voitures customisées, est un personnage légendaire de la contre-culture américaine. Il sera à nouveau question de lui dans ce recueil, âgé de quelques années de plus, dans l'essai intitulé « Tifland », p.274.

Tout style de vie produit ses propres célébrités, à condition qu'elles s'en tiennent à certains critères immuables, mais alors que sur la côte Est un jeune talentueux finira probablement absorbé par l'establishment d'une manière ou d'autre, ce n'est pas un sort aussi inévitable en Californie.

On m'avait raconté que Roth était un ronchon qui ne prenait jamais de bain, d'abord difficile, mais il s'est montré très ouvert et sensé dès la première fois où je lui ai parlé au téléphone. Son atelier – ce qu'il appelle ainsi, notez bien – se trouve à Maywood, à l'autre bout de la ville et de North Hollywood, une zone urbaine qui m'a semblé nettement plus ancienne et délabrée. Quand je suis arrivé, il était devant son garage, traçant des dessins et des lettres complexes au pistolet à peinture sur les flancs d'un camion de glacier. Je l'ai tout de suite reconnu aux photos de lui que j'avais vues, avec sa barbe de beatnik. « Ed Roth ? » Il a dit ouais et on s'est mis à parler. Un peu plus tard, autour de sandwichs dans un snack-bar, Roth, qui portait un T-shirt à manches courtes, a pointé du doigt le grand tatouage qu'il porte au bras gauche, « Roth » en haute cursive, qui est sa signature : « J'ai dû me le faire il y a deux ans parce que les gus n'arrêtaient pas de m'aborder en me disant : "C'est toi, Ed Roth ?" »

C'est un costaud d'un mètre quatre-vingt-dix, cent trente-cinq kilos, trente et un ans. Il est en permanence accompagné d'une sorte de courtisan répondant au nom de Dirty Doug, Doug le Crade, un petit type maigrichon qui a débarqué un jour de nulle part, un peu comme Ronny Camp chez Barris. Dirty Doug est balayeur dans une aciérie, mais sa raison de vivre c'est sans doute possible le travail qu'il réalise sous la supervision de Roth. Celui-ci, qui semble regarder avec beaucoup de sympathie le syndrome Ronny Camp-Dirty Doug, garde tout le temps son protégé près de lui. C'est apparemment sur l'injonction de Roth que le garçon a abandonné son nom de famille, Kinney, et ne se fait plus appeler que Dirty Doug, jamais Doug tout court. Leur relation, qui n'est pas sans ressemblance avec celle de Don Quichotte et Sancho Pança, Holmes et Watson, Lone Ranger et Tonto, Raffles et Bunny[1], fait partie du folklore des jeunes fanatiques du hot-rod et de la custom. Elle apparaît même dans les BD inspirées par cette culture, qui constituent en elles-mêmes un phénomène culturel intéressant. Dans cette vision folklorique, Dirty Doug personnifie le freluquet éternellement brimé et Roth un géant débonnaire et protecteur, même si souvent par trop malicieux, ou un Robin des Bois, enfin, vous voyez, un costaud gentil-méchant qui ne fera jamais partie de l'establishment.

Le samedi après-midi où j'ai rencontré Roth, Dirty Doug, au volant de l'une de ses deux Cadillac, venait à nouveau d'être victime de discrimination : la police l'avait pris en chasse à l'entrée de Newport. Il a deux Cadillac, m'a expliqué Roth, parce que l'une ou l'autre est toujours en réparation. Les voitures de Dirty Doug, comme la plupart des customs, sont perpétuellement en chantier. Ce sont les traces de « sous-couche » sur celle qu'il conduisait ce jour-là qui ont été à l'origine de cette nouvelle brimade à Newport, où il voulait aller passer le week-end : « Il suffit que les flics voient ce genre de peinture pour te cataloguer comme "un de ces hot-rodders". Ils ne m'ont pas lâché les basques, m'ont collé

1. A.J. Raffles et Bunny Manders : duo de « gentlemen-cambrioleurs » créé par l'écrivain britannique de l'époque victorienne E.W. Hornung.

une amende tous les cinquante mètres ou quoi. J'avais prévu de rester là-bas le week-end mais je suis rentré. »

Aux rassemblements de custom, les jeunes demandent toujours à Roth : « Où il est, Dirty Doug ? », et si ce dernier n'a pu se joindre à lui Roth recrutera n'importe quel jeune qui connaît la chanson pour en faire « le » Dirty Doug, simplement histoire de contenter les fans. Roth défend l'image de Dirty Doug même quand l'intéressé n'est pas là, et je crois que c'est devenu un élément important de la mythologie custom. Le truc, c'est qu'il n'est pas convaincu par l'orientation de la National Hot Rod Association, laquelle cherche à faire adopter l'éthique hot rod par l'Amérique conventionnelle, pour des raisons qui la regardent mais qui ne sont pas nécessairement celles qui conviendraient aux jeunes. On dirait qu'ils veulent faire croire que tous ces jeunes sont prêts à s'engager dans le Peace Corps !

Cette légère divergence de vues entre l'establishment de la NHRA et Roth est illustrée par la manière dont l'un et l'autre envisagent les courses de dragsters en pleine rue. L'establishment non seulement tente de bannir complètement cette pratique et de limiter ces compétitions sauvages aux pistes homologuées, mais encore professe ouvertement cette opinion. Il encourage les clubs de hot rod à venir en aide aux petites dames dont l'auto est restée bloquée dans la neige et à leur remettre une carte qui dit en gros : « Vous venez d'être assistée par un membre du Club de Hot Rod “Éclair bleu”, une organisation de passionnés de l'automobile qui se consacre à renforcer la sécurité sur nos routes. » OK ? Alors que la devise de Roth, c'est : « Hé, si un gus veut y aller, qu'on le laisse mettre la gomme ! »

Les créations de Roth sont du pur baroque. Si sa voiture sur coussin d'air, la Rotar, n'est pas aussi remarquable que celle de Barris, sa Bandit beatnik occupe une place de choix dans l'aventure custom, un "tour de force" carrément rabelaisien puisqu'il s'agit d'une version XXIe siècle d'un roadster Ford datant de 1932... Et son tout dernier modèle, la Mysterion, sur lequel il travaillait quand je suis allé le voir, est une nouvelle prouesse, en rapport avec le design asymétrique, le dernier concept en vogue dans le custom. Si j'ai bien compris, cette idée est née du constat que le conducteur est assis d'un côté ou de l'autre du véhicule, jamais au milieu, ce qui confère d'emblée une dimension excentrique à toute voiture. La Mysterion, un coupé à toit en bulle équipé de deux moteurs Thunderbird développant quatre cent six chevaux, a un gros bras en métal qui s'étend à partir de la gauche du pare-chocs avant et soutient au bout une sorte d'ellipse contenant trois phares. Sur la droite, aucun phare. Ajoutons que ce bras n'est pas droit et plat, mais en arc et sphérique, et qu'un deuxième arc similaire part de l'arrière de l'habitacle sur le côté et que... Bon, je ne sais pas si vous arrivez à vous représenter tout ça mais ce modèle élève les principes du profilé, de la courbe abstraite et du curvilinéaire baroque à des hauteurs encore jamais atteintes, et je ne serais pas étonné qu'il inspire les stylistes de Detroit dans les années à venir.

Créateur bourré d'idées, Roth a aussi un comportement et des positions exactement contraires à ceux présidant à la sédation déjà mentionnée que l'establishment veut imposer à tout le milieu. Pour commencer, ce chantre de la vie de bohème met un point d'honneur à assister aux expositions de custom en T-shirt, comme il l'a fait par exemple à celle du Colisée de New York. Il tient également à dormir dans une voiture ou une camionnette quand il est en déplacement, quand bien même il gagne maintenant plein d'argent et pourrait voyager en première classe. Cette philosophie a créé quelques remous cette année, alors que Roth s'était rendu à un show à Terre Haute, dans l'Indiana. Chaque soir, il garait sa caisse dans un champ de maïs, s'étendait sur la banquette avant, ses pieds à la fenêtre ouverte, et s'endormait paisiblement. Un matin, un jeune qui passait par là a pris une photo de Roth dans cette position et l'a envoyée au fabricant de jouets avec lequel il est sous contrat, Revel, en y joignant le mot suivant : « Chers messieurs, voici une photographie de celui que vous appelez sur vos emballages "le roi de la custom". » Si l'on en croit ce que Roth raconte, ce gars devait avoir un appareil exceptionnellement puissant car, précise-t-il avec une considérable fierté, « il y avait une nuée de mouches autour de mes panards, et chacune d'elles apparaît distinctement sur le cliché ».

Lorsque Revel lui a demandé s'il ne pouvait pas modifier quelque peu son style en voyage, question d'image de la compagnie et tout ça, Roth a répliqué par une sorte de rébellion à rebours : il a dépensé deux cent quinze dollars dans l'achat d'une redingote, d'un haut-de-forme en soie, d'une chemise à jabot, de boutons de manchettes, de guêtres, bref de toute la panoplie du gandin sans oublier le monocle, et c'est désormais dans cette tenue qu'il se rend à toutes les manifestations de custom. « Je m'incline et je baise la main de toutes les filles, m'a-t-il précisé. Bon, les autres n'ont pas trop apprécié mais qu'est-ce qu'ils peuvent dire ? Je suis le parfait gentleman ! »

Pour assurer sa présence aux expositions – qui lui rapporte mille ou deux mille dollars à chaque fois, juste pour faire une apparition, témoignage éclatant de son prestige –, Roth conçoit et fabrique une nouvelle voiture par an. C'est encore le système Dalí, lui qui produit chaque année un immense (et si possible plus choquant que les précédents) tableau et l'expédie à New York où on l'expose à la galerie Carstairs ou dans une salle louée tout exprès si le machin est trop gigantesque, tandis que l'artiste descend au palace Saint Regis et se présente devant les caméras de télévision avec une corne de rhinocéros sur le front. Si ce rythme d'une voiture par an alimente également ses ventes de modèles réduits, il tire maintenant la majeure partie de ses revenus de son gros business avec les sweat-shirts Weirdo and Monster. Comme il manie le pistolet à peinture avec une incroyable dextérité, il a eu un jour l'idée d'improviser un dessin grotesque sur le sweat-shirt d'un spectateur d'une exposition avec cet instrument, et c'est ainsi que l'affaire Weirdo a été lancée. La ligne Weirdo développe un style que l'on pourrait appeler « Bosch revu par *Mad Magazine* », le thème étant généralement un type à la tête de Frankenstein, avec la mâchoire en forme de pelle à charbon et un rictus dément, au volant d'un roadster et tenant dans sa main droite un objet rond qui flotte dans les airs, rattaché au tableau de bord par un cordon. Après explication, il s'agit du pommeau du levier de vitesse, et si ça ne m'a pas paru évident à moi, n'importe quel jeune amateur de dragster reconnaîtra immédiatement que oui, c'est bien le levier de vitesse ! « Les jeunes adorent démarrer sur les chapeaux de roue, commente Roth, et ce qu'ils aiment le plus, c'est quand ils passent de première en seconde. Ils finissent par être capables de "sentir" le régime du moteur, et ils changent de vitesse pratiquement sans toucher le levier. »

Ces dessins Weirdo sont généralement complétés de grosses légendes au contenu provocateur, ou du moins révolté, dans le genre « MAMAN À TORT » ou « PERDANT DE NAISSANCE ». Selon Roth, « aucun ado ne supporte l'autorité des adultes. Ces fringues sont comme les tatouages, sauf qu'un tatouage, on ne peut plus l'enlever».

J'ai perçu que Roth ne se remémorait pas son enfance avec grand plaisir. Son père était très strict, visiblement, et n'a jamais manifesté d'intérêt pour les pulsions créatrices du fiston, qui avaient toujours pour objet les voitures, de même que dans le cas de Barris. «Il faut faire très gaffe, quand on élève un gamin, m'a-t-il dit à plusieurs reprises. Il faut passer du temps avec lui. S'il bosse sur un projet, une construction, quelque chose, il faut travailler avec lui.»

Son entrée dans le métier de la custom ressemble beaucoup à celle de Barris : les bagnoles gonflées, les drive-in, les courses improvisées, les études (East Los Angeles Junior College et UCLA) avec le dessin technique en matière principale, la Ford 1932 taillée et surbaissée (une référence pour tous les fanas de hot rod), la peinture violette, et enfin le premier atelier de custom, qui consistait en un box dans un garage de carrossier qui en possédait dix. «Ils m'ont viré de là parce que j'avais peint à l'aérosol une cannette de Lucky Lager sur le mur, se remémore-t-il. Bon, elle était parfaite, cette cannette de bière, avec tous les détails, les reflets, le logo, la composition du produit, tout! Ça a comme qui dirait fait flipper le proprio du garage : tout à coup, il y avait une cannette de Lucky Lager plus vraie que nature sur SON mur!»

C'est un des aspects de Roth que l'establishment ne peut accepter, de même qu'aucun establishment n'a été capable de s'arranger très longtemps avec les dadaïstes. C'est plus facile avec les beatniks qu'avec les dadaïstes, le truc consistant à les récupérer plus ou moins. Jusqu'ici, Roth est resté irrécupérable. «Nous étions vraiment les gangsters du hot rod, affirme-t-il. On n'arrête pas de nous dire que nous avons une attitude pourrie mais non, on a une attitude différente, ça ne veut pas dire qu'elle soit pourrie. » À plusieurs reprises, pourtant, il a gloussé en se souvenant d'un coup particulièrement pendable, par exemple celui de la cannette de Lucky Lager, et il a conclu : « Je suis vraiment un type pourrave. »

De manière plutôt pertinente selon moi, cependant, il m'a fait remarquer que les jeunes d'aujourd'hui ont un vocabulaire qui révèle plein de choses sur leur mentalité. Ils emploient des mots tels que « pourri », « méchant » ou « dur » dans une acception très ironique, espiègle. Une voiture custom particulièrement classe et baroque sera « c'te méchante Merc » (Merc pour Mercury), et dans ce cas « méchant » signifie « impressionnant » tout en gardant certaines nuances du « méchant » de départ, parce que les jeunes savent que cette caisse paraîtra agressive aux adultes, par exemple à leurs parents, comme une atteinte menaçante à leur style de vie. Ce qui est le cas. C'est de la rébellion, une chose que les parents rejettent mais que les jeunes PRATIQUENT, et donc ce qui est « méchant » est « bon ».

Roth estime que Detroit commence juste à comprendre qu'il y a tout un tas de méchants jeunes à travers les États-Unis, qu'ils grandissent rapidement et qu'« ils veulent de meilleures voitures. Ils ne veulent pas d'une voiture de vioque ». Sur ce point, l'expérience de Roth avec les grandes compagnies automobiles est très similaire à celle de Barris. Il a été invité à Detroit, reçu avec considération, on lui a proposé des emplois de styliste, de consultant... mais il n'a jamais pris ça au sérieux. Selon lui, « j'ai parlé avec plein de jeunes designers, très sympas, qui s'y connaissent en design, mais aucun d'eux n'a "fait" une seule voiture. Ils passent leur temps à bosser sur des modèles en argile ».

Je pense qu'il y a ici plus que le dédain que peut éprouver l'artisan envers le concepteur qui ne réalise jamais complètement une pièce, à la manière de certains sculpteurs actuels qui n'ont jamais taillé une seule pierre de leur vie, ni moulé quoi que ce soit. La critique, à mon avis, portait plus sur le fait que les jeunes stylistes de Detroit sont venus à l'automobile directement via l'école d'art et du monde abstrait du design, et non grâce à la mystique ado de la voiture, l'éthique rebelle des adolescents. Cette référence au groupe et à son style est importante pour Roth – et pour Barris, d'ailleurs –, parce que c'est uniquement grâce à son existence, et à ses codes, que la sculpture custom a pu se développer.

Avec la Caravane custom en route – elle a déjà atteint le cœur du « monde libre » –, les fabricants automobiles sont en passe de banaliser le charisme, comme disait Max Weber, c'est-à-dire de transformer toute cette aventure en une boule de plastique plaisante à l'œil, rassurante, commercialisable et proprette. C'est sans doute ce qui est déjà en train d'arriver. Les créateurs de custom finiront comme ces pauvres idiots d'artistes haïtiens qui ont été trop tôt choyés par Selden Rodman[1] et autres folkloristes ne tarissant pas d'éloges à propos du « génie primitif », et qui se retrouvent aujourd'hui condamnés à sculpter des masques africains dans de l'acajou ; ce que je veux dire, c'est qu'il n'existait pas un SEUL masque africain en Haïti avant que Selden Rodman y mette les pieds...

Je crois que Roth a l'intuition qu'un processus comparable risque de se produire, même s'il sera le dernier

1. Selden Rodman (1909-2002) : poète et critique d'art à l'origine de la création du « Centre d'Art » de Haïti. La légende prétend qu'il jouait encore au tennis deux jours avant son décès, à l'âge de quatre-vingt-treize ans.

à en être affecté, voire le seul à y échapper. Je n'ai pu m'empêcher d'être amusé par ce qu'il m'a dit à propos de sa nouvelle maison. Nous parlions de l'argent qu'il gagnait et il me confiait que ses revenus imposables n'avaient été que de six mille deux cents dollars en 1959 mais pourraient atteindre les quinze mille cette année, peut-être plus, quand il m'a appris qu'il faisait construire une maison pour sa femme et leurs cinq enfants à Newport, près de la plage. Tout de suite, je lui ai demandé des détails, espérant la description d'un exemple d'architecture complètement baroque et profilée, mais... «Non, non, ça va être la maison de ma femme, comme elle la voit elle, rien de loufoque. Je veux dire, c'est elle qui doit s'occuper du foyer, pas vrai?» Il lui a également offert une énorme Cadillac blanche, d'une grande sobriété à part sa signature en grosses lettres sur le côté, «Roth». J'ai vu l'engin, un vrai bateau à l'arrière duquel étaient assis ses enfants, l'air tout mignons, chacun occupé à dessiner dans un carnet de croquis.

Je crois qu'il a été un peu gêné de m'avoir déçu au sujet de la maison, toutefois, parce qu'il m'a ensuite donné sa définition de la demeure idéale, qui s'est révélée être une sorte de parabole pleine d'ironie : «Il y aurait un immense living tout rond avec un dôme au-dessus, tu vois? Et en plein milieu, un mégaposte de télévision sur un pied rotatif, pour qu'on puisse le tourner et le regarder de n'importe quel point de la pièce. Et un mégafauteuil inclinable, rien que pour toi, tu sais, le genre que tu peux régler sur deux cents positions, avec massage intégré et tout, et ce fauteuil serait monté sur des rails, pareil que dans un hangar de chemin de fer. Et il y aurait une voie qui mènerait à la cuisine, juste à la sortie du living, et après tu pourrais la reprendre pour revenir regarder la télé quand tu veux, et entretemps tu aurais appuyé sur des tas de boutons, et ton plateau-télé serait en train de se préparer tout seul, alors tu aurais simplement à glisser sur les rails pour aller le sortir du four. Et donc tu serais devant la télé, et si quelqu'un venait sonner à la porte, tu ne bougerais pas, tu aurais juste à enfoncer une touche sur la grande télécommande près du fauteuil, la porte s'ouvrirait, tu dirais juste au gus d'entrer et tu continuerais à mater le film. Le soir, quand tu voudrais aller te coucher, tu emprunterais une autre voie pour aller à la chambre, et tu tomberais quasiment du fauteuil direct dans le plumard. Sur le plafond au-dessus du lit, il y aurait une autre télé, donc tu pourrais la regarder toute la nuit. »

Roth est visiblement enclin à dévider de longues histoires à la Jean Shepherd[1] comme celle-ci sans jamais perdre son sérieux, et c'est très sérieusement qu'il m'a exposé son idée de maison idéale. Mais je ne devais pas avoir l'air de le prendre très au sérieux, car il m'a dit : « Chez moi, j'ai déjà un poste de télé au-dessus du lit, tu sais ? Tu peux demander à ma femme. »

J'ai fait la connaissance de son épouse mais je ne lui ai pas posé la question. Bizarrement, je me suis surpris à réfléchir à sa description et à la considérer « sérieusement ». Pour moi, c'est un genre de parabole à propos des méchants garçons et de la sculpture Custom. Les méchants garçons s'étaient créé un petit monde à eux et y avaient développé quelque chose de bon, et puis l'establishment, toutes sortes d'establishments ont commencé à l'encercler, à l'infiltrer par plein de promesses, de

1. Jean Shepherd (1921-1999) : animateur de radio et récitant intarissable, très connu pour son long récit autobiographique filmé, *A Christmas Story* (1983).

manigances, de chapardages et de procédés hypnotiques, et à la fin ils l'ont capturé dans une éprouvette, et la seule façon de dire à tous les gus comment en sortir a été de tracer un portrait grotesque et débile d'eux-mêmes, un truc qu'ils allaient sûrement apprécier. En définitive, la maison rêvée de Roth n'est rien d'autre que son ensemble redingote-chemise à jabot étendu à la dimension d'un univers complet. Et même là-dessus, il ne nourrit pas trop d'espoirs.

Bouche d'Or

Un détail qui est resté gravé dans mon esprit, pour une raison ou une autre, c'est la manière dont Cassius Clay et son frère Rudy, et leur copain de lycée Tuddie King, et Frankie Tucker, le chanteur qui faisait l'ouverture à Brooklyn, et la harde de «loutes» de Cassius – Sophia Burton, Dottie, Frenchie, Barbara et les autres –, et Richie Pittman, et «Lou» Little, le footballeur, et tous ceux qui se trouvaient dans la suite de Cassius au quarante-deuxième étage de l'hôtel Americana n'arrêtaient pas de consulter l'heure en regardant par les baies vitrées l'horloge en haut de l'immeuble Paramount de Times Square. Tout le monde avait une montre – Cassius, par exemple, est quasiment un collectionneur – et pourtant il y avait sans cesse quelqu'un à laisser planer son regard sur le décor «Lumières de la ville» que l'on a à cette hauteur de l'Americana et à le laisser descendre sur l'horloge illuminée du polyèdre années 1920 bizarroïde qui coiffe le Paramount Building.

Un instant avant, Cassius occupait le milieu de la pièce, refaisant sa rencontre style *Le train sifflera trois fois* avec Sonny Liston dans un casino de Las Vegas. Il a tout un numéro au point là-dessus, qu'il commence en mimant l'ouverture de portes battantes d'une poussée avant de rester là sur ses jambes un peu écartées, tel un livreur de bière. Ensuite, il incarne la foule qui reflue précipitamment en chuchotant : « C'est Cassius Clay, c'est lui, Cassius Clay, Cassius Clay, Cassius Clay... » Puis il joue le rôle d'un frimeur de Vegas accoudé au bar et arrêtant son verre à mi-chemin de sa bouche quand le silence tombe soudain sur la salle, avant de pivoter les yeux de côté pour assister au duel. Maintenant, il est Cassius Clay s'avançant à grands pas vers Sonny Liston, le pointant du doigt et lançant : « Toi, vilain gros ours », et comme ça dix-huit fois et quelques, « Toi, vilain gros ours », puis : « Je vais pas te combattre le 13 septembre là, je vais te combattre présentement là. Ici même, présentement. Tu es trop laid pour t'échapper, vilain gros ours que tu es. Tu es tellement laid que quand tu pleures, les larmes te coulent derrière la tête. Tellement laid que tu dois t'approcher en douce de la glace, autrement elle s'enfuit du mur », et ainsi de suite, jusqu'à ce que Liston dise : « Viens par ici et assieds-toi sur mon genou, 'ti gars, que je te donne ton jus d'orange », et là Cassius se prépare à lui balancer une droite mais trois hommes fondent sur lui pour le contenir, l'empêcher de frapper Liston, « et je leur crie : "Lâchez-moi", mais du coin de la bouche je leur dis : "Me lâchez SURTOUT pas" ». Et pendant tout ce temps Frankie Tucker, le chanteur, se convulse sur l'un des fauteuils néo-Louis XIV, mort de rire, et s'exclame : « Quel mec ! »

Maintenant, Cassius tripote le tourne-disque de Rudy et s'amuse avec les loutes. Elles sont installées autour de la pièce en cercle ornemental et ce n'est que robes-fourreaux ras la motte, jambes interminables et genoux soyeux. Cassius retire de la platine l'un des disques de jazz cool de Rudy, ou un Aretha Franklin ou quelque chose de ce genre, et le remplace par l'un des innombrables quarante-cinq tours de rock'n'roll que les chanteurs n'arrêtent pas de déposer à l'hôtel pour lui.

« Ça, c'est les disques de Rudy, je pige pas cette mélasse, moi, j'suis qu'un petit gars de Louisville. » Il lance un coup d'œil aux loutes. « Moi, je pige le rock'n'roll. Pas vrai ? » Comme toutes ces filles sont très dans le coup, et donc fans de jazz cool, elles réfléchissent quelques secondes avant de répondre : « Oui, c'est vrai. »

Cassius met un quarante-cinq tours : « Ce vieux type est un chanteur de rue, personne en a jamais entendu parler, il chante des histoires de haricots, de pain, toutes ces vieilles conneries. » À ces mots, Cassius se met à rire et jette un coup d'œil aux lumières de la ville par la fenêtre panoramique. Les filles ne sont pas sûres qu'il ne se moque pas d'elles à propos de ce chanteur de rue. Il les contemple : « Ça, c'est MA compagnie. Elles pigent pas l'autre mélasse, elles non plus. » Les loutes ne bronchent pas. « C'est votre genre de musique, non ? Je sais que c'est la SIENNE, complète-t-il en regardant fixement Francine, qui s'est immobilisée sur son siège. Tiens, elle est prête à tomber par terre. »

C'est à peu près à ce moment que quelqu'un demande : « Quelle heure il est ? », et Rudy ou un autre cherche des yeux l'horloge du Paramount par les baies vitrées, et annonce : « Dix heures moins dix. »

Cassius vient de revenir du studio de Columbia Records en face de l'hôtel, à l'angle de la Septième Avenue et de la 52e Rue, où il enregistrait un album, *I Am the Greatest* (*Je suis le meilleur*), un long galimatias de poèmes parlés et fredonnés dont le thème unique est son prochain combat contre Sonny Liston. Depuis quinze jours qu'il répète sans arrêt ses tirades, dont la plupart lui sont venues pendant des conférences de presse au cours des dix-huit derniers mois, il est devenu très conscient – plus que de tout le reste, probablement – du rôle d'artiste de spectacle qu'il remplit, et ce rôle lui plaît de plus en plus.

Après avoir cabotiné pour Frankie Tucker, les loutes et tout le reste de l'assistance, histoire de montrer qu'il est un acteur-né, il va prendre possession d'un fauteuil pivotant de style gangster moderne, pose les pieds sur le rebord de la baie et se met à parler un moment. La conversation se poursuit en arrière-fond. Quelqu'un a remis du jazz et une fille enrouée, dotée d'une de ces voix de septième augmentée, chante « Moon Over Miami ».

— C'était quoi, le club où Leslie Uggams chantait ? demande Cassius.

— Le Metropole.

— Le Metropole, exact. C'est un de ces grands trucs là-bas, non ?

Si caractériser le Metropole Café de « grand truc » est déjà intéressant, le terme fondamental ici est « là-bas » : pour Cassius, New York, les endroits branchés et la vie cool sont « là-bas », au-delà de la suite de l'Americana qu'il occupe avec Ruby et Tuddie, au-delà de son cadre de référence. Cassius ne vient pas à New York en tant que vedette hip, même si cela lui serait facile, mais en tant que phénomène. Il traite Broadway comme si on était encore au temps où les choristes du Lindy repéraient un type en costume Palm Beach blanc remontant la 49e Rue et disaient « C'est Winchell » ou « Voilà Hellinger », ou de la même façon que le Scarlet Creeper de Carl Van Vechten considérait la 125e Rue au temps de la rituelle promenade du soir[1]. Cassius aime se retrouver parmi eux.

Vers onze heures moins le quart, il a fait signe à Sophia et s'est apprêté à quitter la suite. Les cinq filles présentes se sont levées pour le suivre. La procession était spectaculaire, même sur une Septième Avenue bondée et dont les kiosques à milk-shake restaient ouverts. Cassius, près d'un mètre quatre-vingt-dix, cent kilos, en veste à carreaux blancs et noirs, chemise blanche et cravate noire, pantalon à pinces gris clair, chaussures italiennes noires à pointes, marchait d'un pas très crâne. Un peu derrière lui, les cinq filles étaient toutes sapées haute couture assassine, talons vertigineux et chapeaux de garden-party. Au coin, juste au pied de l'hôtel, celui de la 52e Rue, il s'est arrêté et, jetant un regard circulaire, s'est mis à assouplir ses épaules comme le font les champions de boxe. Ce qui, comme je l'ai appris plus tard, est le signe (inconscient) qu'il est maintenant prêt à ameuter la foule. S'il n'y en avait pas à ce coin de rue, il était à mi-chemin de la 51e quand les gens ont commencé à lancer : « C'est Cassius Clay, c'est lui, Cassius Clay, Cassius Clay, Cassius Clay », exactement comme dans son imitation plus tôt à l'hôtel. Le bain de foule aurait été possible au carrefour de la 51e, avec l'air bravache de Cassius et la splendide phalange de filles sur ses talons, mais il a préféré traverser quand le feu est

1. Walter Winchell (1880-1964) : célèbre journaliste de radio new-yorkais. Mark Hellinger (1903-1947) : journaliste et producteur, personnalité de la vie bohème du « Village ». Le Scarlet Creeper dont il est question est le mauvais garçon dans le roman de Carl Van Vechten qui avait fait scandale à sa publication en 1926, *Nigger Heaven* (« le paradis des nègres », expression péjorative employée pour désigner les sections réservées aux « gens de couleur » dans les salles de théâtre).

passé au rouge, se dirigeant vers deux types qu'il connaissait et qui se tenaient un peu plus loin.

— Le voilà. Quoi que tu racontes, champ' ?

— Ouais, man. Hé ! – Cette interpellation visait à signaler aux filles le plus grand et le plus âgé des deux. – Vous toutes, vous allez faire connaissance d'un des meilleurs chanteurs de New York... C'est quoi ton nom, man, je rencontre tellement de gus ici...

— Salut, Pinocchio, a dit l'une des loutes, et l'intéressé a souri.

— Pinocchio, a répété Cassius. Hé, tu as vu toutes ces reines que j'ai avec moi ? – Il a balayé l'espace de sa main, les beautés debout autour de lui sur le trottoir. – Toutes ces loutes.

— C'est quelque chose, man.

Cassius aurait facilement pu avoir sa foule à lui devant le Metropole : quand il fait chaud, il y a toujours une meute assemblée là pour regarder par la porte d'entrée l'orchestre perché sur l'estrade, qui a plutôt la dimension d'une étagère. Si c'est une formation de rock'n'roll qui passe, on verra invariablement quelques adolescentes du New Jersey tortillant du popotin sur le trottoir. Ce soir-là, c'était du Dixieland ou un truc dans le genre, mais Lionel Hampton devait se produire plus tard, et le hasard a voulu que Cassius mette les pieds dans le café au moment où le groupe jouait un vieil air, « High Society ». Toutes les loutes suivaient sur ses talons. Le Metropole avait rarement été le théâtre d'entrée plus impressionnante. Cassius avait l'air magnifiquement désabusé.

Cet établissement est sans doute le lieu le plus approprié à l'apparition d'un héros populaire national. C'est une sorte de condensé idéal de tous les coins branchés et de tous les bars de musique « live » du pays. Deux éléments vous aideront à comprendre à quoi il ressemble, si vous n'y êtes jamais allé. Primo, la palette de couleurs – vert sous-marin et bleu prussien –, le tout reflété dans d'énormes miroirs, si bien que si la foule des buveurs de bière est trop compacte, vous pouvez toujours avoir un aperçu du podium grâce au reflet; deuzio, cet endroit attire une certaine catégorie de fêtards qui était bien représentée ce soir-là. Je me souviens en particulier d'un jeune type devant le comptoir, affublé de lunettes noires dans cette ambiance d'un vert et bleu obscur. Il était en chemise à col boutonné, cravate argentée, pantalon à pinces gris pâle et chaussures noires pointues. La cigarette king-size collée à sa lèvre inférieure s'est mise à l'horizontale lorsqu'il a eu un sourire terriblement entendu et «in» au moment où l'orchestre a attaqué «The Saints». Battant des mains et frappant le sol du talon droit pour accompagner la section rythmique, il ne quittait pas des yeux le trompettiste. À noter : les jeunes ne font même plus ça au Williams College, mais ils le font au Metropole.

À un moment, ce loustic est venu demander un autographe à Cassius. S'il trouvait «The Saints» très «cool», il ne devait pas penser que la quête d'autographes l'était, mais il avait quand même envie de celui du champion, et donc il lui a tendu un bout de papier en disant : «C'est pas pour moi, c'est pour un copain, il y tient vraiment.» Ça n'a pas impressionné plus que ça Cassius.

— Où est ton stylo ?

— Je n'en ai pas. C'est pour un copain à moi.

— Tu peux pas pas avoir de stylo, man.

Une minute après, l'autre est revenu avec un stylo, Cassius a signé le bout de papier et le jeune a dit :

— Merci Cassius, vous êtes un gentleman. – Très sérieusement. – C'est pour un copain à moi. Vous êtes un vrai gentleman.

Voilà un exemple de la tonalité de cette soirée-là au Metropole. Tout était un peu dingo, comme Cassius le voyait. Dès l'instant où il a franchi la porte, les gens ont essayé de lui faire jouer son rôle.

— Tu penses RÉELLEMENT que tu vas battre Sonny Liston, man ?

— Liston va tomber au huitième.

— Tu crois RÉELLEMENT ça ?

— Il me fait des salades, il tombe au cinquième, a répliqué Cassius sur un ton gravement détaché, presque récitatif, sans ralentir sa marche tandis que les loutes chaloupaient derrière lui, elles aussi avec un air magnifiquement blasé.

La nouvelle de sa présence s'est répandue dans toute la salle. Le Metropole est un endroit parfait pour les héros populaires, je l'ai dit, parce qu'il n'y a personne ici qui ne soit disposé à se laisser impressionner. La direction, c'est-à-dire tout un tas de types en smoking et cravate noire hollywoodienne ornée d'une épingle en perle ou autre accessoire du même style, s'est empressée auprès de lui. Un gars bien habillé s'est détaché du bar, est arrivé derrière Cassius, l'a effleuré au niveau de la sixième côte puis, revenant au comptoir, a dit à sa nana : « C'est Cassius Clay. Je viens de le toucher, sans blaguer ! »

Ils ont installé toutes les loutes sur une banquette ronde presque en plein milieu de la salle, et apporté une chaise à Cassius pour qu'il s'installe près d'elles. Lionel Hampton est venu avec ce sourire gigantesque qu'il a, lui a serré la main et n'a pas tenté de salade à propos de quand Liston allait tomber. Cassius a apprécié, mais là la foule l'a entouré pour des autographes et pour qu'il se mette à jouer son rôle. Potin pas possible.

Il y a eu plusieurs fausses notes, pourtant. L'une d'elles a été causée par un type d'environ cinquante-cinq ans, certainement du Sud vu son accent, qui s'est frayé un chemin jusqu'à Clay par-derrière – il était cerné de toutes parts –, lui a fourré sous le nez un reçu des lignes ferroviaires de Pennsylvanie, le genre de papier qu'on vous donne quand vous achetez votre billet dans le train, et a lancé d'un ton à tailler les haies de chèvrefeuille :

— Ici, mon garçon, mets ton nom juste ici.

C'était plus ou moins la façon dont les durs à cuire du Mississippi s'adressent au jeune coursier de couleur qui vient d'entrer dans leur salon par une chaude journée et se tient nerveusement : « Allez, mon garçon, assieds-toi. Mets-toi sur cette chaise, juste ici. »

Sans regarder le bonhomme, Cassius a pris le reçu et l'a tenu devant ses yeux une dizaine de secondes. Soudain, d'une voix légèrement accusatrice, il a demandé :

— Où est votre stylo ?

— J'ai pas de stylo, mon garçon. Il y a des gens qui en ont. Mets juste ton nom ici.

Toujours sans lever les yeux, Cassius a répliqué :

— Y a une chose qu'il faut que tu apprennes, man : tu viens JAMAIS demander un autographe à quelqu'un si t'as pas de stylo.

Le gars a battu en retraite et d'autres ont pris sa place. La question de la couleur – mais non de la race – ne crispe pas Cassius. Quelquefois, quand il n'est pas dans son rôle, il regardera quelqu'un et lui dira : « Tu sais quoi, man, tu as de la chance, tu m'as vu en couleur. » Je me rappelle une fois où une équipe filmait une interview de lui au studio A de Columbia Records, 799, Septième Avenue, et où le caméraman a dit au journaliste qui s'approchait de Cassius avec son micro : « Hé, Jack, tu projettes trop d'ombre sur lui, il est déjà assez sombre comme ça. » Tous les intellectuels blancs présents ont tressailli mais Cassius, lui, a ri, simplement. Il n'est pas sombre du tout, entre parenthèses. Par contre, il n'a aucune sorte de tolérance pour les vieux clichés dans le style : « Mets ton nom ici, mon garçon. »

Une autre fausse note encore, quand un couple d'âge moyen, blanc, s'est approché. La femme faisait penser à une Blanche DuBois de l'Arkansas. Au début, ils avaient l'air de vouloir un autographe, ce qui était en partie vrai, mais ils étaient tous les deux bourrés. Elle avait un sourire incroyablement pinté, doux et collant comme un pot de peinture Sherwin-Williams renversé sur le monde. Remettant un papier et un crayon à Cassius, elle a exigé qu'il écrive son nom ET le sien. Alors qu'il s'exécutait, elle a tendu sa main très lentement pour lui caresser la joue.

— Je peux vous toucher ? a-t-elle soufflé. Je veux seulement vous toucher.

Cassius a reculé la tête.

— Naaon. Mes petites amies, elles pourraient être jalouses.

Il ne les a pas appelées des loutes devant elle, et il l'a dit gentiment, mais quand elle est partie il a exprimé le peu de bien qu'il pensait d'elle. C'est la seule fois où je l'ai entendu faire une remarque méprisante sur le compte de quelqu'un :

— Je peux vous TOUCHER, je peux vous TOUCHER...

Il était capable d'imiter son accent du Sud blanc avec une précision assez féroce.

— Naaon, vous pouvez pas, a-t-il conclu comme s'il était en train de lui répondre pour de bon. Personne peut me toucher.

À ce propos, Cassius est un excellent imitateur de nombreux accents des Blancs du Sud. Il ne le fait pas souvent mais quand il s'y met, c'est spécialement dévastateur parce qu'il a lui-même un accent noir prononcé qu'il n'essaie aucunement de corriger, forçant au contraire dessus lorsqu'il veut obtenir un effet comique. Un jour, je l'ai entendu imiter en même temps son accent à lui, un Noir de Louisville, et celui de journalistes de sa ville, des Blancs.

Je lui ai demandé si le rôle de rouleur de mécaniques qu'il interprétait dans tout le pays – et en Angleterre – surprenait ceux qui le connaissaient depuis toujours. Ce que je voulais savoir, c'est s'il avait été un jeune de Louisville plein de bravache au temps où personne n'avait encore entendu parler de lui. Il a légèrement changé de position :

— À Louisville, ils gobent tout ce qu'on leur raconte sur mon compte. Des journalistes se pointaient, je leur donnais mes pronostics et ils disaient : « Qu'est-ce qu'il raconte, ce garçon-là ? » J'avais un combat avec Lamar Clark, je crois que c'est lui, et j'ai dit – Clay affectant l'accent noir le plus emphatique de Clay : « Lamar i tombe au deuxième, là. » Je l'ai mis K-O en deux rounds et après, ils ont dit – Clay affectant l'intonation traînante des Blancs du Kentucky : « Ça a ben été coooomme ça. » J'ai dit : « Miteff i tombe au sixième, là. » Ils ont dit : « Ça a ben été coooomme ça. » J'ai dit : « Warren i tombe au quatrième, là. » Ils ont dit : « Ça a ben été coooomme ça. »

Clay a une expression bien plus amène sur le visage quand les gens s'approchent pour admirer l'homme qu'il est devenu plutôt que le rôle désopilant qu'il joue. Un jeune Noir « très sapeur », comme ils disent, vêtements anglais et une superbe paire de lunettes de soleil latino-américaine aussi étroite que le masque de Fantômas dans la bande dessinée, s'est arrêté. Il n'a pas demandé à Cassius à quel round Liston tomberait mais, lançant un regard admiratif de connaisseur aux loutes, il a dit :

— C'est qui ces filles, man ?

— Oh, c'est juste les loutes.

— Man, j'aime ton choix en loutes, je te le dis.

Ça a chatouillé Cassius, qui a approché sa tête de Sophia pour le lui dire. Pendant ce temps, le jeune type avait contourné la table et, se penchant sur les filles quand le serveur est arrivé, il a déclaré :

— Vous commandez tout ce que vous voulez. Cette boîte est à moi. Tout New York est à moi.

Sophia a réagi par un rire moqueur. S'adressant à l'une des beautés, le jeunot a continué :

— Vous êtes toutes sa propriété personnelle ?

— Qu'est-ce que tu racontes, mec ? Qu'est-ce que tu veux dire par PROPRIÉTÉ personnelle ?

— Ben quoi, à LUI, a fait le type, qui commençait à se sentir gêné mais continuait à saliver des yeux.

— Pourquoi on devrait être sa « propriété personnelle » ?

— Eh ben, comme... tu sais, quoi...

Sa bouche s'est métamorphosée en un sourire aussi crispé qu'embarrassé, mais son regard allait encore de l'une à l'autre, comme pour dire : « Pourquoi elles me causent pas ? Je suis le gars COOL. »

Cassius a également été content lorsqu'un Noir qu'il avait rencontré la veille, plus âgé, est venu à la table et n'a pas cherché à savoir quand Liston tomberait.

— J'ai vu une foule sur le trottoir dehors et j'aurais pu JURER que tu étais là, a-t-il déclaré à Cassius. Qu'est-ce qui se passe ?

— Oh, rien, je suis juste là avec les loutes.

— Sûr que oui, a rétorqué l'autre.

Un jeune Blanc aux cheveux coupés en brosse a demandé :

— Vous avez peur de Liston ?

Cassius a répondu mécaniquement :

— Ce vilain gros ours ? Si j'étais tracassé, je serais en train de m'entraîner, et présentement je suis en train de faire la fête.

Il avait un grand verre rempli d'un liquide rose devant lui, rien d'autre que du Hawai Punch directement sorti de la boîte.

— Comment vous allez le battre ?

— Cet ours, je le bats en huit. Je suis fort, je suis beau, et je vais vaincre l'ours en huit rounds.

— Vous promettez ? a dit le jeune très sérieusement, puis il a serré la main de Cassius comme s'il s'apprêtait à quitter les lieux et à filer droit chez son bookmaker de Weehawken pour lui allonger deux mille dollars.

Il l'a serrée plutôt fort, apparemment. Hé quoi, quand on serre la pince à un boxeur et tout, on doit le faire comme un vrai mec, non ? Cassius a brusquement retiré sa main, l'a secouée :

— Presse jamais les doigts d'un boxeur, man. Cette main-là, elle vaut dans les trois cent mille dollars. – Ladite main s'est transformée en poing. – T'as pas à serrer des pognes, tu m'as regardé et ça te suffit.

Le type s'est esquivé en disant à son pote : « Il a dit : "Presse jamais les doigts d'un boxeur." »

Maintenant, Cassius avait l'air un peu plus que magnifiquement blasé.

— S'ils arrêtent pas de me fatiguer, je vais me lever et partir d'ici.

Sophia s'est penchée vers moi :

— Il n'en pense pas un mot. Il adore ça.

De toutes les filles, c'était elle qui paraissait la plus proche de lui. Elle le trouvait amusant. Elle l'aimait bien.

— Tu sais, c'est vraiment un garçon normal, m'a-t-elle dit, penchant la tête de côté comme si elle congédiait d'un signe les grands airs de Cassius. Ah, il parle beaucoup, mais à part ça c'est un garçon normal comme tout.

Les loutes commençaient à regarder d'un œil un peu morose le fond de leurs gin-fizz, brandy-alexander et sidecar. Même le flot des demandeurs d'autographes s'était ralenti. C'était sacrément bondé, on s'entendait à peine parler. De temps en temps, le batteur se lançait dans l'un de ces solos déments qui convienne au Metropole, et le trompettiste prenait le micro pour annoncer « C'est comme ça que Cassius Clay va traiter la tête de Sonny Liston », et Cassius braillait « Sûr ! », mais l'atmosphère était lourde. Cassius a fait signe à Richie Pittman, qui était arrivé un peu avant, ils se sont levés pour sortir « prendre un peu d'air ». Devant le café, une horde de gens regardaient l'orchestre à l'intérieur, comme toujours. Ils se sont empressés autour de Cassius mais celui-ci s'est contenté de s'ébrouer et de lâcher quelques blagues. Richie et lui sont partis à pied en direction de l'Americana.

Il était minuit passé mais au pied de l'hôtel, là où le trottoir-promenade s'élargit pour former presque une cour, une foule s'était rassemblée et Cassius n'a pas raté ça. Ils écoutaient trois musiciens amateurs, des Noirs. L'un jouait sur une contrebasse improvisée, une bassine avec un seul fil tendu en guise de corde, un autre frappait sur une grande boîte de conserve avec des cuillères en guise de baguettes, et le troisième dansait. Ils interprétaient « Pennies from Heaven », une chanson plutôt bienvenue pour trois gars qui s'apprêtaient à passer le chapeau. Cassius est allé se placer au bord du cercle qui s'était formé, quelqu'un l'a remarqué, puis d'autres, et bientôt l'habituel « C'est Cassius Clay, c'est lui, Cassius Clay, Cassius Clay, Cassius Clay... » a recommencé. La bonne humeur lui revenait. En terminant « Pennies from Heaven », le trio a paru un peu perplexe : on leur volait la vedette. Le nom de Sonny Liston ayant été prononcé, Cassius, qui avait maintenant ses yeux à 150 watts, s'est lancé : « La seule chose qui m'inquiète, présentement, c'est que je ne veux pas que Sonny Liston essaie de s'inviter à MA fête de célébration de la victoire, comme moi je m'étais invité à la sienne. Je vais le prévenir juste avant que le combat commence, comme ça il oubliera pas. Je vais lui dire : "Sonny, Sonny Liston, je veux pas que tu essaies de t'inviter à ma fête ce soir, tu m'entends ? Je préfère que tu entendes ça maintenant vu que tu seras plus CAPABLE d'entendre quoi que ce soit d'ici huit rounds." Et s'il me fait des salades quand je lui dis ça, la moindre salade, il tombera au cinquième ! »

Un soldat, un garçon crispé qui avait l'air d'avoir surmonté le syndrome de l'enfant battu à l'âge de quatre ans, s'est arrogé le rôle de grand contradicteur de Cassius. Celui-ci est aux anges dès qu'il fait face à une foule ; il pourrait tenir une conférence de presse pour n'importe qui, même un bidasse en permission sur la Septième Avenue.

— Où vous irez, une fois que Sonny Liston vous aura mis la pâtée ? J'ai des brochures de voyages sur moi, justement.

— Mon ami, tu parles de voyager ? Je veux que tu assistes à ce combat, parce que tu vas être présent au lancement d'un satellite humain. Sonny Liston.

Tout le monde s'est esclaffé sans perdre une miette de l'échange.

— J'ai des brochures de voyages, a répété le soldat. Vous feriez mieux de les regarder. Je peux vous avoir un masque, aussi.

— Tu vas parier contre moi ?

— Jusqu'à mon dernier *cent*.

— Man, tu ferais mieux de garder ton argent, parce que ça va être une éclipse totale du Sonny[1] !

Cassius se tenait là, rayonnant, Richie à côté de lui comme une sorte de second couteau. La foule avait tellement grossi qu'elle se répandait maintenant sur le trottoir de la 52e Rue. Des personnages incroyables s'y agglutinaient, dont des vieux à cravate tachée qui s'approchaient en crabe. Le seul flic en vue perdait la boule à essayer d'empêcher les gens de descendre sur la chaussée ; quand une voiture de patrouille est passée, il a essayé de jouer les durs en prenant à partie un voyeur valétudinaire : « Ça suffit, crénom ! Remontez sur ce trottoir ! »

Cassius m'a lancé un coup d'œil qui voulait dire : « Tu vois ça, man ? Exactement ce que je prévoyais » ou, en d'autres termes : « Quand je sors dans la rue, quand je vais aux masses, ils doivent appeler la police ! »

La course aux autographes avait commencé, ici aussi, papiers et stylos étaient brandis un peu partout, mais Cassius s'est tourné vers les trois musicos et il a annoncé : « Ce soir, les autographes sont à un dollar. Celui qui met un dollar là-dedans – les trois jeunes Noirs avaient posé une boîte tendue de velours devant la contrebassine – reçoit un autographe de Cassius Clay, le boxeur le plus puissant du monde, le plus beau du monde, le seul et unique qui prédit à quel round ils vont tomber. »

Saisissant le message, le trio a repris « Pennies from Heaven ». Le danseur exécutait un merengue en solitaire,

1. Jeu de mots sur Sonny et *sunny*, ce qui se rapporte au soleil.

le bassiste s'agitait comme un fou, et Cassius continuait à haranguer la foule : « Allez, man, tu vas pas mettre cinquante *cents* là-dedans, sors-moi ce vieux bifton d'un dollar. Pense à tout ce que tu reçois gratis ici, la musique est très bonne et tu as Cassius Clay juste devant toi, en direct, en couleur, le prochain champion du monde poids lourd, l'homme qui va mettre ce vieux Liston sur orbite ! »

Les billets se sont empilés dans la boîte, le merenguiste faisait le derviche avec toujours plus d'abandon et Cassius n'arrêtait plus : « Ouais, oh qu'ils ont eu raison de mettre en place Medicare juste maintenant, pour ce vieux type, et si je le frappe à la bouche il va avoir besoin de Denticare, aussi ! Le pauvre vieux, il est si vilain que sa femme doit le conduire au gymnase le matin avant que le soleil se lève, pour que personne puisse le voir sortir de chez lui. Allez, man, mets ton argent dans cette boîte-là, les gens paient bien pour entendre ça... »

Le bassiste faisant vibrer sa bassine, Cassius s'est incliné vers moi et, cachant sa bouche derrière sa main : « Tu sais quoi, man ? Si je suis battu, ils vont me virer du pays. Tu sais ça ? » Il a rejeté la tête et les bras en arrière, comme s'il tombait sur le dos : « Tu me vois étendu raide comme ça ? »

Les trois musicos jouaient « Pennies from Heaven » et Cassius Clay riait, tête en arrière et bras écartés, riait avec les yeux braqués droit sur le sommet de l'hôtel Americana.

Le chéri de la bourgeoisie

ENTRANT DANS LE SALON ÉDOUARDIEN DE L'HÔTEL PLAZA, elles avaient la démarche obstinée, penchée en avant, que les douairières de l'East Side acquièrent au bout de vingt ans à force de promener des petits chiens le long de Park Avenue, mais en sortant... en sortant, ces deux-là découvrent que pendant tout ce temps, dans cette même salle, leur fantasme érotique ambulant, Cary Grant, était assis dans un coin de la même pièce qu'elles. Notons que Grant a très bien joué de la configuration de l'Edwardian Room du Plaza. Tout d'abord, les gens qui viennent déjeuner ici ne sont pas vraiment du genre à se lever en criant et à se ruer avec force glapissements sur la table d'une vedette de cinéma ; ensuite, il s'est installé près du mur le plus proche de la porte d'entrée. Son déjeuner à lui consiste en une simple tasse de potage de légumes, face à la fenêtre par laquelle on peut voir trois vieux beaux à haut-de-forme en soie parader autour de leurs chevaux et de leurs équipages à l'orée de Central Park, au bout de la 59e Rue.

Il ne faut toutefois qu'un quart de seconde aux deux vieilles belles pour l'encercler et le cerner.

— Cary Grant ! s'exclame la première en fondant sur lui et en posant une main sur son épaule. Regardez-moi ça ! Ah, il fallait que je vous touche pour le croire !

Cary Grant interprète superbement le rôle de Cary Grant : inclinant la tête de côté, il leur adresse le regard pseudo-interloqué à la Cary Grant qu'il exécute si bien dans ses films, un regard qui dit : « Je ne sais pas trop ce qui se passe mais nous n'allons pas prendre tout ça au sérieux, n'est-ce pas ? Ou si ? »

— J'ai un fils qui vous ressemble comme deux gouttes d'eau, proclame-t-elle.

Il étudie la main qu'elle a laissée sur son épaule, puis lui lance le regard comiquement stupéfait à la Cary Grant et dit :

— Vous essayez de me retenir sur cette chaise ?

— Mon fils a quarante-neuf ans, poursuit-elle fièrement. Quel âge avez-vous ?

— J'ai cinquante-neuf ans, répond Cary Grant.

— CINQUANTE-NEUF ! Eh bien, il en a quarante-neuf, il vous ressemble comme deux gouttes d'eau, sauf qu'il a l'air plus VIEUX que vous !

À ce stade, la deuxième vieille belle campe solidement position et déclare :

— Peu importe si vous me détestez mais je vais rester là à VOUS REGARDER !

— Pourquoi est-ce que je vous détesterais, juste ciel ?

— Vous pourrez dire du mal de moi quand je serai partie, ça m'est égal, mais là je reste ici et je vous regarde !

— Pauvre chérie !

Et, mettant sa menace à exécution, elle boit des yeux la fossette au menton, le magnifique bronzage qui semble avoir été obtenu avec une rôtissoire, la belle tignasse gris acier dont son coiffeur a dit : « Elle est authentique, je le jure, j'ai tiré dessus une fois », et les habits Cary Grant, un triomphe de laine peignée, de drap fin et de soie, aussi riche et discret qu'un septuor d'altos.

— Pauvre petite chérie, dit Cary Grant en revenant à son potage : elle rencontre quelqu'un pour la première fois et elle dit déjà : « Ça m'est égal si vous me détestez. » Vous imaginez ? Vous pouvez imaginer ce qui a pu inspirer une idée pareille à quelqu'un ?

Qu'elle ait une réponse ou pas, la pauvre petite vieille chérie sait que Cary Grant est un homme important qui serait bien capable de reconsidérer sa détestation. Pour une raison ou une autre, elles ont décidé que Cary Grant est un fantasme particulier, un qu'une dame peut aller toucher, à qui elle peut tout confier et avec qui communier.

Cette rencontre a lieu alors que la première du plus récent film de Grant, *Charade*, avec Audrey Hepburn, attire au Radio City Hall des milliers de fans, qui font la queue par un petit matin glacial sur la 50e Rue et la Sixième Avenue dans l'espoir d'avoir une place. C'est son soixante et unième long-métrage, et le vingt-sixième à être lancé au Radio City. Il a beau avoir cinquante-neuf ans, son pouvoir d'attraction en tant que vedette, peut-être la dernière des authentiques « idoles des séances de l'après-midi », continue de grimper vers quelque incroyable, fabuleux sommet. Radio City, c'est l'équivalent du hit-parade Nielsen pour le cinéma : une salle immense, remplie à parts plus ou moins égales – selon les jours – de touristes venus de tout le pays et de New-Yorkais. Les vingt-cinq premières précédentes de Grant ont occupé l'écran pendant quatre-vingt-dix-neuf semaines, au total, et chacune d'elles a battu de nouveaux records : ainsi, avant *Charade*, *That Touch of Mink*[1], avec Doris Day, est resté dix semaines à l'affiche, rapportant la somme de 1 886 427 dollars.

Le secret de tout cela est lié à la façon dont sa seule présence a suffi à enflammer deux beautés vieillissantes dans le salon édouardien du Plaza. À l'ère du brandoïsme et du mitchumisme régnant sur la mythologie des héros cinématographiques, Hollywood a laissé à Cary Grant – à défaut d'autres concurrents – la propriété exclusive d'une spécificité qui s'est révélée étonnamment puissante. Pour les femmes, il est l'unique spécimen du « gentleman sexy » hollywoodien, et pour elles comme pour les hommes la seule incarnation cinématographique d'un archétype dont l'Amérique, de même que la plupart des pays occidentaux, était en quête depuis si longtemps : le héros romantico-bourgeois.

Il suffit pour s'en convaincre de considérer ce qu'Hollywood et l'industrie internationale du septième art nous ont concocté depuis la Seconde Guerre mondiale. S'il y a une image incontournable du héros de celluloïd, c'est bien celle de Marlon Brando. Rien qu'en dressant une liste des stars masculines des vingt dernières années – Brando, Rock Hudson, Kirk Douglas, John Wayne, Burt Lancaster, Robert Mitchum, Victor Mature, William Holden, Frank Sinatra –, on a la tête qui tourne devant un pareil assemblage de poings fusant dans les airs, de dents de traviole, de lèvres retroussées, de veines du cou palpitantes et de pommes d'Adam tressaillantes. Le plus souvent, la partenaire du héros mâle est une garce entreprenante telle que l'ont incarnée Brigitte Bardot, Marilyn Monroe, Jayne Mansfield, Gina Lollobrigida

1. *That Touch of Mink* (*Un soupçon de vison*, 1962) est un film de Delbert Mann. *Charade* (1963), de Stanley Donen, a été décrit comme « le meilleur Hitchcock qu'Hitchcock ait jamais tourné ».

ou, plus récemment, Sue Lyon et Tuesday Weld. Le résultat de cette combinaison a été l'ère cinématographique de la rencontre «tes-ongles-sur-ma-joue» : un type fait la connaissance d'une femme, elle lui laboure la joue avec ses ongles, il lui retourne une beigne, ils basculent dans la passion débridée et s'y vautrent.

L'esprit de ces intrigues amoureuses, comme dans tant des premiers films de Marlon Brando, James Dean ou Rock Hudson, dérive de ce que Hollywood imaginait être l'impétuosité brut-de-pomme des classes inférieures en matière de sexualité. S'il ne fait aucun doute que la crudité, la lubricité et le sadisme implicites de cette représentation ont excité les spectateurs de toutes origines sociales, même Hollywood devrait comprendre que de nombreux Américains ont fondamentalement la plus grande difficulté à s'y identifier. Le nombre de citoyens de sexe masculin de ce pays qui arrivent réellement à s'imaginer faire face à une petite diablesse blonde prête à mettre en sang leur joue dès le premier baiser est sans doute ridiculement bas, et il n'y a probablement pas une foule de femmes américaines qui désirent voir l'élu de leur cœur tomber sur elles avec son marcel déchiré révélant ses muscles grands dorsaux bandés. Après tout, voici déjà vingt ans que, à l'exception d'un noyau dur de poivrots au bas de l'échelle et d'une croûte rassise d'aristocrates à son sommet, la nation en question poursuit fièrement l'idéal «middle class». On ne pourrait dire combien de millions d'Américaines de la nouvelle ère savent précisément ce qu'Ingrid Bergman a voulu dire quand, affirmant qu'elle avait adoré jouer avec Grant dans *Notorious* (*Les Enchaînés*, 1946), elle confia : «Je n'ai pas eu besoin d'enlever mes chaussures pendant les scènes d'amour.»

Et pourtant, *Notorious*, on s'en souvient peut-être, avait en son temps été considéré comme un film extrêmement érotique. C'est que les personnages incarnés immanquablement par Grant depuis vingt-cinq ans lui ont conféré le profil typique de l'amant bourgeois par excellence, excellemment romantique et cependant excellemment modéré. Son comportement durant n'importe quelle scène torride est invariablement propice à inspirer confiance et ravissement – mais confiance avant tout – aux femmes des classes moyennes, quel que soit leur âge. Non seulement Grant épargne à ses héroïnes tout assaut de leur lingerie intime mais il ne les poursuit même pas, pour commencer. En fait, dans la formule Grant classique, c'est une entreprise de séduction inversée à laquelle on assiste : la fille – Audrey Hepburn dans *Charade*, Grace Kelly dans *To Catch a Thief* (*La Main au collet*, 1955), Betsy Drake dans *Every Girl Should Be Married*[1] – tombe amoureuse de Grant la première, il se dérobe, mais toujours avec assez de lenteur et de coquetterie pour laisser entrevoir le dénouement. L'amant sur grand écran et l'homme réel ont été idéalement réunis sous la bannière de l'Américaine middle class lorsque Grant a épousé Betsy Drake après le tournage d'un film dont le titre proclamait que « toutes les filles doivent se marier ».

Pendant qu'il fait la cour à son héroïne sur l'écran, Grant flatte encore plus l'imaginaire féminin petit-bourgeois en traitant celle-ci comme une femme plus encore que séduisante : intelligente et pleine de finesse. Que ce soit avec Katharine Hepburn, Audrey Hepburn, Irene

1. *La Course aux maris* (1948), dont l'affiche, comme pour confirmer l'analyse de Tom Wolfe, proclamait : « Il ne dira pas OUI, elle ne tolérera pas de NON. »

Dunne ou Doris Day, les deux partis échangent des répliques incroyablement spirituelles, si bien qu'au milieu du film l'un et l'autre ont tellement fait montre d'ironie qu'ils se retrouvent obligés de bien s'entendre, d'une manière ou d'une autre.

À cause de son exquis savoir-faire, de son cynisme naturel et de son élocution rappelant irrésistiblement les salons de l'hôtel Carlyle, on prend souvent Grant pour un archétype cinématographique de l'aristo, alors que son rôle sur mesure est celui d'un bourgeois « avec quelque chose en plus ». Dans *Charade*, il joue un diplomate en poste à Paris, dans *Bringing Up Baby* (*L'Impossible Monsieur Bébé*, 1938) il incarne un chercheur, dans *M. Blanding Builds His Dream House* (*Un million clé en main*, 1948) il vante les charmes de la vie de banlieusard, et un nombre incalculable de films, parmi lesquels *Crisis* (*Cas de conscience*, 1950), *People Will Talk* (*On murmure dans la ville*, 1951) ou *Kiss and Make Up* (1938) lui confient le rôle middle class le plus respecté de tous, au point que la télévision le surexploite avec succès depuis trois ans, celui du bon médecin. On le voit rarement en déclassé – il n'est pas convaincant en tant que beatnik des faubourgs londoniens dans *None But The Lonely Heart* (*Rien qu'un cœur solitaire*, 1944) –, et il n'arrive guère à avoir la présence d'un nabab des camions de livraison de lait dans *Born to Be Bad* (1934). Non, le rôle parfait pour lui, c'est quand il exerce une profession qui ne l'oblige pas à se morfondre au bureau pendant tout le film mais lui assure des revenus qui lui garantissent une existence respectable et délibérément bourgeoise.

Grant n'a pas eu le monopole hollywoodien de la suavité et de la distinction à l'écran. Maints messieurs délicieusement bien élevés et ironiques viennent à l'esprit, Jimmy Stewart, David Niven, Fred Astaire, Ronald Colman, Franchot Tone. Aucun d'eux, toutefois, ne lui arrive à la cheville lorsqu'il s'agit de l'autre facette lui garantissant le titre de champion mondial du romantico-bourgeois, à savoir le sex-appeal. C'est de Grant que Mae West parlait lorsqu'elle a lancé l'expression désormais consacrée, « grand, beau et ténébreux », dans *She Done Him Wrong* (*Lady Lou*, 1933), et c'est lui qui était invité à « monter la voir » de temps en temps[1]. Même à cinquante-neuf ans, ce diable d'homme garde les mâchoires carrées et les traits impeccables d'un héros de bande dessinée, un cou notablement musclé et un physique athlétique qu'il continue à exhiber dans au moins une scène de chacun de ses films. Toute gentille fille américaine rêve d'épouser un médecin, mais un Docteur Fantasme : est-ce que ce n'est pas trop espérer ? Bon, c'est pour ça que Cary Grant est là.

Et donc il continue à séduire, à tenir le rôle qui aurait dû être le plus improbable à l'ère Brando, celui du chéri de la bourgeoisie. Son bilan ne cesse d'étonner : en 1948, il entrait à quarante-quatre ans dans le quatuor des stars masculines les plus populaires, derrière Clark Gable, Gary Cooper et Bing Crosby ; en 1958, donc à cinquante-quatre ans, il a pris la première place ; et cet automne, alors qu'il en avait atteint cinquante-neuf, l'Association des propriétaires de salles de cinéma l'a élu attraction numéro un au box-office des vedettes des deux sexes.

Voilà, les deux poupées fanées sont parties et la commotion suivante au salon édouardien du Plaza a

1. Clin d'œil à une réplique célèbre du film, quand Mae West dit au policier Grant : « J'ai toujours raffolé des hommes en uniforme. Celui-ci vous va à ravir. Pourquoi vous ne monteriez pas me *voir* une fois ? Je suis à la maison tous les soirs. »

été provoquée par l'entrée d'une starlette italienne, une blonde ornementale un peu blette. Ce vieux Cary Grant sait qu'il l'a déjà croisée quelque part, mais de là à se rappeler qui elle est... Tout ce qu'il espère, c'est qu'elle ne va pas le voir, si bien qu'il garde le visage incliné de côté, la mimique «surpris-sur-la-branche» à la Cary Grant. Mais comme il ne peut pas rester indéfiniment dans cette posture sans rien faire, il s'adresse au type assis à sa droite, qui porte un costume en solaro violemment coloré et un gilet à col droit.

Il prend son regard «ne-nous-laissons-pas-trop-emporter-par-notre-brio» à la Cary Grant avant de conclure : «Eh bien moi, je continue à l'ancienne, c'est tout.»

Maintenant que le secret a été révélé, pourtant, les conséquences possibles sont presque effrayantes. Imaginez tous ces durs de l'Actors Studio troussés de laine peignée, étranglés par un foulard en soie, parlant avec la bouche et non avec le nez, qui roucouleraient des amabilités à de vieilles dames éblouies dans la salle édouardienne de l'hôtel Plaza. On en a la tête qui tourne, baby.

La fille de l'année

FRANGES QUEUES-DE-CHEVAL CHOUCROUTES CHIGNONS casquettes Beatles joues tendres cils battants yeux décalcomanie pulls barbe à papa soutiens-gorge français renforcés pantalons en cuir pattes d'éléphant fuseaux jeans collants mollets fermetures Éclair bottines molles ballerines sandales Knight, des centaines comme ça, tous ces petits boutons en fleur se bousculant et criant, un flot entrant au théâtre de l'Académie de musique sous le dôme à chérubins immense et décrépit là-haut, est-ce qu'elles ne sont pas super-merveilleuses ?

— Est-ce qu'elles sont pas super-merveilleuses ? interroge Baby Jane, puis : Hé, Isabel, Isabel ! Tu veux aller backstage... avec les Stones !

Le spectacle n'a pas commencé, les Rolling Stones ne sont même pas encore sur scène mais dans la pénombre décrépite de la vaste salle, les petits boutons en fleur explosent de partout.

Des filles chaloupent dans la travée et leurs gigantesques yeux noirs, alourdis de cils postiches Langue de Tigre, pesants comme des branches d'arbres de Noël dans les vitrines, se fixent tous sur... elle, Baby Jane. C'est quoi, ce délire ? Elle est belle à un point que ça en est choquant. Sa chevelure s'élève autour de sa tête comme une comète poilue, une énorme tignasse marron entourant un visage de chat et deux yeux qui s'ouvrent, tchoc !, comme des parapluies, et tous ces cheveux qui cascadent derrière sur un manteau en... zèbre ! Oh, ces stries orphelines ! Mais quoi ! La voilà entourée de ses amies, telle une sorte de reine des abeilles attirant tous les petits boutons en fleur. Quand elle se retourne pour crier quelque chose à l'une de ses connaissances, la tignasse incroyable se balance sur ses épaules, sur le manteau en zèbre.

— Isabel ! reprend Baby Jane. Salut, Isabel ! Je viens juste de voir les Stones, ils sont super-divins !

Cette fille dans la travée, Baby Jane, est fa-bu-leuse. Elle a la clé de ce que les Rolling Stones SIGNIFIENT. N'importe quel journaliste new-yorkais pourrait leur dire qui elle est : une célébrité du New York de la nouvelle ère du Wog Hip, Baby Jane Holzer. Jane Holzer est dans *Vogue*, Jane Holzer est dans *Life*, Jane Holzer est dans les films underground d'Andy Warhol, Jane Holzer est dans le monde des super-branchés, Jane Holzer est dans le rock'n'roll, Jane Holzer est... comment trouver les mots pour dire ça ? Jane Holzer est la fille de l'année, en tout cas, la nouvelle star, bousculant toutes vos vieilles idées de bombes sexuelles, de prima donna, d'héroïnes romantiques, elle est la fille qui connaît les Stones, la vie même de l'East End...

— Isabel ! crie Jane Holzer de sa voix suraiguë, excitée, sa voix de Baby Jane, hé, Isabel, Isabel !

Plus loin, au milieu d'une rangée de sièges, Isabel, qui est en réalité Isabel Eberstadt, la ravissante coqueluche des salons new-yorkais, la fille d'Ogden Nash[1],

1. Ogden Nash (1902-1971) : poète américain connu pour sa virtuosité stylistique et pour avoir « rappé » avant la lettre.

vient d'arriver. Elle n'a pas l'air d'avoir entendu Jane, et pourtant elle n'est qu'à quelques rangs. À côté de Baby Jane, il y a un type avec un grand borsalino chocolat et il y a aussi Andy Warhol, le célèbre artiste pop.

— Isabel ! crie Jane.

— Quoi ? répond Isabel.

— Salut, Isabel !

— Bonjour, Jane !

— Tu veux aller backstage ? demande Jane, qui doit parler au-dessus de toutes ces têtes.

— Backstage ?

— Avec les Stones ! J'y étais, avec les Stones ! Ils sont DIVINS ! Tu sais ce que Mick m'a dit ? Il a dit : « Ollez, nénette, donne-nous un baiser ! »

Mais Isabel s'est détournée pour dire quelque chose à quelqu'un.

— Isabel ! recommence Jane.

Et tout autour les petits boutons se pressent dans la pénombre rococo du théâtre, tentant de s'emparer de bons sièges ou s'asseyant carrément dans la travée au plus près de la scène, en gloussant et en piaillant. Et dans le fond, la voix de l'Amérique adolescente crie dans une tessiture de contralto post-pubère, à propos de rien, au milieu du néant moisissant : « Arrrrgh, sale pédé ! »

Ouais, et puis quoi ? Jane éclate de rire avant de se pencher vers le type au borsalino :

— Attends un peu d'avoir vu les Stones ! Ils sont trop sexy ! Du sexe pur ! Ils sont DIVINS. Les Beatles, bon, tu vois, Paul McCartney... il est si « gentil », Paul McCartney. Tu vois ce que je veux dire ? Il est « tout gentil », je veux dire, alors que les Stones sont... « méchants » – les mots semblent jaillir de ses poumons telles de merveilleuses bulles jaune lavande à la Charles

Kingsley[1] –, ils viennent tous des classes travailleuses, tu vois ? L'East End ! Mick Jagger, bon... c'est Mick, quoi. Tu sais ce qu'on dit de ses lèvres ? On dit que ses lèvres sont DIABOLIQUES. C'était dans un magazine. Eh bien, quand Mick entre au Ad Lib de Londres... enfin, je veux dire, il n'y a rien comme celui de New York, l'Ad Lib de New York, tu y vas et il y a TOUT LE MONDE. Tous des jeunes, et ils ont pris le pouvoir, c'est comme une vraie révolution ! C'est... EXCITANT, ils viennent tous des milieux pauvres, le genre East End et tout ça. Les classes supérieures n'ont plus rien de stimulant, aujourd'hui, à part Nicole et Alec Londonderry. Alec est un marquis britannique, marquis de Londonderry, tu vois, et bon, Nicole devait se montrer à une foire du comté ou un truc comme ça et bon, elle le fait, OK, mais ça ne signifie pas que... tu vois ce que je veux dire ? Alec est tellement... Je veux dire, il faut que tu voies comment il MARCHE, je pourrais le regarder marcher pendant... RENVERSANT, LE TRUC ! Donc, ce sont tous des JEUNES, c'est toute la nouvelle scène. Pas comme les Beatles. Bailey dit que les Beatles sont RINGARDS, parce que maintenant toutes les mamans caressent la tête des Beatles. Ils font du gras, les Beatles. Bon, je veux dire, John Lennon est encore mince mais Paul McCartney, ce gros popotin qu'il a maintenant... Enfin, c'est OK, moi ça ne me chiffonne pas trop, mais les Stones, eux, ils sont MINCES. C'est pour ça qu'ils sont tellement beaux, parce qu'ils sont minces à un point... Mick Jagger... attends un peu d'avoir vu Mick !

Alors, le show commence. Un déferlement électronique, guitares électriques, basse électrique, speakers

1. Charles Kingsley (1819-1875) : écrivain anglais, auteur d'un conte pour enfants très populaire dans le monde anglo-saxon, The Water-Babies.

gigantesques là-haut sur la grande scène gris-jaune. Murray le K, le DJ et MC, OK ?, sort des coulisses en faisant une sorte de twist de salon, en se balançant, un type trapu de trente-huit ans en pantalon italien, pull de montagne Sun Valley et chapeau de paille Stingy Brim, Murray le K ! Les filles lui lancent des boules de papier et quand elles arrivent au-dessus de la scène la lumière des projecteurs explose sur elles, les transformant en une avalanche de petites boules de flammes. Et finalement, les Stones, ah, comment décrire ça ? Les Stones entrent en scène et...

— Bonté divine, Andy, est-ce qu'ils ne sont pas DIVINS ?

Déployés sur toute la scène, les cinq Rolling Stones, venus d'Angleterre, conçus sur le modèle des Beatles mais avec une connotation plébéienne plus prononcée. L'un d'eux, Brian Jones, a une énorme coiffure bouffante à la Beatle, blonde.

— Oh, Andy, regarde Mick ! Est-ce qu'il n'est pas MAGNIFIQUE ? Mick ! Mick !

Au centre de la scène, un garçon court sur pattes et ultramince, avec un sweat-shirt qui lui glisse presque des épaules tellement elles sont étroites, surmontées par... cette tête gigantesque, les cheveux en touffe sur le front et les oreilles, ce garçon a des lèvres exceptionnelles, c'est vrai, deux machins particulièrement répugnants et d'un rouge extraordinaire, qui pendent sur sa figure comme des ergots. Ses yeux détaillent lentement la horde de boutons enflammés, ils sont doux comme du sirop Karo, ils se ferment et les lèvres s'élargissent dans le rictus le plus languide, le plus intime, le plus mouillé, le plus labial, le plus concupiscent qu'on puisse imaginer. Nirvana ! Les filles-fleurs se mettent à piailler et à donner des coups de griffe vers la scène.

Elles entrent en TRANSE. Debout sur les sièges, elles commencent à hululer, même entre deux chansons. Oh, cette expression sur leurs traits ! Douloureuse extase ! Là-haut, sous les lumières soufrées, ce sont EUX, bonté divine, ils sont tout près ! Mick Jagger attrape le micro dans ses frêles mains, pousse sa tête massive dessus, ouvre ses lèvres-ergots et commence à chanter... avec une voix de taureau nègre. Bo Diddley ! Bah-bee ! Puis il se déhanche encore, se tourne vers les filles hurlantes avec ses lèvres mouillées en train de se dissoudre...

Et parfois, s'élevant au-delà des hululements :

— Dégage de cette scène, minable !

— On devrait peut-être crier aussi, constate Jane puis, à l'adresse du type au chapeau : Tu me dis quand il est cinq heures, mon mignon ? Il faudra que je m'habille pour aller voir Sam Spiegel.

Et ensuite, elle y va d'un : « Iiiiiiii... »

« IIIIIIIIIIIIIIINOUÏ ! » FAIT DIANA VREELAND, la rédactrice en chef de *Vogue*. « Jane Holzer est la fille la plus contemporaine que je connaisse. »

Jane Holzer au cœur du rock'n'roll. Jane Holzer dans les films underground... ici au studio d'Andy, Andy Warhol, le célèbre artiste pop, explorant le monde spécial de Jonas et Adolph Mekas[1], vérité et culture transmises par un nouveau médium sacré, tournage underground dans le Lower East Side. En chemise Jax, Jane est décorée de diamants comme un arbre de Noël, et ensemble ils tournent *Dracula*, ou *Treize beautés*, ou *Soap Opera*, ou *Kiss*, dans lequel les lèvres de Jane

1. Jonas Mekas (né en 1922) et Adolphe Mekas (1925-2011) : deux frères d'origine lituanienne qui ont pris une part active dans la création du « nouveau cinéma américain ».

font... mais comment décrire un film underground? C'est expérimental, c'est AVANT-GARDE. «Andy dit que tout est “super”, explique Jane : Je suis une super-star, lui est un super-réalisateur, on fait des super-épopées et bon, je veux dire que c'est une façon de jouer complètement nouvelle et naturelle. Tu n'imagines pas les choses vraiment magnifiques qui peuvent arriver!»

Jane Holzer avec les «nouveaux artistes» : des photographes comme Jerry Schatzberg, David Bailey et Brian Duffy, et le directeur artistique de *Show*, Nicky Haslam. Bailey, Duffy et Haslam sont anglais. Schatzberg soutient que ces photographes sont l'équivalent moderne des impressionnistes vers 1910, des gens qui pressentent un art nouveau, l'agitation des salons, de la vie d'artiste, alors que tous les peintres, les artistes ancienne manière, ont émigré West End Avenue, vivent dans des appartements à parquet flottant et se dépêchent d'aller acheter une nouvelle housse pour la planche à repasser avant que la boutique du coin ferme.

Jane dans l'univers du «High Camp», un monde ultrabranché de jeunes gens exceptionnellement minces, un contexte, un décor, une atmosphère – comment exprimer ça? – d'une classe indéfinissable. Jane dans l'espace de l'adolescence déchaînée, posant ici et là, en robes Jean Harlow pour *Life*, en haute couture italienne pour *Vogue*, et cette fabuleuse couverture de *Show* pour Nicky, David la photographiant dos nu, avec une petite casquette de yachtman, une paire de lunettes de soleil «World's Fair» et un drapeau américain entre les dents, tellement... «audelà du pop art», si vous pigez le concept.

Jane Holzer en discothèque au LBJ, où on distribue des tabliers avec une cible dessinée dessus, et Jane a enfilé le sien avec la cible DERRIÈRE avant d'essayer le «swim», une nouvelle danse.

Jane Holzer... bon, comment bien la cerner, Baby Jane est apparue cette année dans pratiquement toutes les chroniques mondaines et showbiz à New York. Les magazines l'ont mise en avant comme mannequin, célébrité et figure de la bonne société, tout ça à la fois, mais aucun d'eux n'a été capable de faire plus que de publier son nom, Baby Jane Holzer, avec des astérisques et des étoiles autour, comme pour dire bon, nous tenons là... le VRAI truc dans le coup.

Elle appartient à la bonne société en ce sens qu'elle vit dans un appartement de douze pièces à Park Avenue avec un riche mari, Leonard Holzer, héritier d'un magnat de l'immobilier, au milieu de tout un tas de vieux tableaux hollandais et flamands, et qu'elle se rend à plein de soirées de gala. Pourtant, elle n'est pas membre du gratin, et le nombre de maîtresses de maison qui ne penseraient PAS à inviter Jane Holzer est à n'en pas douter impressionnant. En outre, elle tient à faire savoir que ça ne lui fait ni chaud ni froid et qu'elle préfère être connue comme une amie des Stones, et la voici au bal « April in Paris », à cent cinquante dollars l'entrée, sous les moulures blanc et or de la salle de danse de l'hôtel Astor, en train de crier à quelqu'un : « Si tu n'es pas gentil avec moi, je dirai à tout le monde que tu étais ici ! »

Jane Holzer : au total, elle est le glamour pur, d'une manière complètement new-yorkaise. Avec son énorme coiffure en choucroute et son long nez droit, elle est peut-être belle mais ce n'est pas ce que l'on appelle « une beauté ». « Certains voient mes photos et disent que j'ai l'air très mûre et sophistiquée, raconte-t-elle, et d'autres disent que j'ai l'air d'une enfant, bon, “Baby Jane” et tout ça. Je veux dire, je ne sais pas à quoi je ressemble, j'imagine simplement à “juive 1964”... » Elle ne cherche pas à paraître sexy. Son pouvoir d'attraction est différent, c'est celui du nouveau style, du nouveau chic. La presse suit Jane Holzer comme si elle était un exquis modèle de... radar. C'est comme si sa couronne de cheveux hérissés était une antenne déployée pour capter les ondes des nouvelles tendances. Pour tous les rédacteurs en chef, les chroniqueurs, les photographes et les directeurs artistiques, il n'existe brusquement plus qu'une fille flamboyante et qui condense tout ce qui est nouveau et chic en matière de mode, la fille de l'année.

Comment expliquer ce phénomène ? La fille de l'année est une figure symbolique que la presse new-yorkaise a recherché tous les ans depuis la Première Guerre mondiale, depuis l'entrée en décadence de la « haute société » traditionnelle. L'ancien « establishment » tient encore, se retrouve toujours dans ses clubs, ses cotillons et ses bals de débutantes, reste fondamentalement protestant et contrôle encore deux aires de pouvoir incontournables à New York, la finance et le droit des affaires, avec lequel cohabite un milieu social important et plus fascinant, la « Café Society », comme on l'appelait dans les années 1920 et 1930, composée de gens dont le statut social ne découle pas de la prospérité ou de l'ascendance mais repose sur diverses activités aussi clinquantes qu'éphémères, show business, publicité, relations publiques, arts, journalisme, ou sur une fortune récente, un conglomérat d'individus ambitieux qui ont convergé vers New York pour satisfaire leurs aspirations et chercher des styles de vie qui les symboliseraient.

Le style du vieil establishment... pour commencer, il était trop terne. Discrétion vestimentaire, lambris sombres, hauteur sous plafond, argenterie, nounous comme il faut, et ainsi de suite... Pendant des siècles, leur influence a produit des styles – immeubles palladiens, cravates empesées – qui, au fur et à mesure de la démocratisation de la vie américaine, ont dégénéré en euphémismes ésotériques et souvent abscons : chaussures bateau contre tennis, cartes de visite avec « Mr. » devant le nom, fourchettes pour tel ou tel emploi...

Les magazines se sont donc mis en quête d'héroïnes capables de personnifier l'autre société, la « Café Society » ou comme on voudra l'appeler. Au début, dans les années 1920, ils ont jeté leur dévolu sur les débutantes les moins farouches, des filles de la haute qui se risquaient aussi dans les cercles de la société alternative, mais quand celle-ci s'est développée à un rythme toujours plus effréné, le modèle de la débutante fofolle n'a plus fonctionné. La dernière représentante de cette espèce, celle susceptible de faire la couverture de *Life*, fut Brenda Frazier mais le brendafraziérisme est mort avec l'arrivée des années 1930. Et la fille de l'année a dû devenir toujours plus... extraordinaire. Christina Paolozzi ! Ses exploits ! Christina Paolozzi a organisé sa fête de vingt-et-unième anniversaire dans un palais de la pachanga portoricaine, le Palladium, avant d'être prise dans un tourbillon qui a culminé avec son apparition nue et de face dans le *Harper's Bazaar*. D'autres sont devenues des filles de l'année parce que leur célébrité plaçait soudain leur style de vie sous les feux de la rampe et qu'elles en avaient un qui pouvait être facilement exposé, ainsi de Jackie Kennedy et Barbra Streisand.

Mais Baby Jane Holzer est un cas plus exemplaire : c'est son style de vie qui a créé sa célébrité, rock'n'roll, films underground, lofts pourris, mannequins, photographes, pop art, twist, frug, mashed potatoes, fuseaux, chevelure préraphaélite, attitude... Toutes ces tendances ont un dénominateur commun : alors qu'auparavant c'était le pouvoir qui définissait les styles de référence, désormais ceux-ci émergent des bas-fonds, proviennent de gens qui non seulement ne détiennent pas le pouvoir mais l'évitent comme la peste, de marginaux qui se définissent des univers personnels dans le néant souterrain, dans des « undergrounds » louches. Comme le rock'n'roll et le twist, les Rolling Stones surgissent de l'enfer de la vie adolescente moderne, de ce qui a été longtemps le recoin le plus marginal et suspect de l'art et de la photographie, peuplé de jeunes sans le sou, d'exclus. Le cinéma underground, mélange de frime et d'aliénation artistique, avec Jonas Mekas s'élevant tel un écho brumeux venu du bateau d'Harold Stearns[1] en partance pour Le Havre en 1921 : « Sales bourgeois pseudo-cultivés ! Vous dites que vous aimez l'art, alors pourquoi ne pas nous donner de l'argent pour la pellicule avec laquelle nous ferons nos chefs-d'œuvre, et arrêter de bavasser sur les culs nus que nous montrons ? Hypocrites poisseux ! » Adolescents, bohèmes, branchés, photographes, ils ont tous remporté la victoire par forfait parce qu'ils créent VRAIMENT des styles nouveaux que la société alternative reprend à son compte, de même que les décadents d'un autre âge vont écumer les quais de Rio à la recherche de ces diablesses vitales et brutes, ces plébéiennes à la peau diablement musquée qui dansent le tango. Oh mon Dieu, la vitalité de ces pauvres !

La banquise fond, c'est clair, et qui ne perçoit pas, comme Jane Holzer le fait si bien, que tous ces gens... PALPITENT, qu'ils vivent pour de bon, et ce que c'est que de rester assis dans son appartement de Park Avenue face à deux Rubens accrochés au mur du salon qui vau-

1. Harold Stearns (1891-1943) : écrivain américain expatrié qui a tracé le portrait de la « génération perdue » dans son livre *L'Amérique et le Jeune Intellectuel*.

dront un million de dollars s'ils sont un jour définitivement authentifiés ? Ça ne signifie presque rien, ça. Ça ne palpite pas.

En pull de « pauvre » qui lui colle aux côtes et à manches courtes, une nouvelle mode, et en pantalon collant, Jane porte des bigoudis sur la tête. Elle a des hanches très étroites, un corps de garçon avec des bras longs et minces, des doigts interminables. Lovée sur l'un des canapés de son appartement rupin, elle parle au téléphone : « Oh, je vois ce que tu veux dire mais bon, tu ne pourrais pas attendre quinze jours, genre ? J'ai un plan qui va se concrétiser d'ici peu, c'est un film, et comme ça tu auras une histoire qui se tient, tu vois ce que je veux dire ? Tu aurais un sujet qui vaut la peine, pas seulement Baby Jane perchée dans son appartement de Park Avenue avec ses bigoudis... Tu me suis ? Bon, c'est comme tu le sens mais d'après moi ce serait un papier plus... bon, d'accord... oui, à plus, mon mignon. »

Elle raccroche, se retourne et dit : « Ça me met dans une colère ! C'était ***. Il veut faire un papier sur moi et tu sais ce qu'il m'a dit ? "On veut publier un reportage sur toi parce que tu es très lancée, cette année." Tu sais ce que ça me fait, comme effet ? Ça me fait penser : "OK, Baby Jane, on te laisse jouer cette année, monte sur cette table et danse mais l'an prochain, bon, l'an prochain ce sera fini pour toi, Baby Jane..." Je veux dire ! Tu me suis ? Et bon, j'ai eu envie de lui sortir comme ça : "Eh bien, mon mignon, tu sais ce que tu es ? Tu es le journaleux de la minute, pas de l'année, et voilà, ta minute est terminée !" »

Cette idée la laisse tout excitée mais préoccupée, aussi. D'habitude, elle s'emballe et elle est toute contente, les yeux écarquillés, ouverte à tout. À présent, elle a l'air inquiète, songeant que le monde aurait pu être si simple et stimulant sans tous ces vieux arthritiques ronchons qui viennent le gâcher. Il y a deux chiens à ses pieds, un petit caniche et un yorkshire terrier, qui se lèvent de temps en temps comme piqués par une aiguille furibonde et se mettent à japper dans le genre colorature.

« Oh, *** ! s'exclame Jane, puis : Tu sais, il suffit que tu aies quelque chose pour toi et aussitôt il y a des milliers de grincheux qui RÊVENT de te découper en morceaux. Je veux dire, je suis allée à la soirée d'ouverture du Met, j'avais un manteau en vison blanc et tu sais ce qu'une bonne femme a fait ? Elle a appelé un chroniqueur mondain et elle lui a dit : "Ha, ha, ha, Baby Jane, le manteau qu'elle portait au Met, elle l'a loué. Elle loue ses fringues !" Les gens peuvent être de vraies garces ! Il se trouve que ce manteau, c'est ma mère qui me l'a offert il y a deux ans, quand je me suis mariée. Je veux dire, bon, je m'en fiche qu'il y en ait qui pensent que je loue mes habits. OK, *** ! Qu'est-ce qu'on en à battre ? »

Inez, la domestique, apporte le déjeuner sur un plateau. Un hamburger saignant, un cheeseburger et un verre de jus de tomate. Jane en boit une gorgée :

— Oh m.... ! C'est du diététique !

C'est la fille de l'année, et c'est comme si personne ne voulait reconnaître les mérites de quiconque. On est seulement un PHÉNOMÈNE, rien de plus. Or, Jane Holzer a beaucoup travaillé en tant que mannequin avant son mariage, et d'ailleurs elle continue, et maintenant il y a plein de choses merveilleuses qui vont lui arriver au cinéma. Certains projets, elle ne peut pas en parler trop précisément parce qu'ils sont encore en préparation, tu vois ? Mais elle a le meilleur imprésario qui soit, une femme qui s'occupe aussi de la carrière des McGuire

Sisters. Et on a évoqué le nom de Baby Jane pour *Qui a peur de Virginia Woolf ?*, le film, et pour *Candy*, et...

— Bon, il n'y a rien de fait mais j'ADORERAIS jouer Candy !

Et plus tard, cet après-midi-là, elle doit aller rencontrer Sam Spiegel, le fameux producteur.

— Il est merveilleux. Il me sert de, comment dire, de conseiller pour tout ça, en ce moment.

Quelque part dans l'appartement, les chiens reprennent leurs airs de bravoure de nains enragés, environnés de murs patinés de vert et de tableaux de maîtres des Pays-Bas. Fantastique atmosphère ici, sur fond de patine verte, de confort élimé et de la lumière cendreuse de Park Avenue qui se reflète sur les riches noirs et ocres des peintres, et cela répété au long des douze pièces. L'appartement appartient aux Holzer, qui ont construit d'innombrables immeubles d'habitation à New York. Le mari de Jane, Leonard, est jeune, séduisant et mince. Il a fait Princeton. Jane et lui sont mariés depuis deux ans. Jane est originaire de Floride où son père, Carl Brookenfeld, a lui aussi gagné beaucoup d'argent dans l'immobilier, mais en fait ils sont de New York, viscéralement, parce qu'ils sont toujours venus ici et que son père y avait un pied-à-terre. New York avait quelque chose de tellement stimulant, tellement excitant, n'est-ce pas ? Des hommes élégants au menton bleuté et aux cheveux plaqués en arrière se faisaient confectionner leurs chemises chez Sulka ou Nica-Rattner, leurs femmes avaient des chevelures cuivre doré, de vrais chignons et tout ça, et des voix sonores et fruitées avec lesquelles elles disaient des trucs hilarants, « Chéri, j'ai une grande nouvelle pour vous : vous êtes fou ! », dans ce genre, et elles fréquentaient l'El Morocco.

Jane a fait la Cherry Lawn School de Darien, Connecticut, une école d'esprit moderne, mais ensuite elle est allée au Finch Junior College : « Oh, c'était épouvantable, pas d'autre mot ! Je voulais arrêter, trouver du travail. Si tu sèches trop de cours, ils t'interdisent de sorties, si ta chambre est en désordre, ils t'interdisent de sorties, moi ils n'arrêtaient pas de m'interdire de sorties et je faisais le mur à chaque fois. Moi, censée être consignée sur le campus, j'étais en fait en train de danser au Morocco ! Je n'ai pas passé les examens puisque je voulais laisser tomber, de toute façon, mais tu sais ce qu'ils ont fait ? Ils ont dit : "Dehors, point final." Tu imagines ? Bon, j'avais l'intention d'arrêter et de travailler, mais tout de même... J'ai des tas de bons tableaux à donner mais trop dommage, ils n'en auront pas un seul. Ce ne sont pas des PÉDAGOGUES. Ils auraient dû laisser la porte ouverte, au moins, ils auraient dû dire : "Vous n'êtes pas prête à être une étudiante sérieuse mais vous le serez peut-être un jour." Je veux dire, j'avais déjà payé pour toute l'année, ils avaient l'argent ! J'ai toujours eu envie de retourner là-bas et de leur dire : ah, c'est bête mais vous n'aurez pas un seul de ces tableaux. Et résultat, c'est Princeton, qui a été super-génial, qui aura tous les tableaux ! »

Elle a retrouvé sa bonne humeur, à cette évocation. Princeton ! Donc, après avoir quitté Finch, Jane a pas mal travaillé comme mannequin. Ensuite, elle a épousé Leonard et elle a continué à poser de temps en temps, mais le grand tournant, tout le TRUC a commencé un été à Londres, l'été 1963.

— Bailey est fantastique, dit-elle. Cet été, Bailey a créé quatre filles. Il a créé Jean Shrimpton, il m'a créée moi, il a créé Angela Howard et Susan Murray. Il n'y a pas de photographe comme lui, en Amérique. Avedon n'a jamais fait ça pour une fille, ni Penn, alors que Bailey a CRÉÉ quatre filles en un seul été ! Il a fait quelques photos de moi pour *Vogue* Angleterre et ça a suffi.

Mais comment expliquer réellement ce qu'ont les Rolling Stones, et Bailey, et Shrimp, et Mick ? Eh bien, ce n'est pas tant ce qu'ils FONT – c'est une vieille idée, ça, ce que FONT les gens –, c'est comment ils SONT. C'est une révolution et ce sont des jeunes de l'East End, des cockneys, si on veut, qui en sont les acteurs.

— Je veux dire, de nos jours Drexel Duke peut s'asseoir à côté de Weinstein, et pourquoi pas ? Ils gagnent de l'argent de la même façon, pas vrai ? Le roi du mobilier s'assied à côté du roi du ketchup, et pourquoi pas, genre ? Je veux dire, c'est pareil à l'ouverture de la saison au Met. Un ami à moi voulait écrire un article là-dessus, justement... Ce que je veux dire, c'est qu'on ne doit pas se raconter des histoires. Nos mères nous ont appris à rester pures, et qu'après on tombe amoureuse, on se marie et on continue à aimer le même homme toute sa vie. OK. Sauf qu'on sait que ça ne se passe pas comme ça et on ne se raconte pas d'histoires là-dessus. Peut-être que tu ne trouveras jamais qui que ce soit à aimer, ou peut-être que tu l'aimeras quatre minutes, ou un quart d'heure, mais de toute façon pourquoi se mentir à soi-même? On sait bien qu'on ne va pas aimer un seul homme toute sa vie. C'est peut-être à cause de la bombe : on sait que tout peut être terminé demain, alors pourquoi essayer de se raconter des bobards aujourd'hui ? Shrimp parlait justement de ça, l'autre soir. Elle est ici, elle sera à la fête ce soir...

Les deux chiens, caniche et terrier, aboient au milieu de la patine verte. Inez cherche quelque chose à boire qui ne soit pas diététique. Les deux Rubens sont supendus aux murs. Deux coups de klaxon s'élèvent dans la lumière cendreuse de Park Avenue. Le vent tempétueux de l'East End londonien flotte dans l'air : wooooooouuuu...

OOOOOOOOOUUUFF ! Baby Jane souffle toutes les bougies d'un coup. C'est son vingt-quatrième anniversaire. Tous, elle et Shrimp, Nicky, Jerry, tout le monde sauf Bailey qui est en Égypte ou quelque part ailleurs, se sont retrouvés à la... PIAULE de Jerry Schatzberg, son élégant appartement au 333 Park Avenue South, au-dessus de son studio. Avec un toit vitré. La cuisinière apporte le gâteau et Jane souffle les bougies. Vingt-quatre ! Jerry et Nicky donnent une grande soirée, dansante, en l'honneur des Stones, et donc les gens commencent à affluer dans le studio en bas. Mais c'est l'anniversaire de Jane, aussi. Elle est en combinaison de velours noir signée du couturier Luis Estevez, avec d'immenses pattes d'éléphant. Quand elle réunit ses jambes, on croirait qu'elle est en robe du soir, mais elle peut aussi les écarter et prendre des poses tout à fait Baby Jane.

C'est comme la « salle d'en haut » biblique, ou quoi : en bas, ils sont tous rassemblés pour la fête, tous ceux que l'on voit à toutes les fêtes new-yorkaises, mais là-haut c'est comme un tableau, un tableau de... NOUS. Shrimp est là, avec sa moue fabuleuse et ses bas blancs à motifs, et Barbara Steele, tellement géniale dans *8½*, avec de minces lèvres noires et des cils en fer forgé. Nicky Haslam est là, comme d'habitude en chemise à la Byron, gilet en peau de tigre, blue-jeans et bottes. Jerry est là, ses cheveux bouclés flottant derrière lui. Lennie, le mari de Jane, est là en costume made in Britain mais avec une chemise bleu nuit qu'il a achetée sur la 42e Rue pour cette soirée, parce que c'est une soirée en l'honneur des Rolling Stones. Les Stones eux-mêmes ne sont pas encore là mais ici, dans la salle du haut, il y a Goldie and the Gingerbreads, quatre filles en collants de lamé doré qui vont taper un bœuf pendant la fête. Nicky les a découvertes au Wagon Wheel. Lamé doré, vous imaginez un peu ? Goldie, qui dirige le groupe, est une jeune fille à la voix rauque et aux traits délicieusement... épais, vous voyez le genre, complètement dans le style East End même si elle est new-yorkaise entièrement, ah, la délicatesse de ce soupçon de vulgarité revendiquée... La hi-fi diffuse de la musique des Stones.

Ils arrivent finalement, en jean et pull, comme d'habitude, et tout le monde se lève. Mick Jagger a la bouche ouverte et les yeux baissés, un peu lassé par le succès, et tout le monde descend au studio où les gens sont maintenant entassés par centaines. À un bout de la pièce, Goldie et les Gingerbreads sont sur une estrade où tout est électrique, les guitares, la basse, la batterie, les baffles, les deux projecteurs qui font exploser le lamé doré. Baby baby baby baby, notre amour, où il est parti ? La musique envahit soudain les lieux comme un hachoir géant. Sally Kirkland Junior, une jeune actrice, se lance sur la piste en robe imprimée léopard, son immense chevelure flottant au vent pendant qu'elle danse le frug avec Jerry Schatzberg. Et puis l'autre fille de l'année les rejoint, Catherine Milinaire, en robe du soir noire, suivie de Jane avec son incroyable tignasse et sa combinaison et de Luis Estevez, qui frugue furieusement, et puis de tout les autres. Soudain, c'est très étrange : tout le monde saute et tressaute sur la musique branchée de « Baby baby baby » ; le sol du studio tout entier tressaute, comme un trampoline, certains prennent peur et se réfugient sur le bord de la piste mais les autres continuent à sauter et tressauter et bam ! des verres commencent à s'écraser par terre mais les gens bondissent toujours, du verre pilé sous les pieds. Toutes ces têtes qui dodelinent, ces corps qui ondulent, ces ergots qui se balancent, cette chair luisante qui frémit, tous ces visages qu'on voulait désespérément apercevoir et qui sont là, rougis par l'agitation, de la couleur des piments séchés dans le clair-obscur, se convulsant jusqu'à cinq heures du matin avec juste une bagarre de temps en temps et à cinq heures, glooong, Goldie arrache tous les fils électriques et le studio n'est plus qu'un atelier aux ocres mats tapissé de verre cassé, foulé au pied, sur fond de douce et prenante odeur de whisky piétiné.

Les journaux du lundi immortaliseront la soirée sous le nom de « Bal des Mods et des Rockers », de « Party de l'année », mais ce sera lundi, et il se sera écoulé une éternité d'ici là, alors ils décident de se rendre à la Brasserie. C'est le seul endroit de la ville où il y aura encore quelqu'un. On s'entasse dans des taxis et on y va, sur la 53e Rue entre Park Avenue et Lexington. La Brasserie est OK, OK. Avec une entrée spectaculaire, une rampe s'élevant au-dessus des tables presque comme une passerelle de défilé de mode. Ils sont, quoi, trente-cinq dans la Brasserie, ils lèvent les yeux et là, dans la première lueur saumonée de l'aube filtrant par la vitrine, ils voient venir à eux quatre filles toutes jeunes en collants en lamé doré, et un gars en gilet tigré et jean, et un gentleman en costume anglais avec ce qui semble être une chemise de malfrat, et un type en sweater dont les cheveux bouclés volent dans tous les sens, et enfin... une fille à la tignasse incroyable, une choucroute fauve, en combinaison de velours noir. On ne sait jamais qui se trouve à la Brasserie, à une heure pareille, mais est-ce que ceux-là sont assez morts pour ne pas piger le message ? Fille de l'année ? Croyez-moi, ils n'oublieront JAMAIS.

La nouvelle Société des galeries d'art

LA CHÈVRE DE PICASSO ! UN VERRE DE SCOTCH DANS LA MAIN, le petit Alexander traîne autour du socle de l'immortelle chèvre en bronze du génie. Son autre main est serrée en crochet sur le chanfrein de l'animal, comme si son intention était de rester pour toujours suspendu à ce monument caverneux de culture dans le hall du musée d'Art moderne. C'est un sacrilège devant Dieu ! La chèvre de Picasso, tout de même ! L'occasion, c'est la réouverture du MOMA après sa fermeture pour rénovation et la construction d'une nouvelle aile, le tout ayant pris six mois. Mais juste ciel, quel événement c'est devenu ! Tous ceux qui ont été invités sont venus, à l'exception de Salvador Dalí, et seuls les plus généreux donateurs, les mondains les plus en vue, les hommes politiques de premier plan, les plus grands artistes et quelques-uns de leurs commensaux avaient été conviés. Des milliers de personnes, littéralement – environ six mille –, vadrouillent à travers les salles, se télescopent et s'évitent au milieu d'une profusion de rectangles modernistes style 1930 et d'une brume jaunâtre qui rappelle la Neuvième Avenue du côté de la station d'autobus de Port Authority. Tous en costumes de soirée et robes à taille haute, ils fusillent du regard le petit Alexander, qui se balance au museau de la chèvre de Picasso et les regarde effrontément. Quelle insolence ! Quelle décadence !

Paradoxalement, le petit Alexander est la preuve vivante de ce que la réouverture du musée a de fabuleux : il fait partie de ces jeunes et minces garçons qui vivent dans des appartements minuscules mais très bien situés, par exemple sur la 55e Rue Est, et n'en sortent que sur commande afin d'escorter des femmes riches, splendides, époustouflantes mais plus toutes jeunes. Et ce pour des occasions exceptionnelles, autrement elles ne se donneraient pas la peine de convoquer quelqu'un comme le petit Alexander. Quant à lui, il devra seulement s'assurer que quelqu'un comme sa cavalière du moment, Mme Annette ***, boira trop et conclura au petit jour qu'elle seule est capable de réveiller la passion chez un si beau jeune homme.

Dans une robe qui fait penser à un oiseau de paradis à la Arthur Rackham, Annette est déjà lancée dans les jardins du musée, tournoyant telle une mouette autour de tel ou tel groupe de splendides invités. Ici, à côté des nouveaux bassins noirs qui sont comme des rectangles dans le plan de l'architecte, Saul Steinberg, le peintre, qui a une tête de patron de pressing du Bronx, bavarde avec Zaidee Parkinson, la fille des Parkinson qui ont aidé à la fondation de ce même musée il y a trente-cinq ans, une beauté, et avec d'autres, en les charmant à propos de mnémotechnique :

— ... et puis 2 et 1, et ensuite 4 et 8...

— Eh bien moi jamais, jamais de la vie, si vous voyez ce que je veux dire !

Sur la terrasse, Stewart Udall, le secrétaire à l'Intérieur américain, trimballe une mine un peu effarée, un veston de soirée blanc et une coupe en brosse, avec l'air d'arpenter la ligne de touche du gymnase scolaire à la fin du mois de juin en se demandant s'il va enfin oser inviter une fille à danser. Il parle à Nicole Alphand, l'épouse de l'ambassadeur de France. Mme Alphand incarne tout ce qui demeure, encore aujourd'hui, le chic de la vie diplomatique. À l'autre bout de la terrasse, derrière la forêt de têtes en mouvement, se trouve Mme Marion Javits, la femme du sénateur de New York, qui se tient debout juste entre les pattes courbées d'une gigantesque veuve noire d'Alexander Calder. Mme Javits pourrait postuler comme symbole du chic très relatif qui entoure la vie des membres du Congrès, sauf qu'elle ne se rend que fort rarement à Washington. Aussi bien Nicole Alphand que Marion Javits se trouvent dans l'étrange situation de ne pas être à proprement parler des célébrités elles-mêmes, et cependant d'être plus que les épouses d'hommes illustres. Un peu plus loin, toutes sortes de gens font la cour à Helena Rubinstein, aussi sereine qu'un masque taoïste et devenue une héroïne locale depuis qu'elle a déclaré à des voleurs qui avaient pénétré chez elle : « Allez-y, tuez-moi. Je suis une vieille femme et je ne donnerai pas mes bijoux à deux rats d'égout comme vous », et qu'ils se sont enfuis bredouilles. Jacques Lipschitz, le sculpteur, passe par là, ainsi que Kathy Marcus. Excellent pour Kathy Marcus ! La fille du Texas oriental débarquant en territoire haute couture sur la 64e Rue Est, et magnifiquement encore ! Et au milieu de la cohue à l'entrée du nouveau bâtiment donnant sur le jardin, là où les vigiles de l'agence Burns sont vigilants, Huntington Hartford, le millionnaire qui a créé son propre musée à New York en mars dernier, confie : « Je n'avais pas vu une foule pareille depuis la fête donnée par J. Paul Getty, où j'avais perdu tout le monde pendant trois heures. »

Les agents de Burns ont tendu des cordons blancs entre les bassins et la terrasse. Côté bassin, il y a cinq mille personnes massées et emboîtées les unes dans les autres. Ce sont celles qui ont donné quelques dollars en vue de la rénovation du bâtiment, raison pour laquelle on les tolère là, mais sans plus. Les projecteurs du jardin font tomber sur leur crâne une lumière brumeuse d'un ocre pâle, comme à un match de base-ball nocturne à Denison, Texas. Mais de l'autre côté des cordons, sur la terrasse, c'est le gratin qui se retrouve, par exemple Adlai Stevenson et Lady Bird Johnson, la femme du président, qui dans quelques minutes va s'adresser à tous avec un accent traînant qui semble avoir été expédié tout exprès de Pine Bluff, Arkansas, discours où elle parlera de Dieu, d'immortalité et de l'inspiration grâce à l'art des heureux citoyens du monde libre.

Le peintre Mark Rothko s'entretient avec Thomas Ness, le directeur de la revue *Art News*, et Frank O'Hara, l'employé du musée qui écrit des poèmes et des pièces osées à propos du bon temps où Hedy Lamarr – pour son anniversaire – et des tas d'autres s'étaient retrouvés au studio de Franz Kline. Hedy Lamarr et tous les autres, et Mark Rothko dans le studio de Franz Kline à New York. Et Adlai, Lady Bird, Huntington, Nicole, Marion, Stewart, Zaidee, Kathy et tous les autres sur la terrasse du musée d'Art moderne... Et ça ne paraît même pas surprenant. Certainement qu'un jour, il y a soixante ans, Renoir a rencontré par hasard sur un chemin Cézanne qui trimballait derrière lui dans la poussière une grande toile représentant des baigneuses, et Cézanne a dit à Renoir qu'il apportait le tableau à un ami qui l'aimait beaucoup et qui était très malade. Peu de chances de retrouver ce genre de simplicité bohème, de nos jours. Aujourd'hui, Robert Rauschenberg, qui depuis quelques années peint un genre de bande dessinée appelé pop art, trône à la place d'honneur au MOMA, en tenue de soirée et adulé par Adlai, Lady Bird, Nicole et les autres. Aujourd'hui, le monde de l'art à New York, le monde des célébrités, de la bonne société, des attachés de presse, des chroniqueurs de ragots, des créateurs de mode, des décorateurs d'intérieur et de hiérophantes de tout acabit converge vers l'autel consacré à l'Art avec un grand A. L'Art, et ce musée en particulier, est devenu l'épicentre de la bienséance sociale, à l'instar de l'église épiscopalienne dans une petite ville provinciale. Les gens concernés considèrent l'ouverture d'une nouvelle galerie de la même manière qu'ils attendaient jadis une première au théâtre. De nos jours, une première n'est pas grand-chose, à moins qu'il s'agisse de Richard Burton dans *Hamlet*, mais les galeries ! Parfois, deux ou trois d'entre elles s'unissent pour présenter les œuvres d'un artiste majeur, comme cela a été le cas avec Picasso au printemps 1962, ou au printemps dernier avec Braque. Elles se répartissent le travail entre elles et le vernissage ressemble à une foire au bétail où des troupeaux d'amateurs vont d'une galerie à l'autre le long de Madison Avenue, se couvrent mutuellement de baisers mondains et s'échangent des regards étincelants.

À vrai dire, la réouverture du MOMA constitue le plus grand vernissage imaginable. Il n'a été fermé que six mois mais qu'importe, qu'il rouvre au public représente une véritable affaire d'État. L'épouse du président des États-Unis prononce le discours ré-inaugural ! Des représentants du cabinet présidentiel sont là, ainsi que ceux du corps diplomatique, et qu'Adlai Stevenson, ambassadeur auprès des Nations unies ! Le clergé est également présent : un célèbre prédicateur de Chicago lit l'adresse envoyée par Paul Tillich, le fameux théologien, qui a préparé une édifiante homélie pour l'occasion. Nouveaux horizons pour l'Esprit saint !

Jadis, une gente dame disposant de biens immobiliers d'une valeur d'un million de dollars qu'elle aurait voulu transmettre à une bonne cause aurait donné cette somme à l'Église, mais Mme E. Parmalee Prentice a préféré léguer ses deux immeubles de la 53e Rue Ouest au musée. Cela paraît tout à fait naturel et convenable, et c'est ainsi que la nouvelle aile a été édifiée. À part pour quelques églises mormones, aucune souscription sacrée n'a amassé autant d'argent aussi vite que celle-ci. Des dizaines, des centaines, des millions de dollars se sont empilés en faveur du MOMA. Dans la salle de banquet, David Rockefeller envoie comme une fronde sa grande main droite en direction du secrétaire de la souscription, Gardner (Mike) Cowles, l'éditeur, qui se tient là avec une énorme fleur rouge à la boutonnière et une dentition étincelante.

David Rockefeller raconte qu'il se souvient encore de ces après-midi de 1928, alors qu'il n'était qu'un petit garçon tous yeux et oreilles ouverts et que dans le salon familial M. et Mme John D. Rockefeller Junior, Lizzie Bliss, A. Conger Goodyear, les Parkinson et d'autres discutaient de la création d'un nouveau musée, qui ouvrirait l'année suivante. L'art moderne n'a pas rencontré d'obstacles en Amérique, grâce au cachet prestigieux et irrésistible que lui ont donné les Rockefeller, Goodyear et autres Bliss. Ceux-ci l'avaient découvert en Europe dans les années 1920, lorsqu'il était devenu à la mode. En Amérique, l'art moderne est devenu la nouvelle coqueluche dès que le groupe a fondé le MOMA, en 1929. De fait, il a dû se rendre dans les lointaines provinces pour trouver une opposition relative à son projet, de quoi donner à celui-ci une dimension de mission spirituelle, d'audace et de défi au conservatisme. Et aujourd'hui, on se rallie à l'art moderne même dans les supermarchés de Bethesda.

On n'a pu inviter que six cents personnes au dîner de la nouvelle inauguration, ce n'est pas allé sans quelques casse-tête. Dehors, derrière les cordons blancs, six mille autres amateurs de culture se pressent toujours devant l'entrée principale. Merveille ! Les pauvres – les artistes pauvres – ont formé un piquet. Tandis que dans la rue des hommes et des femmes débarquent de taxis dans des froufrous de nuances haute couture et de soie cannelée, sur le trottoir d'en face la police a repoussé derrière des barrières les artistes pauvres et les badauds, au pied de l'America House et d'autres immeubles. Les protestataires brandissent des pancartes avec d'énormes points d'interrogation. Ils appartiennent à l'Association des artistes locataires et la question qu'ils posent est la suivante : Qu'est-ce que vous, consommateurs de culture nantis, bien nourris, splendides et amidonnés, faites réellement en faveur de l'art ? Que faites-vous pour que la ville de New York nous autorise à garder nos lofts, nous, les garants de l'art et des vernissages à venir, les porteurs de la flamme sacrée ? Leur leader, Jean-Pierre Merle, un petit homme efflanqué qui arbore une moustache incroyablement élaborée, court de-ci de-là, distribuant des manifestes et des pétitions adressées au MOMA, des badges décorés du symbole du mouvement, qui est un point d'interrogation.

À l'intérieur, l'ancien ambassadeur des États-Unis en Belgique, William Burden, discute ; autour de lui du feutre jaune couvre tous les murs et porte les signatures agrandies de tout le panthéon artistique, Picasso, Matisse, Cézanne, Braque, Jackson Pollock, Robert Rauschenberg – oui, lui aussi –, et de tous les autres. Assis à la table d'Huntington Hartford, l'immortel photographe – il a quatre-vingt-cinq ans – Edward Steichen peut lever les yeux et apercevoir sa propre signature, haute de cinquante centimètres sur le feutre jaune ; en face de lui, Joanna, sa femme, qui a trente et un ans, arbore le sourire d'une reine qui ne confiera pas ses secrets. La barbe de Steichen est longue, fournie, carrée. Il se tient droit sur sa chaise, avec des lunettes en plastique transparent sur le nez. On discerne presque un ruban en soie magenta sur sa chemise, décoré de petites ombres de taffetas, et quelques explosions brillantes ici et là sur les revers de sa veste de soirée. Évidemment ! Qu'est-ce que le musée d'Art moderne de New York, sinon l'Académie américaine ? L'équivalent de la Royal Academy de Londres, de l'Académie française à Paris, une centaine, un millier de convives munis de longues et minces fourchettes à langouste en cristal, d'esthètes vieillissants, réunis au nom de l'art, de l'honneur et de la gloire nationale. Quelqu'un s'approche et tend à Steichen une bourse en velours couleur prune. Avec des manières pleines de majesté, il en dénoue les cordons et jette un coup d'œil à l'intérieur. C'est un cadeau de Shirley Burden, le frère de l'ambassadeur William, à l'occasion de l'ouverture de la nouvelle galerie photographique du musée, qui porte le nom de Steichen. Celui-ci plonge une main dans la bourse et en tire une petite chandelle en argent. Huntington Hartford le regarde, Mme Edward Hopper aussi. Steichen se redresse sur sa chaise, tandis que devant l'America House les artistes pauvres beuglent pour faire valoir le droit de conserver leurs logements de fortune.

Six cents artistes de premier plan ont été invités à la réouverture du MOMA. Hormis la douzaine d'entre eux qui ont eu le privilège d'être conviés au dîner, les autres attendent sur la terrasse, au milieu des sculptures. Quand la salle de banquet se vide à neuf heures et demie, il y a déjà six mille cultureux dans le jardin, derrière les cordons. La terrasse n'est pas éclairée et les six cents artistes attendent là, tels des monstres sacrés parqués dans un enclos. Les six cents invités au dîner suivent Mme Johnson, et les équipes de télévision, les journalistes et les photographes font de même. Et cette procession indisciplinée entre comme un coin de bûcheron dans la masse des artistes, la repoussant aux lisières de la terrasse.

Six cents egos sacrés sont alors malmenés. Il fait sombre et personne ne reconnaîtrait ces damnés artistes, de toute façon, surtout qu'ils sont en tenue de soirée. On ne sait comment, Jean-Pierre Merle surgit avec ses badges à point d'interrogation, et certains des artistes dûment élus, invités d'honneur, commencent à dire : « Hé, donne-moi un de ces badges, mec, on a en marre d'être secoués dans tous les sens ! » J***, l'expressionniste abstrait, déclare que cette m... a assez duré : jouant des coudes et des épaules, il se fraie un passage dans les escaliers menant à la terrasse, fusille du regard les vigiles de Burns ainsi que Babe Paley, même si elle a une allure formidable, et là il tombe sur le petit Alexander suspendu à la chèvre de Picasso. S'arrêtant net, il lâche : « Qu'est-ce que c'est que ce con ? » À quoi l'interpellé répond avec toute son effronterie : « Va te faire voir. »

Comme il ne sait que faire, J*** tourne lentement les talons et c'est alors qu'il connaît cet affreux moment où vous vous rendez soudain compte que l'ennemi tant méprisé a finalement raison. À travers la baie vitrée, il peut distinguer d'autres pièces immortelles dans le jardin, les bras étendus de la sculpture *Mère et enfant* de Jacques Lipchitz. Des verres de champagne vides s'amoncellent tout autour de la sculpture, les uns sur les autres, telles des pyramides de cristal. J*** tombe, se noie et se dilue dans l'odeur du vieux raisin et des lendemains de fête.

Le musée d'Art moderne a rouvert. Et le petit Alexander continue à pendre au chanfrein de la chèvre de Picasso.

Le vice secret

DE VRAIES BOUTONNIÈRES. VOILÀ ! Avec le pouce et l'index, quelqu'un peut déboutonner la manche de son costume parce qu'il a des boutonnières pour de vrai. Tom, mon vieux, c'est terrible ! Une fois qu'on sait ça, on commence à comprendre... tout le truc ! Il n'y a que deux classes d'hommes dans ce monde : ceux dont les boutons sont simplement cousus sur la manche, rien d'autre qu'un ornement facile, et ceux – oui ! – qui peuvent déboutonner le poignet parce qu'ils ont de vraies boutonnières et des boutons qui servent à quelque chose. Fascinant ! Mon ami Ross, un « gars bien », trente-deux ans, avocat en centre-ville avec une bonne tignasse irlando-écossaise, le genre de cheveux qui poussent correctement au contraire des tifs prolétariens, est assis dans le fauteuil Thonet de son cabinet de la 81e Rue Est, sur un coussin en brocart flamand, au milieu de ses livres, des collections de Tacqueray, Hazlitt, Lamb, Walter Savage Landon, Cardinal Newman et autres malabars de la joute rhétorique, entouré de ses lithos qui sont presque toutes de Paul Gavarni parce que les autres jeunes avocats ont des Daumier, ou de ces jolies mamas croquées dans *Spy Magazine*, ou ces reproductions que tout le monde continue à offrir pour Noël à de jeunes avocats à la riche chevelure, Ross, donc, trône au sein de ce décor bien patiné et culotté, sirotant la dernière boisson à laquelle quelqu'un l'a initié, en l'occurrence du porto, et là il se met à parler de vestons avec de véritables boutonnières aux manches. Et quel frémissement transgressif dans son sourire ! Le même genre d'air qu'ont deux gamins de onze ans qui tournent sur la grand-roue de la foire locale et qui, à chaque fois qu'ils redescendent du sommet, bénéficient d'une vue imprenable sur le panneau d'une attraction foraine qui promet : « LES MYSTÈRES DU SEXE DÉVOILÉS ! SEIZE FILLES SANS RIEN DESSUS ! LA VÉRITÉ TOUTE CRUE ! FRISSON ÉDUCATIF GARANTI ! » Et dans la baraque, ils se retrouvent devant seize fœtus femelles dans des bocaux d'éther, soigneusement rangés par âge, mais... ce sourire de la transgression ! À New York, Ross, trente-deux ans, a le même.

« Il faut que je te raconte quelque chose d'amusant, annonce-t-il. La première fois que j'ai eu un aperçu de cette histoire de boutonnière, c'était il y a quelques Noël de cela, un samedi, quand je suis tombé sur Sturges au Dunhill. » Le Dunhill, c'est la boutique de tabac ; Sturges, un jeune associé du cabinet de Ross à Wall Street. Ross l'idolâtre : par exemple, il a cessé d'utiliser un attaché-case depuis le jour où Sturges a proclamé que ces mallettes n'étaient rien de plus que des gamelles de déjeuner en cuir. Sturges a toujours des remarques du genre : « Vous savez qui j'ai vu hier ? Stolz ! En train de traverser Exchange Place avec sa gamelle de déjeuner en cuir à la main, le pauvre nase ! » Donc, Ross dit qu'il a croisé Sturges au magasin Dunhill : « Il voulait acheter une pipe en terre de bruyère ou un truc dans le style pour offrir à une fille à Noël. » Ah, ce Sturges ! « Bon, toujours est-il que je venais de me payer un costume en cheviotte couleur bleu canard, un peu prêt-à-porter, réellement plutôt chouette. Donc, Sturges s'approche et il dit : "Tiens, tiens, ce vieux Ross a de nouvelles fringues !", ou un truc du genre, et ensuite : "Laisse-moi voir quelque chose", il attrape une manche et il se met à tripoter les boutons. Et ensuite, il dit : "Sympa, le costard", mais d'un ton pas du tout convaincu, et puis il repart parler à l'une de ces nanas de catalogue avec lesquelles il se trimballe toujours. Alors, je vais le trouver et je lui demande : "C'est quoi, toutes ces simagrées avec les boutons ?" Et lui : "Oh, simplement je pensais qu'il était peut-être sur mesure", mais d'une manière qui signifiait qu'à ce stade il était fichtrement clair que ce n'était PAS du sur mesure. Et ensuite, il me montre son costume, à grands carreaux en relief, tu vois ce que je veux dire ? Il me montre la manche, en fait, et le SIEN avait des boutonnières au poignet ! Parce qu'il était sur mesure ! Il m'a montré comment il pouvait déboutonner le poignet ou pas, comme ça, ultrafacile... La fille se demandait ce qui lui avait pris. Une main sur la hanche, là, elle le regardait déboutonner sa manche, et moi je regarde la mienne et quoi, les boutons sont simplement cousus dessus, tu comprends. » Et vous voulez savoir quoi ? Ça l'a sérieusement atteint, Ross, au point qu'il n'est pratiquement plus arrivé à remettre ce costume. C'est ridicule, d'accord. Il n'aurait même pas dû avouer tout ça, pour finir. C'est embarrassant mais... ah, ce sourire du tabou rompu !

Sûr ! Le couvercle avait sauté et ce pauvre vieux Ross était déjà accro au vice secret des hommes de poids à New York et notamment à Wall Street, la peuplade des conseils en investissements, des banques et des cabinets-conseil, des politicards et notamment des démocrates de Brooklyn qui pour une raison ou une autre sont des dandys consommés, des entrepreneurs cultureux, les éditeurs et les directeurs des musées les plus en vue ; tous ces gens qui hantent des bureaux tendus de draperies anciennes sont, à quelques exceptions près, fanatiquement attachés aux infimes nuances relatives aux habits sur mesure. C'est presque comme s'ils appartenaient à un club clandestin, et d'ailleurs il s'agit d'un sujet tabou dont ils ne parlent que par allusions. Ils ne veulent pas que l'on sache qu'ils y prêtent attention mais ils n'en gardent pas moins une approche fanatique, sans arrêt, plus fanatique que celle d'une femme, et ils vont même jusqu'à étalonner les hommes selon ce critère. D'après eux – et au nom de cela ils risquent des situations, des promotions, tout –, les pires débiles sont ceux qui dilapident de l'argent, du temps et de l'énergie dans le seul but d'acheter du prêt-à-porter dans quelque épicerie pseudo-British de Madison Avenue avec la conviction qu'ils sont en train de « se constituer une garde-robe ». Ceux-là sont des minables, des seconds couteaux, la piétaille qui rapporte sa gamelle de déjeuner en cuir à la maison le soir dans l'attente de se verser un verre et de jouer avec le bébé.

Bon Dieu, ça fait mal, d'entendre ce vieux Ross parler de tout ça. C'est tabou ! Le sexe, bon, d'accord, glosez dessus tant que vous voulez, mais ça, la mode masculine, il faut avoir des yeux de fouine pour remarquer des choses pareilles. Et ils sont les importants, et... d'accord !

C'est le vice secret ! En Europe, dans toute l'Angleterre, en France, l'industrie des costumes prêts à porter est une nouveauté. Pendant des années, tous les hommes, importants ou non, se sont fait habiller par des tailleurs et ils en parlent assez librement. En Amérique, pourtant, cela demeure le vice secret. À Yale ou Harvard, les garçons n'ont aucun problème à aller acheter des revues comme *Caresses, Chatouilles, À vos fouets, Mammaires modernes*, et à les feuilleter devant tout le monde. Le sexe n'est pas tabou, mais quand le catalogue de Brooks Brothers ou J. Press paraît, ils ne le consultent qu'en secret. Là, dans leurs beaux bureaux, ils se délectent de ce langage molletonné, « Nos tissus de chemise exclusifs », « Cheviotte Gentleman Farmer », « Laine peignée des druides », et tels des détectives privés ils débusquent les différences les plus infimes, la chemise à poche avec rabat (J. Press), celle sans poche (Brooks), le pantalon avec poches militaires, le manteau long à bordures cousues, et ainsi de suite, avec zèle et au prix d'erreurs désastreuses jusqu'à ce qu'ils maîtrisent l'art des moindres nuances presque aussi parfaitement que ces adolescents qui obligent leur mère à leur acheter des chemises puis forcent leurs vieilles, éplorées, à passer la nuit à ménager une boutonnière et à coudre un bouton à l'arrière du col parce qu'elles n'ont pas su choisir le fichu bon modèle, les chouettes chemises avec col boutonné à l'arrière.

Et au bout de quatre ans pendant lesquels papa s'est exténué à payer la note, Yale, Harvard ou ce genre d'établissements produisent de jeunes gentlemen qui ont la certitude d'avoir enfin assimilé les arcanes du vice secret, de ses subtilités, qui débarquent à Wall Street dans d'autres coins du même genre et qui, bam !, se le prennent entre les yeux tout comme ce vieux Ross. Tout un univers différent à assimiler ! Des boutonnières, imaginez un peu ! Et toute une litanie de marques de vêtements à connaître, des noms tels que Bernard Weatherill, sans doute le tailleur new-yorkais le plus réputé, très British, Frank Brothers ou Dunhill's (Dunhill le tailleur), qui sont plus – comment dire ? – « excentriques », ainsi que le monde encore plus mystérieux du sur mesure londonien, Poole, Hicks, Wells et Dieu sait qui, et ils dépensent des fortunes pour aller leur rendre visite là-bas, ou bien ils achètent directement aux représentants que ces firmes envoient régulièrement à New York et installent dans des hôtels comme le Biltmore, avec d'énormes liasses d'échantillons de tissus empilés sur la table de leur chambre.

Le vice secret ! Un univers à découvrir ! Boutonnières ! Les fabricants de gros ne peuvent qu'offrir des costumes de prêt-à-porter avec boutonnières permanentes aux manches. Le principe de la production de masse, c'est qu'un costard puisse convenir à quatre constitutions anatomiques différentes ; en conséquence, ils prévoient des manches longues et chaque magasin a un tailleur attitré, un obscur petit artisan qui les retouche, les raccourcit pour qu'elles conviennent aux bras plus courts, puis ils déplacent les boutons.

Et brusquement, Ross s'est rendu compte que si l'on remarque ce détail, on se met à discerner tous les autres. Oui ! Le demi-raglan, par exemple. Imaginez quelqu'un comme Ross maîtrisant cette terminologie absconse, Ross, un bon petits gars bien de chez nous ! Le demi-raglan, fichtre ! C'est une forme d'emmanchure de manteau. En prêt-à-porter, les emmanchures ont une dimension de tunnel routier, n'importe qui peut fourrer ses bras dedans. Jim Bradford, l'ancien champion haltérophile qui a des biceps comme des bouches d'incendie, peut enfiler le même manteau que le petit scribouillard qui passe sa journée à trier de la paperasse pour IBM en rêvant qu'il rentrera bientôt chez lui, éclusera un verre et jouera avec le bébé. Bien entendu, ce manteau aura l'air informe sur n'importe qui hormis Jim Bradford. C'est pour cette raison que les emmanchures sur mesure sont haut placées : elles sont ajustées à la forme spécifique de l'épaule et du bras. Et il y a encore tout un tas de détails qui, pour des gens de la catégorie de Ross, Wall Street, obéissent pratiquement tous aux règles de la couture anglaise. Le tour de taille, par exemple : le costume est ajusté au lieu de descendre droit à la manière « Ivy League », très pratique pour les fabricants de prêt-à-porter qui produisaient des vestes taillées comme des sacs dans lesquels tout le monde pouvait se fourrer. Les revers : sur les costumes sur mesure, ils sont plus larges et ont plus de « ventre », c'est-à dire qu'ils ont une courbe plus prononcée au bord. Le col : celui du manteau reste près du cou, alors qu'en prêt-à-porter, la moitié du temps, il bée parce qu'il a été prévu pour différentes tailles d'encolure ; celui de la veste sur mesure sera également mieux ajusté à la nuque. Les manches : plus étroites, et généralement resserrées sur le poignet ; quatre boutons, le plus souvent, parfois trois, et ce sont des « vrais », qui se boutonnent et se déboutonnent. Les épaules : rembourrées pour donner plus de forme à la veste, tandis que les « épaules naturelles » sont faites pour les minables et les ploucs. Les battants : la veste aura souvent des fentes d'aisance latérales, ou pas de fente du tout, au lieu d'une fente centrale, et elles seront plus prononcées qu'en prêt-à-porter. Et bon, Ross pourrait discourir sur tout ça pendant des heures mais vous voyez bien le tableau, déjà.

Ross connaît même les réactions que tout ça va probablement susciter. Vous entrez dans une pièce, vous ne pouvez pas dire d'emblée qui a de vraies boutonnières aux manches ou pas. Toutes ces distinctions mineures sont tellement subtiles qu'elles en deviennent pratiquement invisibles. D'accord ! C'est ce qui est dingue, dans cette histoire. En ce qui concerne la mode féminine, le style change radicalement d'une année sur l'autre. La « silhouette » se modifie, la hauteur de la taille et de l'ourlet évolue, le col est plus ou moins large, la poitrine s'épanouit ou s'estompe, les changements sont notables à l'œil nu. Pour les hommes, au contraire, il n'y a eu que deux modifications de style en l'espace d'un siècle, dont une si ésotérique qu'un tailleur aura du mal à l'expliquer sans tracer un croquis, quelque chose à propos de la suppression d'une couture sur le torse et de son remplacement par ce que l'on appelle une « pince ». Ce tournant capital s'est produit vers 1913. Le second changement, qui est l'apparition des pantalons à pinces, est intervenu aux alentours de 1922. Les revers et la longueur des pantalons ont été modérés mais sur ce plan les changements les plus voyants ont été l'œuvre du prêt-à-porter, parce que les fabricants sont naturellement enclins à exagérer les nouveautés pour se faire un peu d'argent ; dans le sur mesure, en tout cas parmi les tailleurs de l'école anglaise, rien n'a vraiment changé depuis cinquante ans et tout se passe au niveau de ces subtiles particularités, ces détails qui prouvent que vous avez dépensé plus que les autres, que vous avez des esclaves qui taillent et cousent comme des cinglés rien que pour vous. Le statut ! La classe !

Oui, et comment ces gens soi-disant si « importants » en arrivent-ils à développer une pareille obsession pour ces futilités ? Dieu seul le sait. C'est peut-être comparable à ce qui est arrivé un jour à notre vénéré président, Lyndon Johnson. Alors qu'il menait campagne avec John Kennedy en 1960, il n'a pu que remarquer la manière dont celui-ci était habillé, comparer avec sa garde-robe, et il a dû se dire, dans son style de gagneur rustique, de paysan poilu sur sa montagne : « J'ai l'air d'être en combinaison de conducteur de moissonneuse-batteuse. » Avec l'accent du terroir. Et bon, ce Kennedy, il avait tous ses costumes taillés sur mesure en Angleterre ; quoi qu'il en soit, par un beau jour de décembre 1960 – après les élections, s'il faut préciser –, Lyndon Johnson, sel de la bonne terre d'Austin, Texas, est apparu dans Savile Row à Londres, Angleterre, et il a fait son entrée chez Carr, Son & Woor. Annonçant qu'il voulait six costumes, il a donné pour instruction : «Je dois ressembler à un ambassadeur britannique.» Lyndon Johnson, un diplomate de Sa Majesté ! Vous pouvez vérifier. Lyndon Johnson, président des États-Unis d'Amérique, bienfaiteur des pauv's, Lion de l'Otan, défenseur de la Foi de nos Pères, serviteur de la paix sur terre, Pourfendeur de nos vicieux ennemis asiatiques, Maître du Monde libre... a un faible pour les vraies boutonnières ! Et moi qui me posais des questions sur le compte de Ross...

L’amour le dimanche

AMOUR ! FRAGRANCE DE LIBIDO DANS L’AIR ! Il est huit heures quarante-cinq jeudi matin à la station de métro de la 50e Rue et Broadway, et deux jeunes sont déjà emmêlés dans un tricotage de bras et de jambes, ce qui prouve, il faut l’admettre, qu’à New York la passion amoureuse n’est PAS limitée au dimanche. Et pourtant, quelle rareté ! Toutes ces nuées de visages qui émergent de la ligne de la Septième Avenue et flottent devant le distributeur de crème glacée géant, puis les tourniquets se mettent à écumer comme si le monde entier venait se briser sur des rochers. Quatre pas plus loin, la foule est retenue bedaines contre popotins pour s’engager dans la bouche et les escaliers qui conduisent à la surface, un vaste entonnoir de chair, de laine, de feutre, de cuir, de caoutchouc et d’alumicron brûlants, le sang sous pression dans les vieilles artères sclérosées, bouillonnant d’un excès de café et de l’effort consenti pour s’extirper de la ruée vers l’extérieur à l’heure de pointe, et pourtant, là, sur le palier, un garçon et une fille d’environ dix-huit ans sont plongés dans l’une de ces embrassades totalement pécheresses à vous casser le dos.

Il enveloppe la nana non seulement de ses bras mais aussi de son torse, qui a la concavité de rigueur chez les adolescents américains d'aujourd'hui. Elle, elle a la tête levée suivant un angle de quatre-vingt-dix degrés. Ils ferment les yeux de toutes leurs forces tandis que leurs bouches sont occupées à une activité incroyablement intense. Autour d'eux, des dizaines – des hordes entières, des centaines dirait-on – de visages et de corps transpirent, se massent et se bousculent sur les marches avec des rictus révélateurs de l'artériosclérose, contournant un présentoir rempli de nouveautés aussi sensationnelles que la sonnette surprise, la pièce de monnaie gicleuse, le doigt-rat, la tarentule velue et les cuillères sur lesquelles une mouche morte est peinte avec un réalisme criant, passant en flot continu devant Fred le barbier, installé juste à la sortie de la plate-forme avec des photographies en couleurs de jeunes gens présentant le genre de coupes de cheveux baroques qui se pratiquent ici, débouchant sur la 50e et dans un délire de circulation, de boutiques de lingerie bizarre, de vitrines remplies de teintures pour cheveux grisonnants, d'affiches offrant des séances de lecture de marc de café gratuites ou le prochain match de billard opposant les Playboy Bunnies aux Showgirls du Downey, puis toute la cavalcade s'engouffre dans les immeubles de Time-Life, de Brill et de NBC.

Pendant ce temps, le garçon et la fille continuent à se tortiller dans leur étreinte embrouillée. La main féminine gravit l'arrière du cou masculin, qui cherche à se détourner quand les doigts de la nana s'aventurent sur sa nuque dans l'agencement impeccable de sa coupe à la Chicago Boxcar. Ce geste fait que le visage du garçon menace d'écraser la coque hérissée de sa permanente, et en conséquence elle bascule la tête à quatre-vingt-dix degrés de l'autre côté, tous deux se servant de leurs lèvres collées comme pivot. Hormis l'aspect de leur chevelure, pourtant, ils ont oublié tout le reste tant ils sont mutuellement absorbés. Tout le monde leur jette un coup d'œil au passage : dégoûtant ! amusant ! tellement touchant ! Quelques jeunes lancent des remarques dans le style : « Vas-y, baby ! », mais la grande majorité de l'entonnoir humain engagé dans les escaliers exprime surtout une notable stupéfaction. Rares sont ceux qui trouveraient romantique cette apparition d'amour en pleine cohue matinale. « Pas une mince affaire », aurait-on plutôt tendance à penser, un peu comme s'il s'agissait d'un gros type traversant la Manche dans un tonneau. Un exploit à contre-courant, voilà ce que c'est. Un déploiement d'héroïsme légèrement répulsif, à l'instar de ces vieux mecs qui chaque année débarquent à Boston pour exhiber leurs jambes variqueuses sous des shorts flottants à l'occasion du marathon. Et c'est aussi, d'une certaine manière, une faute de goût desservant l'amour en semaine à New York, et cela pour tout le monde, et non seulement deux jeunes s'agitant sous leurs coiffures élaborées à la station de la 50e Rue : trop de presse, trop de monde, trop de hâte, pas de temps pour la bagatelle. Ce qui explique pourquoi, ainsi qu'une fameuse chanson le proclame, dans cette ville, l'amour est fait pour le dimanche.

Nous voici maintenant samedi, qui n'est guère plus favorable que du lundi au vendredi. Parce que ce jour-là, à New York, est consacré aux courses. Des millions d'adeptes du shopping affluent ici pour ajouter à la cohue et ça court de partout : on fonce à Yorkville pour faire l'emplette de ces fromages chicos qui seront consommés le soir, ou vers la Quatrième Avenue dans l'espoir de trouver certain livre de Van Vechten, *Parties*, ou bien on se dépêche d'aller au pressing, chez le dentiste, chez le coiffeur, chez un copain qui va vous prêter son break pour que vous rapportiez deux portes qui serviront de tables, chez un boucher fabuleux que quelqu'un vous a conseillé et dont le patron, affublé d'un chapeau de paille et d'élastiques sur les bras de chemise, est délicieusement revêche.

Certes, il y a le samedi soir et le vendredi soir, très bien pour les rendez-vous galants et les fêtes à New York, mais ils sont aussi hostiles au badinage amoureux que tous les autres jours de la semaine. Parce que le vendredi et le samedi soir, tout le monde est en représentation. Ce sera par exemple un caveau-cabaret du Village où cinq gars de province chantent en «jamaïcain» et tapent sur des bidons en fer-blanc pendant que des adolescents venus du Connecticut en ponchos tricotés et bottes aux genoux sirotent des cocktails aux noms aussi exotiques qu'«Orgasme-Passion», lequel consiste en un verre de cidre où flottent des boules de pastèque. Ou bien ce sera une cave de la 50e Rue Est, une «disco» dans laquelle des nymphes d'albâtre apparaissent en gilets de vison, robes du soir en tweed et coiffures ultramodernistes, mais dans un cas comme dans l'autre c'est une mise en scène, une superproduction qui transforme bientôt la soirée en tourbillon et donne un vertige éthylique au monde entier, un montage précipité de taxis, de jambes graciles en sortant ou y entrant en un éclair, de laine peignée, de piqué, de grands sourires, de canines, de glissandos et bouffondos, de pourboires, de projecteurs, de portiers, de queues, de cordons rouges, de plastrons blancs, de miroirs, d'alignements de bouteilles, de visages roses et de cols châles, de filles de vestiaire et d'ongles laqués couleur pêche, d'autres taxis, de clés, de lampes cassées et de manque de cintres...

Et puis, brusquement, une aube et une révélation incroyables : dimanche à New York !

George G., rédacteur de publicité pour un grand magasin, dit toujours qu'il lui suffit de humer du café en train de passer au percolateur à un certain moment. Peu importe où, y compris dans le pire bouiboui à hamburgers toxiques. Rien qu'à cette odeur, il se retrouve soudain en train de nager, de se noyer, de se dissoudre dans son rêve éveillé de l'amour le dimanche à New York.

L'appartement d'Anne A. était plus que quelconque, aime-t-il raconter, et c'était ça qui était marrant. Elle habitait Chelsea, un studio avec une Méduse boudeuse sculptée sur le manteau de la cheminée, juste un studio avec cuisine dans un vieil immeuble perdu au milieu d'ateliers et de dépôts de camions. Génial, Chelsea ! Mais quoi qu'il en soit, chaque dimanche vers dix heures et demie du matin le soleil perçait vigoureusement entre deux façades et traversait le no man's land de conduites de chaudière, d'aérations de restaurants, d'antennes, d'escaliers de secours, de portes de service, de sèche-linge, de cheminées, de lucarnes, de paratonnerres obsolètes, de toits mansardés, se frayant un chemin au milieu de cet aspect particulièrement disgracieux et repoussant des immeubles new-yorkais pour envahir la cuisine d'Anne.

George était assis à la petite table bancale, recouverte d'une toile cirée. Ah, comment il évoque ces moments ! L'endroit était glauque, la suie entrait de partout, mais c'était magnifique. Devant la cuisinière, Anne prépare du café. Ah, cette odeur, rien que cette odeur et il est tout émoustillé. Elle est dans un grand peignoir en éponge, avec une ceinture, et rien que sa manière de bouger dans cette cuisine baignée de soleil, avec ce peignoir sur elle, ça le chamboulait toujours. C'était l'ATMOsphère du truc.

Elle dans ce gros peignoir et les rayons qui se posaient sur ses cheveux, et ils avaient tout le temps qu'ils voulaient devant eux... Pas un seul camion à pétarader et klaxonner sur la Huitième Avenue. Personne à trébucher en talons hauts dans les escaliers à neuf heures moins dix.

Anne faisait des œufs brouillés, tout simples mais délicieux. C'était incroyable. Elle servait deux ou trois de ces petits poissons fumés à la peau dorée, et des huîtres fumées extraites d'une petite boîte de conserve à écussons royaux et lettres gothiques, du pain Kissebrot, de la confiture de cerise, et ensuite le café. Ils buvaient un million de tasses chacun, jusqu'à ce que toute cette chaleur les envahisse. Et ensuite, les cigarettes, des tas, qui étaient comme un encens apaisant. Le radiateur sifflait doucement et faisait toujours un *clang*, à un moment. Le soleil brillait, transformant les conduites d'aération et les cheminées en silhouettes épurées là-bas, très loin. George prenait une autre tranche de Kissebrot, la couvrait de confiture de cerise, remplissait encore sa tasse de café, fumait encore une clope, Anne croisait les jambes dans son peignoir et tirait sur sa cigarette, les bras croisés, et ils restaient comme ça un temps infini.

« C'était la TORPEUR, mon vieux, dit George. C'était génial. La torpeur, c'est quelque chose de magnifique et de très sous-estimé. C'est un luxe. Surtout dans cette ville de dingues. Là, dans cette cuisine, c'était comme un parfait cocon, un cocon d'amour. Tout était magnifique, parfait. »

Au bout d'un certain temps, ils s'habillaient, toujours aussi simplement que possible. Elle enfilait un gros pull bien chaud, un vieux pantalon en toile qui la gainait comme du caoutchouc, un imperméable ; lui, un pantalon en velours, un sweater à col rond tout mité et un imper. Ils sortaient, descendant la 14e Rue pour aller acheter le journal du dimanche.

Brusquement, c'était fantastique d'être dehors à New York. Tous ces maudits millions de gens qui sillonnaient Manhattan toute la semaine avaient disparu. La ville était déserte. Pour un homme et une femme avançant lentement dans la torpeur et le cocon de l'amour, c'était comme si la fichue Grosse Pomme s'était amendée pendant la nuit. Même les êtres humains avaient l'air mieux. Ils croisaient l'une de ces vieilles poupées aux bras flasques engoncée dans un manteau de la couleur et de la texture de la bouillie d'avoine, le genre qui vous révèle ses vieilles jambes bosselées quand elle monte l'escalier du métro en ahanant devant vous et oblige tout le monde à s'écarter parce qu'elle est tellement flasque et décrépite... mais voilà que par un dimanche matin sur la 14e Rue paisible, propre et vide, elle avait simplement l'air d'une aimable vieille dame. Parce qu'il n'y avait personne aux alentours pour la faire paraître trop lente, déplacée, insortable, infréquentable, inutile.

C'était tout le truc du dimanche : les millions de rats étaient absents. Et Anne marchant à côté de lui dans ce pantalon élimé qui était comme une seconde peau, c'était sans doute la plus merveilleuse apparition que le monde ait jamais conçue, et le cocon d'amour était parfait. C'était comme avoir le beurre et l'argent du beurre, mon vieux. D'un côté, il y avait le jackpot : New York ! Tous ces gratte-ciel, ces clochers de la modernité qui symbolisaient à perte de vue tout ce qui est grandiose et glorieux à New York. De l'autre, c'était la ville sans les foules sordides qui vous bousculent et galopent en mâchouillant des feuilletés avec des miettes autour de la bouche, un rappel incessant de toute l'agressivité qu'il faut laisser échapper pour pouvoir garder sa place ici. Tandis que là, le cocon d'amour était une enveloppe complète, comme si vous étiez dans un œuf de Pâques panoramique et les clochers de la grande ville formaient tout autour de vous un décor de conte de fées.

Ils finissaient par rentrer à l'appartement, et s'étendaient par terre sur le ventre à feuilleter l'édition du dimanche, toute cette encre noire nettement appliquée sur les grands rectangles de papier. Anne mettait un disque de E. Power Biggs sur la platine, l'organiste, et très vite les basses profondes des vieux tuyaux vibraient à travers votre organisme comme si on vous avait posé un appareil de diathermie sur le plexus solaire. Vautrés sur le sol avec le journal du dimanche, enveloppés et massés par les ondes sonores de E. Power Biggs... Cela provoquait le même effet que les champignons hallucinogènes ou je ne sais quoi, disait-il, ils planaient complètement, comme s'ils avaient été psychédéliques, et les objets les plus banals acquéraient une résonance et une signification fantastiques. C'était comme ce bon vieux Aldous Huxley expérimentant la drogue, s'envoyant du peyote en contemplant un pot de géraniums sur la table qui devenait peu à peu le plus extraordinaire pot de géraniums de la Création. Cette courbe qu'il avait... hé, à trois cent soixante DEGRÉS, mec ! Et l'argile... hé, c'était la couleur de la terre ! Et au sommet, il y avait ce... bord, parfait ! Eh bien, George éprouvait la même chose. Les murs de l'appartement d'Anne étaient couverts des reproductions que la plupart des dactylos new-yorkaises affectionnent de nos jours, les gribouillis de Picasso, les Mondrian tout gondolés aux coins... allez savoir pourquoi personne ne pense jamais à mettre un Mondrian sous verre... les Toulouse-Lautrec avec le type au grand menton lançant sa jambe en l'air, les Klee... ouais, ce Paul Klee-là, il est chouette... hé, brusquement tout ça devenait le summum de toute l'hagiologie de l'art moderne... la façon dont ce type LANCE SA JAMBE, la façon dont ce Paul Klee FAIT PLANER LE BALLON... et comment le studio les entourait tel un cocon, comment les peluches sous le canapé ressemblaient à des cheveux d'ange, et comment le couvre-lit prune à moitié tombé sur le sol formait des plis dignes des soieries d'un chérubin de Tiepolo, et comment la Méduse renfrognée sur la cheminée devenait la Méduse la plus splendidement renfrognée de toute l'histoire...

« Bon, c'était ce que j'appelle l'amour, soupire George, et il n'y a jamais eu rien de pareil. Je ne sais pas en quoi ça se développe. À moins que ce soit en lundi. À New York, ça doit être lundi que ça devient. »

CROQUIS MÉTROPOLITAINS

Par Tom Wolfe

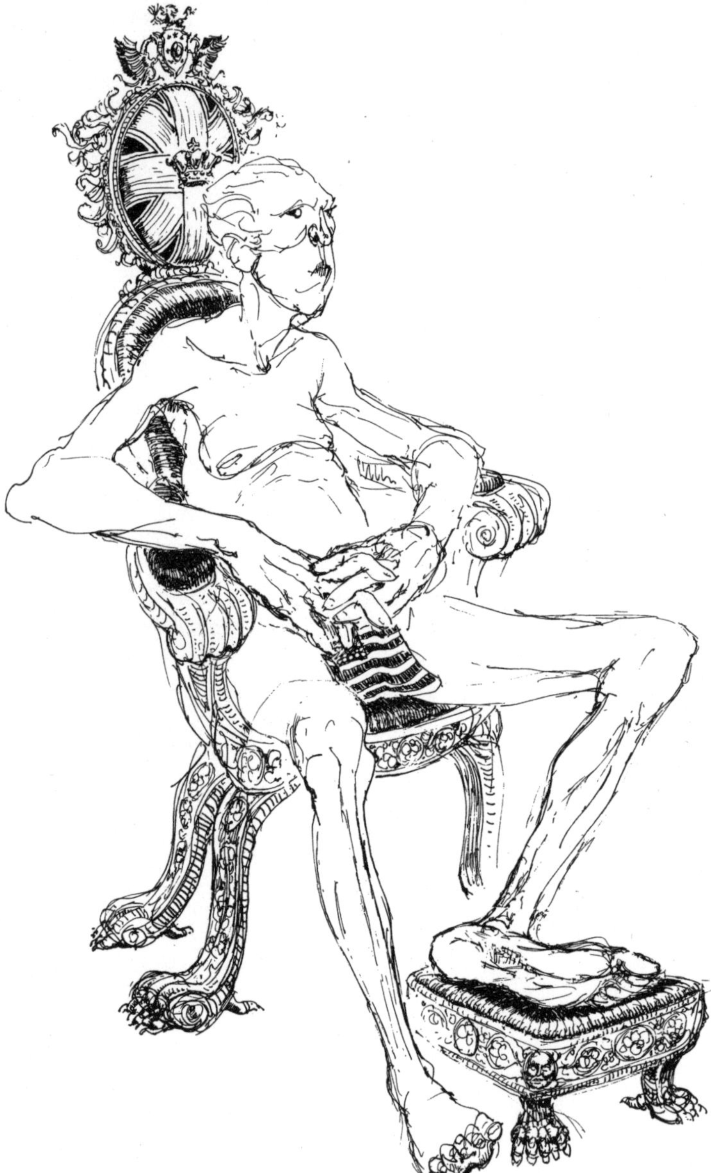

Harve
riv

IGAR
OG
AWS
P
CANNED
JUICES
FRUITS
SQUID

Tom Wolfe
1965

Bubba

DIS

MON-FR
'TIL 8 P
752-00
Save!
COSMETIC
TOILET
HEALT
SUNDRIE
Tom Wolfe
PROP.

L'Améranglais

ROGER, VOUS AVEZ FAIT LA CONNAISSANCE DE GEORGE ? Keith, vous connaissez George ? Hé, Brian, tu as rencontré George ? Tony, on vous a présenté George ? Nigel, est-ce que vous... Grand Dieu, qu'est-ce qu'il se dépense en présentations, à balancer des prénoms dans tous les sens pour leur présenter ledit George, un Américain fraîchement débarqué de New York et un homme qui compte chez Fabrilex. Il se démène vraiment comme un diable pour impressionner et flatter George l'Américain après avoir réuni-entassé tout le personnel de l'agence et plein d'autres invités encore, Anglais et Américains, dans l'espèce de salle de réception doublée d'une bibliothèque à l'étage du Club – un méli-mélo de chaises à dossier en forme de lyre, de rideaux bouillonnants, de vieux portraits noircis à la Raeburn, de lustres en verroterie et zinc plaqué or fantastiquement moches, de commodes à pieds de griffon, de chariots à thé, d'ingénieux escabeaux de bibliothèques qui s'élèvent hardiment au-dessus du vide, un univers merveilleusement caverneux de sombres palissandres et de tapis foncés, de moulures, de corniches et de colonnades chichiteuses, le tout rouge comme du vin de table et marron comme des bottes d'équitation, destiné à donner l'impression que l'endroit a mijoté un siècle ou plus dans les relents de tabacs coûteux, de rosbif, de sauce au raifort et de puddings tristes.

L'Américain gobe vraiment cette atmosphère de club du Vieux Monde mais ce n'est pas la question, la question est que... ah, par Jupiter, ces Américains sont de vrais enfants à maints égards et à peu près aussi subtils qu'une saucisse Wimpy, mais en définitive c'est sans importance parce qu'ils ont le pouvoir. Et ils le savent, ils arrivent et ils le prennent, et on se met à leur présenter les gens par leur prénom, n'est-ce pas, des gens qu'ils ne connaissent ni d'Ève ni d'Adam, et maintenant on est tous des «copains» et qui s'en soucie. Ils ne sont pas allés à Cambridge, eux, et ils n'ont pas appris à jalouser les membres du Club Pitt pour ensuite commettre l'incroyable gaffe d'entrer dans ce même club avec une écharpe de Cambridge au cou. Simplement, ils ouvrent les robinets de l'argent ou de n'importe quoi qui marche, ils s'en emparent et tous ces prénoms au grand sourire sont les héritiers putatifs de la planète, leurs coupes en brosse sont aussi fermes et pures que du Fabrilex et...

... Il a déjà bu deux ou trois *highballs*. Highballs ! C'est comme ça qu'ils appellent le whisky-soda, et maintenant il s'enivre d'une façon on ne peut plus GONFLÉE en arborant un scintillant sourire en céramique et en présentant tous ces visages à George par leurs prénoms respectifs, à ce bon vieux George, George bien astiqué et repassé, George aux grosses godasses, George-tout-juste-sorti-du-moule Fabrilex, et comme tout cela est délicieusement gonflé ! Karl, vous avez rencontré George ? Alec, que je vous présente George ! Vous connaissez George, John ? Et George, comme il fallait s'y attendre, affiche un sourire super-sympathique et déférent en serrant les mains, en enchaînant les solides poignées de main même avec des gens qui n'ont pas tendu la leur – « Mark, serrez donc la main à George ! » est-il tenté de dire, et à chaque fois George incline légèrement la tête avec un sourire maintenant un peu paniqué et lance à peine un regard sous ses paupières, il témoigne de beaucoup de déférence, oui, une espèce de respect inconscient l'étreint parce que... parce qu'il rencontre des Anglais !

Tout de même ! Pourquoi cela devrait-il troubler George une seule seconde ? Il peut faire tout ce qui lui passe par la tête puisque les Américains sont ainsi, n'est-ce pas ? Ils sont capables d'avoir les gestes les plus déplacés, de commettre les pires impairs, de se servir systématiquement de la mauvaise fourchette au point de rendre fou le serveur, ils peuvent apporter la preuve tangible qu'ils sont des hydrocéphales du comportement en société, des êtres d'une insigne maladresse et de la dernière des inconvenances, mais en définitive ils s'en soucient comme d'une guigne. Vous les revoyez le lendemain et c'est comme si rien ne s'était passé, ils sont à nouveau eux-mêmes, à tout écraser sur leur passage, à tout empoigner avec bonne humeur, à gagner, à parler et à rafler. Alors George peut bien rouler des yeux sous ses paupières toute la sainte journée, il fera toujours ses vingt mille livres sterling par an, et il pourra toujours vendre ou acheter n'importe quel abruti dans cette salle.

Nicholas, vous connaissez George ?

Harold, que je vous présente George !

Freddie, vous avez rencontré George ?

Peter...

Oh, par le Christ ! La seconde syllabe du prénom meurt sur ses lèvres. Soudain, avec Peter, il n'y arrive plus. Il lui est impossible de faire le coup du prénom, de le héler et de le présenter à cet Américain – George ! Peter ! – comme s'ils étaient des « copains ». Peter, un copain ? Allons bon ! Il est exactement au même niveau hiérarchique que George, et il a le même âge, trente-trois ans, mais il appartient à une autre... classe, pour appeler un chat un chat.

Le visage harmonieux quoique languide de Peter, sa chevelure ondulée quoique impeccable, tout cela, cette ancienne et vénérable notion de classe, l'a rattrapé au tournant et il n'arrive pas à présenter Peter par son prénom. C'est comme si un agent de police venait de surgir dans la bibliothèque qui n'en est pas une, la figure de l'autorité venue de... ce monde-là, le monde des nounous en tablier amidonné, des cottages dans le Devonshire, des balustrades en fer forgé aux volutes compliquées, des costumes de marin, des cerceaux et du hockey, des cols Eton, des bals des débutantes, des présentations à des lords vieux et riches, des clubs, des cliques, des coupe-cigares en corne, bref de la séculaire et inexorable anxiété que suscite l'appartenance de classe en Angleterre. Il voit déjà l'expression de dégoût poli et tolérant qui se glisse sur les traits de Peter à chaque infime instant où son regard se pose sur lui, sur ses amis américains, sur son sourire en céramique et son euphorie et ses highballs. Et là, devant le pouvoir de l'avenir d'un côté, représenté par les yeux maintenant interloqués de George sous ses paupières, et le pouvoir du passé de l'autre, en l'occurrence les lèvres à peine pincées de Peter, il se rend brusquement compte de ce qui lui est arrivé : il est désormais un Améranglais.

Les Améranglais... Il en croise constamment à Londres, ces derniers temps. Ce sont des Anglais qui, renversant le cours ordinaire des choses, sont devenus... américains. Le cours ordinaire, bien entendu, signifie que les Américains partis vivre en Angleterre... s'anglicisent. En nommant Walter Hines Page ambassadeur près la Cour de Saint James, le président Woodrow Wilson lui dit : « Juste un petit conseil, ne devenez pas un Anglais. » Et Page de répondre : « Sûr, OK », mais c'est évidemment ce qui se passe, et il devient tellement anglais qu'il ne s'en rend même pas compte. Généralement, le processus s'amorce à l'instant où il se met à se servir de ses couverts à la manière du Vieux Continent, la fourchette dans la main gauche. Ensuite, il se rend chez un tailleur qui lui rentre son joli bedon anglais sous les revers de sa veste et lui confectionne des costumes formés par une merveilleuse et mystérieuse accumulation de couches de laine peignée, de rayures, de flèches, de points croisés, de doublures, de boutons et de poches, celles-ci si nombreuses que c'en est incroyable et ceux-là tellement omniprésents qu'il passe un temps fou à les boutonner et les déboutonner, et puis il peigne ses cheveux en forme d'ailes sur ses oreilles, son élocution adopte une certaine lenteur joliment traînante et il apprend à marcher comme s'il se rétablissait d'une fracture de la colonne vertébrale. Mais enfin, tout le monde sait cela. L'Américain s'est toujours anglicisé afin de se réapproprier l'aura mystique des classes supérieures britanniques. Et l'Anglais qui s'américanise de nos jours, qui se transforme en Améranglais, veut accomplir exactement l'inverse : il a soif d'échapper à la domination des classes supérieures de son pays en devenant... sans classe. Pour ce faire, il adopte, du moins en partie, le style de vie de cet étranger impossible à caser dans le système de la hiérarchie sociale britannique : l'Américain moderne qui a réussi et qui détient un véritable pouvoir.

L'exemple par excellence de l'Améranglais est le jeune Anglais du show-business – chanteur, musicien, agent, producteur ou imprésario – qui va s'américaniser dans les grandes largeurs. Le chanteur, ainsi, chantera du rhythm'n'blues américain dans le style américain, fera «copain» avec ses collègues américains, saupoudrera sa conversation d'idiomatismes américains – «man», «baby» et j'en passe – et se mettra à parler avec un accent américain pour tenter d'échapper à la malédiction d'avoir celui de la classe prolétarienne anglaise. L'Améranglais qui nous occupe ici, pour sa part, est issu de la moyenne bourgeoisie et travaille dans l'une de ces branches professionnelles apparues depuis peu, publicité, relations publiques, produits chimiques, audits en ceci ou en cela, télévision, cartes de crédit, agents en tous genres, design industriel, art commercial, cinéma, tout cet univers de médiation, de persuasion, de pseudo-science et de mise en spectacle qui s'est développé en dehors des divisions traditionnelles de l'activité économique entre propriétaires fonciers, prêteurs d'argent et producteurs de biens consommables. Il a vaguement conscience, et cherche peut-être à l'oublier, du fait qu'il est indubitablement d'extraction «classe moyenne», que n'importe qui en Angleterre s'en aperçoit immédiatement et que cela a retardé son ascension, et c'est même probablement pourquoi il a été attiré par l'un de ces nouveaux secteurs, mais il n'empêche que les ancestraux préjugés de classe en Angleterre continuent à lui peser, lui peser, lui peser...

Il se trouve qu'il regardait la télévision un soir en compagnie et que quelqu'un d'aussi raffiné et cultivé que Kenneth Allsop[1] est apparu à l'écran, et qu'au bout de trois ou quatre phrases l'une des personnes présentes s'est exclamée : «Pauvre Kenneth Allsop, vous entendez

1. Kenneth Allsop (1920-1973) : journaliste de la BBC et auteur réputé.

comment il hache tous ses mots, il restera à jamais un plouc des Midlands ! », et notre Améranglais a ri avec les autres mais d'un rire forcé car il sait qu'il y a au moins cinquante aspects chez lui qui trahissent incontestablement son extraction sociale et qu'il est loin d'être aussi célèbre qu'Allsop pour prétendre se débarrasser de ce stigmate.

IL A EU LA CLAIRE INTUITION DE CE PROBLÈME dès son premier mois à Cambridge. Cambridge ! La prestigieuse université était censée le transformer en l'un de ces êtres inaccessibles parce que tellement supérieurs qui gouvernent l'Angleterre et son destin. Ses parents avaient une image très précise de la voie qui s'ouvrait à lui, l'imaginant régaler de sherry ses amis bien élevés dans ses quartiers d'étudiant, sanglé dans une veste d'intérieur aussi patinée et moelleuse qu'un tapis persan âgé de quatre-vingt-dix ans. Lui-même sentait confusément que Cambridge allait métamorphoser le collégien intelligent et effacé en l'un de ces jeunes hommes à col pointé et cravate de soie pâle qui « sait » tout simplement qu'il est chez lui dans les restaurants, les clubs, les soirées, avec les femmes, épanoui dans sa carrière, dans sa vie, durant les week-ends à la campagne, et qui l'est en effet.

Et puis, lors de ce tout premier mois, il y a eu l'affaire de l'écharpe de Cambridge et du Pitt Club. Pour tracer sa route vers les réunions d'amis bien élevés dans ses quartiers d'étudiant autour de sherry et de cigares cubains – eux aussi inclus dans la vision idyllique de ses parents –, il s'était empressé de faire l'emplette d'une écharpe d'étudiant, longue et souple et de couleurs chatoyantes, qui protégeait confortablement son cou et son menton tout en flottant au vent, et qu'il portait pour déambuler dans les rues autour du campus, jetant des regards timides aux devantures des restaurants indiens qui paraissaient toujours fermés et se disant : « Me voilà, un vrai de Cambridge ! »

Un jour, il remarque un établissement qui irradiait une chaude lueur, rouge comme le vin et brune comme les bottes ; cela suggérant des conversations bien élevées et du sherry, il se risque à l'intérieur. Soudain, plein de visages blancs se tournent vers lui, comme une explosion d'œufs pochés Benedict dans le hall et plus loin aux tables du restaurant. Un portier aux bajoues dont la texture rappelait le bœuf salé s'avance et le toise de haut en bas d'un œil diablement suspicieux et lui demande : « Êtes-vous membre, Sir ? » Quelle voix ! Elle fait immédiatement comprendre qu'il sait que ce n'est pas le cas et que la question est purement et cruellement formelle, sous-tendant la vraie question : « Pourquoi un petit minable comme toi a-t-il l'audace d'entrer là où il n'a pas sa place ? », et tous les œufs Benedict tournés vers lui la répètent à l'unisson. Ils « savent », tous, et leurs yeux inquisiteurs semblent s'être aussitôt fixés sur sa veine jugulaire... non, sur son écharpe de Cambridge !

Il marmonne quelque chose, et là, dans cet antre de bois vénérable, détourne la tête vers un long portemanteau mural qui accueille tous les accoutrements étudiants qu'il est possible d'imaginer, pardessus, gabardines, vestes de chasse, capes et même ponchos, ainsi qu'un vaste assortiment de cache-nez, écossais ou danois, en cachemire ou tricotés par la vieille tante, tout ce que l'antique et on ne peut plus guindée Angleterre a pu extraire du coton, du caoutchouc ou du cuir... excepté une écharpe Cambridge. Il se trouve que l'établissement n'est autre que le Pitt Club, l'endroit où les incomparables, la crème de la crème de la ville universitaire, viennent se sustenter et se désaltérer. Porter une écharpe aux couleurs de Cambridge est ici bien pire qu'arborer quelque signe distinctif de son appartenance que ce soit car, dans la complexe hiérarchie des facultés et des clubs, cette déclaration d'intention est interprétée grosso modo de la manière suivante : eh bien, il est à Cambridge, d'accord, mais c'est à peu près tout ce qu'on peut dire de lui à part que c'est aussi un idiot patenté.

Bizarrement, il ne l'a pas mise à la poubelle, cette infâmante écharpe, mais l'a soigneusement pliée et rangée au fond d'un tiroir, à côté de la bible de famille que son grand-père lui avait donnée. Et depuis ce jour maudit il s'est convaincu qu'il existait deux mondes, le sien et de celui des visages œufs Benedict. Au cours des quatre années suivantes, il n'a pas invité une seule âme à boire du sherry dans ses quartiers étudiants, ni à fumer des cigares cubains, et il s'est lui-même cantonné aux cigarettes anglaises qui lui tachaient les dents. Le temps a passé sans qu'il nourrisse trop d'espoirs quant à sa future carrière dans la publicité jusqu'à un certain jour à New York, car tout semble toujours devoir commencer un jour à New York, pour les Améranglais.

C'est leur métier qui les a généralement amenés à prendre de plus en souvent l'avion pour New York et, dans son cas, c'est très précisément le contrat Fabrilex. Comme la compagnie projetait de lancer une grande campagne en Angleterre, il s'est rendu régulièrement de l'autre côté de l'Atlantique et peu à peu la vie du milieu publicitaire à New York s'est révélée à ses yeux particulièrement... stimulante – c'est le mot qu'emploient tous les Améranglais qui reviennent de la Grosse Pomme. Oui, il a été étrangement stimulé par l'ambiance, l'argent ostentatoire, l'ambition, les intrigues, le travail intense et les moments de plaisir, le glamour, la puérilité, le cynisme...

À COMMENCER PAR LA RÉCEPTION des bureaux de l'Agence ***. Il y avait là les plus incroyables canapés en cuir noir qu'il ait jamais vus, ultrarembourrés, avec le cuir qui débordait sur les bras, derrière le dossier et partout. Il y avait de la moquette partout, pas de la Wilton britannique mais une moquette tellement épaisse qu'on aurait pu facilement se tordre une cheville rien qu'en la foulant, et d'un presque rouge vermillon pour aller avec les murs qui étaient percés de niches accueillant une inexplicable collection d'objets en cuivre, candélabres, bustes, encensoirs, vases et autres. Il y avait une réceptionniste qui semblait faite en Fabrilex amoureusement poli et surmontée d'un casque de cheveux cuivrés, elle n'était pas assise à un bureau mais à un élégant secrétaire en marqueterie exotique, tulipier, santal, bois de rose, et elle se servait d'un standard qui faisait penser à un clavier de clavecin. Il y avait un immense tableau, apparemment l'œuvre du dernier peintre du New Jersey en date à copier Franz Kline. Au moins trois responsables de l'agence, des Américains, lui avaient assuré que cet espace de réception faisait penser à « une maison de passe de San Francisco », les trois en employant les mêmes mots et avec le même sourire, mais il n'y avait aucune dérision dans leur voix : ils pensaient que c'était fou mais ils en étaient fiers. New York !

L'un d'eux lui avait déclaré que l'entrée du siège ressemblait à un lupanar de San Francisco tout en se faisant cirer les chaussures à sa table de travail au cours d'une conversation de bureau banale entre deux collègues sinon qu'un nègre d'une cinquantaine d'années était accroupi devant sa boîte à cirages portable et faisait reluire les mocassins de l'Américain pendant que celui-ci discourait sur la maison de passe californienne et sur Fabrilex comme s'il avait simplement mis en marche le climatiseur. Il avait également un « téléphone directorial », une sorte de microphone haut-parleur branché au poste téléphonique lui épargnant la peine de décrocher le combiné, ce genre de petits gestes inutiles dont on se passerait bien. Et il lui suffisait de parler dans cette direction, sans se pencher ni rien, et... ah, comme c'est délicieusement « gonflé » ! Qui se soucie de subtilités, nom d'un chien ? Contentez-vous de gagner et gagner encore, c'est le but du jeu, et l'année précédente le porte-feuille de clients de l'Agence *** pesait soixante-dix millions de livres sterling.

Ensuite, on l'emmenait immanquablement déjeuner dans des restaurants comme le Four Seasons et si l'addition pour quatre s'élevait à seize livres, la belle affaire ! Certes, il existe des restaurants hors de prix pour les déjeuners d'affaires à Londres mais ils ont toujours un côté prétentieux, genre trattoria ou Chez Machin, ou bien ce sont des endroits vieillots avec des noms de famille anglais qui sonnent comme des éternuements, Craw's, Grouse's, Scob's, Clot's... Alors que le Four Seasons ! L'endroit semble distiller la sueur climatisée du capital en pleine action, de... l'argent ! Tout le monde est attablé dans cette atmosphère d'immense bureau de P-DG couvert d'onyx à la Mies Van der Rohe, ingurgite des doses massives de cocktails américains aux noms étranges, margarita, gibson, bloody mary, rob roy, screwdriver, pisco sour, de vin et de cognac français jusqu'à ce que les vaisseaux sanguins et les egos se dilatent, et le chroniqueur Leonard Lyons débarque alors pour voir qui est là aujourd'hui, et chacun regarde les astucieux rideaux de chaînes en cuivre onduler le long des baies vitrées en remontant, c'est une illusion d'optique mais on croirait vraiment qu'ils ondulent vers le haut de la falaise de verre comme une cascade à l'envers.

À la table un type partage à la cantonade l'un de ces petits secrets américains délicieusement puérils et cyniques, à savoir que de nos jours la majeure partie de la publicité pour le tabac repose sur les enquêtes psychologiques qui tentent d'explorer la peur collective du cancer. Par exemple, les sempiternels spots qui montrent des scènes bucoliques au bord de gais ruisseaux avec des jeunes gens blonds aux yeux bleus assis autour d'un panier de pique-nique, leurs reins sains recélant des litres d'hormones vitales, sont en fait destinés aux hypocondriaques angoissés qui ont sans cesse besoin qu'on leur assure qu'ils ne sont pas en train de mourir de la terrible maladie. D'un autre côté, les campagnes qui proclament «Je préfère me battre que changer!» distillent en réalité le message suivant : «Je préfère mourir du cancer qu'abandonner la cigarette[1].» Ah, New York! Et les rideaux cuivrés ondulent, ondulent...

UN DÉTAIL INTÉRESSANT ET PLUTÔT PLAISANT ne lui échappe pas, toutefois : ils sont tous terriblement désireux de le satisfaire. Apparemment, il les impressionne alors qu'il est ici plus un parent pauvre qu'un pair. Le siège de l'agence se trouve à New York et quoi qu'il puisse se dire sur la campagne Fabrilex en Angleterre, les décisions seront prises en Amérique : s'il est décidé de la cibler sur les hypocondriaques obsédés par le

1. Référence à la campagne publicitaire de la marque Tareyton qui, de 1963 à 1966, présentait des portraits d'hommes ou de femmes avec un œil au beurre noir prouvant leur détermination à se battre pour continuer à fumer des Tareyton.

cancer de la peau, il en sera ainsi. Pourtant on le traite comme un associé et même plus, comme quelqu'un d'un peu supérieur. Il finit par comprendre pourquoi : c'est parce qu'il est anglais ! On ne cesse de zyeuter son costume, sa veste Huntsman avec des fentes d'aisance de vingt-six centimètres. On observe ses manières de table et... juste ciel, on l'imite ! Ce bon vieux George ! Avant, il lançait à un serveur : « Vous m'apporteriez un verre d'eau, hein ? », ou quelque chose d'approchant, tandis que l'autre disait toujours : « Vous pouvez servir le fromage maintenant, vous ne pensez pas ? », ou quelque chose de similaire. Le truc, c'est que la formule à l'américaine suggère que le serveur doit condescendre à lui rendre ce service alors que l'Anglais – la classe ! – le considère comme un serviteur qui accomplira son devoir dès que possible. Et ce bon vieux George a noté la différence sur-le-champ ! C'est qu'ils sont comme ça, les Américains : incurablement enfantins, incurablement nouveaux riches ou nouveaux n'importe quoi, ils disent « finesse » et ça sonne balourd, mais ils captent tout de suite ces nuances de statut social, et donc le bon vieux George a repris tout de suite la formule à son compte, en avalant presque le « vous ne pensez pas ? » dans un mouvement de glotte aristocratique à la manière... d'un vrai Anglais.

Et donc, brusquement, il a commencé à percevoir qu'il était en possession des deux styles, américain et anglais. Qu'il pouvait avoir le beurre et l'argent du beurre. On émerge du Four Seasons sur le trottoir de la 52e Rue et *tchang*, le soleil vous explose au visage et *bam*, voici le Park Avenue des années 1950 dans toute sa splendeur sauvage, puérile, gonflée, électrisante, des falaises de verre et de cadres d'acier, comme des montagnes de cabines téléphoniques empilées jusqu'au ciel.

Des centaines, Jésus ! de millions de dollars de ferraille étincelante et de plaques miroitantes dans lesquelles tous les immeubles se reflètent les uns les autres en une symphonie de verts et de bleus marins, telle une carte postale à deux balles de Sarasota, Floride, et yah ! il n'y a pas un seul bon bâtiment dans tout ça mais Jésus ! l'hallucinante accumulation d'argent et de pouvoir que ça vous balance à la figure... C'est la Rome du XXe siècle et puisque la richesse et la puissance résident ici tout le reste suit, et la vieille Angleterre perd son temps à continuer à insister sur la forme parce que le style anglais, bon, il est entièrement fondé sur la richesse et la puissance que l'Angleterre possédait il y a un siècle et demi. Et ce plateau des friandises mondiales s'incline, s'incline jusqu'à le ramener sur terre et aux... filles de New York, pour commencer, toutes ces jeunettes élancées sur leurs jambes de flamant rose qui s'égaillent dans les rues en sortant par bouquets des aisselles fumantes du métro new-yorkais, de ces égouts résonnants qui assurent le trafic souterrain de la ville, qui en sortent sapées à mort, faites au moule, laquées, vernissées et coiffées de cuivre poli.

Ah, et elles adoraient les Anglais, elles aussi ! Il s'est trouvé une de ces beautés pomponnées et il n'oubliera jamais comment il l'a suivie dans les escaliers menant à l'appartement de la belle cette première nuit. La porte d'entrée de l'immeuble était usée et poussive mais aussi lourde et harnachée à un groom pneumatique qui l'ouvrait et la fermait automatiquement sur la faune affamée et stéroïdée du dehors, parce qu'à New York même les criminels sont plus bestiaux, fondamentalement sauvages, « romains » que partout ailleurs, et il ne se souvenait pas d'un seul immeuble d'habitation à Londres qui avait un groom pneumatique à sa porte, mais enfin il l'avait suivie dans l'escalier, quelques marches plus bas qu'elle, en regardant les muscles de ses mollets se contracter et les ligaments se tendre à l'arrière de ses genoux, oh ces jambes de flamant rose jeune et vif et sain des filles de New York, et tout était tellement... tendre et brave.

Précisément ! Son appartement était totalement lugubre, très au nord des 80es Rues Est, au dernier étage d'une ancienne maison de ville qui avait été saucissonnée en studios à peine plus grands que des chambres de bonne, avec une chambre de la taille d'une penderie correcte et une de ces « cuisines Pullman » au beau milieu du salon, un bloc froidement fonctionnel formé par un petit évier, un réfrigérateur et une cuisinière soudés ensemble et dissimulé derrière des panneaux mobiles, et une salle de bains sans fenêtre mais avec une sorte de conduit d'aération à la grille noircie à moitié obstruée par un douteux mélange grisâtre de poussière, de suie, de particules de charbon et de gaz toxiques. Et la chasse d'eau fonctionnait à peine, envoyant une lente et mince spirale liquide dans le trou une fois qu'on avait poussé sur le genre de petite manette courtaude qu'ils ont là-bas, et le sol carrelé penchait un peu mais... tendre et brave !

Néanmoins elle s'était débrouillée pour embellir ce taudis avec des globes lumineux japonais en papier, des grandes branches verdoyantes d'on ne savait quelle plante, plusieurs reproductions aux murs dont un nu à l'aquarelle d'Egon Schiele absurdement érotique, des tissus primitifs drapés ou pendus ou jetés ici et là, du coton suédois, des objets artisanaux, un petit vase contenant des violettes en papier, des étagères peintes en blanc qui accueillaient des livres de poche, *The Lonely Crowd, The Confessions of Felix Krull, African Genesis*, tendres et braves toutes ces fragiles jeunesses vivant dans ces horribles appartements avec la seule compagnie d'un chat, des relents de déjections félines montées de la litière Kitty, d'un saladier en bois huileux sur la table et de la silhouette d'un cafard courant sur son bord, et il y avait quelque chose de touchant dans tout cela, il aurait voulu dire d'envoûtant, même, dans cette lutte désespérée pour rester à New York au milieu de ce nuage électrique de puissance et d'argent, dans la Grosse Pomme, et pendant des jours et des jours, pour être tout à fait honnête, il allait garder le souvenir inexplicablement attendri du triste petit filet d'eau s'écoulant péniblement dans la cuvette des W-C. Cette pauvre, merveilleuse et érotique fille... À un moment, elle lui avait déclaré avoir appris à se mettre un diaphragme en quinze secondes seulement. Elle l'avait dit comme ça, de but en blanc. Cette simplicité...

Le lendemain, il avait pris un taxi pour retourner se changer à son hôtel avant d'aller au travail et le chauffeur avait tenté de se frayer un chemin dans la circulation à l'heure de pointe par une succession d'accélérations forcenées, de coups de frein insensés, de bonds en avant se terminant en rugissements de pneus, sans cesser de hurler des invectives par sa vitre baissée et de réclamer le soutien de son passager : « Z'avez vu ça ? Ce type a la tête dans le cul ! J'ai pas raison ? » Et il s'était lui-même surpris d'avoir eu une réaction typiquement américaine : il avait acquiescé à ces questions stupides parce qu'il recherchait l'approbation de ce pauvre bonhomme qui essayait de se faufiler au travers de la cohue fomentée par la puissance et l'argent, il avait conforté le chauffeur qui beuglait : « Ce type a la tête dans le cul, j'ai pas raison ? » parce que cet instant le ramenait soudainement à la source, il comprenait maintenant toute la sinistre comédie des écharpes, des Clubs Pitt et des cravates en soie pâle, et regarde bien, Angleterre, tu as la tête dans le cul et voici venir l'Améranglais !

À L'AGENCE *** DE LONDRES, SA CARRIÈRE A DÉCOLLÉ. À peine rentré remonté à bloc de New York, l'Améranglais s'est dit que Londres était une petite ville endormie au bord d'un fleuve sale et il s'est mis à rechercher la compagnie de ses collègues américains. Il s'est brusquement rendu compte que certains aspects de la publicité auxquels il n'avait vraiment jamais réussi à adhérer mais qu'il acceptait en silence étaient en réalité... complètement américains, gonflés et cyniques et compréhensibles. Et comment !

Une Américaine au bureau de Londres, du ton le plus dégagé qui soit, a expliqué comment la liste des invités à l'inauguration d'un grand hôtel américain se répartissait en, petit 1, célébrités, petit 2, VIP, petit 3, CIP et petit 4, simples invités. Auparavant, ce genre de choses lui aurait hérissé le poil mais maintenant, maintenant, il considérait que le plus beau de tout était cette trouvaille des CIP, *Commercially Important People*, des gens qui représentaient un intérêt pour l'activité commerciale de l'hôtel mais dont le nom n'avait aucune valeur publicitaire. Génial !

Il est devenu ami avec elle. Un jour, ils sont allés déjeuner ensemble, il y avait plein de monde sur le trottoir et voilà qu'elle avise une femme à dix mètres d'eux et qu'elle lance : « Regardez ! La C1 parfaite ! » L'une des innovations à l'agence avait été de classer les consommateurs en quatre catégories à fin d'enquêtes de marketing et de « ciblage » des campagnes, A, B, C1 et C2, A représentant la classe supérieure, B la classe moyenne, C1 la classe travailleuse supérieure ou classe moyenne inférieure, et C2 la classe ouvrière.

— La C1 parfaite ! s'exclame-t-elle donc.

— Pourquoi ?

— Mais si ! Regardez bien. Elle n'est pas allée chez le coiffeur, elle s'est fait sa permanente toute seule. Elle porte une robe en tricot de chez Marks & Spencer, des chaussures Lotus, elle a un sac de courses à la main... – et là, elle se rapproche carrément de l'inconnue et examine le contenu du sac en annonçant ses découvertes sans même prendre la peine de se détourner – ... et elle a acheté du pain de mie prédécoupé, et une bouteille de détergent Wiz avec cinq jonquilles en plastique offertes !

Et alors que la pauvre femme lance à l'indiscrète un regard irrité, notre Améranglais a envie de crier avec ravissement : « Gonflé ! Charmant ! Une analyse sur le vif de la parfaite C1 en pleine rue londonienne ! » Et le soir même, il invite sa collègue à la trattoria ***, sous les inévitables arches blanches en stuc et les lustres-réverbères en fer forgé noir. Il est arrivé très à l'aise, en appelant les serveurs par leur prénom comme des... copains, puis il s'incline sur son avocat-vinaigrette pour confier à sa cavalière que l'agence reste indécrottablement vieux jeu car elle est encore dirigée en Angleterre par le genre d'Anglais qui sont persuadés que la clé du succès, en affaires, est d'employer des gens qualifiés en les payant deux mille livres par an mais en attendant d'eux qu'ils viennent au bureau habillés comme s'ils en gagnaient dix mille. Puis, après avoir goûté le vin, il lui glisse : « Je suis le produit de la névrose de New York et de la décadence de Londres. »

Comme elle a trouvé cette dernière remarque – mon Dieu ! – « super », il va la ressortir autant de fois que possible par la suite. Il en vient également à porter des cravates en tricot noir, qui pour une raison ou une autre sont devenues un signe distinctif de l'Améranglais. C'est David Frost qui lui a donné cette idée, parce qu'il en a toujours une ; pas que David Frost soit améranglais mais il a l'air tellement... sans classe et pourtant triomphant.

Quand il veut amuser, il s'abstient maintenant de recourir à l'argot cockney ou de Liverpool, préférant recourir au jargon « hip » de la bohème new-yorkaise mâtiné de Madison Avenue. Si quelqu'un expose une idée, il dira quelque chose dans le style : « Et si on la balançait pour voir si elle atterrit de l'autre côté de la mare aux harengs ? » À chaque fois qu'il revient de New York, il rapporte les derniers disques de rock'n'roll en plus d'une foultitude d'informations concernant les discothèques, les films underground et des gens comme Andy, Jane, Borden ou Olivier. Il s'arrange toujours pour faire savoir qu'il attend incessamment un appel téléphonique de « David » et tout le monde sait que ce David est un grand manitou dans la publicité à New York. David ! David ! New York ! New York ! Branché direct sur la source ! La terre des jambes de flamant rose et des falaises de verre, elle est à moi ! À moi !

CELA A EU DES CONSÉQUENCES FÂCHEUSES, POURTANT. Les serveurs de la trattoria se sont mis à le traiter... comme un Américain, justement. Il arrivait tout copain-copain et ils lui jouaient des tours tels que celui du château machin chose. Un jour qu'il avait commandé une bouteille de vin très particulière, un château machin chose, le serveur lui en verse un fond de verre, il le goûte et déclare que c'est parfait mais le type, le soi-disant « copain », déclare bien fort, et juste devant la fille qu'il avait invitée : « Nous n'avions plus de château machin chose, Sir, aussi je me suis permis de vous servir un château truc qui, j'espère, vous conviendra, Sir », et notre Améranglais ne peut que hocher la tête tel un idiot parce qu'il a déjà dit que le château machin chose lui convenait parfaitement et... oh, Christ !

À l'agence aussi, les Américains ont commencé à le traiter comme un des leurs. D'où ce moment embarrassant le jour où A., un Américain situé juste un échelon au-dessus de lui dans la hiérarchie, qui partait en vacances, lui a dit très solennellement en présence de plusieurs confrères anglais : « Pensez à Pube-Glo pour moi pendant que je ne serai pas là. » Pas « Pensez au contrat Pube-Glo » ou « Réfléchissez à la campagne Pube-Glo » mais « Pensez à Pube-Glo », avec cette pure, élémentaire, orwellienne loyauté que les Américains manifestent envers le produit lui-même. Et il a dû encaisser le coup et promettre solennellement devant d'autres Anglais qu'il allait penser en l'absence de l'autre à une crème contre l'acné. Et le pire, c'est qu'il allait devoir produire une preuve tangible qu'il avait pensé très fort à Pube-Glo au retour de A., ce qui signifiait qu'il allait devoir perdre une partie de son temps à se triturer les méninges à propos d'une répugnante décoction affublée d'un nom faussement érotique et destinée aux pubères complexés.

Le pire de tout ça, c'est qu'il se surprend de plus en plus à penser comme un Anglais, pas forcément à bon escient mais de manière intrinsèquement britannique. Deux Italiens de New York arrivent pour prendre en charge – « revamper », pour reprendre le terme employé là-bas – le studio de création de l'agence londonienne, il les observe un peu ; leur allure est plus que « flashy », genre Sy Devore d'Hollywood[1], ils sont serrés dans des

1. Surnom de Seymour Devoretski (1900-1966), fils d'immigrés russes devenu le « tailleur des stars » à Los Angeles, habillant notamment Frank

pantalons moulants comme des coiffeurs grassouillets, et ils se mettent tout de suite à changer ceci et cela tels des inspecteurs généraux des colonies... Même selon les critères new-yorkais, ils sont infréquentables et... attendez, où est passé son amour du délicieusement cynique, du gonflé, de New York ?

C'est là-bas qu'il a été en partie mortellement piétiné, cet amour. D'ailleurs il ne voulait pas en parler mais Jésus ! plus il retourne à New York, plus toute cette... ATTITUDE lui tape sur les nerfs. La dernière fois qu'il s'y est rendu, il logeait dans le vaste appartement de George, 57e Rue, et il devait aller à l'aéroport. Comme c'était peu avant Noël et qu'il rapportait des tas de trucs, il avait deux énormes et très lourdes valises. Il se bat donc pour les traîner jusqu'à l'ascenseur et, une fois parvenu là, il demande au liftier :

— Pourriez-vous m'aider à porter ces bagages, s'il vous plaît ?

— Désolé, Mac, répond le garçon, mais je peux pas quitter l'ascenseur. Mon boulot prévoit que je reste DANS la cabine, pas dehors. C'est contraire à mon contrat si je sors de cet ascenseur...

Et ainsi de suite. Même quand il a enfin réussi à caser ses valises dans l'ascenseur, il a droit jusqu'au rez-de-chaussée à un cours magistral sur les responsabilités légales d'un liftier new-yorkais.

Arrivé en bas, le concierge lui tient la porte ouverte mais considère ses valoches comme si elles étaient couvertes de mouches. Dehors, pluie et neige fondue, une grande mare a envahi le trottoir ; c'est pourquoi il

Sinatra et sa bande d'amis « sapeurs », dont le président Kennedy en personne. La fluidité de son style et la légèreté de ses matériaux ont conduit les spécialistes de mode masculine à le décrire comme un précurseur de Prada.

s'enquiert auprès du concierge, cette fois en retrouvant naturellement les accents de l'ancienne autorité britannique :

— Vous pouvez me trouver un taxi, merci.

— Non, je peux pas, rétorque l'individu avec une légère nuance de moquerie dans la voix. Je le ferais, mon pote, mais c'est impossible. Je peux pas vous trouver aucun taxi par une nuit pareille. Va falloir que vous fassiez au mieux.

Finalement, il en arrête un. Concierge et chauffeur regardent avec un œil critique la façon dont il s'escrime à faire traverser la mare de boue à ses deux valises, trempant chaussures et chaussettes dans l'opération. Une fois installé, il explique qu'il veut se rendre à l'aéroport et le taxi, affectant une révoltante version d'accent des faubourgs londoniens, de lancer :

— Aw-Key, boss.

Sur ce, il met la radio à plein volume sur WQXR, la station de musique classique, un choix sans doute destiné à impressionner son passager visiblement British. Un morceau horriblement ténébreux de ce vieux filou de Stravinski.

DE RETOUR À LONDRES, IL APPREND QUE QUELQUES CHANGEMENTS sont intervenus en son absence. L'Honorable D. A., un touche-à-tout de trente et un ans à la mâchoire en forme de pastèque qui a jadis travaillé on ne sait où, a été engagé comme « consultant », de même que la très jeune Lady H. En outre, Peter L., ancien d'Eton et d'Oxford et cousin germain de Lord G., a brusquement été propulsé à un poste important après seulement dix mois à l'agence. Peu à peu, les choses lui apparaissent plus clairement : la publicité est peut-être une profession nouvelle, et un art typiquement américain, et la gloire du Nouveau Monde, mais les clients, qu'il s'agisse de nouveaux riches anglais ou d'investisseurs étrangers, attendent d'être reçus par le gratin britannique, d'être traités comme des lords par des lords pour les vingt mille livres ou plus de leur compte, de sentir leurs vaisseaux sanguins et leur ego se dilater en déjeunant au Connaught avec des Anglais de bonne souche et... une minute ! On ne peut pas revenir à tout ça, il va résister, s'efforcer de retrouver son exaltation d'antan, le meilleur des deux mondes, n'est-ce pas, et donc, au milieu des rideaux bouillonnants, des chaises-lyres, des portraits à la Raeburn... Roger, vous connaissez George ? Cyril, que je vous présente George ! Keith, est-ce que vous... ?

Et Peter. Pe-teeeer... ? Il regarde les lèvres de Peter se pincer et cela semble durer une éternité, comme dans un film de Cocteau, et les yeux de ce bon vieux George se figent dans une expression souriante-paniquée et, Dieu de Fabrilex ! aucun de ces salauds bien élevés ne viendra jamais boire du sherry en sa compagnie, décidément, jamais, jamais...

Le roi des cancres sociaux

Trente-neuf ans et c'est un reclus ! Purement et simplement cloîtré ! Sort pas, voit pas la lumière du jour, met pas une seule fois son nez à l'air non climatisé mais béni des dieux de Chicago, et ce depuis des mois, non, des ANNÉES ! À cet instant, on suppose qu'il est quelque part dans les entrailles de sa forteresse de quarante-huit chambres, sous des couches et des couches de moquette blanche ou écarlate et de cuir digne d'un lounge de Count Basie, protégé, emmitouflé, emmaillоté, momifié par rideaux et tentures, tapis et panneaux de bois blond, écrans et câbles, portes et sonnettes, cadrans et Nubiens, au fond de tout ça, lui, Hugh Hefner, soixante-quinze kilos de chair vivante qui sont comme le cœur vert et tendrement feutré d'un artichaut.

Il est en train de tourner sur son lit dans le sens inverse des aiguilles d'une montre. Entendez par là que le lit est rond et dispose d'un moteur en son centre comme un tourne-disque. Sa tête... flotte vers la gauche et il a sa propre caméra de télévision tout près, à portée de la main, non pas un poste de télé mais une CAMÉRA qui enregistre... Dieu sait quoi sur vidéocassette.

Écoutez, Hef, pendant que je vous ai... Comment? «Pendant que je vous ai»? Celui qui parle ainsi est un petit type bien sapé, Lee Gotlieb de la société Playboy Inc. qui, accompagné d'un autre type engoncé, une cravate hyper large dans le genre raout de représentants de commerce au cou, a pénétré jusqu'au cœur du manoir Hefner, jusqu'au pied de son lit pour tout dire, mais non, ça ne veut pas dire qu'ils ONT Hugh Hefner. Personne ne peut AVOIR Hugh Hefner. Hugh Hefner est au centre du monde, retranché au centre de son lit qui est le centre du monde!

Gottlieb et le type à la grosse cravate se tiennent debout sur la moquette blanche devant le lit, équipés à onze heures du soir de la panoplie complète d'homme d'affaires, attaché-case, dossiers, calepins. Et diable, quel lit! Un cercle de deux mètres vingt de diamètre, le plus grand lit rond de l'histoire de l'humanité entouré d'une succession de placards arrondis avec Hefner aux commandes. Un tableau de bord dans la tête de lit!

À genoux dans les draps de percale saumon, il a les mains posées sur les manettes et les cadrans, le dos tendu et courbé comme un fil électrique sous un peignoir en soie couleur safran. Il est dans sa tenue habituelle, pyjama, pantoufles et peignoir. Et bon, s'agissant du fondateur de l'empire Playboy, un magazine et des clubs qui génèrent quarante-huit millions de dollars par an, il a l'air, bon, plutôt maigre et blême, disons même anémié. Et alors? Il faut laisser tomber cette vieille idée du monde Playboy considéré comme une planète peuplée de filles natives d'Akron étalant leurs succulences anatomiques sur une peau d'ours polaire face à l'âtre rougeoyant. Le truc, le vrai truc, c'est... les cadrans!

Hefner a beau être maigre et blême, il a de l'énergie et ça se voit à la manière dont ses mains s'activent sur les commandes. Seigneur, est-ce qu'il s'arrêtera seulement deux secondes ? Écoutez, Hef... Rien à faire, il ouvre un repose-tête capitonné de cuir noir qui bascule sur ses charnières pour révéler un nouveau panneau de commandes et...

juste...

... un petit tour à droite et...

un moteur se met à ronronner, et le lit entier, ce mastodonte circulaire, entame une giration de phonographe. Oui, quelque part là-dessous se cache un petit mais efficace tourne-disque qui fait *rrr, rrr, rrr*, et le machin pivote et pivote avec Hefner dessus, à quatre pattes au milieu. Brusquement, il se redresse, *hiii !* dans un grand sourire sa bouche s'élargit d'une dizaine de centimètres, ses joues se rétractent, ses pommettes se gonflent et ses yeux s'allument comme des lampes-stylos, et il s'écrie :

— Il marche en trente-trois, en quarante-cinq et en soixante-dix-huit tours !

Ah, cet enthousiasme inextinguible ! Gottlieb et Cravate restent plantés à leur place. La tête d'Hefner arrive vers eux en flottant.

— Ça change toute la pièce ! proclame-t-il en poursuivant sa rotation. On a trois pièces différentes ! Ça vous transforme complètement la perspective, à tel point que vous... là, c'est l'espace hi-fi !

Sa tête et le fil électrique de son dos sous le peignoir safran passent devant la zone ainsi désignée. Il fait pivoter ses yeux qui brûlent au-dessus de ses pommettes tels des projecteurs d'approche sur une piste d'atterrissage et part d'un éclat de rire absolument spontané, enthousiaste au point de friser l'hystérie, qui noie ses mots en voletant nerveusement autour. C'est l'espace hi-fi ! Pour sûr que ça l'est : il suffit de regarder ces placards bas à la surface dense et lisse pour presque

ENTENDRE la dense, lisse et étincelante galaxie de haut-parleurs, de tubes, de pré-amplis, de post-amplis, de para-amplis et de... cadrans qui doivent se trouver derrière les portes encastrées.

La mince mâchoire d'Hefner s'ouvre pendant sa course inverse au sens des aiguilles d'une montre et à cinq kilomètres/heure :

— Et là... c'est... l'espace détente. – Il désigne du menton la cheminée et son foyer, joliment sculptés et festonnés et tout et tout. – Ça peut être sympa certains après-midi, croyez-moi, avec le feu de bois et tout, et... il y a eu des après-midi DIABLEMENT ROMANTIQUES ici, je vous le dis !

Rrrr, rrr, rrr...

— Et là, c'est l'espace conversation.

« Espace conversation » ? À moins de trois mètres du lit se dresse une caméra de télévision, authentique, une grosse et brillante caméra Ampex qui doit assurer une transmission directe sur l'écran de télévision pendu au mur, ou enregistrer des cassettes vidéo, ou... Dieu sait quoi.

— C'est fait pour quoi ? interroge Cravate.

— J'ai la console d'enregistrement Ampex complète qui m'a coûté quarante mille dollars, donc je me suis dit que ce serait bien d'avoir la caméra aussi. Autrement, c'est comme avoir un magnétophone sans micro...

— Mais pourquoi est-elle dans la chambre à coucher ?

— Eh bien... – Hefner sourit, ses pommettes saillent et ses yeux s'illuminent. – Qui sait quand quelque chose de VRAIMENT BEAU va se passer dans cette chambre !

BON SANG, IL VA LUI RENTRER DEDANS, le lit va percuter un casque brumisateur nasal ! Le casque brumisateur nasal ressemble à un casque de cosmonaute en fibre de verre translucide mais on le coiffe afin de lutter contre le rhume de cerveau. Une partie du casque, l'attache ou autre, pend au-dessus des contreforts qui entourent le lit, dont la tête est sur le point d'entrer en collision avec ça, avec une paire d'écouteurs stéréo et, damnation ! avec tout un tas d'appareils qui se trouvent dans ce coin. Mais Hefner est un rapide, tendu comme un fil électrique et plein d'énergie ! Il se rejette en arrière d'un coup, de nouveau à quatre pattes maintenant, et il attrape le casque nasal d'une main, les écouteurs de l'autre. Le lit s'arrête et son occupant reste dans cette position, comme au milieu d'une bagarre.

Pendant ce temps, Cravate s'excuse auprès de Gottlieb :

— Je suis vraiment désolé de vous faire rester ici aussi tard.

— Mais non, répond l'intéressé, je voulais venir de toute façon. J'ai des trucs à demander à Hef et comme il ne vient plus du tout au bureau, vous savez, il faut venir ici pour le voir.

Les bras encombrés de matériel technologique, câbles, fibre de verre, tubes, Hef jette un coup d'œil par-dessus son épaule à Gottlieb, qui s'en trouve tout ragaillardi.

— Hé, Hef, je lui disais juste que je dois venir ici pour essayer de vous attraper.

— Vous n'allez pas du tout au bureau ? s'étonne l'autre.

— Je sors pas du tout de la MAISON ! proclame Heffner.

Cet enthousiasme ! Ses yeux déchargent du cent cinquante watts ou plus et il observe les visiteurs pour s'assurer qu'ils s'en rendent compte.

— Je suis un ermite moderne ! reprend-il. Lee, c'était quand, la dernière fois que je suis sorti d'ici ? Il y a trois mois et demi, non ?

— Hmm, c'était pour Tony Bennett.

— Exact ! Je suis allé au Soldier Field pour voir Tony Bennett. Et je suis allé voir Frank Sinatra, aussi. Ce sont mes amis et c'était le seul moyen que j'avais de les voir, mais autrement... Oui, ça doit faire trois mois et demi que je ne suis pas sorti. Je sais pas, la dernière fois c'était... j'ai pris l'avion pour aller quelque part. Je suis allé où, Lee ?

— À Los Angeles, Hef. Le seul moment ou presque où Hef voit Chicago, c'est quand il va à l'aéroport prendre l'avion pour aller ailleurs !

Hefner s'est assis au bord du lit. Une agréable lumière brumeuse et platinée tombe des spots encastrés au plafond et amoureusement tamisés par rhéostat. Son peignoir tombe en plis raffinés.

— Combien de fois je suis sorti d'ici au cours des deux dernières années ? – Il se penche et envoie sa tête pratiquement entre ses genoux : électrique, le gars ! – À peu près huit ou neuf, se répond-il et là, *tchack!* il se redresse subitement, son grand sourire anguleux réapparaît sur ses traits et ses pommettes se gonflent. Mais je n'ai pas besoin de quitter la maison, en fait. Pour quoi faire ? Maintenant, j'ai plus de trucs ici que la plupart des gens n'en auront de toute une vie ! – Ses yeux se rallument, inimitables lunes Ampex. – J'ai tout ce que je veux, ici. Cette maison fonctionne comme un hôtel. Je vais vous emmener en bas pour vous montrer et... non, c'est mieux ! Un hôtel arrête de marcher autour de deux heures du matin et si tu as envie de quelque chose... ici, ça marche comme un hôtel devrait, vingt-quatre heures sur vingt-quatre. Le personnel de cuisine est là non-stop, le chef est disponible à n'importe quelle heure où je me réveille et je commande ce que je veux. J'ai ici un staff de vingt-cinq personnes vingt-quatre heures sur vingt-quatre. J'ai même un ingénieur d'Ampex présent en permanence. Sérieux ! C'est que j'ai tellement de matos ici, il me fallait... Ça doit être la seule maison d'Amérique qui compte un ingénieur Ampex dans son personnel ! Je l'ai envoyé suivre l'école Ampex à San Francisco et il est prêt à intervenir nuit et jour.

Il contemple l'«espace hi-fi» en arrêtant son regard sur la caméra, puis il se lève et s'étire. La bouche de Cravate s'ouvre, il s'apprête à poser une question. Hefner se penche en avant et baisse la tête pour se concentrer.

— Tout ça, ça a commencé quand ?

Tchack! Lumières ! Hefner se redresse comme mû par un ressort et se lance dans son explication :

— Bon, j'en étais arrivé au point où je bossais quasiment sans arrêt là-bas, au bureau. Rien d'autre que travailler, manger, dormir, se lever encore pour bosser encore. Alors, je me suis dit pourquoi pas apporter toute la gestion à la maison et profiter de la vie ? Vu que cette boîte est tellement centrée sur une seule personne, les gens n'arrêtent pas d'essayer de me joindre, pour tout et n'importe quoi. Ici, je peux faire face à ça. Je ne prends plus d'appels, c'est moi qui rappelle si besoin. J'ai plus de « courrier entrant » et « courrier sortant ». Je suis pas obligé d'organiser mon existence en fonction des HORAIRES des autres, ni de participer à des réunions barbantes, ni de supporter les déjeuners d'affaires et tout un tas de politesses. Hé, j'ai même pas besoin de me raser, si ça ne me dit pas ! Ni de m'habiller. Pas besoin de mettre une chemise et une cravate et un costume tous les jours. Moi, c'est juste UN PEIGNOIR ! – Il sourit, tamise la lumière de ses yeux. – Voyez-vous, les gens croient que je suis un genre de Barnum : le show permanent !

Ils viennent ici et ça se devine tout de suite, ils cherchent la faille dans mon système. Ils veulent se persuader que je ne peux tout simplement pas être heureux. Que c'est une vie minable et stérile que je mène. Eh bien, je vais vous dire : elle est SACRÉMENT bien chargée, ma vie !

— Mais vous vous faites bien faire de nouveaux habits ? Costumes et autres ?

— Non, c'est ça qui est drôle ! – Sa bouche irradie à nouveau un sourire à vingt mille volts. – Visiblement, j'use plus trop de costumes. Mais c'est dur pour les peignoirs. Celui-là doit être mon troisième depuis que je...

On imagine le tailleur d'Hefner dans cette même chambre, mesurant avec le mètre en cuir de la vieille école le dos filiforme de son client, son vieux pouce charnu sur la nuque d'Hefner et dans ses touffes bouclées, car il garde ses cheveux longs sur la nuque et ils bouclent sur les phalanges du tailleur qui est venu faire... encore un peignoir, pas un costume ! Hallucinant, Seigneur !

Mais qui peut comprendre ça, à New York ? L'idée de la grande vie, à New York, la grande vie pour quelqu'un qui se fait quarante-huit millions de dollars par an, repose sur la vieille conception qu'il FAUT ÊTRE VU. La soirée mondaine du lundi au Metropolitan Opera demeure une institution. Un chauffeur taillé comme une armoire à glace et originaire du Queens ouvre la porte de la Cadillac et voici qu'apparaît la chaussure droite de Monsieur Merveille, avec le nœud de gros-grain dessus, puis sa petite cheville atrophiée, et la voilà ELLE, escarpins en lanières dorées et albâtre et Chanel mais attention, il ne faut pas laisser cet ourlet en léger tissu Chanel remonter trop haut de peur de révéler la catastrophe anatomique juste au-dessus de l'arrière du genou, là où le tissu colloïdal a séché comme un bout de vieux mouton, et puis voici les petits ventres emmaillotés et les petites épaules, et à l'entrée tout le monde attend de voir quelles têtes vont être attachées en haut de ces merveilleuses anatomies et voici... le Roi des semi-remorques ! le Roi des chaises Jake ! Le Fils de l'éditeur à tête de mort ! Lennie le B ! Jason le Mason ! Rudy Wendy ! Jackie ! Kitty ! Kiki ! Tous VUS donc toujours dans le vent, sortis à nouveau vainqueurs de la compétition...

New York tente toujours de se raccrocher à ces vieilles idées féodales et transmises de génération en génération que sont la hiérarchie sociale, le fait de paraître et d'être vu, l'importance des bonnes relations, etc., et presque personne ne se rend compte de ce qui se passe « là-bas » – avec cette même nuance que mettent les Anglais lorsqu'ils disent qu'ils vont « là-bas » en parlant de New York –, ce qui se passe à Chicago ou à Columbus, Ohio, ou à Houston, Los Angeles ou à San Francisco : eh bien, « là-bas » tout le monde adopte le nouveau style de vie dont Hugh Hefner est le principal emblème, celui de l'ermite moderne, de l'ermite social.

LE STYLE NEW-YORKAIS, TOUT CE FATRAS d'affichage de sa supériorité, d'observance de hiérarchies sociales ésotériques, de symbolique du rang, de snobisme aigu, est en fait devenu une source d'embarras pour les cohortes d'Américains qui ont accédé à la prospérité depuis la Seconde Guerre mondiale.

On parle ici de ceux qui gagnent correctement leur vie au sein d'une multitude d'entreprises, en premier lieu privées, que ce soit chez Massachusetts Mutual, Monsanto, Union Carbide, Metropolitan Life ou dans n'importe quelle autre de ces dizaines de milliers de compagnies, mais aussi de la « nouvelle classe ouvrière », c'est-à-dire de gens qui occupent des emplois de col bleu, en termes de statut social, mais qui ont des revenus avoisinant ceux de la classe moyenne, par exemple des chaudronniers qui tournent à quinze mille dollars annuels ou plus, ce genre...

Qu'ils portent un col blanc ou bleu, ces individus disposent maintenant des moyens de participer à la vieille compétition pour le statut social. Ils possèdent tous les signes extérieurs qui ont traditionnellement servi à s'affirmer socialement : demeures imposantes, voitures, larges pelouses, enfants bien habillés, moquette dans toutes les chambres... Mais s'ils ont les MOYENS d'offrir des réceptions, de dîner dehors, d'avoir des invités le week-end, la licence en bonne et due forme, ils n'ont ni le savoir-faire ni l'envie de le faire. Ils ne se donnent pas la peine de rivaliser selon les anciens principes, les codes hérités de l'Europe qui les mettent mal à l'aise. D'ailleurs, essayer de manifester son statut social à travers des détails aussi mesquins que le montant du pourboire laissé au restaurant ne vous fait pas vous sentir délicieusement snob mais seulement embarrassé. Voyez ce courtier en assurances-vie Million Dollar Club avec sa coupe en brosse assis dans un café en compagnie de son épouse, l'addition arrive et bon sang, il se rend compte qu'il n'a pas assez de monnaie pour laisser le pourboire qui convient ; il va donc devoir aller à la caisse, payer la note et revenir laisser son dû au serveur, un petit type sombre aux manières cinglantes qui n'a plus ses dents du haut et qui va tout de suite penser qu'ils s'en vont s'ils se lèvent sans laisser de pourboire sur la table, aussi, alors qu'il commence à se diriger vers la caisse, sa femme se lève pour lui emboîter le pas, il pivote sur les talons et lui intime d'un index rageur l'ordre de retourner s'asseoir, Reprends ta place !

et elle obéit, désemparée, désolée pour son pauvre maladroit de mari qui la livre en otage au serveur-roi...

La nouvelle classe moyenne garde quelques anciennes pulsions d'arrivisme à la Babbitt, une classe moyenne EN HAILLONS ; peut-être que tous ces gens n'ont guère eu le choix, rattrapés par le vieux système européen du rang social tout comme leurs prédécesseurs l'avaient été avant eux et puis... et puis la magnifique, la féconde, la glorieuse Seconde Guerre mondiale a produit une succession d'ères de prospérité et d'avancées sur le terrain technologique qui permet désormais à des millions d'individus de s'épanouir en tant que cancres de la course au statut social, abandonnant délibérément la course aux conventions pour participer à un nouveau jeu, et ce à l'abri des regards et des jugements, tranquillement chez eux.

La nouvelle classe moyenne en haillons est lassée de cette vieille idée de SORTIR pour se montrer et enrichir sa vie par procuration, que ce soit au moyen de spectacles, de concerts, de représentations théâtrales, de conférences, de séminaires, de débats électoraux, de combats de boxe, de bals, de banquets ou autres. Ils ont trouvé le moyen de se dispenser des sorties et de la soumission aux épreuves constantes, à ce contrôle continu du statut social qui consiste à discuter avec M. Untel dans la rue, à se faire admettre dans tel ou tel club, à avoir cette table ou cette autre au restaurant dont on cause, à fréquenter cette boutique ou celle-là.

Si ces cancres de l'école sociale s'en tirent, c'est parce que les nouvelles technologies du XXe siècle leur permettent précisément d'avoir une vie bien remplie – et même SACRÉMENT CHARGÉE ! – sans être obligés de se risquer au sein de la communauté. On pense ici particulièrement à l'automobile, au téléphone, à la radio, à la télévision et aux miracles électroniques de la maison moderne.

Ils sont en mesure de transformer leur domicile en SCÈNE, une scène dont ils occupent le centre, retranchés des autres, protégés par des univers électroniques tout à fait merveilleux. Et quand il s'agit de SORTIR, la nouvelle classe moyenne en haillons trouve beaucoup plus agréable, plus satisfaisant, de se rendre à une présentation de modèles de voitures ou de chaînes stéréo, ou encore de faire un tour au rayon ameublement des grandes surfaces ou dans des magasins de discount. Ce sont des SPECTACLES, aussi, mais qui nécessitent seulement de s'y rendre et d'imaginer tous ces beaux objets transférés chez soi, et au diable tous ces vieux spectacles aussi rabâchés que prétentieux que les Samuel Beckett, les Arthur Miller et même les Otto Preminger continuent à produire. Quel sens ont-ils, d'abord ? Comme les professionnels de l'industrie cinématographique le savent eux-mêmes pertinemment, seuls les enfants, les moins de vingt-cinq ans, SORTENT encore pour voir un film...

Il y en a au moins un qui a poussé jusqu'au bout la logique de ce style de vie sans précédent et qui ne s'en cache pas, l'ermite moderne, le roi des cancres sociaux, Hugh Hefner !

Il disposait pourtant d'une surface publicitaire et financière qui lui aurait permis de briguer le plus haut rang social, mais cette ambition a été plus ou moins MINÉE par les critères européens ou de la côte Est américaine de l'orthodoxie statutaire. Pour commencer, Hefner est un gars du Midwest à cent pour cent. Né dans une famille traditionaliste de la moyenne bourgeoisie de Chicago, il a fait ses études à l'université de l'Illinois. Son premier et unique mariage[1] – le couple s'est séparé en 1954 et a divorcé en 1959 – n'avait rien de « social », mais c'est surtout la source de ses revenus, *Playboy*, une « revue osée », comme disent les snobs de Yale et les Clubs Playboy, ces « maisons de Bunnies », qui ont toujours entaché son statut aux yeux des tenants de la hiérarchie sociale classique. Pire encore pour lui, alors qu'il a bâti tout son empire à Chicago, ce qui est en soi assez sidérant, même sa ville natale s'est montrée quelque peu distante envers ce fils prodigue controversé. Ainsi, le *Daily News* local a récemment publié une liste des « 62 qui comptent à Chicago », une sélection fondée non seulement sur l'ascendance et la fortune mais aussi sur les entreprises les plus récentes couronnées de succès, et alors que tous les noms célèbres de la ville ou presque y figurent, celui de Hugh Hefner n'y apparaît pas, alors qu'il est probablement le brasseur d'affaires le plus important que la ville ait eu depuis 1945, et en tout cas le plus connu.

Aucun autre éditeur de magazines depuis la fin de la Seconde Guerre mondiale n'a réussi aussi bien que lui. Ayant démarré avec six cents dollars en poche et deux mille empruntés, il génère aujourd'hui quarante-huit millions annuels. Le tirage de *Playboy* ne cesse d'augmenter, passant de 742 000 en 1956 à 1 117 000 en 1960, 1 877 000 en 1963 et près de 4 500 000 aujourd'hui. Les trois quarts des recettes proviennent des ventes en kiosque, qui est la forme de distribution la plus rentable puisque convaincre les gens de s'abonner et leur adresser ensuite la revue coûte cher. Vendu soixante-quinze

1. Après Mildred Williams, Hefner allait toutefois épouser Kimberley Conrad en 1989, dont il se séparerait en 1998, puis, après une succession de *Number One Girlfriends*, Crystal Harris, de soixante ans sa cadette, en 2012...

cents l'exemplaire, Playboy parvient à entièrement s'autofinancer et à réaliser des bénéfices grâce aux ventes directes, un cas unique pour ce genre de publication, et Hefner affirme que les revenus publicitaires doivent être comptabilisés à part, comme la cerise sur le gâteau : une cerise prodigieuse puisque ceux-ci atteignaient huit millions de dollars en 1964 et sont estimés à dix-sept millions pour 1966.

C'est à Chicago qu'Hefner a ouvert en 1960 le premier Playboy Club, que les gens de son entourage appellent « le QG mondial » quand ils se rendent à l'étranger. Trois ans plus tard, on en comptait sept, avec un total d'environ deux cent cinquante mille membres, et aujourd'hui il en possède dix-sept qui regroupent plus de six cent mille affiliés. Deux autres clubs ont également pignon sur rue hors des États-Unis, un en Jamaïque et un autre, doublé d'une salle de jeu, sur Park Lane, à Londres. Il a également repris l'un des plus fameux gratte-ciel de Chicago, le Palmolive Building – qu'il peut voir tous les jours sans même sortir de la Maison ! –, moyennant un bail de 2,7 millions sur soixante-trois ans, devenu le Playboy Building. Chaque nuit, l'ancien fanal Palmolive, celui qui avait guidé Charles Lindbergh, fait tourner au sommet de l'immeuble un projecteur que les pilotes peuvent apercevoir à huit cents kilomètres de distance.

Et malgré cela, Hugh Hefner ne fait pas partie des « meilleurs » de Chicago ! Il n'a toujours pas atteint le seuil imposé par les vieux critères et il en a bien conscience, apparemment. Il n'a d'ailleurs pas manifesté beaucoup d'intérêt pour la course au statut social dans le style new-yorkais ou dans sa version plus fébrile, celle d'Hollywood. Pour commencer, ses habits ne lui sont jamais vraiment bien allés, avec des vestes de smoking un peu trop larges à l'encolure, ce genre de choses. Il a certes un appartement à New York mais il n'y a mis les pieds que deux fois, et un autre en construction à Los Angeles, avec des murs coulissants pour transformer une chambre en bibliothèque qui se métamorphose en bar qui devient une piscine qui se révèle être un sauna, ou plus ou moins ça, et c'est déjà plus SON style.

Le génie d'Hefner a été d'abandonner la course au prestige social classique, de se servir de ses ressources financières et de la technologie pour faire de sa maison une scène et d'y monter afin d'en occuper le centre, non pas un spectateur dans son fauteuil mais le héros indiscutable de l'histoire. En recourant à des machines de plus en plus sophistiquées, Hefner et, à un moindre degré, des millions de propriétaires américains qui ne vivent PAS à New York habitent aujourd'hui de véritables pays des merveilles, quasiment des sphères au statut social à part entière. Un certain nombre d'outils technologiques de base comme la voiture, le téléphone, la radio ou la télévision leur permettent de rester en contact avec les réalités du... MONDE EXTÉRIEUR, afin de gagner sa vie, d'entretenir des relations, etc.

À Chicago ou ailleurs, bien entendu, les gens peuvent difficilement penser à Hefner sans songer aussitôt à l'image de toutes ces filles aux mottes onctueuses et dressées, les Playmates du mois qui se plient et se déplient comme des oDalísques de province et, plus récemment, aux stars féminines à la Carroll Baker, Carol Lynley, Ursula Andress, Elke Sommer qui exposent leur côté Mary Poppins, leurs auréoles-aréoles, leur NATURE à la lumière rosée des pages de Playboy. Ou à celle des Bunnies des Clubs Playboy en corsets victoriens de satin, dont les mammiformes

RÉELLES flottent dans des coupes en fil de fer, crème à la vanille toujours sur le point de fondre, ainsi qu'à leur décolleté fessier triomphant. Mais l'aura sexuelle – incontestable – de *Playboy* ne suffit pas à expliquer l'étonnant succès de Hugh Hefner : il est nécessaire d'y ajouter une autre image maintes fois apparue dans le magazine, celle d'un vaste lit À L'ABRI entre les murs satinés d'une pièce sans fenêtre, une structure en bois basse, compacte, lisse et tellement moderne encerclée de placards satinés dont les portes coulissantes s'ouvrent pour révéler des... ÉCRANS DE CONTRÔLE. Et pas une seule fille dans cette photographie-là, uniquement le paradis d'un grand lit, d'une forteresse de bois lisse, de murs aveugles et de cadrans.

Le fantasme proposé par Hefner n'est pas seulement celui d'une dose de sexe digne de quelque potentat mais aussi celui d'un contrôle de l'environnement dont ce même potentat serait capable, chimère qui a tout à coup été rendue plausible par le style de vie de la nouvelle classe moyenne en haillons. *Playboy* offre une série de reportages photographiques intitulée «Les piaules Playboy», une présentation des intérieurs – simples appartements, en général – de lecteurs qui correspondent plus ou moins à l'habitat idéal que le magazine promeut. Ces variations en mode mineur sur le thème de la Maison rêvée, la forteresse de quarante-huit pièces d'Hefner, affichent toutes la même modernité bien léchée, moquette, placards lustrés et encastrés, lumières modulables, escalier en spirale et, bien entendu, les cadrans, la hi-fi, les projecteurs, la télévision nichée dans un mur...

En réalité, ce décor idéal de *Playboy* est une resucée du vague concept souvent appelé «style années 1930» ou «prémoderniste», une esthétique intermédiaire dans laquelle les surfaces denses et polies triomphaient sur les enjolivures, moulures et festons de l'ancien style aristocratique empreint de références à la lutte pour le statut féodal, et qui a précédé le moment où le modernisme proprement dit est devenu à son tour un symbole de rang social avec des objets délicatement ésotériques tels que les chaises Corbu, les tables basses Mies, les escaliers de Paul Rudolph, les murs blancs et les plantes vertes languides chers aux décorateurs d'intérieur.

HUGH HEFNER A EMMENAGÉ DANS SON MANOIR EN 1960. «La Maison», ainsi que la dénomment le plus souvent les employés de la société Playboy, se trouve au 1340 de North State Parkway. Dedans, c'est l'après-midi et IL dort. Qu'il soit à l'horizontale, debout ou assis, la position spatiale d'Hefner est un élément d'information vital à la Maison elle-même ou pour les bureaux de Playboy : il vient de se lever, ou il s'est couché il y a juste un moment, ou il est en train de travailler sur sa Philosophie... mais tout cela peut se produire à des heures très inhabituelles, c'est-à-dire quand ça lui chante. Par exemple, «il s'est couché il y a juste un moment» et il est deux heures de l'après-midi, ou «il vient de se lever» quand onze heures du soir viennent de sonner. Ou «il dort» alors que chacun est assis à son bureau en métal gris du QG de *Playboy*, East Ohio Street, sous les néons blafards, et imagine la tête enfoncée dans le percale duveteux, les yeux clos et le bras coincé sous sa joue. Ou encore «il travaille sur sa Philosophie» pendant que les autres se brossent les dents en regardant les filaments rouges de leurs gencives dans la faible lumière du petit matin.

L'explication officielle d'Hefner quant au fait que les journées se fondent dans les nuits à la Maison est qu'il œuvre constamment, sans arrêt, à peaufiner sa Philosophie, et il est certes indéniable qu'il consacre une énorme énergie à ce projet visiblement sans fin. La Philosophie en question est en fait une dissertation continuelle et solennelle sur l'absurdité du maintien des codes sexuels victoriens dans le monde moderne. Pour les intellectuels de la côte Est, en tout cas, l'entreprise ressemble à une interminable et puérile prise de bec avec un colosse moral qui a déjà été mortellement terrassé il y a environ quarante ans, mais il n'empêche qu'Hefner a publié sa thèse en vingt-trois épisodes dans les colonnes de *Playboy* et qu'il estime n'être qu'à la moitié de la tâche. Ces essais continuent à susciter un abondant courrier des lecteurs, où les commentaires approbateurs d'hommes du clergé – ah, comme l'apostasie est excitante ! – abondent. La moquette blanche dans l'« espace détente » de sa chambre est jonchée de grosses piles de dossiers, matériau de recherche classé en « Sodomie », « Homosexualité », « Adultère » et ainsi de suite. Après avoir sautillé entre elles pour gagner sa table de travail, il s'installe en pyjama et peignoir devant une machine à écrire aux formes aérodynamiques.

À dire vrai, la Philosophie peut être interprétée comme une quête de statut social assez conventionnelle de sa part. Elle a pour but de conférer une dimension hautement morale à ses activités, de les légitimer au sens webérien du terme, tout comme la création de bibliothèques permettait au multimillionnaire Andrew Carnegie de faire taire sa mauvaise conscience. Mais... et puis après ? À quelques pas de là, nuit et jour, cadrans et merveilles technologiques de la Maison veillent.

Il y a toujours un guide pour vous accueillir à la Maison, par exemple Michele, « dame d'honneur » à la chevelure de jais, et il y a toujours les Nubiens, une escouade de serviteurs noirs en livrée noir et blanc, tous des armoires à glace aux épaules aussi larges que leur taille est fine, tous avec les cheveux coupés militairement, tous dans les parages, grands, forts et silencieux, tous ces Nubiens impassibles qui restent là... La guide, pour sa part, discourt sur l'adorable et ultramoderne PERMISSIVITÉ sexuelle qui est la règle ici. Les deux derniers étages du manoir sont les quartiers permanents d'une bonne trentaine de Bunnies employées du Club Playboy de Chicago. Ailleurs, Alex et Sandra, ou Carl et Deborah, enfin, un couple – un regard entendu fait comprendre qu'ils ne sont pas mariés – réside actuellement sous le toit d'Hefner. Et les fêtes... Eh bien, si un garçon et une fille se plaisent et décident de se diriger main dans la main vers l'imposant escalier pour s'éclipser en haut, personne ne DIRA rien, ou si quelqu'un dit quelque chose personne ne s'en souciera. Et pour les couples qui aiment nager ensemble... là, elle n'a qu'un geste à faire et un grand Nubien impassible s'approche et se penche en avant, une puissante paluche noire émerge de la manchette blanche et soulève une trappe ménagée dans le sol du principal salon de réception, le lieu des grandes fêtes, révélant la Grotte des Amours, une zone privée de la vaste piscine au sous-sol, où de jeunes et libidineux invités peuvent s'ébattre à leur aise dans l'eau chaude à laquelle le chlore donne la couleur du miel.

Et pourtant, rien de cette adorable, chaude et miellée promiscuité n'arrive à la hauteur de la RAISON fondamentale présidant à l'existence de la Maison, à savoir l'équipement, les CADRANS, l'environnement fabuleusement contrôlé. Et on se dit que le seul fait d'avoir des Nubiens impavides abaissant un puissant poignet et une manchette immaculée pour ouvrir des trappes avec vue sur des alcôves aquatiques, oui, là est aussi la RAISON de la Maison Hefner.

ÉCOUTEZ, HEF, PENDANT JE VOUS AI... Gottlieb est venu avec quelques points qu'il aimerait soumettre à Hugh Hefner, tandis que Cravate ne peut détacher les yeux de la caméra de télévision stratégiquement placée dans le coin tout près de ce lit rond de nabab. Hefner est debout, ses pantoufles en velours nichées dans l'épaisse moquette. Il est pétillant, plein de jus. Son corps oscille un peu et soudain il se lance vers la porte en jetant un regard et un sourire derrière lui. Au bout d'un moment, il revient, une bouteille de Pepsi-Cola à la main. Il la soulève et hop, la vide d'un trait. Hugh Hefner boit toujours deux ou trois Pepsi à son réveil. Il en consomme une douzaine chaque jour.

Hef... dans un univers de James Bond. L'ermite moderne, le roi de la consommation ! Hef, au centre du monde, entouré de cadrans, est le parfait... oui, le roi de la consommation en personne, un sourire engageant sur ses lèvres distendues, les yeux brillantissimes, sa tête part en arrière et se renfonce au milieu du plus grand et plus rond lit de l'histoire de l'humanité, il tend à peine les mains, juste de quoi atteindre les cadrans et... *rrr, rrr, rrr*, ce mastodonte de lit se met à tourner sur une orbite qui n'appartient qu'à lui, et le film vidéo Ampex apparaît maintenant sur l'écran, la cassette de QUELQUE CHOSE DE VRAIMENT BEAU qui s'est passé juste ici, dans cette chambre, au centre de l'univers, un moment parfait qui se répète à chaque révolution du lit, chaque révolution d'un monde CONTRÔLÉ où l'on est son propre roi, non exclu de la course mais inclus dans cette rotation idéale, dans le mouvement toujours plus concentrique qui conduit au... nirvana, à l'AMBROISIE, et c'est alors que, suivant l'orbite idéale, surgit là-haut, tout en haut, à la vue du monde entier, le fanal Playboy au sommet du, oui, Playboy Building, balayant le paradis américain avec le pinceau de deux milliards de watts de l'hefnérisme américain et... perfection, jubilation, *rrr, rrr, rrr...*

La fille modelée

À SAN FRANCISCO, L'EQUIVALENT DU STRIP de Las Vegas est Broadway, un hybride de rue « chaude » de Greenwich Village et d'artère de quartier mal famé à Baltimore. Long de quatre ou cinq pâtés de maisons, c'est une succession agréablement ringarde de cabarets de strip-tease, de caveaux branchés aux murs saturés de peinture noire et aux noms tels que Mother's, offrant des shows éclairés par un seul projecteur, des récitants de monologues, du jazz « intimiste » invariablement exécuté avec un Noir renfrogné à la contrebasse, et de bars « pittoresques » qui ne craignent pas de s'appeler « Rots à gogo ». Il y a un arbre sur Broadway, un seul, dont le tronc protégé à la base par une feuille de fer-blanc contre l'urine doit mesurer environ dix centimètres de diamètre, qui fait dans les trois mètres de haut et porte trois cent quarante-deux feuilles minuscules. Et Carol Doda se tenait dessous comme s'il pouvait la dissimuler.

Un garçon de couleur employé au parking un peu plus loin agitait le bras au bord du trottoir, essayant d'arrêter un taxi pour elle. En effet, Carol peut difficilement s'exposer dans la rue afin de héler un taxi : on ne peut savoir combien de dangereux toqués s'arrêteraient alors sur-le-champ ou se livreraient à... on ne sait quoi, simplement à cause d'EUX. Des seins de Carol.

Que de vieilles Italiennes la croisent dans la rue et elles commentent entre elles «*Strega, strega!*» sans savoir que Carol est elle-même une gentille fille d'origine italienne de la vallée de Napa et qu'elle comprend qu'elles la traitent de «sorcière» à cause d'EUX. Que des dames d'un certain âge, du genre lèvres pincées et chaîne à lunettes passée au cou qui tiennent le comptoir à cigares d'un drugstore, viennent à passer à côté d'elle en se rendant déjeuner et elles s'exclament aussitôt «Ah, retourne en prison!», et c'est encore EUX qui ont provoqué leur ire. Que des représentants de commerce en costard-cravate sortent d'un déjeuner copieusement arrosé vers trois heures et demie ou plus et, hilares, ils pointeront sur elle un doigt figurant une aiguille ou un revolver en criant «Pop! Pop!», toujours en référence à EUX.

Même Carol en est venue à penser à ses seins en disant «eux». Ils sont là, rattachés à ses muscles grands pectoraux comme des... acquisitions. «Quand un homme m'invite à dîner, je ne sais jamais si c'est à moi ou à EUX qu'il s'intéresse» : c'est ainsi qu'elle voit les choses.

EUX! Au cours des trois dernières années, Carol Doda s'est fait régulièrement injecter une émulsion de silicone et ses seins ont grossi, grossi, grossi au point de ressembler à des... ballons dirigeables, et ils paraissent continuer à se développer carrément sous les yeux des foules – car on fait la queue pour ça – qui viennent assister à son numéro *topless* chaque soir. Sept soirs sur sept, elle opère sa descente à travers un trou dans le plafond du Condor Club, juchée sur un piano actionné par des câbles à poulies et sur lequel elle exécute une danse appelée la nage. Sur sa devanture, le Condor annonce sobrement « Miss Carol Doda, la fille sur le piano », mais les cohortes qui attendent chaque soir sur le trottoir de Broadway, à l'endroit où il s'incurve pour rejoindre Grand Street, tous ces gens qui ont pratiquement la langue pendante pensent seulement topless, topless, la fille qui s'est fait gonfler les tétés, par tous les seins, par tous les seins donnez-nous un peu de...

Et voici que tous les spots au plafond s'illuminent, Sam the Man et sa bande se lancent dans le thème de rock'n'roll « Memphis, Tennessee » et les lumières révèlent un truc assez loufoque, un piano à queue dont le haut est plaqué au plafond ! Carol Doda ! Où est-elle ? Les poulies s'activent et l'énorme instrument entame lentement sa descente, révélant tout d'abord une ouverture entièrement tapissée de festons rouges, une sorte d'énorme valvule cardiaque dans le style Louis XIV. Deux jambes passent dans le trou et se campent sur le couvercle du piano. Carol Doda ! Elle descend en dansant le swim, la nage, au début ce sont ses jambes qui s'agitent, parfaites et blanches, puis ses cuisses, ses hanches et... elle porte un bikini assez remarquable, une sorte de cache-sexe qui démarre autour de sa taille mais disparaît sur les côtés, se contentant de masquer à peine le bas-ventre et on peut donc dire qu'elle est *bottomless*, selon l'expression utilisée dans le métier, qu'elle n'a guère plus de bas qu'elle ne va avoir de haut, mais la mer de têtes renversées en arrière qui attend à ses pieds dans la pénombre silencieuse le remarque à peine parce que ce qu'ils attendent tous, c'est EUX.

Le piano se pose sur la scène, Carol Doda est juchée dessus et elle danse le swim, le jerk, le frug, le jump, le spasm, le... Son visage flotte au-dessus de ce tourbillon comme un masque d'un blanc pur, un œuf de Pâques décoré d'une explosion de cheveux jaunes, de cils qui sont comme deux brosses à reluire de l'armée, de lèvres argentées, ses bras s'agitent, tout son système iliaque se trémousse mais l'ensemble n'est qu'une manière de support de toupie pour EUX. Les seins de Carol Doda pointent dans les airs tels qu'on imagine que ceux d'Electre devaient le faire, deux incroyables protubérances mammiformes, non de simples globes de chair féminine, tissus et graisse, mais des sculptures artérielles douées de leur propre vie, des tourniquets charnels, des ipomées démesurées et dorées.

Le spectacle en soi n'est pas à proprement parler un « strip-tease » mais plutôt un dessin animé, un de ces vieux *Tom et Jerry* où Tom le chat voit le bouledogue lui arriver dessus et *boing*, au moins quarante-quatre paires d'yeux blancs lui jaillissent des orbites. Carol Doda n'aguiche personne : son trésor est là-haut, présenté comme sur un plateau. Elle ne sourit jamais, se contentant de former un O avec ses lèvres de neige carbonique. Elle ne condescend même pas à reprendre la vieille chorégraphie des cabarets classiques, se contentant d'oscillations, de spasmes et de trémoussements typiques de la danse américaine basique d'aujourd'hui que toute lycéenne coiffée d'une permanente blonde sait exécuter à la soirée dansante du samedi tandis que sa mère la regarde sur le bord de la piste avec un sourire indulgent qui semble dire : « Oui, Carmen est très sociable, n'est-ce pas ? »

Sam the Man se livre maintenant à une parodie d'extase des plus élaborées. Il balance son saxophone entre ses jambes, puis au-dessus de la tête, roule des yeux énormes, « cette jolie fille qui traverse la rue », bat de ses bajoues brunes, laisse pendre sa langue alors que la sueur envahit son visage. Carol Doda fait la danse de la marionnette, un truc usé mais qui marche toujours, surtout avec sa bouche en O, et puis le groupe se lance dans « I Left My Heart in San Francisco », Sam the Man se mettant à gémir dans le micro comme s'il était parvenu au comble de l'épuisement extatique : « Ooooh, j'en peux plus ! C'est trop ! Aaaaah, ooooh, iiiiih ! Ouuuuuuh ! Iiih ! Yo ! Ya ! Oink ! Blaam ! Shaaa ! Waooo ! Poooom, pom, pom ! Iiiiyah ! Arrêteeeez-la ! Dites-lui d'arrêter ! Enfermez-moi, je deviens cingléééé ! Je plane ! Je suis fait ! Je suis ark, ark, bliiiih ! C'est impensable, c'est incroyable, c'est néné-nable, nénés, nounous, nanas, tétés, toutous, tataaaaas ! C'est trooooop ! Maaaan ! J'suis fichu, fouchu, fourchu, farci ! Peux plus pam-pam, peux plus pim-pim, peux plus... », et ainsi de suite. Mais les spectateurs dans leur carapace de laine peignée refusent de mordre à l'humour, ils restent hypnotisés, enfer et damnation, donc c'est à ça qu'ILS ressemblent, non mais regardez-moi ça, regardez ÇA, là, juste en face de moi... Et même les femmes sont conquises, elles veulent ÉTUDIER ce phénomène et d'accord, c'est HALLUCINANT, vous voyez, ils... TIENNENT tout seuls en l'air, ils sont... rigides, mais quel effet ça doit faire, combien ça doit peser, et regardez tous ces types qui restent COLLÉS par la rétine à elle, la tête basculée en arrière à ZYEUTER... Et puis le piano commence à remonter vers l'ouverture dans le plafond, Carol Doda toujours dessus à gigoter et à se déhancher pendant que les lumières se BRAQUENT sur EUX et les éclairent d'en dessous durant son ascension, ouais, j'ai laissé mon cœur à San Francisco, et tous ces visages bien élevés se lèvent de plus en plus, en arrière, en arrière alors que Tony Cassara et Sam the Man jouent l'hymne de San Francisco, « *I left my heart...* »

L'hymne s'achève et voilà, le topless, Carol Doda et EUX sont brusquement devenus l'un des atouts principaux de San Francisco, à égalité avec les tramways, les collines en forme de montagnes russes, la baie, la Vue avec un grand V et le Golden Gate. Il y a maintenant au moins quinze « clubs topless » dans la ville, essentiellement des boîtes de nuit comme le Condor qui proposent des filles aux seins dénudés avec un bas de bikini réduit à sa plus simple expression, pareil à celui de Carol Doda, et elles ne font que se montrer en dansant les danses américaines les plus courantes, le twist, le jerk, le frug, le swim, etc., mais dans toute l'Amérique il n'y a pas de plus fort aimant à touristes et à congressistes qui soit, à l'exception peut-être de Manhattan.

Les plus étonnants de tous sont le Off Broadway et le Cellar, deux clubs qui s'enorgueillissent d'avoir des « serveuses topless », lesquelles servent à déjeuner avec rien d'autre qu'une culotte de bikini couleur chair et des talons hauts. C'est la toute nouvelle destination pour les déjeuners d'affaires des... spectres de six heures du matin sur Russian Hill. Expliquons.

À cette heure matinale, chaque jour, si l'on observe la pente abrupte de Broadway au-dessus du tunnel en descendant de Russian Hill, la zone résidentielle la plus cotée de San Francisco, on verra se profiler dans les premières lueurs rosées de l'aube un cortège de silhouettes soigneusement sanglées dans de la laine peignée, un attaché-case en main, soit l'équivalent en cuir des sacoches-repas ouvrières pour Wall Street, à la queue leu leu dans la descente. Ce sont les fantômes matinaux de Russian Hill, prospères et oints d'aftershave et de lotion capillaire Stephan que leur coiffeur leur applique généreusement : les courtiers de Montgomery Street – le quartier des finances – qui se rendent si tôt au travail parce qu'il est déjà neuf heures à New York, que la Bourse vient d'ouvrir et qu'elle n'attendra pas, et les voilà qui progressent sur le flanc de la colline, une vision qui fait penser à un film de Fellini.

Une équipe de cinéastes *underground* qui s'est installée dans des cabanes de chantier sur le bord de la voie ferrée desservant Berkeley ne s'est pas encore couchée, elle, occupée à filmer trois étudiants d'école de musique revêtus de papier d'alu faire des bonds à la Raji Putra – le fameux danseur indien – dans les rayons obliques du soleil levant. Les danseurs improvisés s'arrêtent pour observer avec ébahissement le passage des spectres de Russian Hill, en oubliant stupidement les caméras qui continuent à tourner. Saute, Raji-Putra ! Mais midi enfin venu, ces mêmes courtiers en Bourse fantomatiques du matin, rejoints par d'autres, par des centaines d'hommes d'affaires de la ville, filent tous prendre un « déjeuner topless » au Off Broadway ou au Cellar en compagnie de leurs clients favoris. C'est pour la RIGOLADE, bien entendu, c'est nouveau et lesdits clients apprécient vraiment ce spectacle déjanté, il n'empêche que les mêmes têtes reviennent sans cesse.

Au Off Broadway, tout est sombre, même la lumière est noire comme dans un bar de Soho. Tous les endroits topless de Californie sont plongés dans cette pénombre, probablement pour permettre aux consommateurs d'être sûrs que personne ne les regarde regarder la galaxie de seins nus non professionnels qui va se déployer dans le club.

La présentation de mode commence. Les filles paradent sur la petite scène en allant et venant comme des mannequins de véritables défilés de mode. Sandra porte une sorte de nuisette en dentelle transparente à peine suspendue à ses épaules, ainsi que la culotte de bikini et les talons hauts de rigueur. Une gisquette au micro prend le ton d'un camelot de boulevard pour faire remarquer que

« c'est de la dentelle épaisse, évidemment, pour rajouter du SOUTIEN ».

Et les EUX du Off Broadway, alors ? Il y a une certaine « Yvonne d'Anger », qui surgit théâtralement d'un vestiaire à l'autre bout de la scène en tissu léger illuminé de l'intérieur, la star ! C'est une fille à la bouille ronde, toute menue mais avec deux gros ballons dirigeables gonflés sur sa poitrine. Elle déambule sur le podium, puis entre les tables, puis remonte sur scène pour s'asseoir dans une pose de pin-up, jambes repliées sous elle et seins braqués en avant, des seins comme des sundae à la vanille qui ne partent pas de travers comme ceux de la plupart des filles mais restent pointés fermement en l'air, et une autre serveuse topless arrive à ce moment-là et prend une photo d'elle avec un appareil Polaroïd et flash !, le flash attrape en un centième de seconde tous les visages levés vers elles, tous les fantômes des aubes de Russian Hill vêtus de laine peignée, lotionnés, effarés.

Ils auront pourtant raté le plus extraordinaire des spectacles du club, celui qui se donne en cuisine. Image inoubliable que celle d'une demi-douzaine de filles avec rien d'autre qu'un cache-sexe et des talons hauts se bousculant et se contorsionnant pour atteindre les tables dans les vapeurs de soupe à la tomate, essayer d'étager les assiettes de salade sur leurs bras tandis qu'un bout de sein trempe étourdiment dans les ramequins de sauce gluante au roquefort, à la française, Green Goddess ou Thousand Island, et qu'une armée de sous-chefs leur hurlent dessus comme si elles n'étaient rien de plus qu'une bande de serveuses particulièrement maladroites à l'heure de pointe...

LE CHIRURGIEN DE CAROL DODA, sur Ocean Avenue à San Francisco, a une liste d'attente sans fin de femmes de tous milieux et de tous horizons, et non de showgirls, qui désirent une série d'injections. Minute ! Pourquoi une femme devrait-elle ATTENDRE – attendre quoi, d'ailleurs ? – quand la différence entre monotonie et sex-appeal tient seulement à quelques centimètres de chair en trop ici, une ride gommée par là, un peu de rembourrage dans une cuisse vieillissante, juste sous les caroncules, et bien sûr... des seins parfaits ? La philosophie du « On n'a qu'une seule vie, alors pourquoi ne pas la vivre en blonde ? » s'est imposée comme une ÉVIDENCE. Même à New York, pourtant tellement vieux jeu, on ne trouve presque plus une seule femme aux cheveux gris, alors pourquoi se priver de la poitrine idéale ? Que signifient ces invocations de l'« ordre naturel » ? C'est complètement EUROPÉEN ! Voyons, même l'invention de la roue allait à l'encontre de l'ordre naturel, Seigneur ! Et celle de l'eau courante. Et celle des fours encastrés, et des épices lyophilisées, et des fûts de bière Reddi-Tap, et des poubelles broyeuses. Pourquoi tant d'histoires autour de quelques centimètres cubes de silicone ?

Celui-ci est injecté sous forme d'émulsion dans les muscles et tissus des seins, là où ils se rattachent au thorax. Personne ne sait exactement ce qu'il advient de la substance par la suite mais il est avéré qu'elle CIRCULE, du moins en partie : les seins se raffermissent, au début, et puis ils commencent à s'affaisser et de nouveaux apports sont nécessaires. Parfois, une série d'injections forme une sorte de lac ou de mare intérieure, et parfois le silicone disparaît entièrement, s'évanouissant quelque part dans le corps. Qu'il provoque ou non des cancers est une autre question.

Néanmoins, un très grand nombre de femmes de Californie sont prêtes à courir le risque, quel qu'il soit, et rien qu'à Los Angeles il existe aujourd'hui soixante-quinze chirurgiens réalisant cette opération, dont un qui traite jusqu'à vingt-cinq patientes par semaine. À Las Vegas, elles sont deux cents à le faire. Plus de la moitié de ces candidates sont des femmes au foyer et certaines d'entre elles entraînent leur fille adolescente à leur suite, parce qu'elles trouvent que celle-ci ne se DÉVELOPPE pas assez vite pour... être compétitive. Carmen est très sociable, n'est-ce pas ? Et d'ailleurs, il s'agit d'un expédient tellement simple dans ce monde d'hommes où le sexe masculin a les idées simples. Et après tout, Carol Doda s'est bien DÉVELOPPÉE, elle, passant d'un tour de poitrine de 35 à 44 en douze mois, à raison de huit séances d'injections et moyennant huit cents dollars. Et enfin, pourquoi pas ? Tout le monde a au moins une dent rebouchée, une plaque dans le cerveau, une broche à la hanche ? Quel est le but de la vie, au demeurant ? Simplement survivre ou bien goûter chaque instant, être adorée, remarquée, ZYEUTÉE ?

SOUS L'ARBRE, CAROL DODA SE RETOURNE. Un homme tout en blanc vient d'apparaître. Il a fait sa connaissance il y a quelques jours et comme le garçon de couleur n'est toujours pas parvenu à arrêter un taxi il invite Carol au Café Enrico, qui n'est pas sans faire penser au Café Veneto de New York avec sa terrasse sous un auvent et, derrière la vitrine, d'autres tables à l'intérieur. Le public est varié, acteurs, publicitaires venus de Jackson Square tout proche, grandes bourgeoises de Pacific Heights descendues à North Beach pour faire du shopping...

Ils pénètrent sous l'auvent de la terrasse mais Carol paraît un peu soucieuse. Elle porte un col roulé blanc très fin, sous lequel ILS forment un promontoire assez formidable, mais sa veste en cuir Eton les couvre relativement bien. Tous ceux qui sont assis là la reconnaissent aussitôt : Burgess Meredith dans un veston fantastiquement bien coupé, le chroniqueur Herb Caen, Larry Hankin et plein d'autres gens du groupe d'improvisation théâtrale The Committee. Mais, bon, franchement, il y a de fortes probabilités qu'elle se fasse mettre à la porte. Une fois, la femme d'Enrico ou bien quelqu'un d'autre lui a demandé de quitter les lieux et encore l'autre jour, chez Amilio, Mme Pacini l'a jetée. Alors, elle regarde à la ronde.

— Qu'est-ce qu'ils vous ont dit ?

— Je sais pas... Si, elle a pas arrêté de répéter : « Nous n'acceptons pas le topless, ici. Remettez votre veste, pas de topless ici. » Mais j'étais pas topless du tout ! Je veux dire, j'avais une robe normale, ce que je mets tout le temps...

Quand elle évoque de pareils incidents, le sourire de Carol Doda se mue en une sorte de moue stupéfaite. Elle a une voix un peu rauque, mais pas grave. Des lunettes de soleil enveloppantes, style *fashion-model* pour cette fille modelée, forment comme un impressionnant bouclier autour de ses yeux tandis qu'elle continue à inspecter les environs.

— Qu'est-ce que vos amis en ont dit ?

— Oh, ils ont plus l'air pareils qu'avant... Avant, ils me traitaient vraiment en copine, je veux dire quand j'étais serveuse de bar, et puis brusquement ils se sont mis à changer. Ils font comme si c'était MOI qui avais changé, comme s'ils trouvaient que j'étais devenue une snob ou quoi. Ça m'a beaucoup chiffonnée, au début, parce que j'arrivais pas à comprendre. Je veux dire, c'est eux qui ont changé, pas moi ! Ça me rendait atrocement triste. Et puis, j'ai compris que dès qu'on a un public, on vous laisse plus être la même. Moi, snob ? Rien du tout : c'est les autres qui refusent de vous accepter dès que vous êtes connue. Ou je sais pas, peut-être qu'on est obligé de changer parce que le public veut ça...

Elle est sincère, sur ce point épineux du CHANGEMENT. Il y a beaucoup du vieux syndrome North Beach dans son attitude, auto-introspection, auto-analyse et le reste. Qu'est-ce qui se passe ? Elle est célèbre et elle aime ça, mais les gens réagissent bizarrement... Et elle a changé, d'accord. Il suffit de les regarder, EUX : c'est peut-être ce à quoi pensent les autres. Pourtant, elle proclame qu'ELLE est toujours la même, que le silicone était juste un procédé cosmétique, que ce n'est pas si fondamental. Elle était serveuse, au Condor, et bien sûr qu'elle avait la cote : elle échangeait des blagues avec les clients, elle avait belle allure, une silhouette vraiment sexy, et puis elle s'est mise à danser sur le piano. La suite a commencé presque comme un gag : un soir, alors que tout le monde parlait de ce truc de se baigner topless, dans les journaux et ailleurs, les gars lui ont dit vas-y, danse seins nus, Carol ! Et elle l'a fait, et le spectacle topless est né : Carol Doda sur le piano, en bikini sans le haut.

Dès le départ, ça a marché du tonnerre. La salle était bondée tous les soirs. Seulement, Carol... bon, elle avait un joli corps, mince et musclé et tout, une vraie anatomie de danseuse mais ce n'était pas... SPECTACULAIRE. C'est une chose d'avoir belle allure mais si on commence à faire du topless, alors il faut montrer quelque chose de vraiment mémorable parce qu'autrement, à quoi bon enlever le haut ? Et donc, les gars ont commencé à dire : « Pourquoi elle ne se ferait pas INJECTER ? »

— La première fois que je suis allée chez le docteur, j'avais sérieusement la trouille, raconte-t-elle à son confident en costume blanc avant de placer ses mains devant elle en laissant une bonne distance entre les paumes. L'aiguille est longue comme ÇA, je veux dire, on dirait ces seringues pour les chevaux ou quoi. Vraiment pas sympa à voir ! Certaines piqûres, il les fait là, tout près de la surface, mais d'autres sont très, très profondes. Et quand l'aiguille rentre, au début ça m'a fichu une peur bleue, la douleur se diffuse partout, descend dans le bras... On la sent jusque dans les doigts, vraiment.

— Vous étiez aussi inquiète à propos des effets à long terme, des réactions que le silicone pouvait provoquer ? veut savoir Costard blanc.

— Non, les tissus se reforment autour, c'est vraiment pas long...

— Est-ce que vous vous êtes sentie différente, après ? Enfin... vos seins ?

— Oui ! – Elle rit mais ce n'est pas un éclat de rire. – Je suis consciente d'EUX tout le temps. Ils sont beaucoup plus lourds, au moins un kilo, et je dois mettre un soutien-gorge spécial, renforcé. Je le garde aussi la nuit et je peux pas dormir sur le ventre, c'est trop difficile. Même sur le côté, franchement, c'est un peu difficile, alors je dors sur le dos. Et c'est une des raisons pour lesquelles je vais tout le temps au club de gym. Je fais des haltères pour renforcer mes... mes pectoraux. Ça me permet de mieux les supporter. »

DÉVELOPPEMENT ANATOMIQUE MAIS AUSSI PERSONNEL ! Évidemment ! Carol est très forte pour l'autoaffirmation, qui va de pair avec l'autoanalyse. Elle ne fume pas, surveille ce qu'elle mange. En fait, son régime alimentaire lui donne une telle énergie qu'elle doit la brûler quelque part, les séances de danse nocturne ne suffisant pas – son travail ne la fatigue même pas –, et c'est pourquoi elle se rend au gymnase tous les jours. Lever de fonte quotidien, plus le Condor sept jours sur sept à exécuter le swim et le watusi sur le piano... cela demande énormément d'autodiscipline, vraiment, et c'est un aspect de sa vie que personne ne connaît...

— Il y a des matins où je me réveille et j'ai juste envie de pas bouger, de pas recommencer tout le truc, encore et encore... – Son sourire vacille, revient sur ses lèvres, s'estompe encore. – Mais je me force à me lever parce que sinon, c'est pas que je ferais vraiment du tort à quiconque mais à moi, si.

— Vous visez quoi, à plus longue échéance ?

— Bon, j'aimerais avoir un show vraiment important. Quelque chose au top niveau, à New York, Chicago ou Miami, un endroit comme ça. J'ai eu une proposition dans le Nevada, à Las Vegas, mais j'attends quelque chose de gros.

— J'imagine que vous devez déjà gagner très bien votre vie...

— Oh, pas vraiment, en fait. Quand j'étais serveuse, je gagnais plus, vous voyez, avec les pourboires et tout...

— Quoi ? Vous gagniez plus AVANT ?

— Oui, mais bon... Il y a plein de clubs qui me proposent un plus gros cachet et tout pour me produire chez eux, sauf que je ne vois pas trop le sens que ça aurait, de bouger d'un endroit à l'autre comme ça. Ça vous mène où ? Pas loin. J'attends une ouverture au top niveau. Comment marcherait le spectacle à New York, vous pensez ?

Soudain, un grand type aux traits de séducteur et aux longs cheveux à la Barrymore vient à elle, quelqu'un qu'elle connaît, et il se met à lui parler avant de lancer :

— Hé, Carol, enlève-moi ces lunettes, je te VOIS pas !

Elle lève les yeux sur lui avec ce sourire vacillant qu'elle a.

— Je peux pas. Je suis pas maquillée, j'ai l'impression d'être toute nue. Réellement !

— Oh, allez, Carol !

Cela continue ainsi un moment jusqu'à ce qu'elle se décide finalement à retirer ses lunettes-bouclier ; honnête « strega » qu'elle est, elle avait dit vrai : ses yeux papillotent dans son visage parfaitement blanc comme quelque créature surprise dans son nid.

— Je mets toujours des cils, en haut et en bas, explique-t-elle.

Mais bien sûr ! Une héroïne de notre temps ! Carol porte des cils postiches mais c'est seulement pour aller avec l'œuf de Pâques et sa touffe de cheveux blonds – auburn au naturel –, avec son teint de stéatite, parfaitement blanc à force de rester tous les soirs dans le caverneux marché à viande de Broadway, Électre de la grande artère, et ce pour révéler au nouveau monde une paire de vrais seins américains du XXe siècle. On n'a qu'une seule vie, alors pourquoi ne pas la vivre comme une fille modelée ?

Tifland

VENDREDI SOIR, LE SOIR DU DEFILÉ DE STYLE au drive-in Harey's, je viens d'entrer dans le garage à l'arrière des bureaux d'Ed Roth, le Roi de la Custom, Sauson Avenue à Mayhood, une zone NASE de Los Angeles. Les pinceaux de lumière des baladeuses dont se servent les mécaniciens éclairent ma cravate, ma veste en seersucker, mon pantalon blanc et mes chaussures également blanches. Ed « Big Daddy » Roth, allongé sous un dragster jaune qui lui appartient, « Croc jaune », sort la tête pour me fixer de ses yeux et de la pointe de sa barbe. George « Maître de la jungle » Schreiber, qui conduit le dragster pour Roth et s'apprêtait à réinstaller le collecteur sur le moteur, caresse sa barbiche à la Fu Manchu et me regarde. Lou « Grande Bouche » Schorsch, occupé à méditer quelque nouveau slogan publicitaire NASE pour le Rat Fink, le petit personnage créé par Roth – « en plastique japonais garanti cent pour cent pacotille » – sursaute et me contemple d'un air effaré.

— Tu peux pas aller au Harvey's habillé comme ça, décrète Roth. Ils vont nous tirer dessus.

— Ils vont nous tirer dessus et ils vont te TUER, complète Lou Schorsch.

— Qu'est-ce que vous voulez dire ? C'est une tenue plutôt décontractée, selon moi.

— Naaan, dit Roth. Ça le fera pas. Ça... – Il voulait avancer une raison mais il se rend compte que ça ne vaut même pas la peine d'en parler. – Donnez-lui un T-shirt. Ou une chemise de surfeur. On arrivera peut-être à le faire passer pour un surfeur.

La chemise bleue Oxford et la cravate disparaissent en premier, puis vient le tour de la veste en seersucker. C'est vrai que je me trouve dans un univers de STYLE où je suis complètement à côté de la plaque. Amener un type en veston-cravate au drive-in de Harvey, c'est comme convier le préposé aux compteurs d'électricité chez Dior en septembre, avec son pantalon bouffant kaki et sa chemise de la même couleur nauséeuse dont la pochette contient un porte-crayons en skaï et un carnet à souches.

Pour sûr ! Le Harvey's, sur Firestone Boulevard entre Paramount Boulevard et Garfield Avenue, à Downey, une banlieue au sud-est de Los Angeles, est le plus grand salon mondial réservé au nouveau Style qui est en train de provoquer la plus grande révolution dans la mode masculine depuis la disparition des pourpoints, des culottes et des bas de soie au début du XIXe siècle. Harvey's, c'est le Dior, le Balenciaga, le Chanel de cette nouvelle vague, de ce concept inédit : des habits masculins conçus non pour des moments précis de la vie sociale mais pour des RÔLES, selon qu'on veut personnifier le Viveur, le Jouisseur, l'Artiste, le Hippie, le Tiger Man, le Hell's Angel...

Chaque vendredi soir, à partir de neuf heures et demie, des jeunes sortis des enfers adolescents de tout Los Angeles, de Bell, Maywood, Hollywood, Gardena, San Pedro, Watts (la partie blanche de Watts), San Gabriel et même de Santa Ana, Santa Monica, Covina, affluent vers le drive-in de Harvey dans leurs voitures modifiées. À première vue, ils viennent ici pour casser une graine, hamburgers, burgers Dubble-Bubba, frites, beignets de crevette, chili Mexicali, profiter de tout ce que les ressources infinies du lard bouilli et du piment rouge ont apporté à l'Amérique. La véritable raison, néanmoins, c'est qu'ils sont là pour se montrer, défiler, ou, dans le jargon local, SE BALADER. Et donc ils se baladent à travers l'immense parking du drive-in, filles et garçons, pour présenter à la ronde les dernières tendances en matière d'automobile, de coiffure (masculine et féminine), de vêtements, selon la mode ado... ou ado deuxième génération de Los Angeles. Modernité nase ! Paris adolescent ! Harvey, le drive-in !

J'enfile la chemise de surfeur noire.

— C'est mieux, Tom Coyote, constate le Maître de la jungle.

Nous nous installons dans la Chevrolet 1955 de Roth, en route pour le Harvey. Mes trois compagnons n'adaptent pas le grand style à leur tenue. Roth, par exemple, se contente habituellement d'un T-shirt qui découvre l'énorme tatouage sur son bras gauche, lequel indique juste : « Roth ». Cela dit, ils sont tous bien au fait des codes qui président à la réunion du vendredi soir. Ainsi, nous avons pris la Chevrolet parce que c'est l'un des deux véhicules classiques customisés de Roth, l'autre étant une Ford 1932. Et alors que nous sommes au milieu des panneaux des divers centres commerciaux sur l'autoroute, trois jeunes dans une Mustang 1965 nous doublent par la droite en vrombissant, et Roth ne peut pas résister à la tentation : il appuie sur le champignon, *raaaaaahhhh*, et pendant un moment c'est à nouveau le bon vieux temps, celui où Roth et Schorsch étaient ados du côté de Maywood et de Bell, gonflant des moteurs, bricolant des caisses et faisant la course dans les rues. Tout le monde a été projeté en arrière par la brusque accélération, et on en met plein la vue aux trois gars en Mustang. Laissés sur place, parce que bon, Roth a tout de même un moteur de sept litres sous le capot de sa Chevrolet.

CETTE PETITE DÉMONSTRATION AYANT MIS LE TRIO dans l'état d'esprit « nase », Grande Bouche entreprend d'expliquer le concept.

— Aujourd'hui, les jeunes aiment ce qui est sensas, déclare-t-il. C'est différent de l'époque où j'étais ado. Dans le temps, que ton paternel se paie une Thunderbird ou un truc dans le genre, c'était un gros, gros truc. Tu courais chez ton voisin et : « Mec, mon vieux vient de s'acheter une Thunderbird, faut que tu voies ça ! » Et ton voisin disait : « La vache, c'est grand ! J'aimerais bien que le mien fasse la même chose. » De nos jours, un jeune s'en balance, que son vieux se prenne une Thunderbird. Pour l'impressionner, il faut qu'il fasse quelque chose de nase. Par exemple, qu'il traite ta mère de... Ça, c'est nase ! Tu vois ? Le paternel rentre tout juste du boulot et elle commence à lui casser les bonbons pour qu'il se douche avant le dîner. Lui, il a seulement envie d'aller aux toilettes, puis de s'asseoir et de lire un peu quelque chose de distrayant, comme les petites annonces pour voitures de compétition de seconde main. Donc, il est là peinard, à éplucher les petites annonces, et elle lui crie dessus pour qu'il vienne à table, et lui : « Aaargh, la ferme, espèce de... ! » – Le terme utilisé appartient au vocabulaire de la proctologie classique. – Maintenant, ça oui, c'est nase ! Aujourd'hui, le gars court chez son pote de voisin et il lui sort : « Hé, devine de quoi mon vieux vient de traiter ma mère ! » Et l'autre : « Ah, super, si seulement mon paternel à moi était capable de quelque chose de pareil ! » Voilà.

— Ouais, approuve Roth. Faut voir les T-shirts nases que les gamins achètent de nos jours. Je veux dire, il y en a qui sont vraiment oufs.

Les T-shirts en question portent des formules comme « Tu es assez mec pour bouffer Ma Mère l'Oie ? » Roth, qui produit lui-même des T-shirts et sweat-shirts pour les jeunes, se contente de formules relativement nases, telles que « Maman a tort ». Nase ! C'est le prolongement naturel du « pourrave ». Roth et Schorsch sont pour leur part issus de l'ère du POURRAVE chère aux adolescents de Los Angeles, un temps où il s'agissait de manifester une attitude complètement désabusée vis-à-vis du monde adulte, ce qui recouvrait à long terme le refus de l'ensemble de la hiérarchie sociale conventionnelle, d'un système où les gens organisaient toute leur vie autour du BOULOT, s'échinaient à se couler dans le moule. POURRAVE signifiait rejeter la vieille course à l'élévation sociale, se retrancher dans l'underground ADO et jouer à un jeu entièrement différent.

Harvey's ! Des milliers de jeunes motorisés pénètrent lentement sur l'asphalte du drive-in. Il y a une queue d'automobiles jusqu'au Firestone Boulevard pour venir se montrer ici, un immense parking devant un bâtiment qui est une sorte de hangar moderne, genre architectural très en vogue à Los Angeles, notamment pour les drive-in et les laveries d'autos mais aussi pour les stations-service, toits inclinés et macadam strié de lignes diagonales. Autour de la structure métallique violemment éclairée, il y a environ une centaine de places pour stationner mais deux mille et quelques véhicules continuent à entrer parce que l'important n'est pas tellement de s'arrêter quelque part, c'est de CIRCULER et de regarder. Alors, on tourne et on tourne le long des files signalisées, pour se montrer et pour être vu.

Étrangement, les emplacements juste devant le drive-in proprement dit, là où des petites nénettes musclées, jambes nues émergeant de bottes noires, les « serveuses », virevoltent en tentant de caser des snacks, sont presque tous déserts.

— Ici, c'est la zone Mickey, annonce Grande Bouche sans que je puisse obtenir plus d'explications sur cette appellation.

Roth n'en a rien à battre : il n'a plus rien à prouver. Il se gare direct en zone Mickey et cela n'empêche pas les jeunes qui passent en voiture de crier « Hé, Roth ! » Si ce défilé automobile prouve une chose, c'est que l'ancien art de la custom est moribond, en Californie. Ils ont tous de nouveaux modèles, Stingrays, Mustangs et même Lincoln, avec parfois une peinture customisée ou irisée, parfois des pneus de compétition, des Michelin Triple X, si larges qu'ils dépassent des pare-chocs. À l'occasion, on remarque l'un des vieux classiques de la custom, par exemple une Pontiac 1960 reprofilée dont la caisse surbaissée se trouve peut-être à six ou sept centimètres du sol mais qui est équipée d'un système hydraulique permettant de remonter le mastodonte à sa hauteur normale si les flics rôdent dans les parages, puisque les voitures surbaissées sont désormais interdites. Pour le reste, rien que des bagnoles flambant neuves qui effectuent une ronde incessante. Il arrive de voir le même véhicule passer d'abord avec deux garçons à l'avant, puis le tour d'après l'un des deux est passé à l'arrière et chacun a à ses côtés une petite nana aux cheveux jaune pissenlit et aux yeux noirs de houri. Ils ne parlent pas entre eux, ils se contentent de circuler ; il y a bien dû y avoir quelques mots échangés au début, pour que les types embarquent les filles, mais ce qui compte est de rouler, de se plier au rite du manège autour du drive-in. Et peu à peu, à chaque passage, je commence à noter le... style local.

Les garçons ont tous le look des jeunes accros de la voiture à Los Angeles. Terminée, la coiffure cul-de-canard qui consistait à peigner les cheveux en arrière sur les côtés et vers l'avant au sommet du crâne, avec un début de frange bouclée au-dessus du front : la nouvelle mode, c'est de tout ramener en arrière mais en empilant les cheveux très haut vers l'avant, en une choucroute lisse, compacte, sculptée, impeccable. Ceux qui n'adoptent pas ce look les appellent les Tifeux. Les habitants de Tifland sont des inconditionnels du cardigan, mais un cardigan très mousseux, dans des tons pastel de fraise, de pêche, de bleu ciel, avec des manches extrêmement larges, presque bouffantes, qui se rétrécissent aux poignets tout en valorisant le torse et les épaules, notamment grâce au contraste avec leurs pantalons serrés en tuyau de poêle, le plus souvent sombres, qui tombent sur des chaussures invariablement pointues, bottines zippées, « poulaines » de rockeur à grosses boucles ou bottes à la Rip Van Winkle. Sous le cardigan, ils portent habituellement un T-shirt, un pull mince à col roulé ou une chemise en tissu souple à col montant, pourquoi pas avec des languettes quoique bien entendu, C'EST ÉVIDENT, jamais de cravate...

Ces garçons ont un côté indiscutablement féminin. Je pense à la masse de cheveux parfaitement rassemblée sur la tête, à la silhouette combinant l'aspect moelleux et confortable du cardigan avec les lignes épurées du pantalon et des souliers. Cette féminité n'existe pourtant qu'en comparaison avec la mode masculine de la génération précédente, car si l'on remonte à une autre ère ce style rappelle étrangement celui de l'élite sociale dans toute sa virilité, des vrais décideurs de l'époque : je veux parler de la vêture des hommes de cour dans l'Angleterre du XVIIe siècle.

En ce temps-là, la tenue typique des plus puissants était le pourpoint, la culotte et les bas. Comme les cardigans des Tifeux, le pourpoint était dépourvu de revers, avait des manches bouffantes et pourrait être qualifié de féminin au regard des critères actuels, puisque taillé dans différentes variantes de soie – satinée, damassée, gaufrée... – ou dans des tissus comportant des fils d'or ou d'argent, et rehaussé de dentelle, de passements ou de rubans. La perruque qu'ils portaient était en tous points semblable à la choucroute des garçons californiens d'aujourd'hui, hautement stylisée, SCULPTÉE et codifiée. Et la culotte souple, les bas et les chausses à boucle produisaient le même contraste saisissant que les Tifeux cherchent à obtenir.

Tous les styles de cour du XVIIe, et de fait la plupart des apparences jusqu'au siècle suivant dont nous ayons gardé l'image, visaient à symboliser quelque RÔLE charismatique. La tenue des courtisans avait pour vocation de signaler non une FONCTION, en l'occurrence celle de gouverner le pays, mais la majesté de leurs rôles, les «droits divins» et ainsi de suite. Les rares styles datant d'avant 1800 qui perdurent encore symbolisent tous une fonction charismatique – c'est-à-dire d'inspiration divine – en termes de justice, de miséricorde, de sagesse : la toge des juges d'aujourd'hui remonte au XVe siècle, l'habit que les nonnes revêtent encore de nos jours était celui des veuves au XVIe, et le mortier dont les étudiants se coiffent pour recevoir leur diplôme n'est qu'une version rigidifiée de la toque des universitaires à la même époque.

La principale révolution survenue dans le domaine de la mode masculine a coïncidé avec celle, dite industrielle, qu'a connue le XIXe siècle. Progressivement mais inexorablement, les hommes ont commencé à s'habiller non en vertu du rôle qu'ils occupaient, gouvernant, prélat, guerrier, savant, bras armé de la justice, mais pour le travail. La classe en pleine ascension, celle de la bourgeoisie active, a simplifié les codes vestimentaires en partie en réaction contre le faste des cours royales et en partie pour des raisons pratiques, à commencer par le souci d'économiser. Plus court, pourvu d'un col et de multiples poches, le veston a remplacé le pourpoint. Le pantalon a supplanté la combinaison culotte-bas, et les tissus les plus simples ont triomphé.

Alors que la coupe du vêtement avait jusqu'alors primé, c'est son ajustement qui a acquis la première place. Dans la mode aristocratique, qui avait recours à des soies épaisses, l'important pour un pourpoint, disons, n'était pas qu'il soit ajusté aux mensurations de celui qui le portait mais la manière dont il était coupé, manches évasées, battants évasés, on raffolait des évasés... On retrouve le même phénomène – la prépondérance de l'ajusté sur le coupé – dans les tendances vestimentaires féminines.

Ici, une distinction importante est à souligner. S'il suffit de regarder un plateau de bureau aujourd'hui pour mesurer le bouleversement stylistique introduit par la révolution industrielle du XIXe siècle, on remarquera qu'une femme active, même une sténo payée trois cent vingt dollars mensuels, n'est pas habillée pour ressembler à une sténographe : tout comme une vedette de cinéma, elle choisit ses tenues pour souligner sa féminité.

Le RÔLE qu'elle s'assigne est celui d'être une femme. Au contraire, les hommes s'habillent en fonction de leur TRAVAIL : leur préoccupation essentielle est d'avoir l'air d'un avocat, ou d'un banquier, ou d'un commercial, ou d'un coursier, ou d'un concierge, ou d'un laveur de vitres. Ce n'est qu'accessoirement, comme en passant, que leur tenue indique le rôle d'homme qu'ils peuvent avoir.

Après la Seconde Guerre mondiale, certains cercles de jeunes californiens ont entrepris de rejeter le système codifié par le travail et de concevoir leurs propres sphères, leurs propres statuts. À chaque fois, ils ont pris soin d'imaginer des modes nouvelles, des codes vestimentaires symbolisant le RÔLE qu'ils occupaient dans le cadre de ces modes de vie inédits. Ainsi des beatniks, des bandes de motards, des accros à l'automobile et, plus récemment, des rock'n'rollers, des surfeurs et bien sûr des hippies. Le job qu'ils avaient ou qu'ils pourraient un jour avoir, ils s'en fichaient : ils voulaient occuper des rôles, celui du Rebelle, du Fêtard, de l'Artiste, du Poète, du Mystique, du Tigre du moteur à combustion, du Moine au bord de la mer[1], tout ce qui pouvait être dramatique ou excitant. Il ne s'agissait plus d'exprimer l'influence, l'utilité ou l'efficacité mais, oui, quelque chose d'un peu DIVIN, tout droit sorti de la tête du héros antique.

Tous, ils ont été à la hauteur de leur ambition en établissant leurs manières d'être spécifiques, en les développant et en les rendant très visibles grâce à l'extraordinaire quantité d'argent qui circule dans la société

1. *Der Mönch am Meer*, tableau du peintre allemand du XIXe siècle Caspar David Friedrich qui a exercé une grande influence culturelle sur le monde anglo-saxon.

d'aujourd'hui. Ce n'est pas qu'aucun de ces groupes soit particulièrement riche : simplement, il y a tant de cash disponible qu'ils peuvent en capter suffisamment pour exprimer leurs aspirations, et disposer du temps pour le faire à un niveau sans précédent pour une jeune génération. Les beatniks, les motards, les fans de rock'n'roll, les surfeurs, les hippies, tous privilégient la coupe – évasée ! – sur l'ajusté dans la symbolisation du rôle qu'ils veulent jouer, mais tous maintiennent aussi la barre du style assez bas : ils tiennent à paraître DÉBRAILLÉS, vis-à-vis des normes conventionnelles, et ce afin de revendiquer le statut de rebelles. Les surfeurs, par exemple, affectionnent les shorts informes et les larges blousons en nylon qui flottent sur eux comme des voiles, et se laissent pousser les cheveux avec une dévotion toute rabbinique mais sans les discipliner et les sculpter puisqu'ils sont des Rebelles, des Moines au bord de la mer. Alors que les accros à la voiture, les Tifeux – que les surfeurs appellent d'ailleurs les Graisseux, en raison de leur recours intensif à la gomina –, suivent la tendance stylistique inverse, toujours plus haut, toujours plus élaboré, peut-être parce qu'ils vouent un culte à cet objet tellement scintillant, lustré et stylisé qu'est l'automobile américaine.

Et cette idée que le vêtement puisse exprimer un RÔLE est en train de se répandre parmi les hommes plus âgés et aisés. Ici, je vois une sorte de schizophrénie du look se développer. Ces messieurs ont un travail, et ils s'y rendent habillés plus ou moins comme les hommes d'Angleterre et des États-Unis se sont accoutrés pour aller au bureau durant les cent trente dernières années, mais sitôt le turbin terminé, et à sitôt le week-end arrivé, ils revêtent la tenue de leur rôle qui, tout simplement, consiste à... être un homme. Quelqu'un de viril, libre, le visage enduit du dernier après-rasage Mennen. Ils raffolent d'étoffes lourdes, ÉPAISSES, cabans de marin, pantalons en cuir, vestes en mouton anglais molletonnées, gros pulls à col roulé portés à même la peau, volumineux sweaters danois, larges pantalons en velours côtelé, manteaux qui donnent l'impression que du fil barbelé et de l'écorce ont carrément été cousus dans le cuir, toutes sortes de chaussures PESANTES, bottes de méhariste ou de motard, brodequins qui feraient trébucher un montagnard d'Écosse, guêtres... Tout cet accoutrement qui se veut DÉCONTRACTÉ s'obtient à des prix qui ne le sont aucunement, la veste en peau de mouton retournée pesant dans les cent soixante quinze dollars, les sweaters danois entre quarante-cinq et cinquante-cinq, etc. Quant à la coupe, c'est celle du Chasseur, du Bûcheron, du Loup de mer, du Motocycliste, de l'Explorateur... Des RÔLES !

Formidable ! Pendant des siècles, les modes vestimentaires masculines n'avaient été presque exclusivement créées que par l'aristocratie. En 1666, Samuel Pepys rapporte que le roi a édicté qu'il a découvert *le* style définitif, celui qu'il ne changera jamais et qui devrait rester immuable : une sorte de gilet qu'il a entrevu dans ses rêves, mais un gilet aussi long et élaboré qu'une soutane, et comme il en a décidé ainsi cela deviendra la mode. Pas plus tard qu'en 1870, Albert Édouard, fils aîné de la reine Victoria, prince de Galles et futur Édouard VII, invente la mode du pantalon à plis à la faveur d'un événement fortuit : surpris par la pluie alors qu'il se rendait à un match de cricket vêtu de flanelle blanche de pied en cap, il fait halte dans un magasin de prêt-à-porter, trouve une paire de pantalons dans le matériau et la couleur adéquats, l'achète, l'enfile et se hâte de rejoindre la manifestation sportive ; comme il était stocké sous une pile dans un tiroir, le pantalon a un pli marqué à chaque jambe, mais il suffit que tout le monde ait vu Albert Edward ainsi vêtu et voilà, c'est parti pour le pantalon à plis...

MAIS AUJOURD'HUI, EN AMÉRIQUE, AU DRIVE-IN, enfin quoi, que se passe-t-il, *vrrraaooooommm...*

— C'est quoi, ça ?

— C'est quelqu'un qui s'échauffe par là-bas, explique Roth.

— Ils vont l'avoir, pour ça, prédit Grande Bouche. Il va se ramasser une amende. Il y a un flic là-bas qui attend que ça. La police trouve ça vraiment NASE. Un jeune qui veut juste mettre les gaz une fois mais non, pour eux c'est nase...

Un Tifeux dans la voie centrale du parking est au volant d'une Stingray à pneus Michelin Triple X qui dépassent largement de la caisse, il a toute cette PUISSANCE sous le capot et il a seulement donné un coup d'accélérateur au point mort, pour S'ÉCHAUFFER un peu, histoire que toute la parade du style entende le rugissement majestueux, la sonnerie de ralliement de... de quoi, en fait ? Personne ne sait exactement. Mais la maréchaussée a entendu aussi, et maintenant le jeune reçoit l'amende. Roth, le Maître de la jungle, la Grande Bouche, moi, nous regardons tous tandis que la parade continue.

Vrrrraaoooommm !

La trompette de la mode masculine des sixties a sonné dans l'air humide du drive-in et là, au milieu des burgers, des frites, des crevettes et des patineuses au petit derrière musclé, s'élève la vision stylistique, la

SILHOUETTE, le pourpoint revu et corrigé à Downey, Californie, les culottes et bas devenus tuyaux de poêle ou d'échappement, le nouveau RÔLE pour le QUIDAM, le marginal, l'interdit de vrombir... NASE ! Confondant. Heureux, le dandy de masse.

Bob et Spike

REGARDEZ, ELLE FAIT SIGNE ! Avec ces yeux noirs profonds et classieux qu'elle a ! Ici, à un dîner au domicile d'Alfred Barr, dans une pièce remplie d'hommes qui se font laver leurs chemises à la main pour quatre-vingt-dix *cents* la pièce chez Forziati, 74e Rue Est, et de femmes qui commencent la longue préparation à un dîner en ville par un petit passage au salon de coiffure de Kenneth, 54e Rue Est, elle a fait signe. Elle, c'est Liza, Liza Parkinson, Mme Bliss Parkinson, présidente du musée d'Art moderne, fille de Cornelius Bliss, nièce de Lillie P. Bliss qui fut l'une des fondatrices du même musée, sœur d'Anthony Bliss, le président de l'Association du Metropolitan Opera, Liza, la personnification de tout ce qu'il y a de plus mondain, classieux, protestant, sel-de-la-terre-et-papier-à-en-tête-filigrané dans cette société de l'art international, et les yeux de Liza ont reconnu Spike qui cherche maintenant des siens le regard de Bob plus loin, et Bob lui adresse un signe à son tour, allez, ma grande, va, c'est le moment, ces yeux noirs t'appellent !

Bob et Spike... Quand Bob, c'est-à-dire Robert Scull, le plus célèbre collectionneur de pop art et d'art contemporain des États-Unis, a rencontré en 1943 sa future femme lors d'un rendez-vous arrangé, Ethel Redner de la 86e Rue Ouest, il a pensé par-devers soi : «Ethel, quel nom impossible!», et donc il a décidé de la surnommer Spike. Si la famille de celle-ci n'était pas désargentée, le jeune couple était tellement fauché qu'ils habitaient au début un minuscule appartement de la 56e Rue Ouest, avec un lit escamotable. Après avoir contracté un abonnement de douze dollars au musée d'Art moderne, qui se trouvait à trois pâtés de maison de chez eux, 56e Rue Ouest, ils ont fait des halls d'exposition, du jardin, du restaurant et de tout l'édifice leur propre salon, y recevant leurs amis et connaissances. Ironie de l'histoire, Bob en est venu à s'intéresser à la peinture et à la sculpture : il a commencé à constituer une collection virtuelle, notant le nom des tableaux qu'il aurait aimé posséder sur un bout de carton à chemise qu'il gardait dans son portefeuille. En 1947 ou 1948, il se lance dans le secteur des taxis, un milieu très difficile à l'époque, plein de... bon, passons, disons juste que la moitié des conducteurs avaient été recalés par le système mafieux de recrutement des surveillants d'hôtel et de magasins. Mais il se met à gagner de l'argent, beaucoup; la suite est connue : il s'est mis à acheter des objets d'art pour de bon.

Certes, il a eu à endurer nombre de moqueries et de situations ridicules, comme la fois – en 1959 – où il a fait l'acquisition de deux cannettes de bière signées Jasper Johns, deux cannettes de Ballantine Ale scellées dans un socle en bronze pour être précis, et tout le monde a appelé cette sculpture «Les Deux Cannettes de bière», journaux et revues se sont bousculés pour la prendre en photo mais il est resté très fier de son achat. Vous arrivez à croire qu'on l'ait tourné en dérision pour cela ? Eh bien, oui ! À l'école, les gamins venaient trouver ses enfants et leur disaient : « Hé, ton paternel, c'est le cinglé qui a acheté les cannettes de bière ? » Néanmoins, il a continué à développer sa collection et « Robert Scull » est devenu synonyme de pop art, Bob et Spike ont récemment été admis dans le cercle le plus mondain gravitant autour du musée d'Art moderne et nous voici donc à ce grand dîner chez Alfred... Alfred Barr, le conservateur du musée, et...

Ici, au milieu du cristal, des porte-asperges en argent et des chemises repassées par Forziati, se trouvent des gens importantissimes comme Liza et Philip – Philip Johnson, architecte, érudit de l'art et mondain devant l'Éternel –, et le couple Bob-Spike a belle allure. À quarante-neuf ans, Bob est juste en train d'en finir avec sa phase « Ponte de la 57e Rue », sur le plan vestimentaire. Ce style bien particulier est celui des quadragénaires ou quinquagénaires new-yorkais qui commencent à voir l'argent affluer et leurs cheveux refluer du sommet de leur crâne, mais qui plaquent carrément ceux qui leur restent dessus comme le font tous les businessmen couillus d'Amérique, à commencer d'ailleurs par Lyndon Johnson. L'allure suggère un embonpoint d'homme bien nourri, pas exactement gras, ceux-là n'ont pas de double menton mais une certaine rondeur hâlée et lustrée à la mâchoire, rehaussée par une bonne chemise Sulka, une cravate qui pourrait être une Countess Mara, un costume Frank Brothers et une épouse à la chevelure couleur abricot – pour une raison ou un autre, les tenants de ce style ont TOUJOURS une femme permanentée et teintée abricot, ainsi qu'une propension à partir en croisière de Noël sur le paquebot *France*. Sauf que Spike, qui a déjà obtenu brillamment son diplôme d'école de la mode, ne choisirait pour rien au monde la voie abricot. Elle est mince, plutôt jolie, ses cheveux sont d'un blond qu'on dirait ananas et c'est Kenneth qui les coiffe tandis que ses robes viennent de chez Saint Laurent, Dior, Chanel, Courrèges, Mainbocher, Cardin, Ken Scott et autres. Et elle n'a pas aimé la croisière de Noël sur le *France* : comme toutes les passagères se pointaient au petit déjeuner avec leur vison et assez de diamants sur elles pour faire couler le navire, elle n'a plus quitté sa cabine de première classe.

Le grand moment arrive, finalement. Bob et Spike dînent en tenant leurs couverts à la manière européenne qu'ils pratiquent désormais, fourchette dans la main gauche et couteau dans la droite, et... Liza Parkinson a fait signe, demandant du regard à Spike qu'elle la rejoigne pour un aparté, de ses yeux sombres et profonds, si aristocratiques, elle qui est INCONTOURNABLE dans le monde de l'art mondial ! En silence aussi, Bob a donné son assentiment à sa femme et ils n'ont pas besoin d'un seul mot pour savoir qu'ils sont parvenus à la même conclusion : c'est le moment. Liza s'apprête à dire à Spike : « Voudriez-vous rejoindre tel comité de direction ? », ou « Pouvons-nous avoir votre avis et celui de Bob sur tel projet crucial ? », ou au moins « Êtes-vous libres à dîner à telle date, chez Untel ? », enfin, vous voyez le genre, quelque chose qui signifiera et symbolisera le fait que Robert et Ethel Scull font VRAIMENT partie du noyau dur de tout le truc. Et donc, Liza entraîne Ethel à quelques pas de la table et – ah, ces yeux de reine ! – elle pose sa question...

Lorsque Spike revient à sa place, Robert brûle de la questionner à son tour.

— Qu'est-ce qu'elle a dit ?

— Tu ne vas pas tomber de ta chaise ?

— Non, non...

— Tu es sûr que ton cœur est OK ?
— Ouais, ouais...
— Elle a dit : « Vous ne voyez pas d'objection à me dire qui s'occupe de vos cheveux, Ethel ? »

Qui s'occupe de vos cheveux ??
— Ah... et qu'est-ce que tu as répondu ?
— Je le lui ai dit.
— Et elle, qu'est-ce qu'elle a dit ?
— Si je pouvais lui demander qu'il se charge des siens.
— Quoi, c'est tout ?
— Non. Elle a voulu savoir combien il prend.

Et voilà. Ce n'est qu'un épisode sans importance, évidemment, mais il donne un aperçu de ce à quoi Bob et Spike sont confrontés dans le microcosme de l'art international. Pourtant, Bob a tout bien fait, et même plus que bien : il est passé du Lower East Side et des quartiers dans le même esprit, le Bronx et Long Island, à un appartement de huit pièces avec vue sur Central Park Cinquième Avenue, et à une maison d'été à East Hampton ; il possède une collection de pop art, d'op art et d'art premier – de tout ce qui se produit depuis l'expressionnisme abstrait, en fait – plus importante même que celle du musée d'Art moderne ; comme plein de garçons ambitieux mais contraints de se rabattre sur les cours du soir, il potasse son sujet très sérieusement, s'entretient avec les artistes eux-mêmes pendant des heures et a fini par accumuler un savoir plus long que quiconque aux États-Unis hormis Leo Castelli, Ivan Karp, Henry Geldzahler et deux ou trois autres. Il connaît la question sans doute mieux qu'Alfred Barr en personne et pourtant, pourtant, on se demande ce qu'ils attendent tous de Bob et d'Ethel Scull, au prestigieux musée ? Qu'ils s'acquittent de mille dollars par an pour avoir l'honneur de siéger au Conseil international, et qu'Ethel vienne les aider à organiser une réception. Ah, et puis... de savoir par qui elle se fait coiffer ?

Mais à quoi ça leur servira tout ça ? À partir de maintenant, le couple apportera son soutien non plus au musée d'Art moderne mais au Whitney. D'accord, le monde de l'art ne va pas exécuter des bonds comme le Charlie Brown de la bande dessinée à cette nouvelle mais leur décision est révélatrice de toutes ces conventions sociales élitistes dans le petit monde de l'art qui restent un mystère pour les non-initiés. Ces gens-là peuvent parler d'art MODERNE et CONTEMPORAIN tout leur soûl, il n'empêche que c'est le même diktat du RANG qui règne ici depuis un siècle, les mêmes inflexions bitonales de l'*establishment* culturel protestant, la même...

Là, Spike regarde Bob, qui lui rend son regard tout en haussant les épaules, clavicules remontées vers les oreilles avec un sourire entendu, mimique typique des rues new-yorkaises, signifiant qu'est-ce-qu'on-peut-y-faire ?, et il déclare :

— Tu connais ma philosophie, Spike ? Elle se résume à ça : « Profite de la vie ! »

PROFITE DE LA VIE ! Bon, il peut y avoir des obstacles et déconvenues là-haut, au sommet de l'échelle, mais le plus important est de s'y trouver, pas vrai ? C'est quelque chose que personne n'a l'air de capter chez ceux qui partent de la zone Lower East Side-West Bronx et parviennent à percer à Manhattan : quelques affronts, quelques déceptions, quelques persiflages en chemin et quoi, vous allez vous pendre pour ça ? Le principal, c'est que Robert et Ethel Scull constituent l'un des plus notables exemples de RÉUSSITE SOCIALE à New York depuis la fin de la Seconde Guerre mondiale.

En l'espace de dix-huit ans, ils sont ARRIVÉS tout en haut, ou presque, et ce en partant de zéro, le Lower East Side, quand Bob Scull était un quidam de trente et un ans dont la petite affaire avait capoté et qui se réveillait chaque matin au coté de Spike dans un lit rabattable. Aujourd'hui, ils disposent de l'adresse la plus prestigieuse à New York, la Cinquième Avenue en face de Central Park, et leur réussite ne se mesure pas seulement en termes d'argent mais aussi à l'aune de leur présence dans le monde exclusif des premières et des vernissages, des soirées dont les journaux parlent, des chauffeurs qui font pratiquement partie de la famille, des appartements dont le hall d'entrée et le portier en bas ont l'air si grandioses qu'on a l'impression de devoir être tiré à quatre épingles pour se montrer à la hauteur des lieux, des garderies confidentielles pour leurs plus jeunes enfants et des pensionnats huppés pour les aînés, des déjeuners à La Grenouille où des douairières en tailleur Chanel sirotent deux bloody mary en souriant – les DENTS ! – à de jeunes dandys qui portent des noms tels que Freddy, Ferdi ou Tug, des petites plaques aux murs des expositions portant la mention « collection de M. et Mme Robert C. Scull », des portraits dans les magazines féminins dans le style photographie officielle à la cour du Shah et de Farah Diba, des reportages de mode dans lesquels il est précisé que telle nouvelle gabardine en madras a été vue portée par Mme William Paley, Mme Palmer Dixon, Mme Samuel Pryor Reed et Mme Robert C. Scull, le tout au sein d'un cercle où « Chester » est Chester Beatty, le propriétaire de mines de diamants, et « Nicole » Nicole Alphand, l'épouse de l'ancien ambassadeur de France, et « Bob » Robert Kintner, l'ex-patron de la chaîne NBC, et « Susan » l'héritière Susan Stein, et « Alex » Alex Liberman, le directeur de la rédaction de *Vogue*, et « Marina » Marina Consort, la femme du prince Michel de Grèce, et « Jap » le peintre Jasper Johns, et « Dean » Dean Acheson[1], et « Sammy » Sammy Davis, et « Ave » Averell Harriman, et « Andy » Andy Warhol, et « Lady Bird », eh bien, Lady Bird, et... OK, d'accord !

Au Vietnam, des gens se font tuer et mettre en pièces ; la Chine est un géant irritable ; les ghettos noirs lèvent le poing de la libération ; Dieu est parti et il est mort, mais malgré tout cela l'accomplissement de Bob et Spike est la seule chose qui compte à New York. Ils sont ARRIVÉS, mais plus encore, ils l'ont fait de la manière dont rêvent tous les New-Yorkais, c'est-à-dire TOUT DE SUITE. Et au diable gagner de l'argent simplement pour assurer l'avenir de vos enfants et attendre patiemment la gloire par procuration quand votre fille sortie de Wellesley et devenue la spécialiste des chants d'oiseaux sera invitée à passer le week-end dans la résidence bucolique du roi des détergents à North Egremont...

ARRIVER... TOUT DE SUITE ! C'est le cri, le cri vibrant qui brûle dans tellement de cœurs new-yorkais comme une inflammation du myocarde. Oui, Bob et Spike sont les héros légendaires de tous les arrivistes jamais débarqués à New York, ce que Juarez a été pour les sang-mêlé mexicains, et John L. Sullivan pour les Irlandais de Boston, et Garibaldi pour les paysans sardes, ce que les Beatles représentent pour les garçons de course londoniens payés huit livres sterling par semaine après avoir abandonné leurs études, et

1. Dean Acheson (1893-1971) : proche conseiller du président Harry Truman qui a notamment conçu le plan Marshall d'aide à la reconstruction européenne après la Seconde Guerre mondiale.

Antonio Rocca[1] pour les Portoricains des ateliers de couture de New York, et Moshé Dayan pour les travailleurs de choc des kibbutzim de la vallée de la Chfela. Tous ces modèles, Bob et Spike les personnifient aux yeux des concurrents à l'ascension sociale new-yorkaise.

Entourés d'une nuée lumineuse de publicité, ils ont éclairé un passage secret, révélé une route inconnue : COLLECTIONNER L'ART DÉJANTÉ. Ce n'était pas évident, loin de là, même si la carte artistique a pu permettre l'accès à la haute société new-yorkaise depuis soixante-quinze ans ou plus. Il y a eu Joseph Duveen, évidemment, qui s'est fait des millions en vendant de l'IMMORTALITÉ CULTURELLE à John D. Rockefeller et Henry Clay Frick sous la forme des « vieux maîtres » de la peinture classique. Après la Première Guerre mondiale, l'élite protestante a embrassé des styles plus récents : après tout, le musée d'Art moderne n'a pas été fondé par des intellectuels révolutionnaires mais dans le salon de John D. Rockefeller Junior, en présence des Goodyear, Bliss, Crowinshield et autres potentats capitalistes. Leur but était d'importer à New York le vernis culturel des classes privilégiées d'Europe, brusquement enthousiasmées par des artistes impressionnistes et post-impressionnistes tels que Cézanne, Picasso ou Braque. Dans les deux cas, maîtres anciens ou modernes, c'est seulement avec l'estampille du bon goût européen que l'art est arrivé ici.

Bob Scull, qui avait débuté en collectionnant des bronzes Renaissance, s'est vite rendu compte que, petit 1, les prix de l'art confirmé, même dans des secteurs aussi abstrus que les bronzes de la Renaissance, avaient

1. Antonio Rocca (1927-1977) : catcheur italo-argentin adulé des classes populaires hispaniques de New York.

atteint depuis la fin de la Première Guerre mondiale des niveaux qui rendaient impossible la constitution d'une véritable collection et, petit 2, le monde de l'art RECONNU, classique ou moderne, était une boutique sévèrement contrôlée par la même vieille élite protestante, et ce en dépit de l'aura clinquante d'anticonformisme culturel dont celle-ci s'entourait. Et puis, l'aubaine a surgi à la fin des années 1950 : le pop art, et la publicité pop qui l'accompagnait. Dans les cercles financiers, on s'extasie sur les dizaines de millions que pèserait aujourd'hui quelqu'un qui aurait investi ne serait-ce que dix mille dollars dans la compagnie IBM, mais qui a eu l'audace de faire le même pari sur le terrain de l'art ? Bob Scull.

Scull a réalisé un coup à la IBM en se jetant sur les œuvres d'un peintre alors peu connu, Jasper Johns, en 1959 et 1960. C'était du travail assez amateur, à vrai dire, des représentations de drapeaux, de cibles, de chiffres et... de deux cannettes de bière blonde passées à la couleur bronze. A-T-ON RICANÉ LÀ-DESSUS ! Il n'empêche que Johns est devenu l'« exécuteur de l'expressionnisme abstrait », pour reprendre une expression chère à Scull : les dix années de règne de ce style que d'aucuns avaient jugé ULTIME s'achevaient, et c'est un nouveau mouvement incarné principalement par Johns et Robert Rauschenberg qui l'a détrôné. Deux ans plus tard, en 1962, il se choisissait un nom : le pop art.

Alors que l'expressionnisme abstrait avait été tellement hermétique qu'il rebutait l'intérêt journalistique, l'attention des médias s'est aussitôt portée sur le pop art avec un ravissement scanDalísé et priapique. L'art a pris une place inédite, centrale, dans l'effervescence mondaine de New York. Les vernissages ont commencé à éclipser les premières théâtrales comme plate-forme vers laquelle le beau linge, la crème du chic et de l'ambition, convergeaient. Les comités de musées ont remplacé les conseils d'administration d'organisations charitables en tant qu'œuvres sociales où les nouveaux venus aux dents longues pouvaient se faire un nom, une position.

Fin 1961, les Scull étaient invités partout. « C'était vraiment phénoménal, quand on a commencé à recevoir des invitations de gens importants que nous ne connaissions même pas, m'a raconté Scull. Ça faisait un peu bizarre, au début. Vous voyez le truc, vous allez à une réception ou à un dîner de quelqu'un de célèbre, vous ne l'avez jamais rencontré, vous vous dites que c'est un ami à vous qui lui a conseillé de vous inviter mais vous arrivez là et vous vous apercevez qu'il n'y a personne que vous connaissez ! Ils vous ont invité, c'est tout, et tout le monde est très amical, c'est magnifique, ils vous ouvrent les bras comme si vous étiez les plus vieux amis du monde...

« Je n'oublierai jamais un certain jour dans une galerie de Washington, poursuit Scull, Dean Acheson était là et j'entends qu'il veut me saluer. Il vient jusqu'à moi, me serre chaleureusement la main et me félicite pour ma collection et... c'est comme si on avait été dans la même école ou quoi ! Acheson ! C'était pratiquement un DIEU pour moi, vous comprenez ? L'un de nos grands, grands dirigeants. Et il traverse toute la salle pour me dire que LUI avait hâte de me rencontrer, MOI ! Et jusque-là j'avais toujours pensé qu'il y avait deux univers, celui peuplé par tous ces gens qui accomplissent des choses fantastiques, ces gens impressionnants, impeccables, et puis celui où nous, les autres, évoluons... » De la PLÈBE au PARNASSE... comme ça !

La réussite du pari initial de Bob, qui consistait à placer son argent sur vingt œuvres de Johns d'un seul coup, peut être attribuée par certains à la pure chance.

Toutefois, l'aisance avec laquelle sa femme et lui ont négocié la transition complexe du bas au sommet de l'échelle a prouvé qu'ils disposaient d'une autre qualité : L'ESPRIT CINQUIÈME AVENUE, celui qui règne à l'est du parc. Oui, durant cette période d'évolution – ah, ces RICANEMENTS ! –, ils ont été aidés par le gyroscope social que seuls de rares heureux élus parviennent à développer en eux tandis qu'ils grandissent à New York. C'est une attitude particulière, une conception du monde spécifiquement new-yorkaise qui leur permet de toujours trouver la flottaison adéquate. C'est le cynisme du chauffeur de taxi dont la casquette est crânement inclinée sur un œil, le fatalisme des vieux gars qui s'asseyent le samedi après-midi devant les boutiques du Lower East Side sur des chaises en bois de drugstore des années 1930 et se contentent de surveiller l'agitation de la rue avec un demi-sourire, comme pour dire : « Regardez autour de vous, cette ville est une maison de fous, d'accord, alors n'allez pas vous chambouler les sangs. Détendez-vous. Profitez de la vie. »

Il y a eu par exemple le moment épineux – A-T-ON RICANÉ ! – de l'apprentissage de Bob en matière vestimentaire. Comme je l'ai noté auparavant, Scull est juste en train de sortir de la phase Ponte de la 57e Rue. Quelqu'un l'a branché sur le fin du fin de la mode masculine, les tailleurs anglais de Savile Row, qui est un peu l'équivalent londonien de la 57e Rue et de la Cinquième Avenue. Jusqu'à aujourd'hui, les boutiques de la fameuse artère aiment se donner des airs de club privé, de sorte qu'il est nécessaire d'être recommandé par un client habituel pour y entrer. Qu'à cela ne tienne, s'est dit Scull, profitons de la vie, et il a prié deux riches amis britanniques, Harry Lawton et Murray Leonard, de le parrainer. Mais c'est plus fort que lui, il ne se laisse jamais éconduire, et donc le voici pénétrant dans l'un des hauts lieux de Savile Row, tout en lambris de chêne et panneaux de verre avec ces innombrables couronnes « by appointment » de Son Altesse royale le roi George, du prince de Galles, etc., et là un quinquagénaire en costume et gilet en laine peignée vient vers lui, Scull lui annonce qu'il est recommandé par Harry Lawton et Murray Leonard et qu'il désire... un veston coupé dans le tissu dont on se sert pour les vestes de chasse à courre.

— Plaît-il, Sir ? toussote son interlocuteur dont les coins de la bouche se sont affaissés d'un coup et dont les globes oculaires se sont couverts d'un tain cataractique comme s'il espérait de toute son âme avoir mal entendu.

— Mais ouais, vous savez, le tissu qu'ils prennent pour les vestes de chasse, quand on galope derrière la meute et tout ça. Pour la chasse à courre, comme ils disent.

— Je vois bien le matériau dont vous parlez, Sir.

— Bon, eh bien je veux un veston de ville pareil.

— Je crains que ce ne soit impossible, Sir.

— Quoi, vous n'en avez pas, de ce tissu ?

— Ce n'est pas le...

— Je sais où je peux vous le dégotter, moi. Il y a ce magasin, comment c'est, Hunt & Winterbotham ?

Maintenant, l'homme regarde Scull en inclinant la tête en arrière, en pinçant les lèvres et en ouvrant des narines palpitantes comme si ses yeux se trouvaient quelque part dans son nez. Mentionner Hunt & Winterbotham à un tailleur de Savile Row comme si on voulait lui apprendre quelque chose, c'est pareil que de demander à une serveuse de café de la Septième Avenue si elle a entendu parler des feuilletés au fromage.

— Nous avons conscience de ce que ce matériau soit disponible, Sir, déclare-t-il.

— Vous pouvez faire un veston de ville, exact ?

— Bien entendu, Sir.

— Et vous êtes capable de trouver le tissu à veste de chasse ?

— Effectivement, Sir.

— Alors, pourquoi vous ne pourriez pas avoir ce tissu et tailler un veston dedans ?

— Comme je l'ai dit, Sir, je crains que cela ne soit pas...

— ... quelque chose que vous faites, complète Scull.

— En effet, Sir.

— Ouais, eh bien tout ce que je sais, moi, c'est qu'Harry Lawton et Murray Leonard m'avaient dit que vous vous occuperiez de moi.

— Oh, vous venez avec la meilleure recommandation qui soit, Sir, mais c'est simplement que nous...

— OK, OK.

À ce stade ou même avant, les grands prêtres de la mode masculine à Savile Row sont accoutumés à voir les Américains en visite s'avouer battus et repartir à reculons comme s'ils quittaient la salle du trône, tête basse, humiliés, brûlant de honte à cause de la terrible gaffe qu'ils viennent de commettre – un veston de ville dans le tissu réservé à la chasse au renard, juste ciel ! –, mais pas Bob Scull. Il tente à nouveau sa chance, toujours souriant, exubérant, enthousiasmé de se trouver en plein territoire des Harry Lawton et Murray Leonard, il dit : « D'accord, on reprend depuis le début, vous pouvez faire des vestons et vous pouvez trouver le tissu, donc... », et ils sont tellement estomaqués de voir que cet Américain n'a pas tourné les talons pour prendre la fuite qu'ils finissent par accepter et se mettent à prendre ses mesures.

Une bonne semaine plus tard, Scull est de retour pour le premier essayage et on lui présente la veste de chasse qui n'en est pas une dans sa version de « squelette », avec la forme basique et un bras cousu provisoirement dessus. Quand on la lui enfile, il remarque une chose étrange : tout le monde s'est figé dans la boutique. Dans la pénombre des murs lambrissés et des tiroirs à tissu, il y a partout des yeux fixés sur lui, l'épiant derrière des rideaux, des portes, des mannequins. Sentant tous ces regards sur lui, Scull demande à son tailleur attitré, Narines dilatées :

— Hé, ils font quoi ?

Narines s'incline en avant et, très bas et avec la plus grande sincérité :

— Ils vous soutiennent, Sir.

La vie ! En profiter ! Scull est tellement content qu'il commence à déambuler dans l'atelier pour serrer la main à tous, y compris la couturière chypriote chargée des boutonnières qui ne parle pas un mot d'anglais.

— Je vais vous dire quelque chose, proclame Scull afin de féliciter ceux qui approuvent cette création atypique et de consoler ceux qui s'en désolent : vous tous, quand on va avoir terminé, vous allez être très fiers de ce veston !

Plus tard, relate-t-il encore, il annoncera à l'un de ses amis :

— Bon, je suis allé chez votre tailleur et je voulais vous remercier, franchement, parce qu'ils m'ont fait un veston sensationnel.

— Ah, excellent. Je m'en réjouis.

— C'était bizarre, vous savez ? Au début, ils ne voulaient pas du tout. Quand je suis arrivé et que j'ai dit

« J'aimerais un veston dans le tissu des vestes pour la chasse au renard », ils ont...

— Vous avez dit QUOI ? Oh, Bob, vous n'avez pas mentionné mon nom, j'espère ?

Son récit terminé, Bob Scull me confie :

— C'est drôle, tout de même. Les Anglais traitent leurs tailleurs comme s'ils étaient leurs confesseurs. Ouais. Et ils traitent leurs confesseurs comme si c'étaient des tailleurs.

*

*   *

LES PARENTS DE SPIKE ÉTAIENT À L'AISE et ils ont aidé Bob à lancer son affaire de taxis en 1948 mais pour ce qui était de leur connaissance des mondanités... Disons que leur fille a dû fréquenter l'école du CHIC de la même façon que Bob : à la dure. Ah, ces ricanements ! Mais elle a toujours prouvé qu'elle avait de la CLASSE, un terme qui dans l'argot de la rue new-yorkaise se traduirait par « des tripes ». Quand l'épreuve était particulièrement difficile, elle réunissait toutes ses forces, fonçait et l'emportait. En 1966, à l'occasion des multiples événements mondains entourant l'ouverture de la Biennale de Venise, j'ai vu Ethel Scull traverser la ville au crépuscule pour se rendre chez la comtesse Anna Camerana dans une robe en tulle transparent de Saint Laurent, argentée comme ses escarpins. Vénitiens et touristes de tous les pays – dont un aristocratique monsieur qui en a perdu son monocle – regardaient bouche bée cette apparition de Cendrillon futuriste qui avançait tête haute, une rose parfaitement piquée dans ses cheveux. Elle a complété son effet en s'arrêtant soudain en équilibre sur une jambe, en levant son autre pied pour le masser et en dressant le bilan des promenades dans Venise à la tombée du jour : « Laissez-moi vous dire une chose, c'te fille-là a les pieds en compote ! »

Bob n'a rien renié de ses modestes débuts, lui non plus. Aujourd'hui, sa flotte de taxis, qui compte cent trente véhicules, représente 2 625 000 dollars rien que pour les licences, et il dirige aussi une compagnie d'assurances pour taxis qui couvre d'autres compagnies. Chaque matin, il se rend à son garage dans le Bronx, au croisement de la 144e Rue et de Gerard Avenue, très au sud du stade des Yankees, et traite directement avec les chauffeurs rassemblés là, des gars qui répondent à des noms pittoresques tels que Jakey, Hibou, Cream Cheese, Face de Lune ou un certain Do-Nut, lequel a récemment été remercié.

Et vous savez ce qui pourrait être marrant ? Ce serait de prendre Liza, ou Philip, ou Nicole, ou Peggy – Mme Peggy Guggenheim de New York et Venise, propriétaire de l'une des principales collections d'art privées au monde –, Chester ou Alex, Bob ou Dean, enfin, n'importe qui dans ce monde étonnant de l'art international où Robert Scull évolue désormais, oui, ce serait ébouriffant de les prendre, de les déposer brusquement sur le sol graisseux de la Super Operating Corporation et de leur confier rien que pour une heure, une longue heure, la supervision d'une flottille de taxis new-yorkais. Ne parlons même pas de problèmes compliqués : imaginons simplement Philip, ou Alex, ou Ave, devoir se coltiner celui posé par le susnommé Do-Nut.

Philip ! Ave ! Alex ! Il est ici question d'un énorme type qui, tous les matins, quittait le garage au volant de son taxi avec un gros sac en papier kraft rempli de donuts et de gâteaux sur le siège passager, qu'il vidait au fur et à mesure que la journée s'écoulait. Do-Nut grossissait à vue d'œil, et Scull a tout essayé : il a fait reculer le fauteuil du conducteur le plus possible pour que Do-Nut arrive à caser sa bedaine devant le volant, à tel point que la place laissée à l'arrière ne lui permettait plus de charger que des nourrissons ou des nains, retirer les coussins jusqu'à ce que le chauffeur soit carrément assis sur le fond de caisse... Et puis, un jour, ce qui devait arriver est arrivé : Do-Nut est parvenu à se loger dans l'habitacle mais le volant ne tournait plus que de quinze degrés à peine, bloqué par son ventre.

— J'va vous dire quelque chose, Bob, lui a annoncé Do-Nut, coincé dans la voiture : ça va plus marcher.

— Et tu veux savoir quoi ? a soupiré Scull. C'est le moment que je redoutais.

— Oui, mais... attendez une minute ! Là, regardez ça ! Si j'arrête de respirer, je peux le tourner !

— Ouais... mais quand tu vas DEVOIR respirer ?

Alors, Do-Nut lâche l'air qu'il retenait dans son vaste coffre et le volant disparaît telle une fraise happée dans un geyser de crème fouettée. Il lève les yeux vers Scull et celui-ci hausse les épaules jusqu'aux oreilles, faisant penser à une tortue avec cette gestuelle si caractéristique des rues new-yorkaises, le haussement d'épaules navré qui permet à lui tout seul d'exprimer : « Qu'est-ce que je peux faire de plus que de dire que je suis désolé ? Ce type a bouffé jusqu'à en perdre son boulot. »

En se remémorant l'incident, Robert Scull secoue encore la tête. Ces gars qui font taxi... Mais le grand truc, relève-t-il à propos de son équipe, c'est qu'« en général, ils sont très fiers de mon côté collectionneur d'art. Ils aiment ça, que leur boss soit spécial. Ils veulent un patron qu'ils puissent admirer et ça, c'est... la classe ».

*
* *

LA TOCADE ARTISTIQUE DE BOB SCULL, je l'ai dit, n'avait rien d'évident. En termes économiques, la logique qui consiste à collectionner le DERNIER CRI, comme il le fait, est totalement irrationnelle. Un collectionneur doit s'attendre à ce que le travail de presque tous les artistes d'avant-garde contemporains subisse une décote encore plus sérieuse qu'une voiture neuve, d'un tiers à la moitié de sa valeur d'acquisition. L'explication de cette dépréciation gît au cœur du processus d'accumulation des peintures les plus avant-gardistes, subversives et déjantées. Le prix d'un nouveau Lichtenstein, disons, ou d'un nouveau Johns, ou d'un nouveau Stella[1], n'est pas déterminé par la demande du marché au sens habituel, c'est-à-dire la réaction d'une masse de consommateurs anonymes : hormis les musées et les galeries, le marché se résume à une dizaine ou vingtaine de collectionneurs, dont la plupart rêvent de devenir de nouveaux Bob et Spike – même s'ils s'offusqueraient de se l'entendre dire de cette manière. La règle du jeu, quand on collectionne le DERNIER CRI et non des maîtres de la vieille école ou des styles modernes, c'est de mettre la main précisément sur la production la plus récente d'un peintre d'avant-garde qui promet et, si possible, d'obtenir du battage publicitaire autour de son acquisition. Untel a scoré... LE DERNIER LICHTENSTEIN ! LE DERNIER POONS ! LE DERNIER RAUSCHENBERG ! LE DERNIER DINE[2] ! LE DERNIER OLDENBERG ! C'est la compétition en vue d'acheter l'œuvre tout juste sortie de l'atelier qui fait

1. Frank Stella, né en 1936 : peintre minimaliste new-yorkais.
2. Jim Dine, né en 1935 : artiste pop américain de tendance néodadaïste.

monter le prix entre les galeries mais ensuite, quand l'excitation de la nouveauté s'est déjà dissipée, une revente ne permettra d'obtenir qu'une fraction du prix d'achat. Aussi, les galeristes qui traitent avec les artistes les plus lancés se livrent à des jongleries frénétiques pour s'assurer que chacun parmi cette poignée de joueurs remportera la mise à un moment ou un autre, de quoi rester intéressé par le jeu. Par exemple, si le collectionneur X a eu la priorité sur la toute dernière œuvre en vue, ce sera Y qui aura un accès privilégié à la suivante, et ainsi de suite.

Une idée est donc venue à Bob Scull : pourquoi ne pas entrer en contact avec les artistes avant même que leurs œuvres n'arrivent dans les galeries ? Et mieux encore : pourquoi ne pas les DÉCOUVRIR ?

Un soir, un ami à lui, psychiatre de profession, lui a dit : « Bob, il ne vous est jamais venu à l'esprit qu'en commandant des œuvres à de jeunes peintres ou sculpteurs, vous seriez en mesure d'influer sur le cours de l'histoire de l'art ? » MÉCÈNE ! MODELEUR DE L'HISTOIRE AVEC UN GRAND H ! À vrai dire, Bob avait déjà envisagé qu'il faisait exactement cela lorsqu'il avait fait l'acquisition de vingt toiles de Johns en 1959 et 1960. Jusque-là, ce dernier était considéré comme un drôle d'oiseau dans le monde de l'art, un olibrius de Caroline du Sud qui tentait d'embêter l'establishment artistique avec ses représentations d'objets anodins à la littéralité un peu ploucarde, mais ensuite... que son travail soit COLLECTIONNÉ... eh bien oui, cela avait été le point de départ du pop art, ni plus ni moins. Et donc Bob se rendait certainement compte de ce qu'il avait réalisé, mais pourquoi ne pas accomplir un pas de plus : TROUVER soi-même les grands maîtres de demain et SPONSORISER l'histoire de l'art à venir ? Aller fouiner dans leurs ateliers. Et c'est ainsi qu'il a croisé le chemin de Walter de Maria.

C'ÉTAIT UN SAMEDI, JOUR DE SABBAT CULTUREL. Bob Scull descendait Madison Avenue à pied et vous savez comment c'est, un samedi à New York, en particulier durant l'été indien... Grand Dieu, la CULTURE flotte dans l'air, comme si elle se mélangeait au temps qu'il fait. Tous ces antiquaires de Madison avec des reflets de bronze doré par-ci, le rouge profond d'une ancienne marqueterie par-là, et les tapis exposés derrière les vitres du premier étage, cool ce Bakhtiari dont les motifs d'un jaune délicat rehaussent le fond carmin, et les galeries, mon Dieu, une enfilade de galeries aux murs d'un blanc immaculé qui abritent la Culture, aux sols en bois sombre, et sur les visages des butineurs culturels une douceur automnale, des accents à la Renoir.

À travers la vitrine de l'une d'elles, Scull a remarqué deux filles. L'une d'elles est assise jambes croisées, en jupe courte, la parfaite butineuse de Culture avec son opulente chevelure préraphaélite, et ce n'est pas qu'il cherche à draguer ou quoi, mais simplement elle s'intègre bien à la belle atmosphère du New York artistique, de l'été indien, du sabbat culturel, de tout ça, et donc il entre, simplement pour le plaisir d'être là et de laisser l'expérience se diffuser en lui comme une stimulante dose de café.

Sauf que... c'est le musée des horreurs, ici ! Deux immenses piliers en bois qui prétendent être des sculptures, visiblement, et un tas de dessins mais attendez, on dirait qu'il n'y a rien sur le papier, seulement une ribambelle de feuilles de papier vierge encadrées et pendues au mur. Quand Scull s'approche tout près d'un cadre, il parvient à repérer un minuscule motif exécuté au crayon fin, un numéro 8 ou quelque chose d'approchant, de sorte qu'on le distingue à peine. Et puis, au bas de la feuille, tracés avec la même pointe étique, trois mots rabougris : « Eau, eau, eau ».

Scull se tourne vers la fille et dit :

— J'ai vu plein de trucs étonnants dans ma vie mais franchement, comment ce type peut s'imaginer qu'il va vendre ÇA ?

— C'est que...

— Je veux dire, je ne comprends pas où tout ce machin artistique va finir. On ne VOIT même pas ce qu'il y a sur le papier ! – Il observe à nouveau le cadre. – De l'eau, de l'eau, de l'eau... C'est à ça que ça se résume ?

— Eh bien, explique la fille en haussant les épaules, c'est un jeune artiste, personne ne l'avait encore exposé...

Scull se gratte la tête, réellement chiffonné.

— D'accord, finit-il par lâcher. Combien le vendez-vous ?

Elle lui lance un de ces regards... zut, elle n'avait même pas pensé au prix, jusqu'ici. Personne n'a jamais demandé.

— Euh... cent dix dollars.

— D'accord. Vous savez quoi ? Ce truc me scie trop. Je vous achète le dessin cent dix dollars si vous me donnez le nom du type, son adresse et son téléphone. Je veux entendre ce qu'il a à dire là-dessus.

LA FILLE ACCEPTE ET LUI DONNE LE NOM DE WALTER DE MARIA. La semaine suivante, Bob Scull appelle le numéro qu'elle lui a donné. Ce truc le SCIE vraiment, donc le bonhomme pourrait avoir quelque chose à expliquer qui vaudrait la peine d'être connu. La conversation téléphonique le laisse encore plus chamboulé.

— Robert Scull à l'appareil, commence-t-il quand Walter De Maria décroche.

— Oui.

Rien d'autre.

— Vous savez qui je suis ?

Un long silence, puis une voix hésitante :

— Oui... Vous êtes la personne qui a acheté mon dessin.

— Exactement. J'aimerais venir à votre atelier et voir plus de votre travail.

Long, très long silence, au point que Scull tente des allô ? allô ?, pensant que le type a raccroché.

— Je sais pas, se décide à répondre De Maria. Je vais pas être disponible.

— Écoutez, insiste Scull, j'ai acheté votre dessin, je veux voir votre travail et je ne peux même passer pour jeter un coup d'œil ?

— Je sais pas... Je suis content que vous l'ayez acheté mais c'est la galerie qui vous l'a vendu, pas moi. Et moi, je suis pas disponible.

Bien qu'estomaqué par sa réaction, Scull continue à argumenter jusqu'à ce que De Maria cède. L'atelier se situe tout en haut d'un immeuble de lofts et le collectionneur attaque les cinq étages à pied, à l'arrivée son cœur bat la chamade à cause de ces damnés escaliers. Il voit une petite pièce, une plus grande derrière, et dans la première se profilent deux minces silhouettes, Walter De Maria et sa femme. Celle-ci se tient en retrait dans un coin, sans dire un mot.

— Donc, je voudrais voir d'autres dessins de vous, entame Bob Scull.

De Maria lui en montre un et cette fois Scull a besoin de ses LUNETTES pour distinguer quoi que ce soit sur le papier ! Quand il relève la tête, il se rend compte que l'artiste fait les cent pas dans la pièce en se passant les mains dans les cheveux, en proie à une agitation effrayante.

C'EST QUOI, CE PLAN ? Telle est la question que Scull se pose en son for intérieur. On risque la crise cardiaque en montant ces damnés escaliers, tout ça pour découvrir... ça ? Il regrette d'être venu, maintenant, mais dans un dernier effort il prie De Maria de lui montrer ce qu'il a fait avant. Avant les dessins, j'ai fait ça, répond le type. Et c'est quoi, ça ? veut savoir Scull. C'est une sculpture, annonce De Maria, et voici... une balle, comme celles des jeux de chamboule-tout dans une fête foraine, posée sur une planche de bois, avec un écriteau qui recommande : «Placer la balle dans le trou supérieur». Scull s'exécute, introduit soigneusement la balle dans le trou et *pam!* elle tombe dans un autre en contrebas. Il ne peut détacher ses yeux d'elle ; pendant tout ce temps De Maria l'a couvé du regard, guettant une réaction, seulement Scull n'en a pas, sinon d'être plus interloqué que jamais.

— Et vous... vous êtes sculpteur depuis combien de temps ?

— Six ans.

— Ah... et je peux voir ce que vous avez fait avant ?

— C'est dans l'autre pièce.

La pièce est plus grande, une sorte d'atelier aux murs et au sol blancs. Complètement vide. Ouais, d'accord, et où c'est ? s'enquiert Scull. Ici. Ici ? De Maria désigne du doigt un petit classeur en métal. Il déclare avoir fait plein de très bonnes sculptures, le seul problème est qu'elles n'ont jamais été réalisées. Comment ça ? Eh bien, il n'a pas eu les moyens d'acheter les matériaux pour cela. Ouais, d'accord, dit Scull, puis : Qu'est-ce qu'il y a, dans le classeur ? De Maria farfouille dedans et en tire d'autres feuilles de papier avec des traits à peine visibles, quelques lignes et d'autres messages du genre « eau, eau, eau ». Scull est tellement bluffé qu'il dit maintenant :

— Bon, si je vous en commande une et que je vous fournis le matériau, vous la ferez ?

De Maria accepte. Après environ deux mois, il annonce avoir l'idée générale de la sculpture et dit avoir besoin d'une grande plaque d'argent. De l'argent ? Pourquoi ne se servirait-il pas d'acier inoxydable, plutôt, demande Scull. De Maria insiste et le collectionneur lui procure le matériau. Pendant que dure ce processus, Bob et Spike en sont venus à connaître un peu mieux De Maria mais cela reste une relation atypique : des fois, l'un des deux lui adresse une question mais n'obtient absolument aucune réaction ; d'autres fois, ils marchent tous les trois dans la rue mais De Maria les précède, comme s'ils étaient des inconnus qui le suivaient sans qu'il comprenne pourquoi. Bob met ce comportement sur le compte des bouleversements que la commande a entraînés dans son existence, voilà tout...

Seulement, quatre mois s'écoulent encore et... rien ne vient. Bob est sur le point de retourner à l'atelier et de récupérer sa plaque d'argent quand, un beau jour, De Maria téléphone pour annoncer que la sculpture est prête. Il l'apporte par camion, elle est hissée jusqu'à l'appartement des Scull. Le grand moment est arrivé : Bob tire sur le cordon retenant les draperies en velours qui protègent l'œuvre et révèle... la plaque d'argent telle qu'elle avait été confiée à De Maria, sans rien dessus. Il l'observe, interdit, pendant que De Maria le regarde exactement comme la première fois, une boule roulante à la place des yeux.

— C'est quoi, ça ? finit par lâcher Scull.

— Regardez derrière.

Derrière, il y a un petit rectangle chromé sur lequel a été gravé : « 5 novembre 1965, réalisé pour M. et Mme Robert C. Scull ». Il y a également des instructions : la plaque d'argent doit être photographiée tous les trois mois, et les clichés conservés dans un album de photographies. La sculpture se nomme *Le Portrait de Dorian Gray*. Le truc, explique De Maria, c'est que l'argent va se ternir peu à peu, la corrosion le noircir, et les photos témoigneront du processus de vieillissement. Chaque fin de trimestre, jusqu'en 1975, Bob ou Spike auront à retirer les draperies, photographier ce pan de métal vieillissant et coller le cliché dans l'album. *Le Portrait de Dorian Gray* ! Mais bien sûr !

« J'ai été époustouflé, me racontera plus tard Scull. Ce que ressent un collectionneur quand il passe une commande et que le résultat s'avère à la hauteur, c'est impossible à décrire... »

Ensuite, Bob et Skype se rendent à l'atelier de George Segal, dans le New Jersey. Ils veulent que Segal, connu pour ses sculptures en plâtre moulé, en fasse une pour eux. Aussitôt, l'artiste entreprend de les mouler dans le plâtre. L'expérience est mémorable : parfois, le plâtre adhère à la peau en séchant, Spike perd l'une de ses bottes Courrèges dans sa lutte pour s'extraire du moulage ; quant à Bob... on doit lui retirer son Levi's pour lui éviter de se transformer en moulure vivante. Modeler l'histoire, n'est-ce pas ?

Ils décident de dévoiler la sculpture à l'occasion d'une réception à laquelle près de deux cents célébrités, artistes, chroniqueurs et éditeurs sont conviés. Ils ne connaissent pas la moitié d'entre eux mais ils vont venir, c'est certain, ils viendront !

L'après-midi précédant le raout a lieu le dernier vernissage Jasper Johns à la galerie Leo Castelli, au 4 de la 77e Rue Est. Quatre immenses toiles composent l'exposition mais Bob n'a l'intention d'en acquérir aucune, pour toute une série de raisons et notamment parce que trois d'entre elles intéressent déjà des musées. Il est de bonne humeur, cependant. Spike n'est pas là mais Bob est d'excellente humeur, oui. Surtout lorsque se déroule un événement comme celui-là, la galerie Castelli est l'« endroit où ça se passe ». Cela est évidemment moins dû aux peintures qu'à l'affluence des butineuses de culture. Elles sont toutes là, ces merveilleuses nymphettes culturelles de vingt, vingt et un, vingt-deux, vingt-trois, vingt-quatre ans, toutes frémissantes, leur petit mons Veneris enserré dans des pantalons élastiques Jax qui s'introduisent dans la moindre fente, leurs petites moues sérieuses et cultureuses sous des franges à la Sassoon et des yeux noirs d'Égyptiennes, cette présence entêtante et excitante, telle celle du prion perché sur la baleine qui signale où se trouve le plus gros poisson de toutes les mers.

Là, au milieu de l'essaim des affriolantes butineuses, Bob est en grande conversation avec Leo Castelli, le numéro un des marchands d'art avant-gardiste de New York, un petit homme mince qui approche de la soixantaine. Bob est le principal client de Leo, qui est lui-même la quintessence du diplomate européen, avec un accent salonard qui n'est plus italien mais vraiment européen, chaque mot sorti de sa bouche se glissant à travers un petit sourire velouté très méditerranéen. Sa voix est douce, feutrée et un peu mouillée, comme celle d'un croisement de Peter Lorre et d'un secrétaire de l'ambassade de France.

— Vous vous rappelez ce que vous m'avez dit à la dernière expo de Jap, Leo ? lance Bob.

— Noooooon !

— Vous m'avez dit que j'étais... VULGAIRE !

Et ses yeux se sont éclairés d'un coup quand il a prononcé ce terme, comme si Leo ne pouvait qu'acquiescer avant que tous les deux partent d'un merveilleux éclat de rire.

— Noooooon, Bob !

— Écoutez-moi, Leo ! Le truc, c'est que justement...

— Nooooon, Bob ! Je n'ai jamais...

— Le truc que je veux vous dire, Leo, c'est que...

— Noooooon, Bob ! Je voulais simplement...

Personne ne dit « non » comme Leo Castelli. Il l'articule comme si c'était le mot le plus agréable que son interlocuteur puisse entendre, ses lèvres ouvertes sur un petit *o* lubrifié, la voyelle se répétant tel un chapelet de perles blanches parfaitement satinées.

— Ce que je veux dire, Leo, c'est...

— Nooooon, Bob, j'ai simplement fait remarquer qu'à ce stade de la carrière de John, ce serait une erreur de...

— VULGAIRE, vous avez dit, Leo !

— Ce serait une erreur qu'un seul collectionneur achète d'un coup toute l'exposition.

— Vous avez dit que c'était VULGAIRE, Leo, et vous savez quoi ?

— Quoi, Bob ?

— Le truc que je voulais vous dire, c'est que... vous aviez RAISON ! C'était VRAIMENT vulgaire !

Les yeux de Bob luisent maintenant comme deux phares de sincérité de plusieurs mégawatts, triomphants puisque la vérité resplendit désormais sur terre. Et, pour l'une des très rares fois de sa vie, Castelli leur répond par un regard vide, interloqué, tout de stupéfaction veloutée.

LE SOIR MÊME, LA RÉCEPTION... Bon, il fait un froid de canard. Pour commencer, Spike se montre glaciale au sujet de Jasper Johns : ils traversent une de leurs nombreuses brouilles, elle et lui, et Jasper n'est pas venu à la fête. Mais tout de même, PROFITER DE LA VIE, car qui d'autre serait en mesure de se DISPUTER avec la crème de l'avant-garde ? Et puis il caille sérieusement dehors aussi, et tous ces gens en smoking et minirobe de soirée sont arrivés à l'appartement du 1010 de la Cinquième Avenue avec les oreilles gelées pour tomber dès la porte passée, *bang!* sur le moulage un peu plus grand que nature d'Ethel Scull assise jambes croisées sur un canapé en velours sombre, avec Bob en plâtre debout près d'elle ! Et puis, quelques pas plus loin, dans le hall, voici les VRAIS Bob et Spike qui saluent leurs invités en souriant, en riant, et *gong!* leur résidence s'est transformée en galerie d'exposition des plus spectaculaires acquisitions de M. Robert Scull.

Partout sur les vastes murs d'un blanc satiné, des De Kooning, des Newman, les cibles et les drapeaux de Jasper Johns, les sculptures en pièces de carrosserie automobile écrabouillées de John Chamberlain, le portrait de Spike réalisé par Andy Warhol avec trente-cinq agrandissements de clichés du photomaton de la galerie marchande entre la 52e Rue et Broadway[1], de l'op art de Larry Poons dont les taches de couleur sont si vibrantes qu'on peut littéralement détourner la tête et les avoir encore imprimées sur la rétine. Et tout ça rien que dans la salle à manger. Avant, Bob et Spike avaient aussi là une peinture de James Rosenquist dans le style panneau publicitaire, recouvert d'immenses traces de pneus de

1. Ce portait constituait l'affiche de la rétrospective consacrée à Andy Warhol au Grand Palais en 2009.

voiture, mais ce soir c'est un autre tableau du même artiste qui est au plafond, représentant un plan d'appartement, l'idée initiale étant que les Scull se réveilleraient le matin, regarderaient au-dessus de leur lit et que ce plan leur permettrait de s'orienter pour le reste de la journée. Ce qui surplombe maintenant leur king-size, c'est un *Nu américain* de Tom Wesselman, avec deux tétons dressés qui flottent comme deux cerises confites.

Maints noms fameux circulent parmi la cohue qui bavarde, boit, furète partout : George Segal l'acteur, George Segal le sculpteur, le chroniqueur Leonard Lyons, Aileen Mehle – connue comme chroniqueuse sous le nom de Suzy Knickerbroker –, Alex Liberman, Mme Jacob Javits, Robert Kintner... Larry Poons arrive, sa masse de boucles solennellement dressée sur la tête, affublé d'une chemise hawaïenne en éponge avec une image de requin. POONSY ! C'est ainsi que Spike l'appelle. Sa voix perce la mêlée de têtes, de gorges, de plastrons de smoking. Elle dit que Poonsy a fait un gros effort, ce soir. Elle parle de la chemise hawaïenne. C'est HABILLÉ, pour l'artiste qui vient souvent aux soirées en T-shirt, pantalon et galoches constellés de peinture Kelly verte. Une MARÉE humaine envahit toutes les pièces mais *gong !* La Foire internationale ! Tout ce monde quitte l'appartement et redescend en bas de l'immeuble, où trois autobus de la compagnie Campus Coach vont les conduire à Flushing Meadows pour la version new-yorkaise de l'Exposition universelle.

LA FOIRE INTERNATIONALE EST TERMINÉE mais le restaurant reste ouvert, au sommet d'une tour en forme de gros champignon. Les restes de la FOIRE, bâtiments à moitié démantelés, dressent leurs silhouettes tourmentées tout autour, comme une gigantesque décharge municipale.

Perché au-dessus, le restaurant se révèle un bel exemple d'élégance modern style des années 1930 avec ses immenses glaces, ses surfaces de bois incurvé, sa moquette et ses impressionnantes baies vitrées qui offrent une vue nocturne du quartier du Queens. Scull a réquisitionné la moitié du grand complexe, y compris l'estrade pour orchestre et la piste de danse entourée de tables qui n'est pas sans rappeler Le Tropicana, le cabaret d'autrefois à La Havane. Après le dîner, un groupe de rock'n'roll se met à jouer et les gens commencent à danser. Mme Claes Oldenburg, une jolie fille toute menue en minirobe argentée, se lance dans un bugalu endiablé avec le peintre Robert Rauschenberg. Les musiciens entament « Hang on, Sloopy » et Rauschenberg, qui a arboré un immense sourire toute la soirée, émet de temps à autre des hululements, *oooooouh*, mais *gong !* la danse s'arrête et l'assistance est conduite en troupeau jusqu'à une salle de conférences.

UN ÉCRAN DE CINÉMA SE DRESSE devant les rangées de sièges. Les lumières s'éteignent. Le premier film diffusé est *Camp*, d'Andy Warhol. Un groupe d'hommes et de femmes en tenue de soirée sont assis dans une pose très académique au milieu d'un loft. Jane Holzer en fait partie. Un garçon grassouillet en costume d'opéra wagnérien – semble-t-il – apparaît devant eux et exécute quelques sauts de danseur de ballet, s'affaissant et roulant de-ci de-là. Les spectateurs tirés à quatre épingles le regardent dans une immobilité respectueuse et guindée. Un autre gros type arrive pour faire un numéro de yoyo, puis un homme habillé en femme, qui fait penser à une chanteuse argentine rétro, exécute une danse absurde. L'idée de base est amusante, avec ces gens en habits de soirée qui contemplent religieusement des performances de pitres, mais elle est aussi exquisément ennuyeuse et les invités commencent à s'esquiver de la salle pour s'aventurer dans les recoins de l'étage, donc on arrête la projection, les lampes se rallument et un jeune homme du nom de Robert Whitman s'apprête à passer son propre film, qui n'a pas de titre.

Celui-ci est plus élaboré puisqu'il requiert trois écrans et trois projecteurs. L'obscurité revient. Sur l'écran de gauche, en couleurs, une mince et séduisante jeune fille, une sorte de butineuse de culture entièrement nue avec une longue chevelure préraphaélite et une belle peau de nageuse, prend une douche en se tournant d'un côté et de l'autre. Au début, l'eau sort du pommeau, puis quelque chose de sombre, comme de l'huile, et ensuite quelque chose de rouge comme du vin. Elle continue à minauder. Sur l'écran de droite, également en couleurs, plusieurs butineuses en fleur, très jolies, sont étendues sur le sol, bouche ouverte. La caméra est placée au-dessus de leurs visages. De la nourriture et des liquides commencent à tomber en cascade dans leur bouche, sur leurs traits et leur nez, dans leurs yeux, quelque chose de mou et visqueux comme de la pâte à crêpe, puis quelque chose de fluide et de jaune comme du jus d'ananas, et ensuite de la viande hachée, foie ou autre, oui, du foie cru, rouge et coulant, qui dégringole sur les visages ou directement dans les gosiers, mais les filles ne cessent de sourire. Soudain, le truc se produit en sens inverse, tout ce qu'elles ont ingurgité sort de leur bouche comme si elles vomissaient, mais les sourires ne quittent pas un instant ces jolis visages.

Pendant tout ce temps, sur l'écran central, en noir et blanc, eh bien... personne ne pourrait dire ce qui se passe là, au début. Il y a comme des formes... ABSTRAITES, oui, des fentes, des plis, des crevasses, des ouvertures, une sorte de trou rond et un liquide venu d'on ne sait où mais ça n'a pas vraiment de sens. Bien sûr, ce pourrait être de ces compositions abstraites que Stan Brakhage utilise dans ses films, ou encore... mais non. Au bout d'un quart d'heure, tandis que la beauté brune à gauche continue à se pâmer sous la douche et les beautés bouche bée à droite à sourire tout en poursuivant leur ingestion, on comprend enfin : la fille qui était assise sur le trou rond s'est levée, puis une grosse paire de testicules se profile en haut de l'image et l'organisme en surplomb entreprend de déféquer. Apparemment, cette prise de vue a été obtenue en coupant la colonne d'une cuvette de toilettes, en installant une glace protectrice et en tournant de l'intérieur de la cuvette. La beauté brune pivote sous le jet, voluptueusement aspergée d'huile, les beautés blondes sourient, voluptueusement gavées de foie haché. Et là, arrivant droit dans la figure des quelque deux cents artistes, chroniqueurs, éditeurs, un monumental étron humain entame sa descente.

Merveilleux ! Les lumières se rallument et réapparaît le public lumineux, smokings et minirobes du soir, planant au-dessus de la Ville lumière qu'est New York, au-dessus du squelette gelé de la Foire internationale, telle une assemblée d'agneaux estourbis.

*

* *

WALTER DE MARIA ! IL EST À LA BATTERIE MAINTENANT, sur la scène à la Tropicana, cymbales, balais, bois blond, ces bras de costaud de cinquième étage sans ascenseur s'agitent dans tous les sens et font un malheur. Walter De Maria a le vent en poupe ! Bob Scull l'a sponsorisé, distingué du lot, et il fait désormais partie des jeunes sculpteurs en vue et... *vlan!* il se défoule salement sur les fûts. Les artistes plasticiens se sont emparés de tout le matériel de l'établissement et les musiciens regardent, poussés en touche : Walter De Maria tient la batterie, Claes Oldenburg un tambourin, sa femme Pat – celle à la minirobe argentée – un micro et Rauschenberg un autre. Le danseur Steve Paxton, son ami, ondule tout seul sur la piste pendant que Rauschenberg et Pat Oldenburg hululent dans le micro, des gémissements déments – SLOOPY ! – qui remplissent la tête de champignon en verre au-dessus du Queens congelé. Et les agneaux estourbis, où sont-ils ? Ils se sont esquivés peu à peu. Les autobus Campus Coach se sont succédé toutes les demi-heures, comme ceux d'une ligne régulière, et maintenant ce sont les artistes, pop, op, primaires, qui occupent la place, le sommet de la Foire, De Maria, Rauschenberg, Rosenquist, Segal, Poons, Oldenburg...

Larry Poons a retiré sa chemise hawaïenne en éponge, ne gardant que son T-shirt Ford Motor Company Cobra, avec le mot « Cobra » répété huit ou neuf fois dessus. Il se balance sur le bord de la piste de danse, tête baissée mais un grand sourire aux lèvres. Bob Scull exulte, Spike est enchantée et sa voix... perce ! « Non, mais regardez Poonsy ! Quand je vois ce garçon sourire, ça me comble vraiment, je vous le dis ! »

BOB SCULL EST ASSIS À UNE TABLE proche de la piste, rayonnant. Rauschenberg et Pat Oldenburg poursuivent leur imitation de chanteurs de rock'n'roll, hululements et tout, et puis quelqu'un crie « Chantez la Chanson sale ! », et Pat Oldenburg a l'air de savoir exactement de quoi il s'agit car elle commence aussitôt, agrippant le micro comme une pro du show-biz, ses jambes s'agitant sous la mini : « T'as un plafond sale, t'as un parquet sale, et une fenêtre sale, et une porte, ah, sale, sale, sale, sale... »

Scull, qui rayonne plus que jamais, se lève pour installer sa chaise pratiquement au milieu de la piste de danse, en face de la chanteuse qui continue : « ... Ah, sale, sale, sale, t'as les cheveux sales les chaussures sales les oreilles sales et une sale gueule de bois, sale, sale, sale, sale, sale, ah t'as la figure sale la chemise sale les mains sales... »

Rauschenberg hulule en accompagnement, De Maria explose la batterie dans un accès de fureur mystérieuse, Oldenburg frappe le tambourin, Poons ondule et sourit, et tout le monde regarde Scull pour voir ce qu'il va faire. Il a l'air de sentir que c'est une sorte de test auquel il est soumis. Profiter de la vie !

— J'adore, lance-t-il à Pat Oldenburg.

— « Oh sale, sale, sale, sale, sale... »

— C'est très bon ! J'aime !

SCULL RAYONNE, RAUSCHENBERG HULULE, *vlan bong* et... *gong !* deux heures et demie du matin, on se tire, on se tire de là, Poons, De Maria, Segal, Rauschenberg, Rosenquist, tous disparaissent dans l'ascenseur. Bob et Spike descendent en dernier, avec Jonathan et Stephen. Ils arrivent en bas et il fait un froid de canard à cette heure indue au milieu de Flushing et du Queens, Flushing congelé avec ses ruines troglodytiques de la Foire internationale, la décharge municipale givrée qui tend ses bras morts dans le noir, et brusquement tous les artistes sont partis, ainsi que le dernier bus. C'est incroyable : Bob et Spike abandonnés, LÂCHÉS en plein Queens ! Il doit y avoir un stupide malentendu quelque part ! Ou ça, ou quelqu'un a dit au dernier chauffeur de bus : « Ça y est, on est tous là, démarrez », et c'est ce qu'il a fait. Une camionnette sort du parking, les quelques éditeurs restants à son bord, la bande de *Time* et de *Life*. Elle disparaît aussi. Soudain, tout est fichtrement calme, ici, calme et froid. Bob Scull fixe l'obscurité galactique du Queens saupoudré de givre et regarde son haleine se muer en nuage blanc devant lui.

Le nouveau manuel de savoir-vivre signé Tom Wolfe

LES MANUELS DE SAVOIR-VIVRE S'EFFORCENT DE « RESTER À LA PAGE », de rendre compte des nouvelles mœurs apparues au sein des couches supérieures de l'humanité. Depuis l'an dernier, ils ont commencé à inclure des sections particulièrement intéressantes, par exemple un guide de conduite dans l'art de se faire des câlins destiné aux jeunes générations. Le protocole du pelotage, exactement ! Après tout, le savoir-vivre n'est rien d'autre qu'une série de règles de comportement généralement acceptées, et il en faut aussi pour les couples d'adolescents nubiles sécrétant leur musc surchauffé et s'explorant mutuellement nodules, monticules et pédoncules émoustillés sur la moleskine d'une banquette d'automobile. Et encore, ceci n'est qu'un exemple isolé car à New York c'est l'ensemble du manuel de savoir-vivre qui est déjà réécrit sous l'influence de deux phénomènes :

1. LA RATIONALISATION DE LA POLITESSE, c'est-à-dire l'adaptation des bonnes manières à des fins purement commerciales.

2. LA NOSTALGIE DE LA BOUE[1], entendez l'adoption par

1. En français dans le texte original.

les sphères supérieures des us et coutumes de la plèbe, uniquement pour la frime.

Ce nouveau manuel comportera de nombreux chapitres inédits, tels que :

Le dîner de singes

Institutions en voie de disparition : (1) Le cocktail (2) L'hôtesse de la fête

Les styles « paria »

Shit, fuck et autres interjections polies

Le protocole du joint

Le baiser social

SI L'ON COMMENCE PAR LA RATIONALISATION DE LA POLITESSE, on illustrera cette tendance par l'institution du déjeuner d'affaires new-yorkais. Historiquement parlant, le savoir-vivre se fonde sur le CHARISME PATERNALISTE du système féodal : la principale marque d'honneur qu'un noble pouvait accorder à l'un de ses semblables – hormis celle de donner sa fille au fils de celui-ci, ou vice versa –, c'était de lui offrir un FESTIN. Le déjeuner d'affaires new-yorkais est le festin féodal cantonné à des objectifs strictement économiques. Une kyrielle de restaurants de l'est de Manhattan, au niveau des Rues 50 et quelques, ne vivent que grâce à ces incessantes bamboches de businessmen. Le festin moderne comporte habituellement deux cocktails apéritifs par personne, de la HAUTE CUISINE déclinée sur le mode français ou italien, vin, café, cognac et cigares. Il dure en général trois bonnes heures. Si l'hôte – la société ou entreprise invitante – a correctement fait son travail, le client ou partenaire potentiel en sortira baignant dans l'euphorie que l'ancien *status honor* provoquait chez celui auquel le banquet médiéval était offert. Ce principe de base s'applique à nombre de nouvelles conventions sociales à New York, dont :

LE DÎNER DE SINGES. L'expression dérive de ce qui était encore récemment considéré comme une simple FRIVOLITÉ dans l'histoire des mœurs new-yorkaises, à savoir le dîner de singes que Mme Stuyvesant Fish[1] avait organisé au 19 de Gramercy Park en 1908. Elle avait invité le gratin de l'époque à un dîner en l'honneur du prince Del Drago, et tout le monde était venu sans chercher à se demander qui cet illustre inconnu pouvait être exactement. Or donc, ils ont découvert que le prince, assis à la droite de l'hôtesse, n'était autre qu'un grand babouin du Zambèze en tenue de soirée, avec redingote et col cassé. Mme Fish l'avait installé à la place d'honneur afin que chacun puisse le voir grommeler et s'agiter au-dessus de la longue suite d'entrées, de mets et d'entremets. Il avait aspergé de sauce le taffetas magenta d'une Victoria Cross voisine, et forcé Lord Machin Chose à quitter la pièce. Le tout premier dîner de singes avait été le grandiose pied de nez adressé par Mme Fish à une BONNE SOCIÉTÉ devenue d'un snobisme outrancier, attirée comme un essaim de mouches par la seule mention d'une quelconque altesse.

De nos jours, le dîner de singes n'a plus cette connotation cynique, puisque c'est une convention. On reçoit une invitation à dîner de sommités mondaines comme Bill et Babs Paley – je ne cite ces noms que pour donner une idée du calibre social de l'événement –, en l'honneur de quelqu'un d'encore plus couru, par exemple

1. Marion Graves Anthon, dite « Mamie » (1853-1915) : épouse du magnat des chemins de fer américains Stuyvesant Fish et arbitre des élégances new-yorkaises durant l'« âge d'or » de la ville.

Averell Harriman. On s'attend à trouver une table de douze ou seize personnes chez les Paley, autrement dit une soirée dans le saint des saints de l'aristocratie new-yorkaise mais... tu parles ! Comme ce sont les années 60, l'âge du dîner de singes, il y a deux cents convives ! Tout le monde est là, tous ces magnifiques magnats du détergent pour moquette ou de la lotion corporelle aux joues bleutées et aux yeux comme des coquilles de noix. Et il suffit d'avoir vu arriver le homard cardinal du traiteur du coin de la rue, dans sa sauce grumeleuse et hâtivement décongelée, pour deviner ce qui va suivre. Les agapes terminées, on fait parader l'invité de marque tel le prince Del Drago, le roi des singes, avant un petit discours pour une cause philanthropique ou une autre, la campagne du cancer, ou du cœur, ou du foie, ou des abattis divers, la défense des enfants malades de la thyroïde ou des nègres du Mississippi, la réhabilitation des DJ (délinquants juvéniles), que sais-je ? Ensuite, un domestique distribue à la ronde les cartons de participation et bon... que reste-t-il à faire sinon de sortir son carnet de chèques ? C'est tellement génial qu'il est impossible de se fâcher et on reste assis là, devant les cinq sortes de verres à pied fournis par le traiteur, en assimilant peu à peu le fait que quelque chose de parfaitement sublime vient de se produire : la rationalisation de la politesse.

Il y a tant eu de dîners de singes organisés à New York ces deux dernières années, avec leurs fins charitables et leur princes Del Drago nouvelle manière, que certains hôtes et hôtesses prenant leur rôle au sérieux se sont mis à ajouter au bas de leurs cartons d'invitation : « Pas de collecte de fonds. » En cette époque de renouvellement des bonnes manières new-yorkaises, ce genre de mondanités n'est pourtant que l'ultrarationalisation d'une version plus subtile du dîner de singes très en vogue ici depuis la Seconde Guerre mondiale, j'ai nommé...

LE DÎNER CIBLÉ (OU DÎNER DE SINGES PRIVÉ). De nos jours, l'espèce simiesque la plus prisée pour les dîners ciblés est un artiste peintre ou un directeur de musée, quelqu'un de l'envergure d'un Andy Warhol, d'un Robert Rauschenberg, d'un Roy Lichtenstein, d'un Jasper Jones ou d'un Alfred Barr. Il n'est que l'invité d'honneur, toutefois, le mannequin dans la vitrine, parce que en réalité la soirée a été organisée pour quelqu'un d'autre, quelqu'un dont l'importance n'est connue que des amphitryons, par exemple ce type dont la chemise trop blanche a des baleines métalliques dans le col et qui est un baron de la manufacture des portefeuilles en similicuir. Toute la raison d'être du dîner, la CIBLE, est de mettre en contact la célébrité avec un invité qui ne paie pas de mine mais qui est le client ou l'associé de l'hôte, un modeste grossiste disposé à signer un contrat de distribution. Évidemment, la soirée aurait pu être donnée en l'honneur du baron du vinyle, mais dans ce cas qui serait venu ? Aucun de ces opulents poids lourds en chemise de drap fin et cravate Revatti, aucune de ces opulentes charmeuses aux yeux papillotants et aux lèvres blanches, aucun de ces êtres que l'on connaît et que l'on aime, les seuls capables de générer... l'EUPHORIE DU STATUT SOCIAL à New York, et ce juste pour un obscur géant du portefeuille en similicuir.

LES INVITÉS D'APRÈS-DÎNER, maintenant. Comme le dîner de singes répond à un mobile très spécifique et sérieux, qu'il constitue tout bonnement une forme de transaction, il n'est pas possible d'accumuler trop d'éléments purement décoratifs autour de la table, les laissant faire des pâtés de sable dans leur for intérieur dilaté. En conséquence, les hôtes de l'ère du nouveau savoir-vivre ont inventé la curieuse coutume consistant à recevoir des invités APRÈS le dîner. Elle a un antécédent dans les pratiques sociales de l'ancien temps, quand on conviait des gens du spectacle à se produire une fois la table desservie. Ayant transformé l'office en loge, une chanteuse ou une danseuse surgissait de là pour batifoler devant des convives repus, dodelinant de la tête et se flattant la panse sur leurs chaises en bois de Jamaïque, sous les moulures de stuc à thèmes mythologiques. Le soir où la danseuse Irene Castle est restée bavarder avec les invités après son spectacle chez Mme On-ne-sait-plus-qui a constitué un tournant dans les annales du goût, mauvais selon certains, meilleur pour d'autres. Aujourd'hui, c'est à peu près pour les mêmes raisons que les amphitryons font appel à des invités d'après-dîner : couleur, atmosphère, chic. En apparence, du moins, ces invités tardifs sont des égaux, des fréquentations revendicables, voire des figures mondaines. Chez Allan et Dorothy, les convives qui pèsent lourd dînent en discutant de sujets graves puis, comme si cela avait été programmé, les portes s'ouvrent à la volée et, bras grands ouverts, lèvres étirées dans un sourire tapageur, voilà « Uncle Mittie : » Milton Berle – « Dottie ! Al ! » –, et maintenant la partie délicieusement DÉTENDUE de la soirée peut commencer.

LES PRÉSENTATIONS « AU STATUT ». Celui qui veut se servir d'un dîner de singes pour faire progresser ses affaires doit être capable de repérer le rang social de chaque invité en quelques secondes, de distinguer les simples potiches des personnalités qui comptent, et ainsi de suite. Ce besoin d'identification statutaire a entraîné l'apparition de manières assez surprenantes.

Il y a encore vingt ans, il aurait été impensable de faire les présentations dans une soirée en se référant aux occupations et au statut social de chacun. De nos jours, au contraire, c'est une obligation qui échoit à l'amphitryon. « Je vous présente Harry X, qui réalise des spots publicitaires pour la télévision » ; « Voici Lionel Y, Lionel est écrivain » ; « Vous connaissez sans doute Arthur Z, du cabinet Sullivan & Cromwell ? », etc. Cela ressemble au formulaire d'inscription universitaire dans lequel on vous demande quelle est votre religion : la question est censée aider l'aumônier de l'établissement dans sa mission de berger des âmes, mais en réalité il s'agit de détecter le statut social, une façon de repérer les Juifs, les Irlandais et les Italiens. De même, présenter ses invités en accolant leur profession à leur nom vise prétendument à faciliter la conversation alors que c'est simplement une forme d'identification statutaire instantanée. Il fut un temps où personne n'aurait pensé demander à quelqu'un tout juste rencontré dans une réception : « Et que faites-vous dans la vie ? » Aujourd'hui, la question est non seulement courante mais considérée comme une marque de politesse. Ce qui est derrière, bien sûr, c'est : « Votre statut social, c'est quoi ? » La règle absolue du dîner de singes moderne, c'est d'assurer que chacun soit immédiatement conscient de la position dans la société qu'occupent ceux dont il fait la connaissance.

INSTITUTIONS EN VOIE DE DISPARITION : 1) LE COCKTAIL. Avec son nouveau savoir-vivre, la bonne société new-yorkaise a fait du dîner le théâtre presque exclusif de ses échanges. Il n'y a plus que des éditorialistes, des théologiens et des agrégés en littérature pour croire encore que la cocktail-party serait la communion sophistiquée dans laquelle se retrouve le gratin de New York. Ce sont les seuls à utiliser des tournures comme : « Pendant ce temps, les experts en cocktail-parties ont fait courir le bruit que... » En réalité, ce sont uniquement des institutions – banques, hôtels, galeries d'art, musées, fondations, guildes... – qui accordent un certain intérêt à cette forme de réunion. De nos jours, on organise un cocktail quand on a affaire à un grand nombre de gens qu'on regarde plutôt de haut mais qui, bon... à qui il serait sage d'accorder une relative attention en leur jetant cet os à ronger. Ainsi, on donne des cocktails « pour la presse ». L'imprésario des Beatles en a monté un grand à l'hôtel Plaza, « pour la presse », traduisez « pour ces insupportables fouille-merde ». Ou bien des trucs comme le Comité du Grand Prix national du livre : la cérémonie de la remise du prix se déroule dans des endroits comme le Hilton ou la salle philharmonique du Lincoln Center, et ensuite a lieu un énorme cocktail pour tous ces chers auteurs, éditeurs adjoints et « assistantes d'édition », lesquels s'y précipitent en masse puisque, malheureusement, ils ne sont jamais invités nulle part AILLEURS. Les vraies célébrités littéraires et les nababs de la chose imprimée, pour leur part, se sont déjà esquivés dans des dîners privés au 21 ou d'autres établissements de ce style. Dans pratiquement tous les cas, l'idée qui inspire la cocktail-party, maintenant, c'est : « PRENEZ ça et éclusez, ça devrait vous contenter, bande de petits salauds utiles mais insortables... »

Pour les gens de la haute, par contre, il faut quelque chose de consistant : un repas, un dîner, s'asseoir devant une assiette bien remplie. C'est l'une des règles d'airain du nouveau savoir-vivre. Cette pratique dérive directement de la vieille tradition selon laquelle on rend honneur à quelqu'un en l'invitant à se sustenter de concert. Le schéma classique, en Angleterre comme ici, veut qu'un aristocrate n'invite que ses égaux au dîner, que des convives de son niveau ou un peu en dessous au déjeuner, et plus ou moins n'importe qui pour le thé. Donc, en suivant ce même code, on peut dire que le cocktail est l'équivalent moderne du thé ; conséquemment, qui pourrait honnêtement se réjouir d'avoir été invité à l'un d'eux ? Aujourd'hui, la cocktail-party new-yorkaise a des côtés vraiment... rudes. Un invité qui ne connaît pas personnellement l'hôte ou l'hôtesse ne se sentira guère obligé d'aller le ou la saluer et personne, à part leurs amis proches, n'éprouvera la moindre envie de les remercier, ou de dire au revoir en s'en allant. Un cocktail, c'est simplement « un truc où on va », comme on dit maintenant.

INSTITUTIONS EN VOIE DE DISPARITION : 2) L'HÔTESSE. La vie mondaine de New York, comme celle de Boston, était jadis dominée par des hôtesses légendaires à l'instar de Mme Fish, celle du prince inattendu. Aujourd'hui, il n'en reste qu'une poignée à Manhattan : Mme C. Z. Guest, Mme Gilbert Miller, Mme Elsie Woodward... Elles sont des anachronismes car avec le développement du dîner de singes, recevoir est devenu une affaire d'hommes. Certes, l'épouse récoltera encore le mérite de la soirée dans les chroniques mondaines mais elle n'est désormais guère plus qu'une sorte de secrétaire protocolaire. Comme l'homme de la maison utilise les dîners en tant qu'instruments de promotion de sa carrière, il finit par prendre le contrôle de l'événement dans ses moindres détails. On le verra jusque tard dans la nuit étudier des livres sur l'argenterie anglaise, la dentelle libanaise et les châteaux vinicoles français. C'est lui qui fixe le plan de table. Après tout, le dîner de singes est essentiellement l'occasion donnée à des hommes de s'asseoir ensemble et de parler affaires. C'est presque un axiome : un buffet ou un cocktail dilue les responsabilités sociales de l'amphitryon, qui n'est plus forcé de soutenir de véritables conversations, ni même de s'intéresser vraiment à ses invités, alors qu'un dîner assis est par définition plus sérieux, plus propice à la discussion. On ne s'étonnera donc pas que, en notre temps, les hommes new-yorkais tiennent à avoir la haute main dessus.

Même d'innocentes activités comme les organisations philanthropiques ont été reprises aux femmes, dans le New York d'aujourd'hui. Il y a trop d'argent et trop de STATUTS qui sont brassés là. Les dames de la société new-yorkaises ne sont plus les dirigeantes des « charités » mais leurs esclaves : des soldates envoyées sur le terrain pour ACCOMPLIR.

AU MOMENT MÊME OU LES HÔTESSES NEW-YORKAISES les plus en vue pensent avoir récupéré leur influence en créant un nouveau et charismatique regroupement de l'élite sociale, non seulement il y a un homme derrière le projet mais c'est quelqu'un qui a conçu spécialement un recyclage des anciennes traditions de caste à cette fin, des usages PRÉFABRIQUÉS, pourrait-on dire. On reçoit une invitation émanant de plusieurs dames patronnesses locales à la réunion inaugurale d'un groupe élitiste, les Nine O'Clocks (« Neuf heures sonnantes »), dont le programme est d'organiser quatre dîners dansants chaque année, quatre et tous EXCLUSIFS, n'ayons pas peur du terme. À la Rainbow Room du Rockefeller Center, s'il vous plaît, cet établissement grandiose qui tente de retrouver son prestige passé. La TRADITION que cette initiative contient ! Une confluence de traditions, plutôt, dont celle du dîner dansant, bien sûr, si évocatrice de la bonne société de Washington – quand elle existait encore à Washington –, et de l'ambiance Mayfair des grands hôtels de jadis à New York, si on s'en souvient, et des gravures tellement émouvantes de *Vanity Fair*, et... et pourquoi quiconque devrait s'abandonner à la malveillance quand, par la suite, on va découvrir que la tête pensante des Nine O'Clocks, avec toutes ces références de caste, est... un PUBLICITAIRE, Earl Blackwell, le fondateur de Celebrity Service ? N'était-il pas l'homme providentiel de ces temps nouveaux, finalement ? Il n'avait fait que proposer des traditions instantanées, préfabriquées et déjà testées, une politesse plus rationnelle et plus efficace.

LA NOSTALGIE DE LA BOUE... Sur le plan social, il émane du New York d'aujourd'hui un parfum entêtant qui ressemble à celui de Londres durant la Régence, c'est-à-dire de 1800 à 1830, en gros. Au cours de cette période de prospérité sans précédent en Angleterre, les classes moyennes se sont retrouvées avec tellement d'argent qu'elles ont fait bouger les lignes de démarcation sociale jusqu'alors rigidement établies à Londres. Du coup, les coutumes ont pris une tournure d'allègre dissipation. Se débarrassant des lourds jupons et camisoles d'antan, les filles se sont mises à porter des robes légères qui révélaient une bonne partie de la poitrine et d'autres régions anatomiques ; c'est aussi à ce moment qu'elles ont adopté la petite culotte. De leur côté, les garçons ont laissé tomber les hauts-de-chausses pour des pantalons ajustés, des tenues bizarrement coupées et aux couleurs vives que certains esprits chagrins ont taxées d'efféminées. Homosexuels et catins de luxe ont été les coqueluches de l'époque. Les danses de cour de la fin XVIIIe, tel que le menuet, ont cédé le pas à la valse et ses tournoiements de derviche.

« D'aucuns ont estimé que ces tendances dénotaient un déclin général des valeurs morales, voire le début d'une décadence nationale », a écrit un historien. Filles et garçons des classes supérieures ont été emportés par la nostalgie de la boue, ce désir de retrouver la vitalité primale et l'énergie des classes populaires. Ils ont repris à leur compte les habitudes vestimentaires et les comportements plébéiens, la nouvelle mode amenant les jeunes hommes à s'habiller comme des cochers de fiacre, à s'affubler de casquettes et de bonnets coniques, et à conduire eux-mêmes leurs petits phaétons de sport attelés à leurs chevaux pour négocier les routes de la campagne londonienne à une allure sidérante. Encore plus à la mode, le style « cogneur » reprenait la dégaine des boxeurs professionnels de l'époque : rouler des mécaniques en se baladant dans un pantalon bouffant rentré dans des bottes montantes et ultracollantes, et au diable la respectabilité bourgeoise !

C'est à ce moment qu'un jeune chimiste, Humphrey David, fait la découverte du protoxyde d'azote, communément appelé gaz hilarant, et plonger le nez dans un sac de soie rempli de ces émanations semble ouvrir les portes de l'esprit à d'ineffables expériences mystiques. « Le gaz hilarant faisait fureur, relève R. J. White : poètes et peintres, potiers et antiquaires, hommes d'État et romanciers feuilletonistes, tous ceux qui comptaient alors, de Maria Edgeworth à Isaac Disraeli en passant par Josiah Wedgwood, l'inhalaient avant de noter scrupuleusement leurs sensations. »

Les multiples registres d'expression de la nostalgie de la boue constituaient pour les jeunes aristocrates un moyen de se démarquer des classes moyennes, car si l'argent n'était plus un élément de différenciation de classe, la traditionnelle bravache aristocratique le restait, au contraire. La bourgeoisie avait les moyens financiers, maintenant, mais il lui manquait toujours le TOUPET d'essayer quoi que ce soit d'autre qu'une recherche incessante d'ennuyeuse respectabilité. L'aristocrate pouvait se montrer aussi tapageur et incontrôlable qu'un marin en goguette, sans avoir à rendre de comptes, tandis que le bourgeois était accro à la DISTINCTION : langage châtié, manières raffinées et conformisme du bon «burgher» qui se respecte. L'aristo brillait de mille feux en se moquant éperdument du qu'en-dira-t-on, son qu'en-dira-le-bourgeois à lui. Et à New York aujourd'hui, nous avons...

LES STYLES «PARIA». Pour être un vrai mondain new-yorkais de nos jours, il faut connaître, mesurer, maîtriser des dizaines de codes et de maniérismes OUTRANCIERS. Enfin, «outranciers» est un terme tellement dépassé... quand des mots comme «Shit!» et «Fuck!» fusent à la table de dîner, de même que des commentaires détaillés sur diverses maladies féminines et versions d'hystérie sexuelle, ou sur des films homosexuels et des spectacles de travestis, et autres... Tout cela fait partie du NOUVEAU CHIC en vogue à New York. Ah, quel merveilleux manuel de savoir-vivre pourrait-on écrire aujourd'hui!

La bonne société new-yorkaise est une élite ayant perdu tout style de vie qui lui soit propre, tout référent spécifique. Cette minorité qui édicte les «bonnes manières» est désormais une aristocratie... de la publicité. De moins en moins de ses membres y appartiennent en raison de leurs ancêtres, de quelque statut hérité ou immuable. C'est uniquement leur succès social qui leur confère cette place de choix. Ils ont triomphé dans leur profession, et ils sont connus, acclamés, plébiscités pour cela. Leurs activités peuvent être variées mais ils ont tendance à toujours davantage évoluer dans les nouvelles filières de l'information et de la communication, télévision, industrie du spectacle, édition, arts et, évidemment, publicité. Ils ne partagent aucun terrain commun, aucune tradition sur la base desquels un style de vie particulier pourrait se développer.

Et pourtant, oui, même la bonne société new-yorkaise a besoin d'un style de vie pour se démarquer, s'identifier, affirmer son statut et sa singularité. Mais où le trouver ? Au niveau de ses centres de pouvoir, l'Amérique devient de plus en plus homogène, indifférenciée. Les styles originaux, uniques, n'ont tendance à émerger que de la MARGE, de groupes en rupture sociale, ou habités d'une foi religieuse extrême, ou stigmatisés par la majorité. Des parias, en un mot, parmi lesquels on citera les adolescents, les artistes et bohèmes (également dénommés « hippies »), les Noirs, les consommateurs de stupéfiants, les homosexuels et les théoriciens de l'ambiguïté sexuelle. Lassés par les conventions, ils ont créé leurs propres cercles, leurs propres statuts sociaux et leurs propres styles de vie, de quoi se fortifier leur propre moral. Et voilà que, Santa Barranza ! les mondains de toujours viennent se glisser parmi eux, les imiter, reprendre leurs styles, bref S'ENCANAILLER délicieusement.

SHIT, FUCK, ET AUTRES INTERJECTIONS POLIES... Actuellement, ces grossièretés sont couramment employées dans le meilleur monde, par les hommes comme par les femmes. Des expressions plus élaborées mais tout aussi vulgaires décrivent les positions physiques les plus improbables, et aucun sourcil désapprobateur ne se lève lorsque la plus charmante et chic des jeunes filles de la haute s'exprime de la sorte : « Écoute, mon chat, ce type m'a suffisamment fait manger de merde, je veux dire, fuck ! Tu sais quoi ? La prochaine fois, je lui balance : "Va te faire mettre par là où tu sais et suce-la-toi aussi, mon chou !" »

LE PROTOCOLE DU JOINT. Aux Noirs, la « bonne société » a emprunté son terme péjoratif de prédilection, le *put on* (la frime) ; aux consommateurs de stupéfiants, elle a repris quelques expressions « branchées » et l'usage de la marihuana. Le beau monde new-yorkais la désigne par le mot « pot », ce qui pour l'avant-garde des narcotiques, laquelle se trouve en Californie, n'est pas du tout branché mais « lourd ». En Californie, la marie-jeanne, c'est l'« herbe » : les lourdauds « in » de New York en restent au « pot ».

Dans la bonne société new-yorkaise, la fumette a acquis aujourd'hui pratiquement le même statut que l'alcool durant la prohibition, c'est-à-dire un vice mineur largement toléré en raison de sa généralisation. Et plus que toléré, d'ailleurs, puisque son caractère illégal lui confère le prestige d'un geste audacieux, nourrit maints légendes et souvenirs. Aucun snob du whisky n'est aussi assommant que les vrais snobs du joint.

De nos jours, les amphitryons de soirées et réceptions se doivent d'avoir de la marihuana à disposition, et ce même s'ils n'y touchent pas, ou du moins il est attendu qu'ils ne soulèvent aucune objection si certains de leurs invités en consomment. Quant aux manières de table liées à cette drogue, elles ont remarquablement changé depuis les origines du phénomène (1964). En cette époque lointaine, la cigarette de marie-jeanne, le joint, passait de main en main afin de permettre à chacun d'inhaler le plus possible d'herbe, alors difficile à trouver ; pour cette raison aussi, chaque bouffée, ou taffe, donnait lieu à tout un déploiement complexe de vigoureuse inspiration, de dilatation des poumons et des yeux, puis le mégot était soigneusement conservé pour être rajouté à un futur joint ou mélangé à du tabac et fumé comme un « cocktail ». Les « fumeurs de moquette » mettaient un point d'honneur à souligner qu'ils ne buvaient pas, les consommateurs d'alcool étant considérés comme des bourgeois abrutis par un vice débilitant.

Aujourd'hui entré dans sa deuxième « circonvolution », l'usage de la marihuana veut qu'elle soit fumée comme une cigarette normale, avec si possible un joint par personne. Inhaler trop ostensiblement et ouvrir des yeux démesurés revient à vous faire cataloguer comme « lourd », quelqu'un qui se croit branché mais qui ne l'est pas du tout. Et les mégots partent à la poubelle. Et les adeptes de la fumette ont également reconsidéré leur rapport à l'alcool, qu'ils tiennent maintenant pour une sorte de drogue de bas étage mais non déplaisante qui compense bien l'excitation due à la marie-jeanne ou au haschisch et peut même se consommer tout en tirant sur un joint. Au passage, signalons que le haschisch a encore plus la cote que la marihuana à cause de son arôme plus exotique, de son prix plus élevé et de ses références culturelles prestigieuses (Coleridge, Baudelaire et autres).

LES NÈGRES DE SOCIÉTÉ. Parias, poètes, bohèmes, photographes, Anglais de music-hall, et Nègres... Comme les précédents, les Nègres de société font partie du nouveau style de vie. Un bon Nègre dans un dîner, même s'il se met à fustiger ces pauvres Blancs progressistes – « Ce que vous ne voyez pas présentement là, vous autres, ce que vous autres ne VOULEZ pas voir, c'est que... » –, n'en reste pas moins le Nègre de service ce soir, NOTRE Nègre ! Récemment, toutefois, un nouveau type de Nègre de société est apparu, une variété vraiment sympathique. Un avocat blanc, boudiné et marbré comme une fraise allonge ses cent dollars pour deux entrées au bal de l'Emphysème sur le toit du Saint-Régis, sa femme et lui se retrouvent assis à côté d'un

CHARMANT COUPLE DE COULEUR – comme ils le raconteront plus tard – tout de taffetas et d'alpaga, il les salue et la dame annonce sans préambule : « Je travaille pour M. C... » C'est la femme de chambre de M. C... Charmant ! Ce brave vieux C..., il en a soupé des soirées de bienfaisance, de tout le circuit des dîners de singes, alors il a déboursé les cent dollars comme d'habitude mais il a envoyé sa domestique à sa place, laquelle est venue avec son époux et maintenant il sont dans la cohue de la grande salle blanche et dorée de l'hôtel, tandis que des serveurs italiens cacochymes pressent leur bedon dodu contre les nuques des convives pour servir le saumon fumée[1] à tout le monde à la fois, pareil que sur une chaîne de montage. Oui ! Diktat de la mode ! Le CHIC actuel, comme on dit, c'est de se faire représenter par sa femme de chambre à ces abominables raouts de charité et de préciser : « Je leur ai dit que je paierai volontiers pour ne PAS avoir à y aller moi-même. »

LES STYLES « PARIA » ont fait apparaître à New York une situation curieusement semblable au Versailles de Louis XIV. Le roi avait opéré une nette séparation entre « pouvoir » et « grandeur », le premier revenant à des hommes plutôt passe-partout, souvent des bourgeois, tandis que sa cour était la dépositaire de la seconde, mettant en scène les cérémonies et le décorum qui a fait de Versailles l'un des centres monarchiques les plus sophistiqués de l'Histoire. Il en est ainsi dans le New York d'aujourd'hui, où les hommes de pouvoir au gouvernement, dans la finance et l'industrie ont par exemple presque tous refusé l'invitation au fameux bal masqué offert par Truman Capote en 1966, alors que l'ensemble de ceux qui font la « grandeur » new-yorkaise s'y

1. *Sic* et en français dans le texte original.

pressaient, des êtres certes beaucoup moins CONSISTANTS, artistes, bohèmes fortunés et autres, mais qui représentent dans toute sa gloire l'addition de styles divers qui constitue aujourd'hui la manière de vivre du gratin de la ville. Étonnamment, la comparaison va encore plus loin : tout comme les us et coutumes de la Cour de Louis XIV se distinguaient nettement de ceux suivis par les Français respectables dans le reste du pays – il n'y avait qu'à Versailles, par exemple, que les hommes demandaient qu'on leur ouvre la porte en grattant dessus avec l'ongle du petit doigt gardé long à cette seule fin –, les codes de conduite de la société new-yorkaise n'ont aujourd'hui rien à voir avec ceux observés partout ailleurs en Amérique.

LE BAISER SOCIAL. Là encore, il n'y a qu'à New York que le baiser social est la façon la plus prisée de se saluer. Historiquement, cette forme de salutation vise depuis longtemps à manifester le statut de celui qui y a recours. Hérodote a décrit la codification sociale du baiser chez les Perses : les gens de rang égal s'embrassaient sur la bouche, ceux d'un niveau plus ou moins similaire sur les joues, et les inférieurs se prosternaient aux pieds de ceux qui les dominaient socialement. Dans son *Livre des cérémonies*, véritable manuel de savoir-vivre, Constantin Porphyrogénète s'étend longuement sur qui peut embrasser qui, et où : le front, les mains, la poitrine, les lèvres, les joues ou ailleurs. Dans le beau monde new-yorkais, le code du baiser social imite celui des royautés européennes, puisque les membres de ces familles royales s'embrassent toujours en public – gros baiser baveux ! – même s'ils se haïssent ou ne s'étaient jusqu'alors jamais rencontrés. Parmi le gratin new-yorkais, même les hommes ont pris l'habitude de s'échanger le baiser social, à la manière du monde du show-biz où il signifie : « Qui d'autre ici est aussi glamour que nous, baby ? »

ALORS, QUE FAIRE ? MONTER SUR SES GRANDS CHEVAUX pour dénoncer la prévisibilité de ce nouveau savoir-vivre, son idiotie crasse, son snobisme de pacotille ? Nombre de gens de bien, fameux, sincères, respectés, ont tenté de s'en détacher, uniquement pour se rendre soudain compte qu'ils ne voyaient plus PERSONNE. On peut dire non à tous les dîners de singes mais cela revient pratiquement à ne plus jamais dîner en ville. Ils ne supportent plus les petites nanas stone avec leurs nénés en plastique Rudi Gernreich et leurs cuisses en vinyle qui multiplient les « Oh, fuck ! à table » ? D'accord, mais dans ce cas ils ne supportent plus toute vie sociale, point final. Et donc même les GENS-QUI-COMPTENT s'en accommodent, rien que pour avoir quelque chose à suivre. Ils se laissent utiliser à la manière singe, en donnant des réceptions-singeries qui serviront à d'autres, et à quoi bon lutter contre les règles du seul jeu qui se pratique ici ? De ce fait, pour tout le monde, y compris pour tous ces gentils mondains jadis considérés comme des maîtres de la civilité bien comprise, les bonnes manières se teintent d'un cynisme inconscient. Plus personne ne se sent d'obligation envers les gracieusetés sociales des autres. Ce n'est pas parce que Robin et Ellen ont invité Cork et Fan à leur dîner, et à leur week-end dans les Hamptons, et à leur virée « rock'n'roll », cette folle soirée où ils ont réservé trente places dans un bouibe complètement mafieux de la Route 22, en plein New Jersey, pour écouter ces petits oisillons dépenaillés qui répondent au nom des Sonic Bombers, ce n'est pas pour cela que Cork et Fan se sentiront tenus d'inviter Robin et Ellen à leur dîner, ni dans leur maison dans les Hamptons, ni à leur « sortie entre copains » dans un billard de la Huitième Avenue où Brock a déchiré le feutre d'une table en tentant un « masse » alors qu'un panneau avertissait : « PAS DE MASSES », a relevé Alva, mais après tout le monde a dit que c'était lui qui l'avait fait, et Alva a été humilié par un gros type en train de manger un horrible sandwich qui a insinué qu'il était une tantouze, et une tantouze de l'East Side en plus, et quel bon temps on a eu ! Personne ne se juge obligé de RENDRE des faveurs sociales parce que c'est une idée vieillie, fondée sur de la gentillesse bêtasse. Trop simple et naïf !

La vérité, c'est qu'aujourd'hui on invitera quelqu'un DE TOUTE FAÇON à condition qu'il soit utile et/ou décoratif, qu'il VALE l'invitation. Et si quelqu'un se retrouve brusquement HORS DU COUP, on ne va certainement pas l'inviter, quel que soit le nombre de DETTES sociales qu'on ait accumulées envers lui. Alors, pourquoi même répondre, pour envoyer un mot de remerciements ou téléphoner après l'une de ces fantastiques mégaparties ? En conséquence, personne ne le fait et voilà que, miracle ! New York atteint le point idyllique où le STATUT est carrément affiché, clair et net. Nirvana ! Terre promise ! Merveilleux univers simiesque.

Heurs et malheurs d'une jeune fille sociable à Londres

À TOUT MOMENT MAINTENANT, CHÈRE PETITE SUE, l'étonnant garçon dépourvu de menton qui tient actuellement le volant va s'arrêter pour te dire quelques-unes de ses vérités. Il va ou bien t'annoncer qu'il a un mal de tête épouvantable, ou bien il va glisser : « Allons chez moi. » AVEC SON AIR PLUS COOL QU'UN ASPIC DE TOMATES : allons chez moi. Sue a un sens très SÛR des GENS COMME IL FAUT. Elle est anémiée à la quasi-perfection. Ses cheveux raides couleur blond chromé, comme le veut la mode de Londres, tombent exactement COMME IL FAUT sur ses clavicules, et ce n'est pas étonnant puisqu'ils viennent d'être passés au fer. Elle s'en est chargée elle-même, sur une table à repasser. Mais exactement !

Laissant filtrer son regard à travers ses cils tout neufs tel un dromadaire du désert, la petite Sue observe le nez de Sans-Menton, qui pointe au-dessus de sa bouche comme... bon, on ne sait pas comme quoi mais c'est un nez imposant et sculptural, et ses lèvres ressemblent à de petites cerises confites enrobées de chocolat. D'accord ? Toujours plus de perfection.

Ils roulent sur Maida Avenue, dans le district W2, à travers le quartier surnommé la « Petite Venise ». Il donne un brusque coup de volant, envoyant la Mini Cooper en dérapage contrôlé. Londres abonde de ces minuscules mais FÉROCES automobiles qui semblent glisser, se faufiler et cahoter dans tous les sens, puis le tapir redémarre et les grilles de fer, le stuc décati de Little Venice défilent dans l'obscurité comme... oh, comme un galimatias de matière, comme une cervelle explosée.

Ayant été exceptionnellement brillante et enjouée au cours de la soirée, Sue n'a pas saisi son nom mais il a une tête à s'appeler Crispian Fetlock-Withers. Qui sait ? Mais supposons qu'il ne l'invite même pas à son appartement ? Supposons qu'elle n'éveille même pas le plus ténu frémissement de concupiscence dans ces jarrets asexués et galbés de garçon sans menton ? Ce serait trop humiliant ! Belinda finirait par le savoir, et Nicki aussi, et Mary, la fille de Heathfield qui s'est montrée tellement... supérieure et barbante à la party qu'ils viennent de quitter. Oui, Mary la Fille Heathfield l'apprendra aussi.

Elle se renfonce dans le siège de la Mini et clôt ses cils neufs. *Crunch.* Elle se sent anxieuse, sur la défensive. Elle passe ses doigts dans ses mèches comme le fait Belinda, jouant de la harpe dans le vide avec ses cheveux. Belinda a commencé à avoir quelques jobs de modèle et tous les mannequins qui ont du succès font pareil avec leurs cheveux. Aussi, elles posent leurs lunettes de soleil sur la nappe et admirent leur reflet dessus.

Belinda, anémiée à la quasi-perfection... Cette histoire de quasi-perfection vient d'un poème que Nicki a entrepris d'écrire à propos de Belinda, « anémiée à la quasi-perfection, avec son amant kurde au pied bot... ». C'est tellement bon que Sue le déteste, ce texte. Nicki a un ami à la rédaction du magazine *Queen* et Sue a la hantise d'ouvrir *Queen* un jour et d'y voir le nom de Nicki, AUTEUR ! Belinda a effectivement un amant kurde au pied bot, et un début de carrière de mannequin, plus ou moins, tandis que Sue a... Crispian Sans-Menton, peut-être ? Évidemment, Belinda et Nicki sont plus âgées qu'elle, dix-sept ans contre ses seize à elle, donc carrières, amants pittoresques, yeux de chameau, cheveux repassés au fer, amours aux pieds bots, statut et sexe, se faire passer dessus juste pour prouver qu'on est SOCIABLE... oh, Seigneur, quelle plaie d'être une jeune fille lancée dans le monde londonien d'aujourd'hui !

CRISPIAN SANS-MENTON ! IL L'A DRAGUÉE au cours du cocktail de débutantes de cette stupide créature Heathfield. De même que Belinda, Nicki et tout le monde, Sue va à ces parties précisément dans l'intention d'être repérée par le genre de garçons dont les Filles Heathfield s'entourent, des types comme le Crispian dépourvu de menton. Les Filles Heathfield constituent la catégorie de celles qui sont allées ou fréquentent encore des pensionnats huppés tels que Heathfield, près d'Ascot, dont la princesse Alexandra est sortie, ou Benenden, où la princesse Anne va, ou bien la Cheltenham Ladies' School : en d'autres termes, des filles de la haute, à sang bleu et attaches fines. Alors que Sue, Belinda et Nicki sont... bon, si ce n'est pas trop embarrassant de le dire, elles sont issues de la classe moyenne, ou de la grande bourgeoisie, ce sont des filles qui sont allées ou vont dans des écoles londoniennes à la mode comme Greycoats, Saint Paul, Town and Country, le Lycée français, et même pour certaines au North London Collegiate et à la Holland Park Comprehensive School, là où les enfants d'Anthony Wedgwood Benn[1] sont inscrits.

1. Dit Tony Benn, ou « Big Benn » (1925-2014) : parlementaire et ministre travailliste connu pour ses prises de position progressistes et pacifistes.

Enfin, il se trouve que les Filles Heathfield surnomment les jeunettes branchées de la classe moyenne des « Dollies », ce qui est censé être ironiquement dépréciateur mais qui montre bien à quel point elles sont inquiètes. Et elles ont de quoi, parce que pour la première fois dans l'histoire de la BONNE SOCIÉTÉ londonienne elles paraissent, et sont, légèrement hors du coup. Ce que Sue veut dire, c'est que bon, elle a étudié l'assistance à la soirée de cette nunuche, regardé attentivement autour d'elle, et c'est un fait que ses nouveaux cils étaient tellement lourds qu'elle a eu l'impression d'être un dromadaire. Toutes les Dollies ont l'air de chameaux avec leur cou tendu en avant, le regard filtrant entre leurs énormes faux cils, mais c'est tout de même mieux que les Heathfield, non ? Celles-ci sont des fanas du maquillage à outrance, mascara et fond de teint à outrance, pareil que les petites vendeuses des magasins de frusques d'Oxford Street. Elles font aussi plein de trucs presque vulgaires avec leurs cheveux, continuant à les coiffer en arrière dans le style MOD, un look que tout le monde a repris, d'accord, mais que les Dollies déclinent d'une façon plus... originale. Je veux dire, on a une carrière, un amant pas commun, une...

Ce qu'il faut admettre, d'un autre côté, c'est que les Filles Heathfield arrivent encore à se servir des vieilles ficelles snobinardes et là, Sue le reconnaît volontiers, elles s'en sortent plutôt bien. Toutes ces petites minauderies vachardes, elles ont le chic pour, et même si on se répète qu'elles ne sont que des poseuses idiotes on se fait toujours avoir, ça touche un nerf sensible. Par exemple, Sue croise Mary la Heathfield à son cocktail et elle dit :

— Hello, Mary, comment ça va ?

— Ah, mais ça va superbement biiieen ! répond l'autre sans prononcer le nom de Sue, bien entendu.

Voilà, Sue la Dollie a appelé Mary par son nom mais elle, la Fille Heathfield, ne daignera pas en faire autant. Et la manière dont elle a dit ça ! Comme si ce qu'il y avait derrière, c'était : « Évidemment que je vais bien, très bien, superbement biiieen ! Quoi, tu t'attendrais à ce que je me sente minable, complexée, telle la petite lécheuse qui essaie de se faire accepter par les autres que TU es ? »

Et après, elles forment leur coterie et commencent à jacasser ensemble avec ces voix sucrées et complètement... Heathfield qu'elles ont, toujours égales avec un petit triolet de mijaurée à la fin de chaque phrase, sauf quand elles glissent de-ci, de-là une imitation d'accent cockney, de bouts-rimés faubouriens, et elles croient que c'est suprêmement drôle alors qu'elles ont passé l'après-midi à faire de même dans ce salon de thé où elles se retrouvent entre elles, Chez Luba...

— Jenny a eu ses ragnagnas mais Jeremy avait sa Lancia...

— ... C'est assez IMPRATICABLE, non, quand on doit aller choisir un cadeau pour Celia ET ne pas rater le bal Viva...

— Oh, Celia, cette MONGOLIENNE !

Elles sont tout le temps à chercher des cadeaux de mariage pour une des leurs, même si celle-ci est une MONGOLIENNE, d'ailleurs c'est un mot dont elles usent et abusent, elles voient le monde entier sous cet aspect et bien sûr le bal où elles doivent se rendre a TOUJOURS lieu à Paris, je vais à Paris pour le bal de X ou Y, ou plutôt ON VA parce qu'elles ne disent jamais « je », c'est immanquablement « on », ce qui donne l'impression que leurs moindres faits et gestes sont approuvés par l'entièreté de leur univers, celui des gens COMME IL FAUT.

Et elles parlent, elles papotent, elles déblatèrent sans jamais ÉCOUTER. Mary a raconté à Sue qu'elle avait découvert telle boutique ABSOLUMENT SUPER sur Carnaby Street, Lady Jane, Sue a dit qu'elle ne la trouvait pas si SUPER que ça parce qu'elle y était entrée un jour et que bla bla bla, mais c'était évident que la première attendait seulement de voir les lèvres de Sue cesser de s'agiter, parce qu'à la fin elle a casé : « Oui, eh bien Lady Jane est un endroit SUPER », et elle a même répété le terme sur le même ton péremptoire parce que pourquoi DEVRAIT-ELLE ne serait-ce qu'écouter cette fille, après tout QUI est cette petite, etc.

ET FLÛTE, SUE N'A JAMAIS PU PARLER DE TOUT CELA à ses parents puisqu'ils sont justement... LE FOND DU PROBLÈME. Les Filles Heathfield ont toujours des géniteurs fabuleux, qui sont invariablement soit membres de l'aristocratie terrienne, soit décédés. C'est horrible à dire mais une fois, une seule, Sue a eu une étrange idée, comme un rêve éveillé des plus dérangeants, et c'était que ses propres parents... n'étaient plus de ce monde. Elle va à une réception, on la présente à Untel et Unetelle – marmonnements entre dents serrées, « 'squevous-connaissez... mmm... 'mentallez-vous » –, et là la conversation s'engage plus ou moins, on parle de ci et de ça, finalement il appert que ses père et mère sont... décédés et le truc, c'est qu'elle se sent COMME IL FAUT ! C'est un aveu vraiment trop épouvantable à faire ! En réalité, elle ADORE ses parents, il lui arrive de pleurer en pensant à eux, par... COMMISÉRATION. Vous la suivez ? C'est qu'ils ont fait de leur mieux, vous comprenez ? Depuis deux générations, la famille de son père compte parmi les plus importantes de Londres, ou du moins les plus riches, lui-même a gagné un tas d'argent en vendant des produits de papeterie sur le continent, ils ont un appartement vraiment immense à Eaton Square, dans lequel ils ont accumulé tout ce qui est COMME IL FAUT, tapis de Tabriz et Boukhara, fauteuils Tilliard, buffets en cerisier, lampes de Grosvenor Street, des tonnes et des tonnes de livres, un domestique, une collection assez sérieuse de peintures animalières à la George Stubbs et même un Georges Braque dans le hall d'entrée dont le papa a fait l'acquisition en 1953 pour huit cents guinées, bref de quoi montrer qu'ils ONT DE QUOI, seulement, seulement... à dîner, ils n'ont que des invités de deuxième zone, Américains affreusement corrects ou hommes d'affaires à l'accent trop étudié qui se délite dès qu'ils ont forcé sur la bouteille, et mère a toujours l'air TROP dans ses robes Pucci quand elle s'assied en bout de table – comment se fait-il que seules les femmes plus que mûres portent des Pucci ? –, et après le dessert papa a ce cérémonial vraiment HORRIBLE avec sa pipe, sortant l'engin et se lançant dans le rite horriblement domestique de tirer dessus, sucer, tapoter le bout sur ses dents d'un air méditatif, et alors mère se met toujours à parler de trucs comme les pièces de théâtre de Pinter, avec cette voix onctueuse de respect pour la Culture qui donne positivement envie de vomir – beurk ! – et, bon... ils ne se doutent pas une minute de ce que la véritable existence de Sue peut être, ni de pourquoi il est hors de question qu'elle amène à la maison quelqu'un comme Mary la Heathfield.

Elle sait trop bien ce que ça donnerait ! Il lui est arrivé de voyager dans un train rempli de pimbêches pensionnaires qui revenaient d'une excursion au Lake Country, toutes avec leur petite veste bleu marine... Dans son compartiment, il y en avait quatre, dont une était visiblement le souffre-douleur des autres, qui l'obligeaient à exprimer son avis sur tout et n'importe quoi et la réduisaient en pièces dès qu'elle le faisait. La malheureuse était incapable de surmonter l'épreuve, se creusant les méninges pour les satisfaire, apporter les réponses attendues avec l'accent comme il faut, et bien sûr elle n'en récoltait que de nouvelles bordées de moqueries impitoyables.

Elle est descendue à Crewe, finalement. Pendant qu'elle sortait dans le couloir avec le préposé qui l'aidait à porter ses bagages, l'une des trois autres s'est exclamée : « Voyons voir les parents ! » Ces derniers étaient venus accueillir leur fifille à la gare, et donc une grande scène de retrouvailles familiales débute sur le quai tandis que les trois harpies, le visage collé à la vitre, se dépensent en signes de la main et sourires étincelants comme si elles trouvaient que l'autre était la fille la plus ÉPATANTE du monde et qu'elles lui disaient au revoir avec toute la chaleur de vraies copines. En réalité, les commentaires qui sortaient de leur bouche en coin étaient du genre : « Non mais, Seigneur, matez un peu la MÈRE ! » Cette dernière, debout sur le quai, était une dame d'aspect agréable, ainsi qu'on disait dans le temps de Mme Khrouchtchev, entendez pas vraiment l'élégance personnifiée, en tailleur gris passe-partout, chemisier en soie de toute évidence artificielle et manteau également minable, et... : « Oooh, vise le PÈRE ! La moustache ! La pipe ! Le pantalon ! Oh, le pauvre chou ! » Or, il a l'air très bien, le papa, à part que c'est un de ces bonshommes qui se remontent le falzar tellement haut pour cacher leur brioche qu'on croirait que sa ceinture lui entoure la poitrine, et la bedaine ressort en dessous de la braguette comme s'il y avait un bébé là-dedans ou quoi, et qu'il a cette moustache, oh, indescriptible, on peut seulement en dire que c'est l'attribut typique de l'indécrottable petit-bourgeois des Midlands, et que la pipe, mon Dieu, elle résume son type à elle seule, mais les mains et les bras continuent à s'agiter follement derrière la vitre, au revoir, au revoir, et les Filles Heathfield se démènent au point que LES PARENTS finissent par les remarquer et par leur rendre leurs saluts, tout contents de voir que leur fille a des amies aussi GENTILLES et chic dans leur uniforme de pensionnaire, le PÈRE fait bonjour de la main, la MÈRE itou, tellement attendrie qu'elle dodeline de la tête en secouant les DEUX mains, Oh, ooooh, c'est trop, et là les trois filles n'en peuvent plus, elles explosent de rires hystériques contre la vitre, secouées par cette hilarité de MONGOLIENNES, *waaaah argghhh waaaah*, et maintenant les parents sur le quai se demandent ce qui peut bien arriver à ce qu'ils avaient pris pour de charmantes camarades d'école, leurs mains et leurs sourires se figent dans les airs mais leur fille, elle, sait parfaitement de quoi il retourne et ses traits reflètent le plus complet embarras, mêlé de peur et de consternation, et le train s'ébranle en laissant ce tableau exactement comme tel, donc... donc Sue n'emmènera JAMAIS Mary la Heathfield chez elle. Rien que la PIPE, pour commencer...

La mère de Sue a beau insister pour avoir une relation de connivence spéciale avec sa fille, elle ne comprend rien à rien. Par exemple, elle se met dans tous ses états quand elle découvre Sue en train de lisser ses cheveux au fer sur la planche à repasser. Alors que, Seigneur Dieu, qu'est-ce qu'il y a de si extraordinaire à ça ? Toutes les filles qu'elle connaît, en tout cas les blondes, font pareil ! Elle se met à genoux à côté de la planche, étale sa chevelure dessus et la REPASSE, tout bêtement. Avec le fer réglé sur chaleur modérée. C'est ainsi que l'on obtient le look parfaitement raide et blond qui fait fureur à Londres, celui de la reine Guenièvre peinte par Arthur Rackham ou quoi. Et ça leur donne du brillant, en plus. D'accord, ça peut causer un choc de voir une fille la joue pressée contre une planche à repasser, les yeux fixés suivant un angle un peu bizarre, en train de repasser ses tifs, mais à qui demande-t-on de regarder ? Et ils ont l'air TELLEMENT CHOUETTES, après...

LES DOLLIES FONT DES TRUCS DE CE GENRE, d'accord, mais ce n'est pas la faute de Sue si la société londonienne est ainsi. Ici, le monde se décompose en quatre catégories : les « mods », les intellos, les Dollies et les Filles Heathfield. Les mods, qui sont des ouvrières, des employées, des vendeuses, sont étonnamment celles qui ont lancé toutes les nouvelles tendances mais elles sont complètement idiotes et ces VOIX qu'elles ont... c'est inimaginable. Les intellectuelles sont des filles que les Dollies ne font que croiser, filles d'intellos comme tous ces professeurs radoteurs, journalistes et autres, et elles se moquent de tous les faits et gestes des Dollies en disant que c'est de la POSE, pour elles tout est de la POSE mais elles se baladent avec des bouquins comme les *Œuvres choisies* de Gibbons parce que leurs petits amis leur ont dit de les lire – Gibbons ! –, vont écouter des chanteurs folkloriques à l'Albert Hall, portent des sandales et participent à toutes ces manifestations stupides. Tout ça étant décidément trop nul, il ne reste que les Dollies et les Heathfield.

Le problème, c'est qu'il existe une période dans la vie d'une toute jeune fille de la société londonienne, entre le moment où elle termine ses études à seize ou dix-sept ans et celui où elle se marie, pendant laquelle elle n'a définitivement rien à faire hormis se rendre à des fêtes et des soirées. En Amérique elles iraient toutes à l'université, mais en Angleterre cela reste très rare. Certaines s'en vont parfaire leur éducation dans des institutions suisses, à Montesano, Gstaad ou ce genre, mais pour le reste elles s'occupent uniquement en pensant aux fringues, aux produits de beauté et aux parties.

Quand le phénomène « mod » a commencé, avec toute cette invention de styles et d'attitudes, il y a eu comme une réplique de la période Régence : brusquement, les classes supérieures ont repris à leur compte le look des couches inférieures, les styles jusque-là ostracisés, et ce bouleversement a donné leur chance aux Dollies : elles se sont mises à faire comme si les distinctions de classes n'existaient plus, ou du moins à contester les règles que les Filles Heathfield avaient toujours imposées.

Par exemple, celles-ci sont farouchement accrochées à l'idée qu'il FAUT être anti-CÉRÉBRAL, anti-SÉRIEUX, anti-IMPLIQUÉ, éviter tout ce qui pourrait faire penser qu'on ESSAIE trop. En conséquence, dès qu'une Fille Heathfield sort de l'école, elle s'ingéniera à trouver le genre de petit boulot tellement CRUCHE qu'il prouvera qu'elle ne le prend pas au sérieux. C'est ainsi qu'elle se retrouvera derrière le comptoir des boissons fraîches au Fortnum, qu'elle deviendra l'assistante d'un photographe ou parfois secrétaire, même si dans ce dernier cas ce sera pousser le bouchon un peu loin. Oui, dans cette nouvelle phase qu'elles traversent, être l'assistante d'un photographe pas complètement MARGINAL suffira à une Fille Heathfield, sans pour autant qu'elle soit vraiment à l'aise dans un tel rôle. Un jour que Belinda avait une commande de mannequinat et que le photographe l'avait amenée à Hyde Park pour une séance en plein air, la petite troupe se retrouve dans le parc, donc, l'assistante est une Heathfield et elle se débrouille pour...

traîner derrière, adoptant une attitude soi-disant distraite, comme si elle ne voulait surtout pas qu'on puisse croire qu'elle faisait partie de cette bande aux motivations vulgairement mercantiles.

Pendant ce temps, les Dollies ont découvert le monde du travail et des affaires, s'engageant dans des carrières toutes liées d'une manière ou d'une autre aux nouveaux styles. Ainsi, Belinda – anémiée à la quasi-perfection ! – est devenue mannequin et Nicky, dont on va sans doute publier quelque chose dans *Queen*, a déjà lancé un petit commerce, écoulant ces fabuleux pulls tricotés dans les îles grecques. Le grand truc des Dollies, c'est de se balader avec des carnets de factures plutôt que des agendas. Toutes les Filles Heathfield ont le modèle d'agenda relié de cuir qui coûte une guinée, avec dorures en relief, et un jour que Mary prenait un rendez-vous ou un machin de ce genre avec Nicki, ça l'a vraiment sciée quand elle a sorti son agenda en cuir chichiteux alors que la seconde griffonnait le machin au dos d'une souche de facture. Le regard qu'elle lui a lancé... à la fois épaté et incrédule. Parce que, enfin, c'est le genre d'effet DÉCLASSÉ dont les Heathfield étaient spécialistes, avant...

Comme les Dollies ne se contentent pas de suivre la mode mais y CONTRIBUENT, elles connaissent LE LOOK à avoir, tandis que les Heathfield... bon, on les repère à cent bornes ! Elles essaient de reprendre le style MOD, seulement à chaque fois c'est trop... COORDONNÉ. Exemple : une Fille Heathfield va à la boutique Biba pour s'acheter quelque chose de pas cher du tout, disons un de ces tailleurs-pantalons jaune et bordeaux pour moins de cinq livres sterling, puis elle se précipite chercher des chaussures assorties à dix livres la paire, et un sac à main jaune chez Gucci qui lui revient à quarante livres, et au final toute la tenue est... COORDONNÉE à un point ridicule.

Les Dollies, elles, sont beaucoup plus originales. La robe que porte Sue aujourd'hui, eh bien elle l'a dénichée dans une des nombreuses friperies de Portobello Road. Elle est en velours mandarine, avec le bas au moins douze centimètres au-dessus du genou et le haut taillé droit avec seulement deux petites bretelles aux épaules, genre Grue des années 1920, si on voit ce qu'elle veut dire, le haut de ses seins exposé comme deux portions de flan tremblotantes. Une Heathfield n'aura jamais l'idée d'acheter quoi que ce soit d'occasion à Portobello Road, elles vont juste là-bas pour se montrer à Portobello Road. Une fois, elle est tombée sur trois d'entre elles qu'elle connaissait, deux étaient en tailleur-pantalon en velours noir et totalement coordonnées, bien sûr, complètement À CÔTÉ DE LA PLAQUE, elle a marché un moment avec elles et voilà qu'arrive soudain tout un groupe de filles de leur ancienne école, blazer et jupette, la tenue de sortie des pensionnaires, quoi, et Seigneur ! les trois se sont alors abandonnées à une débauche de nostalgie, là, sur le trottoir, bras dessus, bras dessous, à minauder : « Oh mon Dieu, oh mon Dieu, quand on se rappelle qu'on a été comme ça ! », toutes chavirées en regardant cette parade de petites nanas rendues blêmes et boulottes par la bouillie de la cantine scolaire, ces pleurnicheries alors qu'elles avaient quitté le même bahut depuis à peine quoi, un an, deux ?, elles les élues, et Sue qui ouvrait de grands yeux devant cet étalage de sensiblerie, la pauvre Sue, elle qui ne pouvait positivement pas comprendre l'expérience fantastique que ça avait été, le pensionnat et les sorties organisées. Elles en parlent sans arrêt, de ces sorties ! C'est simple, elles ne vont jamais au musée, ni au théâtre, ni au concert, sous prétexte qu'elles ont déjà tout FAIT pendant ces fichues sorties. Et elles n'iront jamais voir des films étrangers parce qu'ils sont trop INTELLOS-PLOUCS ! Un film génial, pour elles, c'est *Le Docteur Jivago*... Un jour, Sue a proposé à une Fille Heathfield d'aller voir *Le Couteau dans l'eau* avec elle et l'autre de répliquer : « Ce n'est pas ce machin d'un POLONAIS, si ? »

Et bien évidemment que tout ça est STUPIDE, NUNUCHE, CRÉTIN, mais il n'empêche qu'elle est là devant elle, cette procession de petites nanas blêmes, boulottes, blettes et bêlantes qui avancent en rangs vers... la victoire, vers le moment où elles seront en tailleur-pantalon en velours noir sur le damné trottoir de Portobello Road, coordonnées à mort, à se serrer les unes contre les autres en geignant « Oh mon Dieu, quand on pense qu'on a été comme ça ! », parce que nous sommes toutes pareilles, NOUS AUTRES, nous avons la COHÉSION d'un animal cellulaire formé dans le marais primordial et nous laissons toutes les petites Sue, les pauvres Sue, sur la rive, sur le côté, à regarder et à envier, à prendre des airs dégagés en écrivant des commentaires dans le ciel et en comptant les fleurs sur le papier peint...

ENFIN, CRISPIAN SANS-MENTON ou quel que soit son nom, ce garçon, a levé Sue au cocktail. Allons dîner au club La Garnison, a-t-il dit. Mais absolument ! Tous ceux qui quittaient la party se rendaient là-bas, trompettant « On se revoit à La Garnison, La Garnison », et d'un coup Sue a eu l'impression de porter Crispian Sans-Menton sur elle comme une médaille, et elle s'est entendue crier : « On se revoit à La Garnison ! » Elle voyait déjà le tableau, son entrée au club avec son Crispian Sans-Menton estampillé et là, au milieu des draperies couleur pudding de sang de bœuf, des canapés en cuir d'un brun de cire à moustaches militaires répugnantes, de ces lampes prétentieuses qui font penser à des vieux casques de l'armée du Kaiser dans lesquels on aurait vissé une ampoule... il y aurait Nicki, Belinda et Mary la Heathfield, qui la verraient arriver comme ça. C'est exactement ça ! Elle allait être VUE ! On comprend ce qu'elle veut dire ?

Le hic, c'est que le crispant Crispian ne l'a pas emmenée dîner là-bas mais à ce restaurant pour types en pull à col roulé, le 235 de Kings Roads, LE 235 ! Et là, il est devenu clair qu'ils n'iraient pas du tout à La Garnison, et maintenant Crispy exécute tous ces dérapages contrôlés à la noix dans Little Venice avant d'en arriver au point où il décidera carrément que, ou bien ils vont à son appartement, ou bien il la laisse en plan.

En plan ! Seigneur, après tout le cinéma de « On se revoit à La Garnison » ! Les Dollies classe moyenne, comme Nicki et Belinda, et les Filles Heathfield comme Mary doivent déjà toutes être là-bas mais pas ELLE, avec les Heathfield plus réservées que jamais et les Dollies glapissant à l'excès sous l'effet de la joie et de l'excitation. Quelqu'un doit être en train de piailler « Non non non non non ! », parce que dès que les Dollies s'excitent ce n'est jamais « oui » ou « non » mais « Non non non non non ! », un pentasyllabe prévisible, comme dans « Non non non non non, c'est comme ça qu'elle marchait ! », et là elles se mettent à mimer comment Sandy, ou une autre malheureuse de la classe moyenne – jamais une Heathfield, à noter – progressait dans la rue en remuant les hanches ou en se ridiculisant d'une autre manière, quoique sur ce plan aucune Dollie, pas même Nicki ou Belinda, n'ait trop à se vanter : elles ne savent pas courir, battant des bras comme si elles avaient des ailes, leurs jambes partant de côté comme des guibolles de poupée de son mal cousues, leurs petits seins brinquebalés en tous sens, en criant et en piaillant. Quant aux Filles Heathfield... bon, personne ne se souvient d'en avoir jamais vu une courir. Une Heathfield NE COURT PAS, par définition.

Elles ne courent pas, elles ne glapissent pas... la quintessence de la Fille Heathfield, c'est de rester SUPER COOL. Barbant, barbant, barbant, barbant... Un jour, Sue a découvert une feuille de papier chez Mary la Heathfield, une feuille sur laquelle elle avait tapé à la machine le même mot répété deux mille fois, barbant, barbant, barbant, et Sue... eh bien, elle s'est dit qu'elle aurait aimé écrire ça elle-même, et le laisser traîner négligemment à la vue de tous, mais...

Les Filles Heathfield ne font pas de grimaces quand elles parlent, non plus, alors que les Dollies... Elles lèvent le nez en l'air à la manière des lapins et poussent en dehors avec la langue le petit sac de peau, enfin, quelle que soit la façon dont on appelle la partie entre la lèvre inférieure et le menton, celle qui couvre les dents d'en bas, flûte, tout le monde a ça sur la figure, non ? Donc, elles gonflent cette portion du visage avec la langue, ce qui signifie leur désapprobation à propos du sujet dont on débat, par exemple la FORME BIZARRE de Sandy. Les Dollies sont tellement paranoïaques et tatillonnes sur tout ce qui concerne le style, l'apparence acceptable ou non, qu'elles décortiquent avec une minutie démente la silhouette et la dégaine de n'importe qui, ainsi de Sandy qui selon elles est BOURSOUFLÉE au niveau des hanches, et dont les jambes, *hihi, haha, blaaark*, VONT DE TRAVERS, et là Nicki exécute un drôle de mouvement giratoire de l'ischion pour démontrer que les pantalons de Sandy sont toujours trop SERRÉS, ce qui entraîne qu'ils sont excessivement PLISSÉS, et à ce stade elles se lancent toutes dans une orgie analytique afin de préciser de quels plis et crevasses elles veulent parler, comme là où ses cuisses rejoignent ses fesses, ou au-dessus de la culotte de ses bikinis, et bien sûr il y a les deux FENTES, à l'avant et à l'arrière, vous me suivez, dans lesquelles oh mon Dieu, cris et glapissements, le futal disparaît quasiment, happé par DEDANS, oh, ah, et ça crie, et ça glapit...

SUE A BEAU CRIER, GLAPIR, GLOUSSER, MOQUER et vilipender Sandy avec les autres, est-ce qu'elle ne se souvient pas du premier pantalon qu'elle s'est fait faire sur mesure ? Oui ou non ? Oh Seigneur... Ç'a été la plus étrange mixture de sexe et de statut qu'on puisse imaginer. Au départ, certes, il était seulement question de statut : à presque quinze ans, elle DEVAIT avoir un pantalon moulant taillé à sa mesure. Mais ensuite, il y a eu l'imprévisible, un moment vraiment zarbi : le tailleur, qui était plutôt un vieux schnoque, dans les cinquante-cinq, s'est mis à mesurer la longueur intérieure de sa cuisse. Et bon, c'était un VIEUX, et un TAILLEUR, donc il ne faisait que son boulot, mais il n'empêche qu'il a été forcé de glisser sa vieille main noueuse et lascive tout en haut, tout en haut parce qu'il fallait que le fute soit VRAIMENT serré, et ç'a été... sexuel ! Grave ! Enfin, pas dans le sens habituel du terme mais bon, comment dire autrement, oui, sexuel...

Et la première fois qu'elle l'a enfilé, elle a ressenti... elle n'a pas été capable de le raconter à Nicki et Belinda même au cours de ces conversations hyperminutieuses où le grand chic est de parler de ce dont LES GENS NE PARLENT PAS, par exemple les menstruations abondantes, quand Nicki soutient que les chanteuses noires qui manifestent le plus de «soul» en ont forcément, mais enfin elle a mis le pantalon et elle a senti que le machin lui agrippait toute cette contrée merveilleusement tabou, sombre et humide, qui s'étend autour du sacré sacrum, plis, ligaments, tissus, languettes... Elle a éprouvé une réelle excitation sexuelle et en même temps l'impression d'être DANS LE COUP, une expression qu'elle ne laisserait évidemment échapper de ses lèvres qu'avec une bonne dose d'ironie sarcastique. C'était le sexe AVEC le statut, le statut AVEC le sexe. Et là, là, son Crispian certifié, son Crispy Sans-Menton est sur le point de lui déclarer ou bien qu'il a la migraine, ou bien allons chez moi.

Sexe et statut ! Tout le truc, c'est que Crispian Sans-Menton est OBLIGÉ DE VOULOIR l'emmener à son appartement, obligé de la trouver séduisante, de sorte qu'elle puisse faire son rapport à Nicki et Belinda – à Mary la Heathfield, c'est une autre histoire –, et que cette touche de NÉCESSITÉ éclipse complètement l'expectative de comment ça va se passer une fois qu'ils seront chez lui. C'est pareil que l'horrible histoire survenue l'automne dernier à Sandy avec le photographe, si c'est ça qu'il était. Donc, elle va à une soirée de débutantes et se fait cueillir par un soi-disant photographe, sapé comme Bill Travers dans le rôle de Toulouse-Lautrec. Il habitait Fulham Road, quatre étages sans ascenseur et en haut pas d'électricité ni de gaz, rien qu'un matelas par terre. Il a allumé un réchaud à pétrole Primus, tout ça était épouvantable mais Sandy ne voulait pas perdre la face. Après, il a déboulé dans l'appartement d'en dessous pour chercher une serviette, ce qui a provoqué tout un chahut et maints beuglements.

C'était tellement sordide que Sally ne pouvait possiblement pas raconter ça à Sue, Nicki et Belinda, même si elle a fini par le faire, évidemment, non sans omettre les détails de l'électricité, du réchaud Primus et de la serviette. En narrant son histoire, elle a également tourné en ridicule le soi-disant photographe, mais il n'en reste pas moins que c'est un plan sur lequel les Dollies dépassent les Filles Heathfield : elles sont plus expérimentées, plus indépendantes. Elles ont des amants, elles ! À dix-sept ans, ou en tout cas sûrement à dix-huit, c'est important, d'avoir un amant, ou du moins d'être capable de parler d'un amant. Enfin, pas PRÉCISÉMENT de vieux soi-disant photographes libidineux, avec leur matelas pourri, leur réchaud ringard, leur serviette cradingue et leur vie de nuls. Le chic, c'est d'avoir quelqu'un comme l'amant kurde au pied bot de Belinda. Il est étudiant à Paris et soi-disant exilé de Perse. Quand il vient à Londres, elle fait des trucs gonflés comme d'aller avec lui au grand magasin Harrod's et de chiper n'importe quoi, des tasses en porcelaine avec les bestioles de la reine dessus, ou une fois un crétin de crabe congelé dans la grande boutique qu'ils ont au premier étage, toutes sortes de folies, et ensuite elle va raconter ça à tout le monde au Grumbles, le restaurant dans le coup.

Oh, Seigneur, Belinda à Paris avec son amant kurde au pied bot ! Ceintures de cartouches, dagues, mitraillettes, et le Pied-Bot défiant le despote persan avec de la poésie néo-concrète ! Avant, il arrivait souvent à Sue d'être au lit, de fermer les yeux et d'IMAGINER clairement Belinda et son amoureux. Des motifs de tapis capricieux virevoltaient sous ses paupières et puis ce n'était pas Paris mais toujours une plage quelque part, comme sur une île grecque, et Belinda et l'amant kurde au pied bot dans une barque. Pourquoi une barque ? Mais si, une barque, et le soleil déclinant derrière, et

Sue ne pouvait jamais voir le pied bot, elle ressentait seulement ce qu'il y avait de fabuleux dans cette IMAGE.

L'amant d'une jeune fille anglaise de dix-sept ans ne peut ABSOLUMENT pas se contenter d'être un gentillet qui lui mange dans la main et se frotte à ses mollets. Il doit être un sujet de conversation EXCITANT. Un photographe qui a du succès est acceptable, enfin, un vrai photographe, flûte, parce que brusquement la photo est devenue le grand truc... Ou un propriétaire de boutique, et même un type qui a un salon de coiffure à condition qu'il ne soit pas TROP odieux, ou un acteur, un designer, personne de la télévision mais éventuellement un journaliste, *bleerrrk*, s'il est mince, s'il n'a pas le pantalon comme un sac ou des bajoues bafouillantes. La règle numéro un, c'est qu'on ne peut PAS sortir avec quelqu'un de son âge, étudiant ou autre, pas avec un... GARÇON, point final, à moins qu'il soit de Paris ou autre, brun avec un accent chicos, ce genre... On DOIT avoir un amant dont on peut parler, fichtre, c'est ça qui rend la chose sexy, ou bien personne ne comprend qu'on est pratiquement incapable de RESSENTIR le sexe s'il n'est pas accompagné du statut ?

Sue aimerait croire que les petites Heathfield ont été trop protégées des réalités de l'existence, ou simplement qu'elles ignorent tout des délices kurdes, des appartements pourraves et des réchauds Primus, mais elle sait que ce n'est pas vrai : en réalité, un tas de ces pimbêches de la haute vont passer leur été en Italie comme fille au pair ou travaillent dans des discothèques de clubs de vacances ; elles gagnent une misère mais ce qui compte est LA DÉLICIEUSE FOLIE de tout ça : se surnommant « les Sorcières », elles rendent les hommes italiens complètement dingues. Ah, les Italiens ! Ils sont tellement... pittoresques. Par exemple à Rome, ROME LA DÉCADENTE, ils ont cette vieille et pittoresque idée de la Séduction avec un grand S : s'ils couchent avec une jeune, tendre et blonde adolescente d'Angleterre, ça y est, ils gonflent leur petite poitrine de poulet et ils ont accompli un acte de SÉDUCTION ! Alors qu'ils ne comprennent rien de rien aux filles anglaises, qu'elles soient Dollie ou Heathfield. Il suffit qu'une d'elles dise, pfff, elle s'ennuie, elle va prendre celui-là, bang bang, et le pauvre petit Italiano bombe du torse en jetant des regards dérobés vers le miroir, toujours, pour essayer d'avoir l'air sexy, non, ROMANTIQUE, c'est à peu près comme ça qu'ils pensent, et ils gazouillent contre leur gorge pendant qu'ils...

... Bon, il faut admettre que ça peut déraper, parfois. Sue était à Paris, rendant visite à deux ou trois... filles du genre Heathfield qui habitaient dans une drôle de petite rue, la rue de Savoie, tout en haut d'un immeuble-galetas, et qui sautaient toutes des bougres italiens, comme disent les Noirs. Un jour, un Anglais en costume British débarque en annonçant qu'il a été commissionné par Y – une caricature du typique propriétaire terrien du Devonshire – pour venir récupérer à Paris sa fille, Mary. Pas CETTE Mary, une autre. Et flûte et zut, la Mary en question n'est pas rentrée à l'appartement depuis cinq jours, ce qui explique d'ailleurs qu'il y ait eu un lit pour Sue, mais l'Anglais dit que bon, il va attendre. Il était pas mal lourd, tout le temps à ressortir sa théorie barbante que c'était plus facile de se débrouiller à Paris si on ne parlait pas français, vu que les Français passent leur temps à être désagréables sur plein de petits aspects, aspects qu'il se croyait évidemment obligé d'énumérer.

Tous les matins, il est revenu attendre comme s'il avait signé de son sang un pacte d'honneur avec le vieux notable du Devonshire pour lui ramener sa Mary.

Parfois, une note de grotesque s'ajoutait au tableau quand Elizabeth, l'une des colocataires, surgissait de derrière le drap qu'elle avait suspendu pour protéger son intimité avec son amant italien, un petit maigrichon, et produisait quelque pittoresque poisson ou saucisse pour un pittoresque petit déjeuner tandis que l'Anglais en chemise rayée restait assis dans son coin à broyer du noir et que l'Italien prenait des airs languides, dans le style « Oh-jeunesse-désespérée » et « Est-ce-que-vous-aimez-ma-ligne-de-mâchoire-et-mon-pantalon-moulant ? ». Mais enfin, un matin, Mary se traîne jusque là-haut et Seigneur, la dégaine atroce qu'elle a ! Avec des lunettes de soleil À DEUX BALLES, un imper immense pour elle et tout sale, les cheveux comme une serpillière emmêlée... Elle a l'air tellement mal fichue que ce n'est même plus drôle, et que l'Anglais en reste coi, même après avoir attendu tout ce temps. On découvre vite qu'elle... elle a vécu la totale. Dont une... OPÉRATION dans une ruelle louche de Naples, si vous voyez ce qu'elle veut dire, NAPLES...

Les Filles Heathfield ne parlent pas de choses pareilles, bien sûr, alors que les Dollies le peuvent. Ce sur quoi elles aiment jacasser, c'est visiter le sud de la France avec quelqu'un comme le prince Machin, ou le comte Truc, ou Lord B... C'est très irritant, tout ce cinéma des vacances, parce que c'est un des aspects de la vie dans lequel la classe se reconnaît, comme elles disent. Les Heathfield ont toujours des vacances d'été qui durent des semaines ou des mois entiers dans des endroits SUPER en France, en Espagne, en Italie, en Suisse, à Antibes, à Biarritz, des plans de ce style. Et la question n'est pas que ça coûte des tonnes d'argent, parce que plein de parents de Dollies ont de quoi aussi, et ils vont eux aussi dans le sud de la France ou dans un coin sordide d'Espagne, Seigneur, l'Espagne est tellement GLAUQUE et le sud de la France, c'est à se flinguer mais bon, tout le truc est la MANIÈRE dont elles le font. Le chic, ce n'est pas de partir en voyage avec les parents mais de se balader d'un endroit fabuleux à un autre, en rendant visite à des amis fabuleux dans des villas ou des palazzi ou des castelli fabuleux, et pour ça il faut faire partie du RÉSEAU, avoir des connexions, et il n'y a que les Filles Heathfield qui bénéficient de ce maillage de familles et d'amis à Antibes, Biarritz, Venise, Capri, tous bien installés et n'attendant que de les recevoir SANS CHICHIS, servis par des domestiques qui ont l'air tout contents de faire leur boulot, tout organisé et naturel et... COMME IL FAUT.

Tentant de profiter au maximum des week-ends ou semaines qu'elles passent à Paris, les Dollies suivent toutes le même circuit, Chez Castel, le New Jimmy, ou le Bilboquet si aucune d'elles n'est très en fonds. Et l'été dernier, Seigneur, c'était trop, elles avaient toutes des robes en tricot, ce qui est très sexy, d'accord, mais atrocement CHAUD à porter, et avec toutes les filles entassées dans ces petites salles au plafond bas qu'ils ont là-bas, à danser le frug ou le fat ou la bête à deux dos ou on ne sait quoi encore, à suer comme des truies dans toute cette laine tricotée, toute cette sueur chère sortant de peaux bien entretenues, tandis que tout le monde continue à sourire en montrant ses dents, à boire des alcools blancs mortels, à se déhancher et à remuer les petits popotins et les petits abattis jusqu'à l'arrivée de l'aube ou la déshydratation complète, au choix.

LE CRISPANT CRISPIAN SANS-MENTON TOURNE LA TÊTE, fait plein de simagrées avec son volant, son moteur et ses petites lèvres crispianesques, et soudain il ralentit et s'arrête comme une centrifugeuse, regarde Sue et... sa tête oscille d'avant en arrière, puis tombe comme une grosse aubergine trop mûre dans ses mains, il essuie son front de la paume et émet la plainte suivante, terriblement vaseuse et fabriquée : « Tu sais – le mot sonne comme « souaéeuo », comme s'il avait un polyèdre dans la bouche sur lequel la monosyllabe s'était brisée en éclatant en douze différentes – je crois que j'ai mangé une truite empoisonnée à déjeuner. Tu souaaaéeeueuou ? »

Une TRUITE EM-POI-SON-NÉE ?

Nicki ! Belinda ! Et toi, TOI, petit instrument rougeaud d'un destin congestionné... Les lèvres en aspic de tomates de Crispian Sans-Menton s'agitent, d'autres mots en sortent, il est VRAIMENT NAVRÉ mais Sue n'entend pas, elle ne peut pas entendre parce que l'humiliation envahit son cerveau comme de la vapeur, son esprit se met à travailler et à mettre en pièces la soirée, instant par instant, Seigneur, qu'est-ce qu'elle a répondu quand il a dit ci ou ça juste avant qu'ils aillent au 235 – le 235 ! –, est-ce que ce serait la raison, flûte, qu'est-ce qu'elle a... mais zut, après tout elle n'est PAS Belinda, non, elle ne l'est pas. Pas anémiée à la quasi-perfection, avec son ami kurde au pied bot...

Un jeu de gentleman

AU DIABLE LES MAGNATS AMÉRICAINS DE LA CRÈME HORMONALE perdant leur grosse calebasse de tête à la table de baccara de l'Aspinall ! Au diable les Grecs bleutés jouant noir et cool au Crockford ! Au diable les pontes pedzouilles – PEDZOUILLES ! – qui n'arrêtent pas de rater le trottoir et de se casser le popotin devant le M. Smith ! Au diable le sourire argenté, patenté et copyrighté de George Raft à La Colonie...

Un petit tripot privé, c'est juste ce dont on a besoin. Après avoir pris un taxi, je m'arrête vers minuit devant une maison dans une rue dont je tairai le nom. Sous la marquise, un jeune homme en bras de chemise souffle des colonnes de vapeur percutantes dans l'obscurité. Comme il fait vraiment frisquet, il ne doit pas être à la fête, pour s'activer des naseaux comme ça. Supposant qu'il fait le guet, je vais à lui dès que je sors du taxi et je lui tends la main. Mon geste a dû le surprendre parce qu'il hésite une seconde avant d'abandonner la sienne comme s'il s'agissait d'un paquet de gélatine de contrebande. J'en déduis que personne ne serre la pince au « tea boy », en Angleterre. Car c'est ce qu'il se révèle être, un garçon mais parfois aussi un vieux type employé par les clubs pour servir le thé – comme son nom l'indique – ou le café, passer les sandwichs, aller faire les courses, prendre les manteaux des joueurs ou monter la garde à l'entrée, je suppose.

Il me fait signe d'entrer avec lui dans le hall du rez-de-chaussée. Quand je lui dis de qui je suis l'ami, il me marmonne de patienter un moment et se rend dans une pièce à l'autre bout du hall. Silence total. Je suis seulement environné de plâtre sombre, de deux fauteuils d'allure moyenâgeuse placés contre le mur et d'un courant d'air glacial. Il fait plus froid dedans que dehors.

Soudain, le factotum est de retour et, avec force marques de politesse, m'explique que je dois monter l'escalier qu'il me désigne du doigt, m'arrêter à tel palier et chercher une certaine porte... Ah ! Quelque part là-haut se cache le plus récent des casinos privés-clandestins-illégaux de Londres. En commençant à gravir les marches, je ne peux que méditer sur l'ironie paradoxale de la situation : les jeux de hasard ont été légalisés en Grande-Bretagne par le Gaming Act de 1960, il existe quelque vingt-cinq établissements de jeu ayant pignon sur rue rien que dans la capitale, alors pourquoi quiconque voudrait se rendre dans un tripot illégal et risquer une descente de police, une arrestation, le scandale dans les journaux, la ruine ?

Il est vrai que les casinos légalisés ont le statut de clubs privés et que plusieurs d'entre eux, comme le Clermont ou l'Aspinall – qui doit son nom à son propriétaire, John Aspinall, sur lequel on reviendra dans un moment –, n'ouvrent leurs portes qu'à leurs membres et aux invités de ces derniers. Cela étant, presque tout le monde en Angleterre a un ami qui appartient à l'un de ces clubs privés et peut emmener jouer qui il veut avec lui. Et diable, dans nombre de ces tripots « exclusive », n'importe qui avec de l'argent en poche et le cerveau pas totalement embrumé par la gnôle n'a qu'à attendre cinq minutes pour devenir « membre » ; six, et il jugera « sacrément grossier » le responsable de salle. Quant aux touristes au portefeuille bien garni... eh bien, qu'un Américain se présente à l'un de ces clubs et le type à l'entrée, après un bref regard filtrant sous ses sourcils broussailleux, lui demandera avec son accent le plus châtié : « Êtes-vous membre, Sir ? », et le Yankee, sans doute avec la plus grande déférence, répondra que non, mais voici que les traits du cerbère se recomposeront aussi soudainement que ceux de l'Homme en plastique et... Hmm, Sir, si fait, si fait, vot' sourire est vot' carte de membre et comment donc, et tous les jours de la semaine...

JE GRAVIS ENCORE ET ENCORE DES ESCALIERS FAIBLEMENT ÉCLAIRÉS avant de trouver la porte dont le tea boy m'a parlé. Elle est en bois massif et finement ouvragé. Tout est encore sombre, silencieux et froid dans cette vieille maison de maître dont je ne connais pas le propriétaire. Je frappe quelques coups sur le battant et comme personne ne réagit je tourne le loquet et... Santa Barranza !

C'est comme ça que j'ai toujours imaginé *Le Masque de la mort rouge* d'Edgar Poe, quand ils traversent toutes les pièces du vieux château moisi – ou manoir, ou quoi – et qu'ils arrivent finalement à la dernière pour une ultime révélation dans un espace suffoqué par le velours rouge, les dorures, les vitraux... Dès que j'ouvre la porte, je suis submergé par la débauche de lumières ambrées comme le sherry, de bruns rococo, de rouges sanguins, et là tout n'est que nappes étouffantes de mérinos, velours divers, tapisseries, enflé de moulures concaves, convexes, en ogives et en queues de billard, surchauffé par la fièvre du jeu, les aisselles bouillantes des parieurs, une brume de fumée de cigarettes et le glouglou de voix basses dont celle, très grave, d'une femme qui récite avec un accent d'Europe centrale : «... quinte flush poussible... ché coupe... no limit...»

Le gigantesque salon est rempli de tables de jeu tendues de feutre vert autour desquelles se pressent des hommes jeunes et quelques femmes, dans un amas tarabiscoté de broderies Louis XVI, de vieux tapis de Sultanabad pelés jusqu'à la trame blanche à certains endroits et de la plus hallucinante accumulation de dessertes possible, de guéridons et de commodes pleines de dorures, une débauche de bois de rose et d'or repoussé, et les pieds de chaque table sont taillés en forme de splendide nymphette putassière dont les yeux blasés et les tétons passés à l'or fin émergent d'un tourbillon de feuilles d'acanthe... parfait !

Curieusement, devant l'âtre rougeoyant se trouve un jeune homme à la chemise couleur prune assis dans un fauteuil dont les accoudoirs se dressent autour de lui comme des œillères, le dos tourné à la salle et plongé dans un livre. Sur le manteau de la cheminée, ou juste au-dessus, plane ce qui semble être une collection de portraits de famille, dont la photographie d'un garçon en uniforme de la Harrow School et celle d'une femme séduisante en robe de soirée. Ce jeune homme en train de lire est surnommé «Lord Jim». En le voyant ainsi installé devant le feu de bois, vous pourriez penser qu'il s'agit d'un soir comme un autre dans la vénérable demeure, et que d'une minute à l'autre un majordome sanglé de sergé noir va entrer et lui présenter une tasse de chocolat chaud corsé d'un trait de rhum Naval, lui proposer une boîte de Coronas sur le couvercle de laquelle se pavanent maintes houris havanaises coiffées de palmes... Mais juste derrière son fauteuil, une grande table de poker au tapis vert et aux pieds ouvragés réunit sept joueurs et une femme mince et aux cheveux d'ébène, celle à la voix grave, en train de distribuer les cinq cartes d'une partie de stud poker et de commenter l'envol des cartes ouvertes : « ... quinte flush poussible... ché coupe... *no limit...* »

Plus loin, à une autre grande table de poker, c'est un Chinois qui distribue les cartes, et encore un à la vaste table de black-jack, tous deux très dandy de Hong Kong avec leur veste de smoking, leur chemise blanche amidonnée et des boutons de manchettes à la Broadway qui rappellent le carrelage chrome et verre du Métropole Café de New York. Non loin de la cheminée et du fauteuil à œillères, deux hommes jouent au backgammon. L'un d'eux est en smoking, comme les Chinois, l'autre est le typique wonderboy anglais dépourvu de menton qui ne cesse de se pencher sur le jeu en secouant la tête et en soupirant : « Oh le salôd, oh le salôd... »

Le coin-bar est en réalité une imposante commode en bois exotique qui accueille des bouteilles de scotch, de gin et de vodka, des verres, des carafes de jus d'orange et des siphons Schweppes. Le service est assuré par deux ou trois créatures en courte jupette et bas blancs, qui tendent aussi aux consommateurs un coffre en argent rempli de cigarettes. Ce sont les tea girls de ce tripot pas comme les autres, les filles à tout faire. Et partout, au bar, aux tables de jeu, assis ou debout à regarder les parties de poker, de black-jack ou de backgammon, des hommes jeunes, pour la plupart britanniques même si on remarque quelques Chinois de Hong Kong. L'un d'eux, cheveux longs d'artiste excentrique et chemise Byron en daim, n'arrête pas de jeter des jetons de dix shillings à la croupière d'Europe centrale à chaque fois qu'il remporte le pot.

Certains sont de ces jeunes hommes que l'on ne voit qu'en Angleterre et qui ont l'air de vieux messieurs à vingt-huit ans, leur embonpoint de riches couvert par des couches et des couches de laine peignée, gilets à col en flèche, vestons aux revers extralarges, mais la plupart d'entre eux affichent cet air de décadence désinvolte si prisé de nos jours, le garçon de bonne famille encanaillé version 1966, l'aventurier de Chelsea qui sort d'une école huppée. Quelques-uns ont une merveilleuse fille aux allures de mannequin dans leur sillage. Celles-ci se contentent de rester assises sur des chaises Gourdin avec – magnifique époque ! – leurs jambes croisées assez haut pour révéler un peu de cuisse d'albâtre au-dessus du bas. Une myriade de lumières tamisées, orangées, ocre ou couleur abricot, illuminent cette scène baroque tels des flambeaux, créant des alcôves sombres et des éclats dorés sur toutes ces feuilles d'acanthe, ces moulures de palmes, ces jambes lisses de filles-modèles, ces cuisses crémeuses...

« Oh le salôd... »

Cette fois, le sans-menton l'a carrément hurlé et, se levant d'un bond, quitte la table d'un pas rageur. Resté à sa place, le jeune en smoking lance dans son dos :

— Tu me dois soixante livres, Kissy. Pourquoi tu ne paies pas ?

— J'ai pas de chèque !

— Je t'en donnerai un, Kissy. J'en ai des centaines, de chèques.

— Ah, Tony, mets-les sur ma note !

— Ils me tapent tous, constate calmement Tony tandis que l'autre atteint la porte du salon.

Par « taper », il veut dire dépasser de loin sa ligne de crédit. C'est lui, Tony, qui dirige ce tripot pas comme les autres. Il est mince, tiré à quatre épingles dans son smoking et sa chemise en coton piqué, avec un visage avenant et un accent de la haute. Les histoires sur son compte abondent : il a combattu en Algérie avec la Légion étrangère, ou avec les Arabes, ou c'est un pacifiste qui déteste la violence. Et il est fort comme un bœuf : un jour, un joueur égaré par une montée d'adrénaline a parlé grossièrement à une fille, c'était un costaud mais Tony a saisi dans ses mains un pare-feu en cuivre sans même accorder un regard au type, il l'a tordu jusqu'à le transformer en une boule pas plus grosse qu'une balle de cricket et l'autre s'est enfui la queue entre les jambes. Il y a tellement d'histoires qui circulent sur...

— Tony ! – Un gros lard bien habillé arrive en courant derrière moi, se précipite à la table de backgammon et annonce, haletant : Il y a une voiture de police dehors !

Tony se borne à sourire en levant légèrement les sourcils.

— Je te dis qu'il y a une voiture de police ! insiste Gros Lard. Bon, c'est pas que je sois inquiet ou autre mais juste au cas où, je veux dire s'il y a des QUESTIONS, si quelque chose se PASSE avec les flics ou quoi... bon, tu leur dis que je suis un chapelier autrichien, tu entends, un chapelier AUTRICHIEN, c'est ce que tu leur diras, et moi je dirai... bon, je dirai RIEN !

— Pfff...., fait Tony.

— Je te dis qu'il y a une voiture de police en bas !

Pendant tout ce temps, personne ne semble avoir remarqué ma présence, pas même le vigilant Gros Lard, alors que pourtant je suis un Américain qu'ils n'ont jamais vu et que je porte une cravate assez tape-à-l'œil avec ses broderies argentées, dégottée dans un mini bazar persan de la 14e Rue à New York. Donc, je vais à Tony et je commence à lui poser des questions sur ci et sur ça, et sur la manière dont le dénommé Kissy l'a « tapé ».

— Que faites-vous quand quelqu'un ne vous paie pas ?

— Rien, répond-il gravement. Qu'est-ce que je pourrais faire ? – Il sourit, maintenant. – C'est un jeu de gentlemen, ici.

De gentlemen amateurs ! Il poursuit, visiblement intéressé :

— D'après vous, comment un salon comme celui-ci marcherait à New York ?

— Je ne sais pas.

— Vous avez quelque chose de similaire, là-bas ?

Comme je ne sais pas non plus, il continue :

— J'ai pensé aller essayer à New York mais je crois que c'est un endroit pas facile. Est-ce que vous connaissez *** ? – Il mentionne un Anglais que j'ai en effet rencontré. – Il a été à New York, lui. Il dit que son accent lui a donné la cote pendant deux mois mais qu'ensuite ça a cessé de les impressionner.

— Venez à New York, lancez-vous dans les relations publiques et vous aurez la cote pour toujours.

— Je crains que cela ne soit pas possible. Je suis quelqu'un qui n'en fait qu'à sa tête.

— Eux aussi.

— Mais vous pensez qu'un truc comme ici marcherait, à New York ?

Je découvrirai plus tard pourquoi Tony était aussi fasciné par cette idée de New York : à cause du plan Aspinall.

LE JEU DANS CET OPULENT ET VIEILLOT SALON RÉGENCE, ce n'est peut-être pas la GRANDE VIE mais... si, ça l'est ! Tous les ingrédients de base sont là, en tout cas, tout est réuni pour créer la fameuse ambiance Aspinall. John Aspinall est le plus légendaire pionnier du boom des jeux de hasard à Londres. Son grand truc : inventer un cadre, une atmosphère dans laquelle les gentlemen sont heureux de venir tenter leur chance et ÊTRE RÉGENCE, jeunes aristos désireux de s'encanailler un peu, quoi, même si cela peut supposer de perdre sa satanée calebasse. Aspinall est devenu le patron du plus classieux tripot, pardon, club de jeu de Londres, le Clermont, 44 Berkeley Square, là où le prince Radziwill s'adonne à sa passion du backgammon et Lord Derby à celle du baccara, un jeu où il n'est même plus exceptionnel de voir des gens perdre vingt-huit mille livres sterling en vingt minutes, et donc...

Donc, Tony s'est engagé sur la longue route qui conduit au firmament de l'aspinallité. Il paie entre quarante et quatre-vingts livres au propriétaire d'un appartement ou d'une maison pour une « séance » de jeu, qui peut durer vingt-quatre heures et plus ; pour un décor aussi furieusement Régence que celui-ci, il n'a pas hésité à débourser cent livres. C'est lui qui apporte les tables couvertes de feutre vert, les sets de backgammon, les jetons en ambre translucide et les cartes à jouer au dos marbré, les boissons et même les tea girls, le tout choisi dans le style le plus choisi qui soit, et la rumeur veut qu'au moins une de ces filles à tout faire soit une jeune héritière. Ensuite, les joueurs, pour la plupart membres de la meilleure société londonienne dans leur vingtaine ou trentaine, affluent.

L'offre principale de Tony est le stud poker à cinq cartes, avec des jetons allant de la demi-couronne à dix livres et un pot habituel de cent livres, voire parfois cent cinquante. Habituellement, une table de black-jack, une de backgammon et de temps à autre une de baccara sont également proposées. Comme ce dernier demande que les mises soient doublées ou quadruplées, toutefois, peu de ses joueurs ont les moyens de s'y adonner et Tony doit donc principalement compter sur le poker, se réservant une commission de cinq pour cent sur les pots. Ces rentrées d'argent doivent couvrir toutes ses dépenses, dont un petit quelque chose pour les croupiers, les tea girls et le tea boy, qui reçoivent également des pourboires des joueurs.

Le pire casse-tête, néanmoins, c'est la recherche incessante, désespérée, de l'endroit idéal où organiser le marathon de jeu. Ce qui complique la chose, c'est qu'il est impossible de se servir plusieurs fois de suite du même site, pour des raisons de sécurité évidentes. La semaine prochaine, par exemple, ils ne pourront pas revenir ici. Le club privé est aussi un club tournant. Mais si quelqu'un dispose d'un domicile assez grand pour y monter un casino éphémère, il a aussi de l'argent, probablement, alors pourquoi risquerait-il sa peau pour quarante ou cinquante sacs ? De plus, il n'a sans doute guère envie de voir son salon, ses tapis, ses rideaux, ses fauteuils, ses canapés se faire fumer tel un jambon de Smithfield par quatre-vingt-dix mille cigarettes et cigares, ajoutés à la sueur, aux diverses sécrétions huileuses, au maquillage de filles modèles et à Dieu sait quoi encore...

Résultat, le jeu de gentleman se retrouve souvent dans les lieux les plus dingues. Les employeurs d'une jeune fille au pair partent sur le continent en vacances, elle rêve de mettre la main sur ces quarante sacs et d'aller claquer comme une folle à Biba, la boutique de mode, ou elle a envie de goûter elle-même à la GRANDE VIE, alors elle ouvre les portes à Tony et à ses jeunes claqueurs, ou à un autre de ces tripots privés ambulants qui font maintenant fureur à Londres, et elle passe les vingt-quatre heures suivantes avec la voie intestinale travaillée par un mélange de remords et de peur. Ou ce sera peut-être la fille de bonne famille qui veut être DANS LE COUP – une collégienne ! –, alors elle veut à la maison Tony, ses traits séduisants et ses poignets sexys, et les croupiers de Hong Kong avec leur look si LÉGER, délicat comme une table incrustée de nacre sous un grand ventilateur au plafond, Hong Kong, Macao, tissus nattés, oh mon Dieu, tous ces splendides vilains garçons CHEZ MOI ! Et donc, sitôt les parents envolés pour un long week-end à la mer, Norfolk et la bise salée qui dérange les maigres mèches sur leur tête chenue, elle donne congé aux domestiques, elle tire tous les rideaux et... elle sursaute comme une hirondelle à chaque fois que Gros Lard dit : « Il y a une voiture de police en bas ! »

Police ! Frissons ! Scandale ! Grabuge en vue ! Ça geint beaucoup mais... précisément ! L'une des raisons pour lesquelles les jeunes chenapans de la haute ont embrassé fébrilement le retour du jeu clandestin, c'est qu'ils soupiraient après les bonnes vieilles émotions qui étreignent les tripes, le DANGER de tripoter des cartes derrière des fenêtres drapées et portes fermées à double tour. Mais plus encore, ce à quoi ils aspiraient, c'est de revenir au CHIC des cercles de jeu privés.

Contrairement aux États-Unis, le jeu conserve en Angleterre de puissantes connotations de prestige social, d'appartenance aux classes dominantes. L'aristocrate n'obéit pas aux règles qui contraignent la masse des chevaux de trait à se contenter de leur maigre thé et de leur sort. Il veut en découdre avec la chance, ce qui est l'essence même des jeux de hasard. Au départ, les clubs de jeu légaux étaient socialement acceptables : le Crockford, le Casanova, le Pair of Shoes, tous ces endroits étaient une apothéose de style Régence, à l'instar du Clermont. Le Crockford était le plus fameux d'entre eux mais tous avaient leur part de foules scintillantes et de reportages photographiques dans les magazines sur papier glacé. Peu à peu, toutefois, il s'est avéré que N'IMPORTE QUI avec de l'argent pouvait se frayer un chemin jusqu'à ses tables jadis prestigieuses, grâce au fait de compter un ami parmi les membres ou par d'autres moyens.

BIEN ENTENDU, QUI PEUT CROIRE DES CHOSES PAREILLES, et tout le monde sait que N'IMPORTE QUI est votre égal social à la table de jeu, bla bla bla. Quand la vie se résume à un carré de feutrine, à deux « tableaux » et à un tas de jetons, et bla bla bla. Pourtant, pourtant, il y a quelque chose d'INSATISFAISANT à entendre une bonne voix anglaise de la haute, sortie d'un gilet à col fendu, suggérer de « comparer les mains » à quelque Chypriote en costume bleu pétrole assis en face de lui, et de voir que l'impudent petit métèque ne lui accorde même pas un regard et continue à plumer impitoyablement le pauvre malheureux.

— On ne laisse entrer aucun Grec ici, m'explique Tony. Ils mettraient à poil nos pontes en une demi-heure.

Des gentlemen, donc des amateurs ! Et puis, il y a toute l'approche British du croupier, cette tradition anglaise qui veut que le croupier ou le banquier soit issu de l'aristocratie. Ainsi, tout le monde connaît le croupier du Clermont puisque la moitié au moins des membres ont fréquenté la même école que lui. Le Casanova en a même un qui est lord ou quoi et bon, il est certainement plus AGRÉABLE de traiter avec un croupier au smoking bien taillé, un garçon avec lequel des amis à vous sont allés à l'école et qui a cette façon inimitable de dire « Bien vu, Nigel », qu'avec un petit type aux yeux chromés et aux cheveux gominés qui se contente de rafler vos jetons de cinq livres.

Parce que ces individus, mon vieux ! C'est un autre point qu'il faut souligner : au cours de l'année passée, le monde du jeu à Londres est devenu un peu... FAISANDÉ, avec quelques incontestables relents de pègre. Il y a eu une série d'incidents et de règlements de comptes à l'arme à feu dans et à la sortie des clubs, certains liés au racket des machines à sous, l'équivalent du racket des juke-box en Amérique. D'un coup, on s'est mis à beaucoup parler de la présence en ville de « gros bras corses », et on raconte que des gens ont été « malmenés » devant le Sporting Club ou le M. Smith. Et lorsqu'on finit dans le caniveau avec le popotin sérieusement tanné en face du M. Smith, on ne consent qu'à dire qu'on a raté le trottoir...

Jusqu'ici, les autorités britanniques ont laissé la branche du jeu légalisé se développer dans des proportions gigantesques et pratiquement sans aucun contrôle. Il n'existe pas d'inspecteurs de casino, ni de taxes prélevées sur les énormes sommes qui circulent et changent de main chaque soir à Londres. Avant 1960, la police était contrainte de surveiller de près cette mouvance afin d'empêcher le développement des tripots clandestins, un fléau social, mais depuis que les jeux de hasard ont été autorisés elle s'est bornée à dire Merci mon Dieu et à ignorer complètement ce sujet délicat. Résultat, si l'on en croit les informations qui abondent là-dessus, l'argent des gangsters américains et européens ainsi que les gangsters eux-mêmes affluent dans les casinos londoniens désormais parfaitement légaux.

Paradoxe ! Ironie ! L'un des objectifs du Gaming Act de 1960 était de légaliser un phénomène qui paraissait de toute façon envahissant et impossible à éradiquer, ce fameux « jeu de gentleman ». En gros, l'idée était la suivante : eh bien, il y a des gens qui sont amis entre eux, ou qui évoluent dans des cercles relativement respectables, ils aiment jouer dans un club ou dans une ambiance qui rappelle celle du club anglais traditionnel, et tout ça n'a rien à voir avec la pègre, alors pourquoi ne pas autoriser carrément la chose ? Ces bonnes intentions ont cependant créé une situation taillée sur mesure pour les mafias en tous genres. Le jeu légalisé ! Mais s'il devenait un important et lucratif secteur d'activité, qui était mieux préparé à l'investir et à en prendre le contrôle que les gangsters ?

Du coup, paradoxe, ironie ! Un casino volant et illégal comme celui de Tony – et il y en a d'autres qui fonctionnent de la même manière aujourd'hui à Londres – représente maintenant, en dehors de la loi, ce que les législateurs avaient à l'esprit en 1960, bien plus que les établissements légaux, puisque c'est effectivement une façon de se retrouver entre amis, ou entre gens qui évoluent dans des cercles respectables, pour jouer aux cartes dans une ambiance de club et sans implication mafieuse. La pègre ne s'infiltre que dans les casinos légalisés alors que les gentlemen-amateurs sont obligés de se cacher et de s'exiler derrière les rideaux, dans les étages de demeures patriciennes comme celle de...

Lord Jim. Toujours enfoncé dans son fauteuil à œillères, il contemple les flammes dans l'âtre. Tony se réadosse à sa chaise devant la table de backgammon, l'Abominable, et Honorable Kissy disparaît dans la cage d'escalier, un éclair huppé derrière les balustrades en fonte ouvragée, la tea girl sourit, le Gros Lard sursaute, la femme aux cheveux d'ébène poursuit sa litanie, le pseudo-artiste de Hong Kong fait « euh », le croupier de Hong Kong est fatigué, il se lève et s'étire, révélant ses boutons de manchettes de fête foraine.

— Jim..., souffle Tony.

Soudain, Lord Jim est debout. Il sourit, ragaillardi. Sa chemise couleur prune n'a pas un seul faux pli. Il se frotte les mains, va jusqu'à la table de poker, sourit encore, s'assied derrière la banque et, quelle beauté, comment vous y prenez-vous, mon garçon ? il bat prestement ces cartes luxueusement décorées, puis c'est la voix de Lord Jim qui se fait entendre dans la cérémonie du stud poker à cinq cartes, « quinte flush possible... no limit... paire d'as... je coupe... », une voix d'élève d'école privée en uniforme. Un type qui ressemble à un banquier de la City rafle le pot et envoie à Lord Jim un jeton de dix shillings. Un pourboire au lord ! Il le rattrape habilement, se redresse sur sa chaise et dit :

— Meurci.

Meurci, oui ! Tout à fait ! Merci, Harrow School, merci, Hong Kong, merci, filles-modèles, Chinois gourmés, honorables pontes, banquiers de la City, tea girls d'excellente famille et poulains agiles de ce monde ! Ce soir, quelqu'un doit être en train de claquer des doigts au Dolly, de siroter du nuits-saint-georges en tentant d'en placer une entre les hurlements funk-rock d'un groupe black, et quelqu'un doit lever bien haut la bannière de l'éternel combat politique à Holland Park, au milieu de chaises en parpaing, de tapis haïtiens et de rideaux en mousseline, en se riant des bottes à lacets de Quintin Hogg et de l'accent tory contrefait de Teddy Heath, d'où émergent les voyelles du Midland au nom du socialisme... Mais ce soir les vrais acteurs de la comédie humaine sont réunis ici, dans le salon privé de Lord Jim, sous l'égide de Harrow et de l'Empire, parmi les jaunes cireux, les dorures, les clairs-obscurs, les cuisses crémeuses, les bleus prussiens et les rouges au front – le Gros Lard ! –, et s'il y a vraiment une voiture de police en bas les valeureux pontes disent « au diable » et puis « meurci, meurci, meurci », la vie n'est qu'un biscuit brisé, un penny usé, un... oui ! un jeu privé.

Connu ! Reconnue ! LE CHOC

ÇA POURRAIT ÊTRE SI PARFAIT... Clarence, ou « Clancy » comme il tient à être appelé, un garçon de vingt-trois ans originaire de la banlieue petite-bourgeoise de Woodhaven, avec des chaussures qui laissent derrière elles des traces de tracteur, un imperméable anthracite qui reluit, un furoncle violet non percé sur le menton et une mère qui lui lance DE CES REGARDS quand il rentre le soir de là où il a bien pu aller, lui, Clancy, va avoir Natalie Wood pour lui tout seul ! LE CHOC ! Natalie Wood en vrai, rien que pour lui dans le noir ! Aucun de tous ces crétins comme Penner et son Leica, quel clown, un appareil photo à quatre cents dollars alors qu'il aurait surtout besoin de se faire opérer des neurones, ni Penner ni les autres ne sont là et donc Clancy aura Natalie Wood pour lui seul, si seulement elle se décide à sortir de cet hôtel. Faites-la sortir !

Parce que ce serait tellement... parfait ! Il y a six chasseurs de photos ici, en face de l'hôtel Sherry-Netherlands, à attendre Natalie Wood. Le chasseur de photos est la version nouvelle du chasseur d'autographes : au lieu de quémander la signature des stars, ils les mitraillent avec leur objectif. Clarence et ses semblables lisent les journaux d'UNE CERTAINE FAÇON, pareils au vieux type farfouillant au fond d'une boîte de crackers Ritz, juste pour apprendre qui est de passage en ville. Bientôt, on découvre que Natalie Wood descend toujours au Sherry-Netherlands, Cinquième Avenue et 59e Rue, quand elle vient à New York, alors on patiente avec un Nikon autour du cou jusqu'à ce que la silhouette de petite fille émerge de l'explosion de reflets cuivrés de la porte à tambour, Natalie ! Et ce sera elle, la VRAIE NATALIE WOOD, on l'aura dans son viseur et soudain, LE CHOC ! RECONNUE ! On va L'AVOIR. Personne ne comprend cette sensation, c'est comique, ils ne pigent pas du tout ce qui se passe à cet instant : tu as la figure collée au viseur de l'appareil et ton œil, non, ton ÊTRE l'engloutit comme une amibe de lave gélatineuse, la petite fille, les yeux merveilleusement immenses qu'elle a, pareil qu'ils l'ont fait dans *West Side Story* ou *La Fièvre dans le sang*, et quand tu appuies sur le déclencheur ça produit le bruit « CHOC ! » dans ta tête, avec le flash c'est encore mieux parce que toute la... SENSATION passe dans ton corps comme une décharge électrique, et c'est pour ça que Clancy garde le flash allumé même en plein jour... CHOC ! Faites-la sortir, enfin...

NATALIE WOOD ET UN JOURNALISTE en costume vert à rayures abandonnent tout le monde dans sa suite au douzième étage et prennent l'ascenseur. Un étage plus bas, un homme monte, il regarde droit devant lui et soudain il surprend Natalie Wood du coin de l'œil et c'est... ELLE, la même silhouette menue qui a attiré toutes les convoitises masculines dans *La Fureur de vivre* il y a onze ans, les immenses, immenses et merveilleusement maternants yeux bruns, évidemment elle a l'air un peu plus mûre maintenant mais toujours aussi FRAÎCHE dans ce tailleur en tissu écossais rose et ces bas blancs texturés, c'est absolument Natalie Wood, alors il détourne le regard, un sourire baveux envahit peu à peu son visage et enfin il se tourne vers elle pour murmurer, rayonnant : « Je vous ai vue à la télévision hier soir, à Montréal. »

Natalie Wood sourit aussi mais ne dit rien. Ah, ouais, télé, Montréal... bon sang, que cet ascenseur est lent ! 10e, 9e, 8e, 7e, 6e, et le silence enfle dans la cabine comme un ballon. Finalement, le type reprend : « C'est que, vous voyez, j'étais en déplacement d'affaires à Montréal, et dans ma chambre d'hôtel, d'habitude je ne reste jamais beaucoup dans ma chambre mais là si, et il se trouve que j'ai allumé la télé et... » Pfff, mec, on est arrivés en bas ! Costume Vert et Natalie Wood filent à travers le hall en direction de la porte à tambour.

Je vous ai vue à la télévision à Montréal... Le truc, c'est que Natalie Wood a réalisé la trajectoire hollywoodienne parfaite, encore plus qu'Elizabeth Taylor, Marilyn Monroe ou n'importe quelle autre star féminine. Elle a commencé à apparaître au cinéma à l'âge de six ans, elle a été une enfant-vedette à huit grâce à son rôle dans *Miracle sur la 34e Rue* et une star adulte à seize dans *La Fureur de vivre*, elle est passée par un mariage hautement hollywoodien avec Robert Wagner de 1957 à 1961, recevant le traitement d'une vraie reine de la pellicule, y compris une baignoire en marbre au premier étage de leur demeure qui était tellement lourde que le plafond s'est mis à céder en même temps que leur union conjugale s'effondrait. Fin 1961, à vingt-trois ans, elle avait trente-trois films à son actif, dont deux grands succès sortis cette même année, *West Side Story* et *La Fureur de vivre*. Après avoir fait tourner le moulin publicitaire aussi vite que c'était possible, elle s'est éloignée des feux de la rampe, presque comme Greta Garbo, tout en restant tenue pour l'une des meilleures actrices d'Hollywood, ambitieuse, menant rondement sa carrière mais aussi appréciée pour son caractère conciliant. Et aujourd'hui, à vingt-sept ans, c'est une femme plutôt réfléchie et dépourvue d'affectation malgré vingt et une années passées dans l'éprouvette hollywoodienne.

L'une des leçons qu'elle a tirées de cette longue expérience, c'est le recours à la POLITESSE CONTENUE quand il s'agit de répondre à des inconnus l'ayant vue à la télévision à Montréal. Manifestez un détachement hautain et tout le monde vous haïra en vous jugeant gravement égocentrique ; réagissez avec trop d'effusion, surtout quand vous êtes une star du sexe féminin, et ce sera encourager le genre de fans qui s'accroche à vos basques, en ATTENDANT Dieu sait quoi. Alors, Natalie Wood sourit et se tait.

Son voyage sur la côte Est est motivé par des raisons hétéroclites : le tournage de l'émission de télé sur laquelle l'homme de l'ascenseur est tombé dans sa chambre d'hôtel, Et ma réplique suivante c'est quoi ?, un passage sur le campus de Harvard pour tourner toutes les têtes et accepter en personne le prix satirique de la « pire actrice » décerné par la gazette étudiante de l'université, regarnir un peu sa garde-robe chez Scaaso et envisager de faire l'achat d'un... oui, d'un chef-d'œuvre de la peinture à la galerie Wildenstein. Elle pense très sérieusement à tout ça, Monet, Bonnard, Courbet et E. J. Rousuck[1]...

Donc Costume Vert et Natalie Wood franchissent la porte à tambour dans un tournoiement de plaques cui-

1. Célèbre marchand d'art new-yorkais, spécialisé dans la peinture britannique du XXe siècle.

vrées, buissons taillés en pots, concierge sous l'auvent, la bonne vieille Cinquième Avenue et brusquement... un jeune gars qui battait la semelle devant les supports en laiton s'avance sur le trottoir, elle a le temps d'avoir un aperçu de son visage et de la grosse pustule sur le menton avant qu'il ne plaque dessus l'appareil photo qu'il tenait à la main, surmonté d'un gros flash même si on est en pleine journée et... « Natalie ! » entend-on : « Natalie ! Une photo par ici ! Une petite photo, Nataliiiie ! »

Elle croit d'abord qu'il doit être un photographe de presse, ou quelque version new-yorkaise du paparazzo, de sorte qu'elle prend machinalement la pose du battement-des-cils-immenses-sur-un-trottoir mais ce type est décidément un fêlé complet tant il multiplie les bonds de félin, bat des bras et des jambes, produit grognements, gargouillis, commandements et supplications : « Voilà, comme ça, Natalie ! Encore une, Natalie », faisant défiler la pellicule dans son Nikon comme un Horst Faas – le photographe de la guerre du Vietnam – puissance dix-huit, « Juste une encore ! », et ça se démène, ça s'accroupit, ça bondit de côté tandis que le flash cligne follement de son œil borgne en plein jour, « Hiiiiii, oooooh, Natalie ! », Natalie, Natalie, per-fec-tion...

Une fois dans la Cadillac qui démarre, Natalie Wood dit à Costume Vert : « À chaque fois, je me demande qui sont ces garçons. Il y en a cinq ou dix, je crois, je revois les mêmes têtes partout... »

LA CADILLAC SE DIRIGE VERS LA GALERIE WILDENSTEIN, au 19 de la 64e Rue Est, et en chemin les gens dans les autres voitures essaient d'apercevoir qui sont les passagers de la limousine, parce que c'est encore l'effet que suscitent ces automobiles à New York. Certains repèrent Natalie Wood, assise telle une parfaite poupée

Eloise au fond de l'énorme bagnole, et c'est alors que débute le drôle de phénomène des TÊTES FLOTTANTES. Soit un véhicule rempli de gens, l'un d'eux repère soudain Natalie Wood dans une Cadillac voisine et cela provoque une agitation générale mais qui reste privée de sons puisqu'elle se passe derrière vitres et portières fermées, comme une scène sans paroles dans *Huit et demi*, puis la voiture est forcée de dépasser la Cadillac par le flot de la circulation et toutes ces têtes qui s'agitent disparaissent du champ de vision en flottant au loin, puis la Cadillac rattrape son retard et les têtes reviennent dans le même flottement silencieux, c'est plein d'exclamations et de contorsions muettes, Natalie Wood, c'est Natalie Wood...

Comme Costume Vert la questionne sur sa collection d'art, elle explique : « Oh, j'achète quelques trucs depuis un moment mais pas en fonction de grands noms, simplement parce que je les aime. J'ai pris récemment un tableau d'un peintre de Sacramento, Silva, et il... tiens, quand j'y pense, dans pratiquement toutes les toiles que j'ai choisies il y a des enfants. Dans le Silva, il y a un enfant avec une sorte de ballon de plage, c'est très impressionniste mais bon, il y a un enfant. »

Si le tableau en question trône au-dessus de la cheminée de sa résidence de Bel Air, il ne va bientôt plus être seul à cette place : Nathalie Wood monte la barre de plusieurs crans, jusqu'aux vieux maîtres, ou disons relativement vieux, Monet, Bonnard ou peut-être un Courbet qu'elle aime particulièrement.

— J'adore les impressionnistes, Monet... Surtout ses nénuphars. – Une pause. – Que pensez-vous du pop art ?

— Eh bien...

— C'est comme ça que je le vois aussi. Je ne suis pas très attirée par l'art qui n'est qu'un COMMENTAIRE sur l'art. Vous voyez ce que je veux dire ? Et pour moi c'est exactement ce que le pop art est, un commentaire sur ce qui a déjà été créé. – Quelques têtes flottantes passent derrière la vitre, s'agitant et criant comme dans un film muet. – George Axelrod et sa femme ont collectionné des œuvres de pop art, poursuit-elle, et ils sont capables de vous expliquer pourquoi c'est de l'art, pourquoi c'est bon, mais décidément ce n'est pas pour moi...

George Axelrod ! Elle en est venue à connaître quelques personnalités parmi les plus... intellectuelles de la côte Est et même d'Europe : Axelrod, Mike Nichols, Adolph Green, Tony Newley et d'autres[1]. Il fut un temps où personne à Hollywood ne faisait grand cas des intellos de la côte Est : ils avaient de la matière grise, tout ce qu'on voudra, mais ils étaient... GLAUQUES, enfin, quoi, brusquement on se rend compte que tel critique respecté est un pauvre vioque qui végète dans un deux-pièces défraîchi à Manhattan où il doit se mettre à genoux dans sa cuisine chaque nuit pour glisser une tranche de pomme de terre crue empoisonnée sous la conduite de l'évier, histoire de se débarrasser des cafards... Sauf que des gens comme Axelrod et Nichols ne sont pas seulement intelligents ; ils ont de l'argent, également, et suffisamment à l'aune d'Hollywood. Quand Axelrod est à New York et qu'il fait du lèche-vitrines à pied, son chauffeur le suit cinq pas en arrière dans la Cadillac, parce qu'il aime que ce soit comme ça, en tout cas c'est

1. George Axelrod (1922-2003) : scénariste, producteur et réalisateur réputé pour pratiquer un cinéma de réflexion plutôt que de divertissement, notamment avec *Diamants sur canapé*, *The Secret Life of an American Wife* ou *Un crime dans la tête*. Mike Nichols (1931-2014), également juif new-yorkais, a eu une carrière plus féconde et diversifiée, du *Lauréat* à *La Guerre selon Charlie Wilson*. Alfred Green (1889-1960) a été un réalisateur prolifique de l'âge d'or d'Hollywood. Anthony Newley (1931-1999) : acteur, chanteur et satiriste britannique.

ce qu'on raconte, alors qui va le débiner à Los Angeles ? Or donc Axelrod collectionne du pop art, et Mike Nichols raffole de Vuillard, et Joe Levine vient juste de se payer un Monet à cent mille dollars, *Le Pont de Charing Cross*, et Hal Wallis convoite un certain tableau de Bonnard, *La Femme au chien*, et le vieil ami de Natalie Wood, William Goetz – le producteur qui a eu l'idée de transformer son vrai nom, Natasha Gurdin, en Natalie Wood, et qui soit dit en passant est l'un des plus grands collectionneurs du pays... et ELLE-MÊME, tout comme des amateurs d'art aussi sérieux que Goetz, se retrouve à cet instant béni des arts plastiques à Hollywood que représente l'exposition privée organisée par Jay Rousuck au Beverly Hills Hotel, oui, Jay Rousuck, de la galerie Wildenstein de NEW YORK.

Il s'est envolé pour Hollywood avec toute une cargaison de chefs-d'œuvre spécialement empaquetés pour l'occasion et voilà que brusquement, au milieu de la verdure caoutchouteuse et du béton surchauffé de Beverly Hills, a surgi l'Art avec un grand A. Vraiment. Comme la dernière fois, quand Rousuck a apporté une vingtaine de toiles dont huit ou dix Bonnard, un Pissarro, un Gauguin première époque, un petit Degas, un Sisley, un Courbet et... ah, c'est dur de se souvenir de tous mais il y avait aussi quelques diapositives de deux ou trois Monet. C'est fantastique, quelqu'un comme Natalie, ou le producteur Hal Wallis, ou Edward G. Robinson, entre dans la suite de Rousuck au Beverly Hills Hotel et y découvre tous ces CHEFS-D'ŒUVRE, tandis que dehors le reste du monde hollywoodien continue à se traîner laborieusement dans les embouteillages avec ces appuie-têtes anticoup du lapin en similicuir émergeant des sièges de la voiture, à tambouriner sur le volant pour passer le temps au rythme de la musique qu'a sélectionnée Montague le Magnifique[1]... Et pendant ce temps, M. Rousuck a posé l'un des Bonnard sur un petit chevalet qu'il a apporté, enfin, il appelle ça un chevalet mais c'est plutôt un présentoir capitonné de velours, à peu près de la taille des coffres à roulettes dont les représentants de commerce se munissent quand ils font du porte-à-porte. Donc, il installe la toile là-dessus, près d'une fenêtre, la lumière naturelle tombe directement sur elle et c'est le... CHOC ! Un Bonnard à Beverly Hills ! Et c'est là que...

WILDENSTEIN ! LA LIMOUSINE SE GARE ET REGARDEZ, le moment pourrait être parfait ! Natalie Wood, ou « Nat », ainsi que ses proches l'appellent, une star du grand écran de vingt-sept ans originaire de Bel Air, en tailleur écossais rose et bas blancs, nichée dans le recoin le plus intime d'une limousine Cadillac, Natalie Wood va faire son entrée dans ce palais de l'Art où sont exposés Monet, Bonnard, Courbet et les autres. Le CHOC ! CONNU, RECONNU ! Là, ICI MÊME, leurs coups de pinceaux exécutés à une époque précise de l'histoire se donneront à voir. Toute cette grandeur réunie...

Ce pourrait être parfait, oui. Car enfin, personne à Hollywood n'a jamais imaginé un monument à la Culture qui approche de la galerie Wildenstein. Elle a été fondée en 1932 au numéro 19 de la 64e Rue Est, cinq étages de pierre rose dans le style maison de ville à la C. A. Busby[2], le tout dominé par un étendard bleu sur

1. Nathaniel « Magnificient » Montague, né en 1928 : animateur de radio et DJ black dont le cri de ralliement, « *Burn, Baby, Burn !* », a été ridiculement blâmé pour avoir suscité les émeutes noires du quartier de Watts à Los Angeles en 1965.

2. Charles-Augustin Busby (1786-1834) : architecte anglais ayant travaillé un moment à New York, créateur d'un important complexe immobilier à Brighton, en Angleterre.

lequel est écrit WILDENSTEIN. Natalie Wood et Costume Vert pénètrent dans cet univers de carreaux de marbre roses et blancs, de plafonds imposants, d'arches, de bustes, de tapisseries, une apothéose de décoration intérieure de style Régence dont surgissent deux préposés qui s'exclament respectueusement : « Miss Wood ! » Le baron Duveen exigeait que le personnel masculin de sa galerie d'art soit en costume rayé ; ici, la règle est le complet croisé bleu marine ou gris perle.

« Tout est prêt pour vous là-haut. M. Rousuck sera là d'un moment à l'autre. » Celui-ci est un grand gaillard corpulent au maintien majestueux, vêtu d'un trois-pièces taillé sur mesure à Londres. Natalie Wood et lui se saluent comme de grands amis. Il la fait entrer dans le bureau de Wildenstein, dont l'aménagement surchargé rappelle le musée Nissim de Camondo à Paris. Et maintenant, les salles en velours ! À la galerie Wildenstein, le velours est omniprésent. Prêtés par un tas de musées et de grands collectionneurs tels que Averell Harriman, Mary Lasker, Benno Schmidt, Robert Lehman ou William Coxe Wright, on y trouve toute une série de tableaux romantiques ou réalistes français, Corot, Courbet, Daumier, Delacroix, Géricault, Millet et ainsi de suite, aux deux premiers étages qui sont les salles d'événements publics, mais même là les murs sont entièrement tendus de velours gris pâle rehaussé par des plinthes en marbre et le sol moquetté anthracite. Rousuck conduit Nathalie Wood jusqu'à une toile de Millet et lui glisse : « Il a eu une grande influence sur Van Gogh », ce qui est une façon un peu spéciale de se rappeler de ce bon vieux Millet mais bon, c'est comme ça.

Vient ensuite un Corot. « Un jour, un de ses élèves a demandé à Corot comment arriver à peindre les feuilles d'arbre comme lui, explique Rousuck, et le maître a répondu : “Il faut les peindre de telle sorte qu’un oiseau puisse passer à travers”. Vous voyez ces feuilles ? Un oiseau pourrait voler à travers elles. » En quittant cette salle, elle remarque un Courbet dans le couloir, sa *Vue d’Étretat* avec un coucher de soleil sur la mer. « Les couchers de soleil, c’est vraiment mon truc », remarque-t-elle.

Rousuck appelle l’ascenseur : ils vont donc monter dans le domaine le plus prisé de la galerie. Au quatrième étage, il ouvre les portes d’une salle d’exposition privée, s’efface pour laisser passer Natalie Wood et Costume Vert, abaisse les interrupteurs des plafonniers et... « Oooooh », lâche Nathalie Wood. Cet espace tendu de velours est complètement consacré à... CHOC, Bonnard ! Spécialement pour elle et, mon Dieu, juste en face de l’entrée a été suspendu le tableau dont elle et Hal Wallis raffolent, éclairé par un faisceau de lumière. Une femme habillée de jaune est assise à une table couverte d’une nappe à carreaux, un chien en face d’elle semble perché sur une chaise ou on ne sait quoi, c’est assez imprécis.

— Mon Dieu, que c’est... beau, soupire Natalie Wood.

— C’est un splendide Bonnard, approuve Rousuck. Il y a là tout ce qu’on peut attendre d’un Bonnard. Et bien entendu, c’est sa femme, et sa maison.

— C’est vraiment magnifique, Seigneur...

— Un splendide Bonnard, répète Rousuck. Avec une construction très inhabituelle. Voyez comment le plan de la table s’élève d’un coup...

Ils redescendent au troisième, Rousuck ouvre encore une porte et soudain, *la* salle de velours, celle qui surpasse toutes les autres. Une cascade de velours pourpre, couleur porto, semble tomber d’une hauteur infinie en lourds plis façon château de Malmaison. Face à un mur, quatre gigantesques fauteuils tendus de velours se dressent. Rousuck installe Natalie Wood dans celui qui est le plus proche de la lumière, et voilà la petite fille fluette posée sur ce trône ambré, ses jambes gainées de blanc croisées et émergeant de là, réplique d'une poupée en porcelaine Spode.

Rousuck ressort dans le couloir et demande à quelqu'un : « Apportez le Courbet, Philip. » Deux autres portes ont été ouvertes, donnant accès à un coffre-fort qui a la taille d'une salle d'entrepôt. À l'intérieur, un empilement de tableaux dans des cadres ocre et dorés. Philip, un homme plus jeune en costume gris, en sort avec une pièce qu'il vient poser sur le chevalet recouvert de velours. Il s'écarte, la lumière naturelle tombe sur le Courbet, coucher de soleil et mer démontée dans un écrin de velours sombre, et... CHOC, Seigneur, c'est bien ça ! Natalie Wood se penche en dehors du cocon majestueux qui l'enserre et c'est L'INSTANT, le grand moment d'histoire de l'art en Amérique dans LA salle de velours, un CHEF-D'ŒUVRE se tient là, un authentique Courbet, la toile même sur laquelle il a porté sa main et son pinceau il y a quelque cent ans, le CHOC de la grandeur intemporelle, du CONNU, RECONNU !

— Mon Dieu, que c'est beau, fait Natalie Wood.

— Ah, c'est un tableau splendide, commente Rousuck. Splendide.

Après un échange entre eux sur la manière dont les rougeoiements du crépuscule se reflètent sur la crête des vagues, Natalie Wood sort un peu plus la tête hors de son écrin de velours et :

— Combien vous avez dit que... cette toile valait ?

— Quarante, répond laconiquement Rousuck.

— Mon Dieu, quelle beauté, soupire Natalie Wood en se laissant de nouveau happer par le gouffre en velours.

— Philip ! Apportez les Monet !

Une splendide, incroyable procession débute. Philip apporte les Monet, les Courbet, les Vuillard, les Pissarro, les Sisley, les Corot, les Toulouse-Lautrec, et à chaque fois c'est le CHOC, la tête de Natalie Wood va et vient d'avant en arrière, la lumière divine éclaire ces peintures que Dieu lui-même a inspirées, ces œuvres qui sont la création de demi-dieux, cela se SENT et c'est le CHOC, la lumière du jour sur des CHEFS-D'ŒUVRE, Dieu...

— Mon Dieu, c'est ravissant...

— Splendide tableau.

— Que c'est beau...

— Splendide, en effet.

— Ravissant.

— Splendide. Philip ! Les Lautrec !

Philip apporte deux petits Lautrec et il suffit de... oh, lumière, Dieu, José Ferrer à genoux[1] ! Le premier représente une tête de rouquine entourée de quelques lignes tracées à la hâte, le second, demeuré inachevé, le contour en bleu d'un corps et d'un bras sur fond blanc. L'un et l'autre semblent des projets que l'artiste aurait esquissés sans aller jusqu'au bout.

— Mon Dieu, ceux-là sont vraiment beaux. Quelle est leur... valeur ?

— Celui-là quatre-vingt-cinq, celui-ci quatre-vingt-dix.

Rousuck annonce négligemment les prix de cette façon, quarante, quatre-vingt-cinq, quatre-vingt-dix. Bien entendu, il veut dire quarante mille dollars, quatre-vingt-cinq mille, quatre-vingt-dix mille, mais dans ce

1. José Ferrer (1912-1992) incarnait Toulouse-Lautrec dans le film de John Huston, *Moulin Rouge* (1952), aux côtés de Suzanne Flon, Zsa Zsa Gabor, Colette Marchand...

contexte, cette cascade de velours, ce grand moment de la collection d'art en Amérique, les chiffres... ne comptent pas.

Ensuite, un Corot, une grande toile représentant une fille nue jusqu'à la taille à côté d'un ruisseau.

— Celui-là est cher, annonce Rousuck. Deux cent cinquante. Elle est à moitié nue mais elle ne s'en soucie pas. Voyez les feuilles : un oiseau pourrait voler à travers. Philip ! Le rideau pour le Manet !

Philip tire sur un cordon et c'est comme si le mur d'en face s'effondrait, toute la draperie de velours s'ouvre comme un rideau de scène et, CHOC ! Un immense Manet, deux mètres de haut et presque autant de large, qui attendait là, derrière le velours porto, pendant tout ce temps... près de quatre mètres carrés de grandeur figée dans le temps, éclairés par un projecteur au plafond. On peut voir apparemment un clochard, avec ce qui ressemble à une bouteille de vin brisée à ses pieds, on dirait. On pense à l'idéal cosmique de toute une école de peinture prenant pour sujets d'aimables... désavantagés.

— Et celle-là, c'est combien ? demande Costume Vert, qui n'avait pas encore ouvert la bouche.

— Autour du million, annonce Rousuck.

Une fois revenus en bas, il convie Nat Wood dans son bureau. Elle lui dit qu'elle reviendra dans deux jours, le temps de se décider. Déclarant qu'il veut lui donner quelque chose, il va chercher un livre d'art crémeux et massif sur une étagère, une somme consacrée à Turner. Elle lève les yeux vers lui, passe un bras autour de ses épaules et lui plante un baiser sur la joue.

Dehors, elle confie à Costume Vert :

— J'envie vraiment M. Rousuck, vous savez.

— Pourquoi ?

— Pensez un peu, il est tous les jours avec ces – CHOC ! – chefs-d'œuvre !

LE SOIR TOMBE QUAND LA LIMOUSINE REVIENT au Sherry-Netherlands. Natalie Wood met pied à terre et, mon vieux, sont-ils sortis des pots de plantes ou quoi ? Cinq chasseurs de photos fondent sur elle. Cette fois, pourtant, leur mine extasiée habituelle laisse la place à un air contrarié, voire agressif.

— Hé, Natalie ! Alors, c'est quoi ?

— Ouais, on a appris !

— Ce type, Clarence, il dit que vous lui avez accordé une charmante petite séance, cet après-midi !

— Ouais, une charmante petite séance...

— C'est quoi, Natalie ? Quand est-ce qu'on aura la nôtre ?

— Ouais, parce que...

— Une petite séance, bon !

— Non, mais c'est vrai !

Natalie Wood et Costume Vert se jettent dans la porte à tambour.

DANS LA CHAMBRE NOIRE DE CLARENCE, enfin, de Clancy, le pesant silence n'est troublé que par le murmure de l'eau coulant dans les bacs en zinc, un lointain grondement quand une rame de métro s'engage sur la voie suspendue au-dessus de Woodhaven Boulevard et les quintes de toux glaireuses de son grand-père asthmatique assis devant la télévision deux pièces plus loin. C'est que les vieux ont leur langage à eux, un code secret ou quelque chose d'approchant, non ? Une ampoule noircie est la seule source de lumière, juste de quoi observer le liquide irisé dans lequel commence à se former... le corps de Natalie Wood, CHOC, oh Seigneur, elle va bientôt être là, dans l'antre de Clancy, pleine et entière même si encore une petite fille, à peine un mètre cinquante, à peine quarante-cinq kilos, et à peine l'ébauche prometteuse d'adolescence cool qui se met peu à peu à frémir dans son BAIN de thiosulfate de sodium, à se développer, à se contourer, Dieu, ces merveilleux et immenses yeux d'ébène sont sur le point de surgir, ici, vraiment comme ceux d'une BICHE, grands ouverts pour Clancy, en un adorable abandon d'enfant, Natalie dans les ténèbres de Woodhaven, elle s'ouvre, oh mon Dieu, viens maintenant, Natalie, le CHOC, l'autographe d'une star mais non... une déesse SAISIE sur le papier !

Et deux jours plus tard, bon, Natalie Wood VOULAIT retourner à la galerie Wildenstein mais tant de choses se sont mises soudain en travers qu'elle n'a plus eu une MINUTE, essayages chez Scaasi, séance de poses pour la couverture du *Sunday News Color Roto* et le type qui lui soulève le menton avec le pouce et l'index, « Oui, comme ça, chérie, du culot, et tu mets tes mains comme ça, trop mignon ! », et derrière un gigantesque coquillage doré en toile de fond... Photos ! Mais tout ça a fini par cesser, elle est allée à la galerie, elle les a achetés et maintenant elle les possède... un Bonnard, un Courbet, un Pasternak... des AUTOGRAPHES de vieux maîtres ? Non, la Culture saisie sur de la toile.

Ô, fichu Gotham...
(Descente dans le cloaque comportemental)

JE VIENS DE PASSER DEUX JOURS AVEC EDWARD T. HALL, anthropologue, à observer des milliers de mes concitoyens new-yorkais s'autocourt-circuiter en petits météores brûlants et convulsés par les décharges d'adrénaline. Le professeur Hall soutient que c'est l'effet de foule qui les rend comme ça. L'entassement des gens les uns sur les autres provoque des montées d'adrénaline dont la conséquence est la surexcitation, et donc les voilà surexcités à en devenir bilieux, néphrétiques, bizarroïdes, autistes, sadiques, stériles, toqués, mal léchés, chauds dans la culotte, affligés de chancres sur les baloches, voyeurs, pleurnicheurs, hébétés, en d'autres termes le quotidien à New York et Dieu sait quoi d'autre encore. Docteur Hall développe une théorie selon laquelle le surpeuplement a déjà fait basculer la ville dans le triste état de cloaque comportemental. Ce dernier terme, qui appartient au vocabulaire éthologique, englobe l'étude de la relation que les animaux entretiennent avec leur environnement ; habituellement, celle-ci se termine par un « effondrement de la population», ou une «extinction massive». Ô, fichu Gotham[1]...

Il est certes facile de considérer les New-Yorkais comme des animaux, surtout depuis un balcon de la gare de Grand Central à l'heure de pointe un vendredi après-midi. En bas, une marée de malheureux humains blancs courent en tous sens, évitent d'un cheveu la collision, clignent éperdument des yeux et produisent un bruit qui fait penser à une cage remplie d'étourneaux, ou de rats, ou ce genre.

— Écoutez-les déraper, conseille Docteur Hall.

Et il a raison : ces pauvres créatures étiolées sont là à déraper lourdement sur leurs semelles en caoutchouc, cela s'entend avec netteté sitôt que l'attention a été attirée sur le phénomène. Ou bien ils manquent de percuter quelqu'un d'autre, ou bien ils pilent sur place en lançant des regards désorientés autour d'eux, et à chaque fois leurs chaussures caoutchoutées couinent sur le sol. Ils se déversent sur l'esplanade par les escaliers mécaniques de l'immeuble Pan Am, de la 42e Rue, de Lexington Avenue, ils émergent du métro ou s'y ruent, montent dans des trains de banlieue, montent dans des hélicoptères car...

— Même d'ici, en bas, vous pouvez entendre les hélicoptères, remarque le professeur.

---

1. «Gotham» est devenu un surnom populaire de la ville de New York depuis le succès phénoménal de la BD *Batman*, dans laquelle la Grosse Pomme se transformait en une cité mythique, Gotham City. Cependant, le célèbre écrivain Washington Irvine avait surnommé New York «Gotham» dès 1807, s'inspirant lui-même d'une tradition de l'Angleterre médiévale évoquant un village de simplets (ou se prétendant tels pour duper les agents du roi), Gotham ou Gottam, *Goats Town*, la «ville des chèvres», sans doute en référence à la réputation de bêtise crasse dont cet animal a toujours été affligé. Le nom est donc particulièrement bien choisi dans un texte comparant le comportement des humains avec celui des animaux.

Ceux-ci se posent au sommet de l'immeuble Pan Am, près de cinquante étages plus haut, et leur vrombissement résonne jusqu'ici.

— S'il n'y avait pas ce plafond, poursuit-il en désignant le dôme élevé au-dessus de Grand Central, cet endroit deviendrait invivable, avec une affluence pareille. Et pourtant il est probable qu'on ne « gâchera » plus jamais de l'espace comme ça.

Ça couine sec ! Et les glandes surrénales de tous ces infortunés animaux blafards enflent et enflent, micron après micron, jusqu'à atteindre la taille de melons. Docteur Hall sort un Minox de la sacoche fixée à sa ceinture et entreprend de photographier le grouillement humain. Le cloaque !

Appareil photo vissé sur l'œil, le professeur Hall est un quinquagénaire élancé qui fait moins que ses cinquante-deux ans, et un anthropologue réputé ayant travaillé parmi les Navajos, les Hopis, les Hispaniques américains, les Noirs et les Trukeses. Il a été le principal conseiller du gouvernement pour le programme d'aide internationale au développement dans les années 1950, dirigeant à la fois le programme de formation Point Four et la documentation en relations humaines. Ses livres, *The Silent Language* et *The Hidden Dimension*[1], reçoivent maintenant le genre d'accueil « contre-culturel » dont son ami Marshall McLuhan a commencé à bénéficier depuis environ cinq ans. Enseignant à l'Institut de technologie de l'Illinois, il vit avec son épouse, Mildred, dans une maison classée à hauts plafonds d'Astor Street, l'une des dernières rues de belles résidences classiques au centre de Chicago. Il a un fils

1. *Le Langage silencieux* et *La Dimension cachée* ont été publiés en France aux éditions du Seuil, respectivement en 1984 et 1971.

et une fille déjà adultes, apprécie la bonne chère et les vins fins, tout ce que la vie civilisée et sans prétention peut apporter, mais cela ne l'empêche pas de venir à New York armé de son Minox pour documenter – parfaitement ! – le Cloaque.

Nous tombons dedans pour de bon en descendant à la station de métro de Lexington Avenue, dans les entrailles de Grand Central. Là, nous inhalons à souhait ces magnifiques relents de sueur humaine, d'urine, d'*effluvia* et de sécrétions sébacées. Une femelle humaine d'un âge certain a déjà été frappée sur la plate-forme supérieure, allongée sur une civière flanquée de deux policiers, mais les autres ne lui prêtent aucune attention, continuant à dévaler les escaliers en lignes plus ou moins organisées, imbriqués panse contre râble. Des têtes humaines reluisent derrière les grilles. L'espèce nord-européenne, qui avait tenté de créer des bulles de vide autour de chacun, d'environ cinquante centimètres de diamètre...

— Voyez, celui-ci n'aime pas faire la queue, constate Docteur Hall.

... mais l'espèce méditerranéenne pousse et pousse en avant, et au diable les bulles de vide ! Et le Nord-Européen n'est pas du tout content qu'un humain mâle derrière lui le projette vers le guichet, lui... souffle dessus, il est dégoûté au point de quitter carrément la queue, et le Méditerranéen lui en veut de réagir ainsi, sans qu'aucun des deux ne comprenne vraiment pourquoi ils se sont hérissés à ce point, et en l'un comme en l'autre les glandes surrénales se sont encore dilatées d'un millième de centimètre. Le professeur Hall dégaine son Minox. Trop parfait ! Le fond du Cloaque est atteint.

C'est le surpeuplement, tout simplement, celui qui se produit cinq jours par semaine dans les quartiers des affaires de Manhattan et quotidiennement à Harlem, à Bedford-Stuyvesant et au sud du Bronx, le simple entassement collectif qui transforme les New-Yorkais en animaux encagés. La théorie du professeur Hall se résume ainsi : toutes les espèces animales, oiseaux compris, semblent présenter le besoin instinctif et acquis de disposer d'un certain territoire, d'un espace spécifique, pour y mener leur vie ; même s'ils ont toute la nourriture qu'il leur faut, et qu'aucun prédateur ne les menace, ils ne peuvent tolérer une densité extrême. Par exemple, pas plus de deux cents surmulots sauvages n'arriveront à survivre sur mille mètres carrés, et ce en dépit de ressources alimentaires abondantes.

Mais pourquoi ? Pour répondre à cette question, les éthologues ont mené diverses expériences sur toutes sortes d'animaux, de l'épinoche au cerf Sika. Au cours de ses recherches, un certain John Calhoun a rassemblé des rats blancs domestiqués dans une cage divisée en quatre parties communiquant par des rampes ; ayant conclu d'expérimentations antérieures que cette espèce était encline à se séparer en groupes de dix ou douze, il avait prévu que la cage puisse donc accueillir facilement de quarante à quarante-huit rats ; il leur avait permis de se reproduire jusqu'à ce que la colonie comporte quatre-vingts rats, avec une répartition mâles-femelles équilibrée, et l'avait maintenue à ce niveau, en distribuant nourriture à foison, eau et de quoi construire des nids. En d'autres termes, tous les besoins essentiels des quatre groupes étaient assurés, sauf un, moins évident à percevoir : celui de l'espace. Pour un œil humain, la cage ne paraissait même pas surpeuplée ; pour les rats, elle l'était déjà à un point intolérable.

Bientôt, la colonie presque entière a plongé en plein cloaque comportemental. « C'est la conséquence de tout processus réunissant des animaux en nombre inhabituellement élevé, explique Calhoun : Le terme a une connotation malsaine qui n'est pas fortuite, parce qu'un cloaque comportemental aggrave effectivement toutes les formes de pathologies discernables au sein d'un groupe. » Pour commencer, et bien avant que la population de la cage ait atteint les quatre-vingts, une sorte de hiérarchie statutaire est apparue : deux rats mâles dominants se sont arrogé chacun une des deux extrémités, en s'entourant d'un harem de huit ou dix femelles, tout en forçant les autres à se cantonner aux deux parties centrales. C'est ici, et ici seulement, que le surpeuplement s'est produit et que le « cloaque » s'est creusé. Aux deux bouts de la cage, les deux aristocrates de rats ont au contraire développé leur force, leur agilité et leur détermination à protéger leur territoire.

Dans le cloaque, par contre, tout est parti à vau-l'eau : construction des nids, reproduction, comportement sexuel, organisation sociale, état de santé... En situation normale, les surmulots observent un rite sexuel dans lequel le mâle poursuit la femelle, qui se jette dans le terrier et en sort la tête pour observer son poursuivant qui se pavane devant elle jusqu'à ce qu'elle le rejoigne et qu'il la couvre, en général pas plus de quelques secondes. À l'ère du cloaque, seuls trois mâles, les dominants des deux parties centrales, ont maintenu ce comportement sexuel « traditionnel » tandis que les autres s'adonnaient à n'importe quoi, du satyrisme à l'homosexualité, ou renonçaient complètement au sexe.

Certains des rats mâles subalternes se sont mis à passer leur temps à pourchasser les femelles, tombant sur une à trois ou quatre, la poursuivant dans le nid au lieu de s'arrêter à l'entrée comme de coutume. Et ils faisaient durer le coït, habituellement brévissime, plusieurs minutes. L'homosexualité était en nette augmentation, comme la bisexualité. Des mâles étaient disposés à monter n'importe qui, mâles, femelles, bébés, rats séniles... Et d'autres, abandonnant toute activité sexuelle, évitaient le combat et restaient prostrés dans leur coin, ne se risquant à bouger que quand les dominants dormaient. Parfois, une femelle de l'un des harems aristocratiques se risquait dans les sections du milieu pour goûter un peu à la vie du cloaque. Quand elle en avait assez, elle remontait la rampe en courant, poursuivie par des mâles du cloaque qui s'arrêtaient net au bout de la rampe, un seul regard des rats-rois les obligeant à rebrousser chemin.

Après leur petite incartade au sein du cloaque, les femelles aristocratiques reprenaient leur existence tranquille et saine ; celles des parties centrales, au contraire, s'enfonçaient dans le marasme physique et psychologique. Le taux de fausses couches était en progression parmi elles, et elles ont commencé à mourir de tumeurs et d'autres affections des glandes mammaires, des organes sexuels, de l'utérus, des ovaires, des trompes de Fallope. Significativement, leurs reins, leur foie, leurs glandes surrénales se révélaient hypertrophiés ou endommagés, témoignant du stress auquel elles étaient soumises.

La fonction maternelle a également pâti du laisser-aller et de la désorganisation générale. Les mères ont perdu l'énergie ou l'intérêt de fabriquer des nids pour leur progéniture, ou de les entretenir si elles le faisaient. Dans la saleté et la pagaille régnantes, elles ne se risquaient plus à protéger leurs petits des dangers présentés par le comportement de plus et plus aberrant, voire sadique, des mâles. Ceux-ci se livraient à des agressions mutuelles totalement arbitraires, qui consistaient souvent à mordre la queue du voisin. D'habitude, une communauté de rats met fin à ces explosions d'agressivité dès qu'elles apparaissent mais, dans le cloaque, la règle du chacun pour soi a fini par supplanter toutes les autres. Aucune structure hiérarchique durable n'était désormais discernable, le surpeuplement ayant fait voler en éclats la coutumière division en trois classes de la population mâle : un comportement de cliques, d'alliances éphémères, de meutes sans scrupule s'est développé chez des mâles qui se provoquaient constamment et considéraient tous les autres comme des proies potentielles, s'abstenant toutefois de s'en prendre aux deux ailes aristocratiques de la cage.

Bien que Calhoun ait pris soin de ne jamais laisser la population dépasser le seuil des quatre-vingts, afin d'éviter le stade suivant, celui de l'effondrement ou « extinction en masse », les autopsies comme celles établissant la cause de la mort de nombreuses femelles ont prouvé que la logique fatale du cloaque comportemental était déjà bien engagée.

L'étude de référence d'un cas d'extinction massive est due à John J. Christian, travaillant sur les cerfs Sika de l'île de James dans la baie de Chesapeake, Maryland. En 1916, quatre ou cinq de ces cervidés avaient été lâchés sur cette île inhabitée de quelque cent quarante hectares, et en 1955 la harde était estimée à deux cent quatre-vingts ou trois cents individus. À ce moment, la densité n'était que d'un cerf Sika par demi-hectare et cependant Christian savait qu'elle était déjà trop élevée pour leurs besoins en termes d'espace : quelque chose allait craquer tôt ou tard. Deux ans durant, la population de cerfs est restée la même et puis, brusquement, plus de la moitié d'entre eux sont morts en 1958, et cent soixante et une carcasses ont été recueillies. L'année suivante a fait de nouvelles victimes, jusqu'à ce que le nombre de cervidés se stabilise autour de quatre-vingts.

Deux années passèrent encore ; les deux tiers des cerfs Sika de l'île James avaient trépassé. Pour quelle raison ? Sur le plan alimentaire, ils ne manquaient de rien et plus encore, l'autopsie de leurs restes a montré qu'ils étaient en excellente forme, avec une musculature développée, un pelage luisant et des réserves de graisse amplement suffisantes. Mais par ailleurs, leurs glandes surrénales avaient atteint une taille une fois et demie supérieure à la normale. Christian allait en conclure que l'extinction du groupe avait été provoquée par « un état de choc résultant d'un grave déséquilibre du métabolisme, probablement à la suite d'une hyperactivité adrénocorticale prolongée. (...) Il n'existait pas d'infection, de sous-alimentation ou d'autre raison patente pour expliquer cette mortalité de masse ». En d'autres termes, le stress permanent dû au surpeuplement, ajouté à celui provoqué normalement par le froid en hiver, avait soumis leur organisme à de tels apports d'adrénaline que le taux de glucose dans leur système sanguin s'était réduit jusqu'à atteindre un seuil fatal.

Mais bon, ici les humains continuent à s'agiter et à déraper sur la plate-forme de la gare de Grand Central. Après avoir prêté l'oreille aux couinements de semelles pendant encore un moment, le professeur Hall confie :

— Vous savez, il m'est arrivé de rester dans l'un de ces trains de banlieue une fois que tout le monde s'est jeté dehors à l'heure de pointe comme maintenant et je vais vous dire une chose : dans chacun de ces wagons, l'acidité qui inonde les estomacs suffirait à faire fondre les rails sur lesquelles roule la rame.

Alors, partants pour un petit bain d'acide invisible pour terminer la journée ? Bien entendu, les gens n'ignorent désormais plus que les ulcères provoqués par cette acidité sont l'une des conséquences du stress de la vie citadine. Toutefois, selon le professeur Hall, le surpeuplement est à l'origine de ravages physiquement autrement plus sérieux que les ulcères. Prenez un jour comme un autre à New York : se rendre au travail, qui se trouve souvent dans des zones hypercongestionnées comme la 42e entre la Cinquième Avenue et Lexington – surtout maintenant que l'immeuble Pan Am s'élève en plein milieu –, passer des heures dans un bureau-placard tels que ceux du groupe de presse Time-Life – un exemple de la pitoyable gestion de l'espace régnant à New York, d'après le professeur –, aux plafonds bas et généralement dépourvus de fenêtres, pendant que les compresseurs et marteaux-piqueurs des ouvriers des multiples chantiers de Manhattan maintiennent un bruit de fond susceptible de faire perdre la boule aux plus équanimes des êtres humains, puis s'entasser dans les métros et les trains pour rentrer chez soi au plus vite, luttant contre la montre et pour son espace vital... Oui, une journée de New-Yorkais typique, la nouvelle normalité qui pulse l'adrénaline à jets continus, détruit les défenses de l'organisme et se termine par l'effondrement du pater familias humain à la table du petit déjeuner, sa tête explosée par l'apoplexie en chou-fleur émergeant de la chemise en rayonne à 6,95 dollars pièce, le nez plongeant dans son assiette d'ersatz d'omelette anticholestérol, rayé de la carte par la thrombose, le cancer, la défaillance du foie, des reins ou de l'estomac, moment où les glandes surrénales s'arrêtent enfin de fonctionner, après avoir atteint la taille d'aubergines fin juillet.

L'un des chercheurs dont le travail intéresse le professeur Hall, sur cette question, est René Dubos, de l'Institut Rockefeller. Celui-ci est parvenu à la conclusion que le bacille de la tuberculose, par exemple, ou le virus de la pneumonie, n'est que rarement la « cause » de la maladie : apparemment, il faut qu'il agisse en combinaison avec d'autres facteurs qui sont déjà parvenus à briser les barrières immunitaires, comme... cette bonne vieille hyperactivité surrénale. Le professeur Hall aimerait que par le biais d'une recension systématique les autopsies permettent d'indiquer la taille moyenne des glandes surrénales chez les personnes décédées à New York, notamment celles qui habitent les périphéries les plus surpeuplées et celles qui sont soumises au rythme quotidien heure de pointe-travail-heure de pointe. Sa crainte est qu'aussi longtemps que nous manquerons de statistiques établissant comment l'entassement humain affecte la santé des individus, personne ne voudra prendre de mesures sérieuses à ce sujet.

Même face à un problème aussi patent que la pollution atmosphérique, la logique est bien connue : tant que les gens ne « voient » pas la fumée, ou ne sentent pas le soufre leur démanger le nez et leur brûler les yeux, les hommes politiques n'éprouveront aucune envie de bouger, alors que pourtant chacun sait que les substances qui polluent le plus dangereusement l'air sont invisibles et sans odeur. Remarquons à ce titre que la plupart des hommes politiques sont pareils aux rats aristocratiques mentionnés plus haut : ils sont séparés du Cloaque par des cercles isolants pratiquement sultanesques, limousines, chauffeurs, secrétaires, aides de camp, gardes du corps, portiers, maisons fortifiées ou duplex au sommet de gratte-ciel. Ils ne prennent presque jamais le métro, ignorent l'épreuve de l'heure de pointe, n'habitent évidemment pas les HLM ni ne travaillent dans la tour Pan Am.

À GRAND CENTRAL, NOUS PRENONS UN TAXI pour nous rendre à Harlem. Dès la 48e Rue, nous sommes déjà immergés dans l'un de ces gigantesques embouteillages qui affligent la Cinquième Avenue le vendredi après-midi. Le professeur Hall m'invite d'un signe à observer la scène et en effet les voici, les humains, mâles et femelles enfermés dans l'aquarium de leurs automobiles, souffrant sans bruit la torture des montées incessantes d'adrénaline. Ce mâle, là-bas, a les mâchoires tellement contractées que les muscles de ses joues saillent comme des mimolettes de bonne taille. Ses lèvres s'agitent, il a les yeux injectés de sang, il brame – en silence derrière les vitres –, des rouleaux de graisse se forment sur sa nuque, tout son corps est convulsé tandis qu'il martèle son volant du dos de la main. Dans la voiture qui le précède, la conductrice femelle se retourne d'un bloc, hurle – toujours en silence –, montre les dents et lève les bras au ciel, et qu'est-ce que tu voudrais que je fasse, ouais, toi, l'imbécile, toute une cohorte humaine marine dans ces prisons roulantes, exsude sa haine du prochain, se flingue les ganglions et, bon sang... Le professeur Hall se renfonce dans son siège et regarde tout ça. On y est ! En plein cloaque ! Et à quoi pense notre intrépide explorateur ?

— Il nous faudrait mettre au point une étude dans laquelle les automobilistes soumis tous les jours aux effets de l'heure de pointe porteraient des bracelets RCG. – Pardon ? – Réflexe cutané galvanique, explicite le professeur. À savoir, la mesure de l'activité électrodermale, qui est l'une des fonctions de la transpiration. Quand quelqu'un devient très nerveux, ses paumes se mettent à suer, n'est-ce pas ? C'est un indice de tension. Et il existe d'autres équipements simples pour enregistrer la respiration, le pouls... Je crois que les gens qui sont soumis à cette épreuve chaque jour devraient prendre leur pouls afin de savoir ce qui se passe dans leur organisme. Généralement, il n'est pas difficile d'établir à partir de quand le stress commence à avoir des répercussions physiques sur vous.

En étudiant les populations des quartiers défavorisés et surpeuplés de New York, le professeur Hall voudrait aller encore plus loin : réunir des statistiques sur le niveau d'hydrocortisone dans le sang et de corticoïdes dans les urines, deux indicateurs de stress reconnus, fiables et mesurables par des procédés simples.

Direction donc, la Zone... nous sommes finalement arrivés à Harlem Est. 101e Rue, nous roulons devant une petite église neuve, l'Épiphanie, dont le professeur Hall apprécie l'architecture d'avant-garde. À côté, se trouve un terrain vague – sur l'emplacement d'un immeuble détruit – où s'amoncellent des ordures jetées depuis les fenêtres d'un HLM mitoyen dont les occupants poursuivent à l'instant même leur « poste aérienne », faisant voler des cannettes de bière, des rubans rouges, un chariot de télévision « Eames Pas-d'Acompte », tout cela allant s'ajouter au monticule. Nous en verrons d'autres de ce genre à Harlem, la même succession répétée de dépôts d'immondices, de bâtiments rasés ou croulants et, brusquement, de barres d'habitation aux pelouses cerclées de barrières.

— Vous savez à quoi ça ressemble ? me demande le professeur Hall. À une ville bombardée. Dans le temps où j'étais étudiant à Columbia, en 1946, j'habitais la 124e Rue, au niveau de Broadway. C'est incroyable à quel point Harlem a changé en vingt ans. Bombardé, oui. Démoli. Les New-Yorkais s'y habituent, ils ne se rendent pas compte comme leur ville est devenue sale. Tout ça est typique du cloaque comportemental. Et on peut en dire autant de l'affaire Kitty Genovese, cette fille violée et assassinée dans une cour d'immeuble alors que quarante ou cinquante personnes regardaient par la fenêtre, sans qu'aucune ne pense même à appeler la police. Ce genre d'apathie, d'anomie, est représentative de la dégradation psychologique générale à l'œuvre dans le Cloaque.

Levant les yeux sur une façade de HLM, il constate que ces constructions prouvent surtout l'ignorance des promoteurs immobiliers en matière de besoin d'espace minimum de l'espèce humaine.

— Même en restant au plan le plus élémentaire, élabore-t-il, il n'y a aucun sens à bâtir des blocs beaucoup plus hauts que cinq étages. Prenons une famille habitant au quinzième : la mère sera complètement coupée de ses enfants pendant qu'ils jouent en bas parce que les ascenseurs sont toujours en panne, dans ces cités, et quand ils ne le sont pas il faut une demi-heure, je n'exagère pas, pour monter ou descendre. Une mère dans ce contexte est tout aussi victime du surpeuplement que si elle était restée habiter dans le taudis où elle vivait avant. Certains défenseurs de la cause noire ont une blague douce-amère, là-dessus : ils disent que le Blanc règle le problème des quartiers défavorisés en entassant les Noirs à la verticale. Il y a beaucoup de vérité, là-dedans...

De plus, poursuit-il, les urbanistes n'ont aucune idée de la variation de la notion d'espace essentiel en fonction de la culture de chacun. Les Noirs et les Portoricains sont traités comme s'ils étaient des petits-bourgeois blancs, le plus souvent habitués à la famille mononucléaire avec peu d'enfants. Comme pour le cerf Sika étouffant au-delà d'une densité d'un individu par demi-hectare, le surpeuplement est une notion relative chez l'animal humain. Chaque espèce a sa propre vision de l'espace qui lui est nécessaire, peut-être « subjective » mais toutefois bien réelle.

Les théories du professeur Hall en matière de sensation territoriale sont fondées sur les mêmes constatations réunies par des biologistes, des éthologues et des anthropologues que celles qu'utilise Robert Ardrey[1] dans son travail. Ardrey est l'auteur de deux livres fort bien accueillis par la critique et le public, *African Genesis* et *The Territorial Imperative*, dont de larges extraits du dernier ont été publiés dans le magazine *Life*. Il y soutient que le besoin d'acquérir de l'espace et de la propriété matérielle, de les développer et d'atteindre un certain statut grâce à eux est inscrit dans le comportement de toutes les espèces animales, y compris l'humaine, et qu'il s'agit là d'une pulsion encore plus forte que celle de la sexualité. Le tapage mené autour de ses thèses par *Life* a amené Marshall McLuhan à contre-attaquer : « Certains voient ici la grande justification historique du libre marché et de l'idéologie républicaine. Puisque même les oiseaux et les épinoches le font, c'est le chemin à suivre pour l'homme ! » Aux yeux de penseurs comme Hall, McLuhan et Ardrey lui-même, la question n'est pas de savoir si cela est bon ou mauvais : ce qu'ils jugent inexcusable, par contre, c'est que le raisonnement d'acteurs sociaux influents ne prenne même pas en compte cette réalité. Ainsi de l'écrasante majorité des urbanistes, soutient le professeur Hall :

---

1. Robert Ardrey (1908-1980) est un rare exemple de chercheur en sociologie ayant mené également une brillante carrière de scénariste hollywoodien. Il est ainsi l'auteur du scénario de la *Madame Bovary* de Vincente Minnelli, entre autres. Ses livres, extrêmement populaires aux États-Unis, ont été traduits en français chez Stock sous les titres *Les Enfants de Caïn* (1963) et *Le Territoire* (1967).

— Ils vous présentent toujours une vue aérienne de ce qu'ils sont en train de faire. Vous connaissez toutes ces maquettes : les gens arrivent autour de la table, regardent le projet et disent que c'est formidable. Personne ne relève que c'est... vu d'en haut. Et au final, ces projets sont en effet très bien, mais seulement si on les considère depuis un avion.

L'anthropologue Hall ne peut que secouer dubitativement la tête lorsqu'il entend urbanistes et promoteurs parler de développement résidentiel « pleinement intégré » pour les années 1980 ou 1990, comme si d'ici là il était assuré que tous les groupes culturels auraient acquis une notion de l'espace commune et vivraient harmonieusement ensemble, aussi épanouis que les braves édiles qui conçoivent leurs plans urbanistiques vus d'en haut. D'après ce qu'il a constaté dans le cadre de ses recherches, c'est justement la différence d'appréhension de l'espace entre ces groupes, même si elle n'est pas exprimée ouvertement, qui provoque une grande partie de la tension entre eux.

On en revient aux mentalités nord-européenne et méditerranéenne dans la file d'attente devant les guichets du métro. Instinctivement, le type nord-européen cherchera à rester dans la bulle d'espace dont il s'entoure, et se sentira menacé dès que quiconque empiétera dessus ; le type méditerranéen, au contraire, issu d'une culture où le contact physique en public est une convention établie, n'aura pas de réticence à l'égard d'une certaine promiscuité dans des lieux publics, bien que sa conception de l'espace personnel puisse être différente une fois rentré à la maison. Selon le professeur Hall, même les Noirs amenés de force aux États-Unis ont un vocabulaire de l'espace et du comportement public différent des Américains d'origine nord-européenne, qui ont pourtant été leur modèle imposé dans le passé. L'incommunicabilité entre Blancs et Noirs se fonde souvent sur des situations en apparence anodines comme celle-ci : un Blanc reçoit un Noir pour un entretien d'embauche, mais alors que la culture du second l'a informé que la façon de manifester son attention était de regarder son interlocuteur dans les yeux et de l'écouter attentivement, celle de l'espèce nord-européenne exige plus ; le Blanc attend de celui qui l'écoute qu'il hoche la tête de temps à autre, comme pour dire « Je suis avec vous, continuez » ; en l'absence de cette gestuelle réactive il devient anxieux, craignant que son auditeur soit tacitement en désaccord ou ait perdu tout intérêt à leur échange ; et si l'expérience a peut-être appris au Noir que les Blancs tiennent à ces hochements de tête à répétition, il n'a pas l'habitude de se comporter de cette manière, de sorte qu'il aura tendance à forcer la note et à branler du chef comme un fou, amenant le Blanc à conclure qu'il a une sorte d'Oncle Tom idiot devant lui. Résultat des courses, le gars n'obtiendra quand même pas le poste.

D'après le professeur Hall, la gestion de l'espace à New York est devenue tellement aberrante que même les projets de développement destinés aux classes moyennes semblent inspirés eux aussi par la logique de la vue aérienne appliquée à la modernisation des quartiers défavorisés. Après avoir soigneusement étudié celui du Park West Village, un vaste programme urbanistique visant à loger à Manhattan des familles aux revenus moyens, il a conclu que l'approche spatiale était semblable à celle dictant l'édification des barres d'habitation de la Zone, avec seulement des balcons un peu moins étriqués. Pour lui, il est amplement temps que les classes moyennes new-yorkaises reçoivent ce qu'elles sont en droit d'attendre en termes de logement, c'est-à-dire des espaces réellement « humains », tels qu'ils subsistent encore dans les immeubles d'appartements traditionnels de la ville :

— Je crois que la municipalité de New York devrait sérieusement penser à aider ces couches sociales à revitaliser des quartiers comme Chelsea, un processus qui a déjà commencé. Les gens se sont mis à rénover des habitations là-bas, pourquoi ne pas subventionner ces efforts par des allègements fiscaux ou autres ? Le résultat serait impressionnant, j'en suis sûr. Ce dont la ville a besoin, c'est d'une série de succès modestes sur le terrain du logement, simplement pour montrer à chacun que c'est possible. À mon avis, les classes moyennes sont encore très capables de faire ça. L'alternative, c'est de poursuivre la politique actuelle, qui consiste à tenter de faire monter socialement l'énorme classe inférieure, presque par la force, et à se rendre compte que c'est quelque chose de très lent et de très décourageant.

Une pause, puis :

— Mais avant même de décider comme redéfinir l'espace à New York, il faut que les gens prennent d'abord conscience de l'ampleur du problème, dès à présent. Une étude psychologique des habitants des quartiers « marginaux » publiée en 1962 montrait que seuls dix-huit pour cent d'entre eux manifestaient un équilibre émotionnel satisfaisant, tandis que trente-huit pour cent présentaient la nécessité d'un soutien psychiatrique, et que vingt-trois pour cent étaient gravement atteints. Cette étude date de 1962, ce qui signifie que la collecte des données a sans doute été menée de 1955 à 1960. À quel point les choses se sont-elles encore dégradées, personne ne peut le dire, mais dans un cloaque comportemental les crises se développent souvent rapidement...

Le professeur Hall aimerait qu'une enquête de grande envergure soit menée ici, à l'instar de celle entreprise dans une ville ouvrière de France par deux sociopsychologues, Chombart de Lauwe et son épouse[1], qui ont établi de façon très nette la relation directe entre surpeuplement et marasme social comme individuel. Au sein des familles entassées dans leur appartement jusqu'à ne plus disposer que de 2,5 mètres carrés par personne, les pathologies et problèmes d'inadaptation sociale étaient multipliés par deux. Ce qui tendrait à indiquer que l'espace vivable pour quatre personnes, au minimum, serait un logement de 3,5 mètres par 10.

Quels seraient les résultats à Harlem ? Dans *La Dimension cachée*, le professeur Hall note que « les Noirs américains et les gens de culture hispanique qui arrivent en masse dans nos villes sont en état de stress très préoccupant. Non seulement ils se retrouvent dans un environnement qui ne leur convient pas mais ils ont aussi dépassé de loin leur seuil de tolérance au stress. Les États-Unis sont confrontés au fait que deux de ces minorités les plus créatives et réactives sont menacées de destruction et, tel Samson, pourraient faire s'écrouler avec elles la structure qui nous abrite tous ».

LE PROFESSEUR HALL PART À L'AÉROPORT pour regagner Chicago, et je rentre chez moi en taxi par la voie rapide de l'East River. Il n'est que quatre heures de l'après-midi mais les satanés bouchons ont commencé. Juste à ma droite, j'avise une Oldsmobile 1959 avec huit ou

1. Référence à l'étude *Vie quotidienne des familles ouvrières*, publiée en 1956 sous la direction de Paul-Henry et Marie-José Chombart de Lauwe.

neuf passagers, plein de silhouettes surexcitées dans un habitacle entièrement capitonné de tissu léopard. Le conducteur est un archétype, moustachu, pourvu de rouflaquettes et d'un tatouage sur l'avant-bras qui fait penser à un portrait par Rossetti de Jane Burden Morris avec les cheveux lâchés. D'accord, d'accord : c'est même attendrissant, comme une carte postale représentant la grand-rue de San Pedro, Californie. Soudain, pourtant, Rouflaquettes démarre et nous fait une queue-de-poisson qui oblige mon chauffeur à freiner en catastrophe. Trente mètres plus loin, le chauffard rencontre un mur de bagnoles qui l'oblige à appuyer sur la pédale de frein, lui aussi, et c'est alors que la chose se produit : un animal en peluche blanc angora, un chien ou... non, un chat pékinois, est installé sur la plage arrière, derrière la lunette, et dès que les freins sont actionnés SES yeux s'allument ! Rose néon, clignotants. Pour éviter la collision, le taxi freine aussi, s'arrête, et me voilà donc coincé sur une voie rapide congestionnée à quatre heures de l'après-midi, bringuebalé par les coups de frein et fixant droit devant moi un chat pékinois de plus en plus gros et aux yeux de plus en plus brillants. Décharge d'adrénaline ! Rose néon ! Mais attendez, c'est... moi qui suis atteint, là ! Je suis devenu l'animal blanc lancé sur une trajectoire périlleuse au milieu d'une masse congelée d'humains, ayant évité de justesse un damné chat pékinois-angora en peluche sur fond de motifs léopard et... Tuez le foutu angora ! *Bang !* Je suis eu ! Et ces vieilles glandes surrénales viennent de prendre un micromètre d'un seul coup...

Postface

Leçons de journalisme

Tom Wolfe, alias « l'homme en blanc », « le type à la cravate ultralarge », « le type en costume vert », l'auteur de quatre romans acclamés ou détestés mais qui ont toujours « fait événement », a maintes fois soutenu que la manie des cours universitaires d'écriture créative était l'une des raisons à la racine de la perte de souffle romanesque de notre époque. De même, il n'a jamais manifesté un grand enthousiasme devant l'ambition d'enseigner l'art d'informer aux nouvelles générations et, significativement, c'est en littérature anglo-saxonne et non en journalisme qu'il a choisi de mener ses études sur le campus de Washington and Lee. Ce lettré raffiné aux allures de dandy aristocrate du Sud américain – ce n'est pas pour rien qu'il a été surnommé « le Virginien de Manhattan » – qui depuis toujours s'intéresse aux cultures marginales et aux clivages de classe sociale porte souvent sur les rapports sociaux le regard acerbe d'un Michel Audiard, lequel a proclamé que « l'éducation, ça s'apprend pas ».

Pourquoi parler alors des « leçons de journalisme » que dispenserait ce recueil réunissant des textes écrits entre 1962 et 1967 pour diverses publications américaines et britanniques[1] ? Parce que nous avons là, en direct, la naissance de ce que Wolfe, ainsi que Gay Talese, Jimmy Breslin, Truman Capote, Norman Mailer (même si notre auteur détestait et admirait à la fois celui-ci), Pete Hamill et un peu plus tard Hunter Thompson dans sa version plus radicalement contre-culturelle du « journalisme gonzo », appelleront « nouveau journalisme ». Et c'est Tom Wolfe qui a donné la définition la plus claire de ce phénomène littéraire des années 1960 et 1970 : en ayant recours à « toutes les stratégies élaborées de la prose » dans la narration de faits réels, « l'écrivain se rapproche un peu plus de l'implication totale du lecteur (dans le texte), celle dont Henry James et James Joyce rêvaient mais qu'ils n'ont jamais atteinte[2] ».

Gay Talese, qui a inspiré la méthode journalistique développée par Wolfe, est récemment revenu sur ces expérimentations avec plus d'un demi-siècle de recul, pour constater que les deux piliers de la véritable enquête journalistique n'ont pas été contestés ni ébranlés par une telle approche. La « méthode de muser aux abords d'un personnage, de rester sans cesse à l'écoute et de décrire des scènes qui donnent un aperçu éloquent de son tempérament et de son comportement, celle qui a été étiquetée "nouveau journalisme" voici une génération, a néanmoins été renforcée dans ses meilleures versions par la reprise des principes du "journalisme traditionnel" : travail de terrain inlassable et fidélité à la précision factuelle[3] ».

---

1. Pour cette édition ont été sélectionnés des essais publiés initialement dans *Le Kandy-Kolored Tangerine-Flake Streamline Baby* (1965) et *The Pump House Gang* (1968).

2. Analyse publiée en décembre 1972 dans *Esquire*, le mensuel américain qui a été la principale plate-forme du nouveau journalisme.

3. Préface à l'édition complétée de photographies de Phil Stern de *Frank*

Ce n'est pas tant en s'autorisant à dire « je » et à se représenter dans leur travail que ces révolutionnaires de la forme journalistique ont fait œuvre novatrice : Albert Londres ou Martha Gellhorn l'avaient déjà fait en leur temps, et fort bien. Et s'ils n'hésitent pas à bafouer certaines règles du reportage traditionnel, c'est parce que leur but est de récolter une information au-delà des faits bruts : quand Tom Wolfe cite son chauffeur de taxi, par exemple, source réprouvée par les enquêteurs de terrain, ce n'est pas pour prétendre glaner un témoignage informé mais pour restituer la manière dont il parle, son accent, son quartier d'origine, ses tics de langage.

Notre auteur a défini les quatre outils littéraires à la base du nouveau journalisme : raconter l'histoire en découpant des scènes plutôt qu'en suivant une narration linéaire ; retranscrire les dialogues dans leur totalité, non en isolant des citations ; rédiger chaque scène selon le point de vue d'un personnage particulier, et porter un intérêt constant au contexte social de la personne présentée, ses relations, ses goûts vestimentaires et gastronomiques, ses références, bref son « statut » dans la société[1]. Tout cela demande un travail considérable, typique de ce que Wolfe a désigné sous le terme de « journalisme de saturation » plus que « d'investigation », l'écrivain s'imprégnant du contexte de son sujet, y séjournant et s'y intégrant à la manière d'un « caméléon », comparaison qu'il a revendiquée face à

Sinatra Has a Cold, Taschen, 2015, traduit en français par Bernard Cohen.

1. Voir Kevin T. McEneaney, *Tom Wolfe : Heroes, Pranksters and Fools*, Praeger, 2009, le seul travail d'ampleur de type universitaire jusqu'ici consacré à cet auteur pourtant célébrissime aux États-Unis, ce qui semble indiquer que son œuvre constitue décidément un défi pour les esprits trop académiques...

ceux qui la lui adressaient comme un reproche. Comme l'a dit à son propos Jann Wenner, le rédacteur en chef de *Rolling Stone*, informer, c'est se transformer en « éponge à culture populaire ».

1) La première leçon que présentent les textes qu'on a lus ici, donc, c'est que pour continuer à informer avec pertinence le journaliste, qu'il soit professionnel ou « citoyen-journaliste », à l'instar de tant de ces nouveaux reporters spontanés qui risquent souvent leur vie face aux nouveaux totalitarismes[1], doit se démarquer des deux formes qui ont pris le dessus dans l'univers médiatique contemporain, le blog et le commentaire « informé ». Tom Wolfe lui-même a critiqué ces deux approches, estimant à propos de la première que « l'univers des blogs est celui de la rumeur » et constatant que la seconde « refuse de partir à la recherche du monde réel, cantonne le point de vue à une petite sphère étriquée, le commentateur finissant par écrire sur ce que le tube d'un bleu tuberculeux de son petit écran lui a montré la veille[2] ».

2) En s'intéressant à un fana de voitures customisées, à une strip-teaseuse ou à une jeune Londonienne *fashion victim* avant la lettre, Tom Wolfe transcende l'anecdotique et trace des portraits dont la résonance historique et ce qu'ils présagent de notre modernité restent impressionnants de nos jours. Ses incursions dans le petit monde de la publicité à New York et à Londres font irrésistiblement penser à des épisodes de

1. Ainsi de Naji Jerf, citoyen syrien assassiné pour avoir enquêté sur les atrocités islamistes, http ://www.nytimes.com/2015/12/29/world/europe/naji-jerf-documented-isis-killed-in-turkey.html ?_r=0 .

2. Respectivement dans une contribution au *Wall Street Journal*, 7 décembre 2007, et dans « The Birth of the New Journalism », *New York Magazine*, 14 février 1972.

la remarquable série *Mad Men* qui s'est conclue en 2015. La Carol de «La fille modelée» n'annonce-t-elle pas toute la remise en cause actuelle des canons de la beauté physique, du transformisme corporel, des *nodels* (*non-model models*), de la représentation du corps telle que l'explorent des revues comme *Dazed*? Ce n'est pas l'Amérique marginale qui intéresse en soi Wolfe, mais ce qu'elle reflète, rejette ou préfigure de l'Amérique en tant que méga-organisme social et culturel. À part ses expéditions au Royaume-Uni, qui lui ont servi avant tout à mieux comprendre la psyché de son ancienne colonie outre-Atlantique, et une brève incursion à Cuba au temps de la révolution qui ne semble pas lui avoir inspiré des textes journalistiques dont il soit particulièrement fier – j'ai vainement tenté de retrouver les reportages qui lui avaient pourtant valu le prix de la Presse de Washington en 1961[1] –, Tom Wolfe, le journaliste et le romancier, n'a pour sujet que son pays, mais en dépit de prises de position délibérément conservatrices et de son américanité intrinsèque – n'a-t-il pas rêvé de devenir joueur de base-ball professionnel ? – c'est avec la distance impliquée d'un correspondant international qu'il dissèque la société américaine.

D'aucuns ont avancé que les décennies 1960 et 1970 offraient un contexte autrement plus «léger», ludique, voire festif que notre époque de guerres, de violence religieuse et d'exodes. Il y avait tout de même le Vietnam, le

1. Interrogé par e-mail, notre auteur a indiqué que ses reportages à Cuba, en République dominicaine et à Porto Rico (archivés à la bibliothèque municipale de New York) n'avaient pas traité de sujets d'actualité brûlante, et qu'il avait préféré reprendre son travail aux États-Unis lorsque la rédaction en chef du *Washington Post* lui avait demandé s'il voulait continuer à couvrir l'Amérique latine.

bombardement clandestin et monstrueux du Cambodge et du Laos, les assassinats politiques, des pages d'histoire terriblement sombres auxquelles Wolfe fait référence sans les aborder de front. Mais la « légèreté » de ses sujets ne nuit en rien à la perspicacité de son regard et à la profondeur des implications, et c'est une autre leçon qu'il nous donne. De nos jours, l'entreprise médiatique se centre sur des thématiques « impliquées », humanitaires et politiquement correctes. Dans la sélection des dix meilleurs reportages d'investigation proposée par la chaîne CBS pour 2015, trois ont pour thème le viol ou l'exploitation sexuelle, deux celui de l'esclavage moderne et cinq les retombées sociales de la guerre. Mais l'activité journalistique est-elle pour autant plus stimulante pour la réflexion et la critique, la formation d'une authentique conscience sociale ? N'est-elle pas dominée par un conformisme pesant, dans la forme comme dans le fond ?

3) Ainsi que le note Tim Adams[1], « le vrai thème de Wolfe, depuis toujours, est celui des classes sociales, ce tabou absolu dans l'Amérique égalitariste. Dans ce qu'il a appelé la "statusphère", il s'intéresse aux élites, au scintillement et au sordide de la comédie du pouvoir ». C'est incontestablement une démarche politique, à un niveau plus signifiant que ses déclarations en faveur de George Bush ou que ses moqueries contre le « chic radical » des bien-pensants new-yorkais. Sur le plan des convictions politiques au sens conventionnel du terme, on peut dire qu'il fait preuve d'un scepticisme d'assez bon aloi quand il déclare par exemple que « le gouvernement américain est un train lancé sur sa voie, qui continue à avancer malgré les cris de protestation à

1. *The Guardian*, 31 octobre 2004.

droite et à gauche[1] ». Ne craignant pas de revendiquer l'influence qu'ont exercée sur lui les écrivains soviétiques des années 1920, il a développé une analyse presque marxiste de l'explosion contre-culturelle de la décennie 1960, soutenant qu'elle était due à l'accès sans précédent des jeunes générations à un afflux d'argent disponible au sein de la société américaine.

Si le « tabou absolu » aux États-Unis était l'existence de clivages de classe au temps où Wolfe explorait les ressources de l'outil « nouveau journalisme », et le reste aujourd'hui – preuve en est que la campagne électorale de Hillary Clinton n'ait pas compris que comparer cette riche notabilité politique à une humble *abuela* hispanophone était pour le moins un faux pas malheureux –, il en est un autre qui paralyse ou déforme sérieusement l'expression journalistique à notre époque, celui du multiculturalisme réalisé et triomphant. Et la troisième leçon qu'on discernera ici, c'est que l'acte d'informer, en soi, devrait être une remise en cause des tabous.

Juste après le massacre de San Bernardino (Californie) en novembre 2015, j'ai eu un échange d'e-mails avec une journaliste du *Washington Post* dans lequel cette excellente professionnelle soutenait que « la religion du suspect n'est pas plus ou moins indicatrice que d'autres éléments de son profil ». C'est une forme d'autocensure qui avalise non seulement la supposition que rien ne cloche au royaume du multiculturalisme affiché mais dénote aussi une sérieuse méconnaissance des secteurs de la société globale qui, viscéralement, rejettent les notions de laïcité et d'égalité des sexes. La vérité est que les médias d'au-

1. Interview à *Frieze Magazine*, février 2006.

jourd'hui ne sont pas à l'écoute réelle des franges opposées au multiculturalisme. Le fait que les minorités musulmanes en Occident soient enclines (ou forcées, diront certains) à tenir un double discours devant la menace de l'extrémisme religieux, l'un destiné à l'extérieur, l'autre pour son usage interne, est systématiquement ignoré[1].

Parce qu'il a raillé les partisans blancs de l'aile ultramilitante du mouvement de revendication noire dans les années 1960, Tom Wolfe a parfois été suspecté de racisme. Relisons pourtant les quelques pages magistrales qu'il consacre à Cassius Clay, le légendaire boxeur noir devenu Mohammed Ali : rien qu'en « écoutant » ses reparties, en notant la perfection avec laquelle il imite l'accent des Blancs du sud des États-Unis, il nous donne un portrait profondément attachant du personnage, et lève quelques lièvres tenaces quant aux préjugés raciaux en Amérique. On a dit de Wolfe qu'il était « la mouche sur le mur » dans sa capacité à observer une scène, alors que Hunter Thompson, avec ses diatribes apocalyptiques et ses imprécations souvent bienvenues, serait « la mouche dans la soupe ». À l'heure de l'explosion de l'information en temps réel qui s'accompagne d'une révérence obséquieuse envers les faiseurs de modes – des hectares d'espace cybernétique sont consacrés à la question de savoir qui, de Miley Cyrus ou de Kanye West, était le mieux habillé, sans jamais une seule tentative de réflexion sur ce que leur allure exprime –

1. Ces lignes ont été écrites plusieurs jours avant les agressions commises contre des femmes à Cologne et dans plusieurs villes d'Allemagne, de Suède et de Suisse pendant la nuit du Nouvel An 2016, à la suite desquelles les médias concernés ont fait preuve d'un silence plus que douteux au nom du « politiquement correct ».

et d'une acceptation acritique du politiquement correct, nous avons plus que jamais besoin de journalistes qui soient ces deux mouches à la fois, ainsi que celle du coche. « Mais exactement » !

Bernard Cohen
Écrivain, ancien journaliste à l'AFP et à *Libération*

La photocomposition de cet ouvrage
a été réalisée par
GRAPHIC HAINAUT
30, rue Pierre Mathieu
59410 Anzin

Achevé d'imprimer en septembre 2016
dans ateliers de Normandie Roto Impression s.a.s.
61250 Lonrai (Orne)
N° d'édition : 55535/01 - N° d'impression : 1603257
Dépôt légal : octobre 2016

Imprimé en France